INDIGNÉ

MAIS PAS

INDIGNE

PROLOGUE

2

Á,
Frédérique Dard,
Vladimir Volkoff,
Michel Colucci, dit Coluche,
George Markstein et Patrick McGoohan.

Tous morts.

Mes maîtres à penser, à pensées.

Á,
Tous les soldats, qu'ils soient caporaux ou généraux,
S'ils ont toujours la passion et la vocation pour le noble métier des armes.

<u>Tirades de l'auteur</u> :

Un homme honnête, atypique, avec ses convictions, est dérangeant, menacé, en danger,
Car la perfection sera de le faire passer pour indigne, indésirable.

L'on me dit qu'il ne faut pas regarder dans le rétroviseur ;
Quand le pare-brise est étoilé et que l'on ne peut plus aller de l'avant,
Le rétro permet de pouvoir manœuvrer.

"Pas de vagues, surtout pas de vagues…"
Ce leitmotiv de l'encadrement militaire m'a juste permis
De jeter des cailloux dans l'eau
Pour entendre du bruit dans la Grande Muette.

Le summum de l'Omertà est de constater
Que tout le monde est au courant
Mais que personne ne sait rien.

1968 a tué le Père ;
Je ne pourrai jamais être grand-père.

L'Institution Militaire a tant de talent,
Qu'elle oublie d'avoir du cœur.
Cela lui permettrait d'être vénérable, au-delà du sacré.

L'Armée m'a mis à la rue,
Impatiente de mettre ma Femme sur le trottoir.

Il m'est difficile de tout prévoir,
Surtout si cela concerne l'avenir,
Un futur qui sera bientôt du passé.

À,

Monsieur Jacques Attali, qui a déclaré : "Dès qu'il dépasse 65 ans, l'homme vit plus longtemps qu'il ne produit et il coûte cher à la société. L'euthanasie sera un instrument essentiel de nos sociétés futures."

C'est, en fait, le résumé tacite du Rapport ATTALI.

À,

Madame Brigitte MACRON, autrement appelée "Première Dame de France",
Pour son combat pour la féminité,
Des jupes courtes et des talons hauts,
Mettant ainsi en valeur la silhouette de ce que Dieu a fait de plus beau,
Irritant ainsi tous les frustrés des deux sexes.

Le 31 août 2017.

N° **083.117** X:\Xray\MeDoc\Paris\40_2017\APAVIM

Monsieur Emmanuel MACRON
Président de la République Française
Palais de l'Élysée,

55 Rue du Faubourg Saint-Honoré,
75008 Paris

Objet :   **Grève de la Fin**

Référence :   - Ouvrage *« Indigné pas Indigne »*
Transmis à Monsieur le **Général d'Armée**
Pierre Le Jolis de Villiers de Saintignon,
dit **Pierre de Villiers**   - **Envoi N° 3**

Monsieur le Président de la République,

J'ai l'honneur de porter à votre connaissance ma décision d'une *Grève de la Fin*, qui débutera le 01er octobre 2017, sauf problèmes de délais de route, n'étant pas Maître des Horloges, afin de retrouver mon banc privilégié à l'orée des Allées Marcel Proust, Avenue Gabriel, aux abords de la grille du Coq et de la Statue de Georges Pompidou.

J'ai déjà pu apprécier ce site, auprès des locaux de Michel Drucker, là où des invités, V.I.P., arrivent magiquement comme public Télé, dans cette avenue protégée de tout intrus, charme de notre démocratie, au cours d'une grève de la faim, bêtement interrompue au bout de 60 jours, avant une reprise de 57 jours, Place Édouard Herriot, elle aussi stupidement abrégée, du fait de tables des négociations malséantes, incongrues et barbares.

En application du droit de grève qui a ceci de particulier qu'il s'agit d'un droit de désobéir, d'un droit à la révolte, d'un droit à la résistance reconnu par la Constitution mais aussi par des textes internationaux et communautaires ;

Ce droit, inscrit dans le préambule de la Constitution du 27 octobre 1946, pleinement consacré, reste l'ultime recours et n'est pas illégal.

- La grève du travail, signifie qu'il y a interruption temporaire d'activité, avec reprise probable, après conciliation ;

- La grève de la faim, manifeste qu'il y a cessation continue d'alimentation solide, stoppée après réparation de préjudice ;

- La *grève de la fin*, avise, que si la fin justifie ces moyens, elle peut être sans fin et machiavélique. Un esprit sage ne condamnera jamais quelqu'un pour avoir usé de ce moyen hors des règles ordinaires pour régler une injustice de l'Institution. Ce qui est à souhaiter, c'est que si le fait l'accuse, le résultat l'excuse ; si le résultat est bon, ce sera fini, s'il ne l'est pas, ce sera la fin. Mais, Romulus peut gagner contre Jupiter.

1

Vous qui savez ce qui pousse un homme à vouloir le Pouvoir doit savoir comprendre ce qui attise un autre homme à vouloir le servir.

Tout change mais, finalement, rien ne change, tout reste comme avant, dans l'ordre en place, avec la Haute Administration, quelque soient les politiques en place. Il convient donc qu'il soit décidé que rien ne change pour que tout change.

Après cette atteinte aux Droits humains et universels, acte **criminel**, dont j'ai été victime, avec ma Femme enceinte et un petit garçon de 7 ans, un 31 décembre, ignorant tout de mes Droits, je n'imaginais pas la haine que j'allais susciter dans mon combat de réintégration, après cette tragédie indélébile, d'une Famille à la rue, sans ressources, indigne des Droits de l'Homme et du Citoyen, voire de l'Officier qui en est un spécimen.

Mon "moi" a toujours refusé de se cacher dans le troupeau. Alors, aujourd'hui, je ne veux pas non plus que ce troupeau vienne se cacher au fond du moi. "Moi", mobilisé à la réussite des armes de la Nation, devenu, à mon insu, de ceux qui ne sont rien, *people nothing* ; mais si je ne suis rien, je compose mon rien avec un petit morceau de tout.

Malgré tout, je reste fidèle aux devises de mon métier des armes :

- Ne pas subir
- Être et Durer
- Vaincre ou Mourir
- Honneur et Fidélité

Tout le reste n'est que baratin et la valeur *n'atteint* pas le nombre des années quand la Nation a besoin de ses serviteurs où la dévotion persiste et demeure un véritable sacerdoce ineffaçable.

Dans l'attente,

Je vous prie d'agréer, *Monsieur le Président de la République,* l'expression de mon profond respect et de ma très haute considération.

"Les batailles de la vie ne sont pas gagnées par les plus forts, ni les plus rapides, mais par ceux qui n'abandonnent jamais." Hassan II

Officier un Jour, Officier toujours
Dreyfus du temps moderne

<u>Copie à :</u>

Maître ███████████ **- Député**
███████@assemblee-nationale.fr

- Ce courrier n'appelle pas de réponse d'attente -

INDIGNÉ, MAIS PAS INDIGNE

Jean Général LE BOL
Nom de plume
Adresse Postale :
XXXX
XXXXXXXXXXXXXX
xx000 - XXXXXXX
Tél. 06 xx xx xx xx
numero.6@

Le 17 avril 2017.

N° **052.914**X:\F\Mes Documents\Paris\37_E 2013

PERSONNELLE

Chef d'état-major des armées (CEMA)

Général d'armée Pxxxxx Le Jxxxx dx Vxxxx

de Sxxxxxxx,

Ministère de la Défense Nationale
60 Boulevard Général-Martial-Valin
CS21623
75509 – PARIS Cedex 15

Objet :   **Ultimatum - Grève de la fin**

Réf   :   *Suite du courrier « Omerta » du 18 juin 2012*

Copies à :   **- Sa Sainteté le PAPE**
- Vladimir POUTINE
- Donald TRUMP
- Éditions ___________________

Mon Général,

J'ai l'honneur de vous imposer ma démarche, peu protocolaire, ni réglementaire, mais animée d'une foi qui est, reste et demeure à jamais, toute intacte.

Tous deux, sommes de la même génération, ainsi, je suis certain que vous comprendrez mon langage où il ne peut être question de faux semblants et d'artificielles règles de politesse et de style.

Je comprends cette longue lettre dérangeante, rappel de vérités cachées, de 10 heures de lecture, mais c'est ma foi d'officier qui me guide dans ces lignes, qui en font une résolution, une audace ardente, où vous comprendrez ma révolte.

« Mieux vaut mourir debout, pour une cause, couvert de sang et de boue, plutôt que dans un lit, couvert de merde et de pisse » écrivait Alexandre Dumas dans « Vingt ans après », ce qui motive mon combat.

Je veux par ces lignes que vous puissiez comprendre en conscience le choc d'un drame où se mêlent grandeur et désespoir, la grandeur de celui qui choisit son destin, le désespoir de celui qui souffre d'injustice à n'en pouvoir s'en plaindre, à n'en pouvoir hurler. Pour l'honneur d'un officier un jour, officier toujours, sacrifié par des accusateurs qui bafouent les règles, par des cabales internes et pérennes, contraires aux lois fondamentales de la République, celles qui défendent la dignité et interdisent la discrimination.

Espérant ardemment, que vous apporterez, très rapidement, tout le crédit et l'attention à ma clameur d'officier indigné, pour réparation,

Je vous prie de bien vouloir agréer, *Mon Général,* l'expression de mes sentiments respectueux et déférents.

Jean Général LE BOL
Nom de plume

8

GRÈVE DE LA FIN

**[Annexe à la lettre N° 052.914 DU 17 AVRIL 2017
Adressée à Monsieur le Chef d'État-major des Armées]**

INDIGNÉ,

MAIS PAS

INDIGNE !

POURQUOI JE SUIS CANDIDAT À LA PRÉSIDENCE DE LA RÉPUBLIQUE

à :
- Vladimir Poutine
- Barack Obama
- Sa Sainteté le Pape François

La liberté d'expression s'arrête là où commence la vérité qui dérange.

Grève de la fin

"Paris vaut bien une bataille"

–

Avertissement :

- *Cette lettre fait suite aux courriers N° 050.112 du 30 avril 2012, et de « l'appel du 18 juin » du 18 juin 2012, largement diffusés, donc classés et consultables dans mon dossier au Ministère de la Défense Nationale.*

- *Je poursuis inlassablement mon combat, pour le retour de la vérité, donc ma réhabilitation, et exige que ma véritable identité soit toujours tue, par respect à tous les membres de ma Famille qui a été suffisamment éprouvée par l'injustice qui m'a détruit, moi et mes proches, chaque jour un peu plus.*

- *Mon nom de plume doit pouvoir se lire par « j'en ai ras le bol », est-il peut-être utile de le préciser.*

- *Certains propos peuvent paraître, en première lecture, insultants, grossiers, orduriers. Ce n'est que calembredaines comparées à ma souffrance subie, de tous les instants, chaque jour, chaque, nuit, chaque heure, chaque seconde, chaque soupir.*

- *Ce récit est l'analyse d'un contexte qui se veut ne pas se remettre dans un contexte chronologique, où les dates importent peu, comme les noms réels des protagonistes et des lieux. Le but est de dénoncer des magouilles mises en place pour des intérêts divers, qui sont toujours les mêmes, quels que soient les gouvernements en place et les Cabinets Noirs qui n'existent pas, bien évidemment.*

C'EST OBLIGATOIRE :
IL Y A IMPRESCRIPTIBILITÉ DE LA SOUFFRANCE ;
IL Y A IMPRESCRIPTIBILITÉ
DE LA RESPONSABILITÉ MORALE.

INTRODUCTION

« Rien ne semble vrai, qui ne puisse sembler faux. »
Michel de Montaigne (1533-1592)

*

Avant de vous narrer en détails plus de 30 années de combat, je tiens à vous parler de mon Pays qui va mal, qui a mal à ses valeurs, qui a mal en son honneur, dirigé par des politiques et des fonctionnaires carriéristes, sans âme, sans foi et surtout au-dessus des lois. A cause de ces gens confortablement installés, ma situation n'a jamais été réglée, car dérangeante. Mon dossier a été miné, sapé, pour qu'il n'y ait jamais aucune réhabilitation possible, en admettant que je puisse être considéré réellement « déshabilité ». En fait, toute cette saga aurait dû aboutir au démantèlement d'une cabale qui a été fomentée à mon insu, contre moi, à charge, en révélant les coupables, protagonistes, les punir, et de là, me redonner mes droits et mes honneurs.

Tout d'abord, je vais vous raconter une histoire ; elle permettra de tout comprendre ce qui va suivre :

Un jour, un maître-chien décida de tester son chien, Clébard.

Au pied du mur, le berger allemand, assis, regardait son Maître d'un œil affectueux, compagnon fidèle.
Le Maître-chien équipé d'une hache, par surprise, trancha la patte arrière gauche du plantigrade.
Le chien hurla de douleur.

Le militaire se recula à quelques mètres et appela son animal.
Clébard, docilement, se leva, et se dirigea vers le fonctionnaire.
Son maître lui trancha alors sa dernière patte arrière.
Le chien policier hurla derechef.

Reculé de quelques mètres, le soldat le héla à nouveau.
Clébard, oubliant de geindre, se releva, et de ses pattes avant, avança vers son maître.

Au pied, selon l'ordre donné, Clébard, se tenait dressé sur ses pattes avant, oubliant apparemment la douleur, attentif.

Le Maître-chien entreprit alors de lui sectionner une patte avant, puis se recula pour appeler à nouveau le canin.

Clébard, après avoir hurlé à nouveau sous la nouvelle douleur, se traînant dans le sang, finit par rejoindre son chef.

Malgré les soubresauts de l'animal, le militaire réussit finalement à lui trancher sa dernière patte, pris du recul et appela le molosse, en lui proposant un sucre pour récompense de son dévouement.

Malgré tous ses appels, le chien, asphyxié par la douleur, ne bougeait plus, que de la tête où les yeux imploraient.

Le Cadre sortit alors un carnet sur lequel il écrivit :

« Clébard, une fois les pattes coupées, est devenu désobéissant, bruyant, sale. Je conclus qu'il est sourd et indiscipliné intellectuel, voire dépressif. »

*

Madame Cécile C. qui se disait faire partie de mon comité de soutien, m'écrivit, suite à un brouillon de lettre que je lui avais soumis :

« Les faits, rien que les faits, n'écrivez que les faits. Tout le reste, c'est du baratin dont le lecteur n'a que faire. »

Hélas, je m'inscris en faux dans cette affirmation. Avant de juger sur des conclusions d'avocat, un Tribunal se doit d'entendre tous les débats afin d'être mis dans l'ambiance, ce qui permet finalement au Juge de mieux comprendre la situation réelle avant de pouvoir prendre sa décision. D'ailleurs, il suffit de voir au sein de notre politique française : Ancien Président de la République et autres ex-fleurons se croient obligés d'écrire un livre, jonché d'excuses et de remords. Ma différence, c'est d'abord que ce qui suit n'est pas un livre, je n'en ai pas assez de talent, et ensuite, c'est que je tiens à être lu, comme un cri qui doit être entendu, par une élite qui ne se sert pas des bouquins pour caler un pied de table. Il y a suffisamment d'hommes politiques actuellement, qui éditent des cale-meubles, en expliquant qu'ils sont meilleurs qu'hier et moins biens que demain, pour que je puisse rivaliser de talents… Plus que jamais, l'allégeance est supérieure à la compétence.

Cette 1ère partie est le fond d'écran, la trame, le drame de notre monde actuel, où l'on comprendra mieux la 2ème partie, là où l'on voit des Chefs militaires, qui, faute d'avoir pu être des Chefs de Guerre, s'assoient, outre la molesquine, sur les Règlements car ils s'estiment au-dessus des lois, qu'ils soient caporaux ou généraux, du moment qu'ils jouent 'placés '. Le tout dans un ensemble de candidature aux Élections

Présidentielles 2017, pour si, des fois, l'on voulait livrer *mon honneur et la paix de ma famille en pâture, aux démolisseurs de réputation… (Comme le dit ce bon Alain Juppé, qui frémit quand on parle de lui, par crainte du qu'en dira-t-on, tout en n'ayant rien à foutre de la gueule des autres, évitant d'être concerné, pour rester sec…)*

Quand on est capable d'effectuer deux grèves de la faim successives, l'une de 60 jours, l'autre de 57 jours, c'est que l'on a quelque chose à revendiquer.

Quand l'une se passe sur un banc, au pied de l'Elysée, sous la neige, la pluie, le vent, parfois jusqu'à -15°, quand l'autre se déroule sous de mêmes conditions, Place Edouard Herriot, suivie par la suite d'un sitting sur un banc sous une caméra de surveillance de l'Hôtel de Brienne, ancien siège du Ministère de la Défense, pendant 5 mois durant, c'est que l'on est comme Clébard.

Assis, derrière ma table travail, j'ai la crampe de l'écrivain, le syndrome du *burnout* de la page blanche. Je trouve toutes les excuses du monde pour poser le porte-plume et faire autre-chose. Cette crampe, c'est de la paralysie et j'en arrive à penser que beaucoup de paralytiques pourraient marcher à nouveau en décoinçant un neurone bloqué.

Ceci, rajouté à la "stratégie de l'évitement", avec tous ces trucs que l'on s'invente à faire pour se dérober de remplir cette mission d'écriture.

Comme un nageur, naufragé en plein océan, dont les vaguelettes et clapotis emplissent la bouche, c'est la peur de l'étouffement qui empêche de crier. J'ai compris qu'il fallait hurler sans bruit, ne plus parler, se taire, juste écrire, histoire de troubler mon agonie.

Je pense au petit Grégory, enfant mort noyé, qui ne savait pas nager !... a-t-il crié ?...

Les questions, les réponses, les réflexions s'entrechoquent et se nouent dans la gorge, en des spasmes qui empêchent de boire la tasse, avec un dégoût profond en recrachant ce qui a été ingurgité de force. Recracher en silence, silence de la Grande Muette. On récompense ceux qui s'identifient comme des écrivains qualifiant leurs écrits comme une œuvre. Pourquoi n'en punit-on jamais ? Je sais que je serai châtié après avoir diffusé ces lignes. Alors ce sera la reconnaissance d'avoir commis un chef d'œuvre comme un coup d'arquebuse au milieu d'un concert ! A moins que dans un mépris total *omertasique*, les seules critiques resteront silencieuses et cachées dans le but de faire pour moi de ne plus rien penser, comme si l'on demandait à un réverbère ce qu'il pense des chiens !...

Moi, qui avais la plume facile, volubile, loquace, prolixe et bavarde, voire assassine, je suis paralysé. Les mots s'effritent et tombent en poussière. Quand je les ramasse, cela ne veut plus rien dire. Ce n'est point un roman que j'écris, juste la vérité, qu'il faut intégrer dans tout le melting pot de la vie bizarre que nous traversons tous et qui n'a fait que s'affoler depuis que le mur de Berlin est tombé. *Isikveren, Place Tahrir, Fuerteventura, Beslan, Hockenheim, Afghanistan, World Trade Center, Durrës, Al Ahmadi, Kfar Darom, Gaza, Mianyang, Istanbul, Gori, Beersheba, Katrina, Yangon, Bucarest, Irak, Afghânistân, Beyrouth, Bagdad, Le Cap, Tsunami, Gonesse, Nairobi, Tienanmen, La City à Londres, Bin Jawad, Damas, Goma, Kosovo, Fukushima, Pyongyang...* tous ces noms rappellent des évènements tragiques qui racontent l'évolution de notre monde. Et tout ceci à une vitesse supersonique qui fait que le lecteur que vous êtes ne réussit plus à dater ou répertorier ces drames et tragédies...

Car, qu'en reste-t-il ?... De vagues souvenirs. Tout passe, tout lasse, tout s'efface. On a tendance à jouer à Pénélope, qui avait inventé son stratagème du détricotage durant la nuit, de la tapisserie qu'elle bâtissait le jour. Non pas que l'on tienne à décourager des sollicitations à prétendant, mais à se décourager soi-même d'écrire des lignes pour justifier le bien-fondé de sa révolte intérieure. Bref, on procrastine, car on sait que toutes les tentatives ont été vaines et sans lendemain, le but caché des Hautes Autorités, étant que l'on soit hors-jeu, hors-délai, prescrit, proscrit ! A notre insu, on accepte, contre son gré, le verdict du silence, l'omerta et que l'on soit mis sous le boisseau.

L'Omertà est une loi du silence. C'est un silence qui s'impose dans une communauté d'intérêts comme l'est la structure de notre Défense Nationale, comme d'un milieu soumis à la Mafia. Malheur à celui qui s'y opposerait et voudrait laisser faire la Justice : il s'exposerait à la destruction de sa carrière, voire de sa Famille, de ses intérêts et risquerait même un accident mortel. L'on prétexte faire partie des hommes d'honneur afin de justifier le mutisme en bannissant la victime du silence, par simple omission. Il n'y a rien qui puisse laisser des traces. Il y a un code d'honneur, une règle de conduite pour justifier que l'on ne réagit pas, que l'on ne répète pas, acceptant de laisser passer le temps qui passe dans la quête d'une prescription qui arrivera finalement. Au mieux, on confirme en disant : *«j'ai entendu que... je crois savoir... on m'a dit... tout le monde le sait... ».* Radio Bidasse fait son œuvre en complétant le tableau, l'omerta se transformant en chuchotis de gens avertis. Dans l'armée, pas de repentis ; le pire que j'ai pu entendre de la part d'un Colonel que j'avais comme instructeur aux cours ORSEM, c'est : « *J'ai reçu l'ordre de vous oublier.* »

J'en suis victime depuis toutes ces longues années de traversée du désert. Comme je n'ose croire que l'Etat français puisse avoir des membres malfaiteurs agissant en secret, je préfère alors me qualifier de « dernier des hommes d'honneur » (Cf. Luc Dionne) au sein de cette Omertà, qui a subi « l'infamie » et le « montage » au sein de personnes complaisantes. Mais l'Etat Français et son Ministère de la Défense préfèrent s'enferrer dans l'erreur devenant faute, en persistant, ne voulant pas reconnaître le manque de fiabilité de ses acteurs décisionnaires qui se savent intouchables, protégés par la loi de la Grande Muette.

Dans nos armées, l'omerta n'est pas un acte délibéré ; c'est bien pire, car cela devient un acte spontané, un peu comme la non dénonciation de violences sur enfant. Tout le monde sait, mais personne n'est au courant. C'est hautement criminel, un viol de la vie. On laisse faire, sachant que la Haute Autorité fera le ménage en éliminant la victime, quitte à en faire un coupable en le transformant en fatalité.

C'est plus finaud que les méthodes de Saddam Hussein, ou de Muhammar Kadhafi, mais c'est aussi abject, dans un pays qui prétend être la devanture des droits de l'homme, sauf que ce qui n'est pas en vitrine, se trouve à l'intérieur… Le mort vivant sent aussi mauvais, ses blessures saignent et ne se referment pas.

Le viol est un crime imprescriptible ; il détruit la vie, pénètre les fesses jusqu'au cerveau. Les séquelles seront incurables jusqu'à la mort physique.

Il en est de même pour l'atteinte à l'honneur ; c'est autant criminel. Le viol est un crime contre l'humanité car il est pratiqué par des ordures.

Alors, MOI, dans tout cela, hein… que viens-je y faire ?...

*
* *

PREMIERE PARTIE

FRANCE MALTRAITÉE

IL Y A IMPRESCRIPTIBILITÉ DE LA SOUFFRANCE ;

IL Y A IMPRESCRIPTIBILITÉ DE LA RESPONSABILITÉ MORALE.

Obsession de Justice.

Tous les jours et nuits, je repousse la réalisation de cette satanée lettre, presque qu'un témoignage, mais il faut bien qu'elle soit un appel ultime, pour la liberté retrouvée, celle de vivre et de penser.

C'est insupportable d'être comme un paralytique dans son fauteuil roulant, garé devant la grotte aux miracles de Lourdes, en se disant qu'il suffit d'une pensée volontaire pour se relever mais qu'on ne le peut plus, sans savoir pourquoi. A moins que l'on ne le veut plus, plongé dans les méandres de culpabilités de la vie qui exigeraient ce handicap mérité dans le rachat de ses péchés.

*

Mes trois lecteurs privilégiés de ce récit sont :

- Monsieur Vladimir Poutine, Président de la Russie ;
- Monsieur Donald Trump, Président des Etats-Unis d'Amérique,
- Sa Sainteté le Pape, François.

*

Au cours des phrases à venir, je m'expliquerai sur ce choix.

A nom de la Liberté d'Expression, bien sûr. Officier, je le suis, Officier, je le reste, jusqu'aux entrailles, dans un sacerdoce inextinguible, et ce que j'écris peut passer pour divulgation de renseignements, traître par révélations, par conséquent, je rappellerai la blague : Que risque-t-on à traiter Georges Bush de connard ?... 5 ans de prison pour divulgation de secret d'État. Pour ma part, je peux, à l'issue des envois de cet écrit, être condamné sévèrement à une peine grave, pour délit d'opinion, mais cela n'aura que pour effet de jeter un doute abyssal sur la crédibilité des autorités d'État, des esprits des militaires, au point de remettre carrément en question, l'accomplissement concret du devoir d'obéissance !

Ici, je vais m'employer à parler de certains délestages de notre État et de nos gouvernants, et ce n'est pas de la révélation, mais des évidences.

*
* *

« Tu as une drôle de tête !

- M'en parle pas : je suis condamné à mort !...

- Merde ! Tu as un cancer ?...

- Non, pire...

- Tu as le SIDA ?...

- Non. Je suis fiché « S » !!!... »

À vie !

À mort !

Sans rémiSSion,

Sans prescription.

PARAPLÉGIQUE maltraité pareillement à Schizophrénie !

La **schizophrénie** est une maladie psychique grave, qui s'accompagne d'une perte du contact avec la réalité, de délires ainsi que de modifications de la pensée, du langage et du comportement.

Les patients sont souvent incapables de faire la distinction entre la réalité et leur propre perception des évènements.

SECRET DÉFENSE

"Tout ce que je sais, c'est que je ne sais rien, tandis que l'autre croit savoir ce qu'il ne sait pas.

Et s'il veut savoir, c'est qu'il ne sait pas si je sais,

et s'il ne sait pas, c'est qu'il n'a pas le droit d'en connaître.

Ou, il sait, et sait faire comme s'il ne savait pas."

Socrate à la mode DGSE

SECRET DÉFONCE

"Je sais quelque chose, mais je ne sais pas ce que je sais.

Et comme je n'ai pas le droit d'en connaître, je sais que je ne savais pas de le faire savoir."

*

MONSIEUR LE PRESIDENT DE LA REPUBLIQUE, Chef des Armées,

Pendant votre campagne électorale, un de vos slogans principaux a été : *« La Justice c'est maintenant ! »*

Pourtant semblant oublier vos promesses, vous laissez toujours, encore, s'enferrer l'Institution militaire dans la faute dont je suis victime depuis tant d'années.

Suite à une démission obtenue illégalement, enchaînement à harcèlement, de sombres manœuvres internes, jusqu'à un passage à tabac, étranglé, lapidé dans un Cercle Mess de Garnison, devant mon Epouse et mes Enfants, j'ai été écarté impunément en m'empêchant tout recours, en m'impliquant dans un engrenage pénal sordide, où une simple liquidation judiciaire m'a entaché pendant 18 ans !

L'Autorité militaire n'avait pas hésité à me mettre à la rue, sachant qu'avec une épouse enceinte, un jeune enfant, sans toit, sans indemnité sociale, je ne pouvais qu'être condamné à une déchéance certaine, dans un contexte délétère, dirigé.

Ainsi donc, en péril de mort, j'ai proprement été euthanasié.

Le 14 juillet 2012, quand vous ranimerez la flamme du Soldat Inconnu, je vous demande d'avoir une pensée pour cet autre soldat que l'on a arraché à sa Famille militaire, quasiment dégradé, qui, en même temps que vous allumera une flamme pour devenir brasier.

Enfin je pourrai faire le deuil de mon métier, sacerdoce véritable, car il me manquait le corps. Même normal et aimant la vie, j'ai juré de rester fidèle avec pour unique solution :

Vaincre ou mourir !

VIVE LA FRANCE !

18 JUIN 2012

ANONYMAT À PRÉSERVER - MERCI

Afin de comprendre mes doléances et mes protestations, mon dépôt de plainte contre le Président de la République Française, Chef des Armées, et mes aspirations, il me faut passer en revue l'état du Monde, de la France qui est mon quotidien dans lequel je continue de surnager. C'est essentiel de décrire la toile de fond pour comprendre mon drame à perpétuité dont d'autres ont mis fin en se jetant par une fenêtre, par le simple dénouement de la Hiérarchie assassine, digne du crime contre l'humanité dans un pays qui se vante des Droits de l'Homme et de la Démocratie.

Là, vous découvrirez comment on assassine un officier sans procès, comment on l'achève du fait de sa survivance et de ses protestations, devant sa femme et ses gosses, en véritable lapidation, à coups de poing et de pied, dans une enceinte militaire.

Vous réaliserez comment les Cadres bien placés de nos armées sont complices, en entente cordiale, pour le pire et pour le pire, en union satanique et secrète, pour guillotiner administrativement ;

Vos yeux n'en reviendront pas de savoir comment Madame Valérie Trierweiler s'est essuyée d'un Hollande distrait, du courrier de demande de secours de cet officier !...

Et comment tous les personnages politiques, du plus haut, jusqu'au plus bas, députés y compris, ont eu l'ordre du « silence radio » imposé par la Grande Muette, lorsqu'ils ont pris connaissance des revendications de cet officier ;

Vous concevrez alors, que depuis 1894, date de l'affaire Dreyfus, la France est dans une situation tellement engourdie, lâche et aux ordres de personne (nobody), qu'il n'y a même plus un Zola pour oser dire « J'ACCUSE ».

France, Pays des Droits de l'Homme !... Je me marre !

Vous saisirez comment la Sécurité Militaire (D.P.S.D.) de nos armées travaille en bonne entente avec la Justice de notre Pays, pour prodiguer ses conseils et directives pour détruire un officier classé « gêneur », donc indésirable et indigne, en le faisant passer pour l'ennemi public, frappé d'indignité nationale. Car si la Justice Militaire n'existe plus, depuis décision mitterrandienne, la Justice Civile est une arme encore plus véritable, employant et favorisant l'Autorité Militaire, à charge et bonne entente.

Tout cela dans le monde du Silence :

- La Société civile française est gouvernée par des requins ;
- L'Institution militaire [qui est au Service de], est régentée par des crocodiles.

Tout en comprenant que nous sommes dans une France où les Magistrats sont de grands frustrés, fonctionnaires d'état, mal payés, ayant juste leur prestige de leur charge. Comme il en est de même pour les contrôleurs du travail ou des impôts...

Avant hier, la France était le pays de la liberté d'expression, incarné par cette phrase attribué à Voltaire : « *Je ne suis pas d'accord avec ce que vous dites, mais je me battrai pour que vous puissiez le dire* ».

Aujourd'hui, à cause de la loi Pleven et de ses ajouts, elle est devenue le pays le plus liberticide des démocraties occidentales où une espèce de conviction totalitaire entend interdire toute critique, au mieux l'ignorer, sans l'entendre, ce qui fait que la justice de notre pays n'est plus rendue au nom du peuple français, mais au nom de l'idéologie.

*
* *

SILENCE DANS LES RANGS !

Depuis tant d'années, l'armée française est mise à mal. Personne n'ose s'exprimer ; ni les anciens, ni les nouveaux, ni les hauts gradés, ni les sans-grades : pourtant notre Défense Nationale s'affaiblit de jour en jour, à l'image de la Nation.

Sommes-nous donc dirigés par des traîtres, de gauche, de droite ou d'ailleurs ?...

Nos soldats n'ont aucun avenir. Je suis révolté quand je vois, sur des publicités télévisées, ces mensonges qui encouragent des gosses à devenir des héros. Gentils naïfs, sans emploi, qui se figurent devenir des surhommes, des G.I. Joe, l'arme au poing, alors qu'ils seront digérés dans une administration sans âme qui les rejettera comme des déchets, la crédulité en moins, dès qu'ils auront atteint la date limite. Certes, ces publicités coûteuses racolent tant et tant de jeunes qui s'engagent pour servir dans l'enthousiasme de leurs vingt ans, sûrs de perspectives prometteuses, vantées et vendues par les clips vidéo de recrutement, alléchants et impeccables, irréprochables manigancés par le SIRPA et le DICOD.

Pourtant et certainement, nous nous enfonçons inéluctablement vers la guerre civile ou autre bouleversement apocalyptique.

Nous n'avons même plus la Ligne Maginot pour nous donner bonne conscience.

A côté de nous, les grands états améliorent leurs armées et leurs technologies, pendant que nos bidasses, ayant appris la débrouillardise, apprennent à faire peur avec des pistolets en bois, qui ne seront même plus fabriqués en France.

Les budgets fondent au soleil. Il ne persiste qu'une troupe d'élite censée éviter les guerres que l'on démotive du fait de manque de moyens.

Bientôt, même nos Rambos des Services Spéciaux, travaillant hors du cadre de la Loi, seront osmosés dans un cadre plus réglementaire, pour ne plus faire que du Sudoku. Ainsi le veulent nos Politiques rondouillards, pantouflards et irresponsables à force de vouloir faire semblant d'aimer le Peuple qui les a élu. Ils n'ont qu'un leitmotiv : l'Europe qui protège de toute guerre, en acceptant de voir notre Nation diluée parmi d'autres Etats tout autant moribonds. Irresponsables que ces élus prêts à supprimer les secteurs d'activité de la Défense qui coûte cher, sans juger de la rentabilité.

La guerre est à notre porte et l'on entend déjà les huis grincer. L'ancienne URSS retrouve son prestige militaire d'antan et se plait à effrayer l'Oncle Sam, qui a fait tant de conneries ces dernières années, qu'il n'ose plus s'imposer militairement. La nouvelle Guerre Froide a pris du service. La fameuse Europe contrainte à devenir de plus en plus anglo-saxonne, à la botte des States.

Sans oublier la Chine qui est à nos portes, en Afrique ;

Ni les terroristes où la progression Djihadiste est inéluctable.

*

Pendant ce temps, nos soldats connaissent leurs droits et devoirs, dont celui de se taire, de subir, d'obéir, tout en se ruinant pour pouvoir s'équiper convenablement, sans se préoccuper de l'avenir de leurs familles endettées ou des divorces à venir.

La France s'enorgueillit de sa foutue démocratie, mot utilisé à tort et à travers ; elle ne parle que de sérénité, alors qu'elle peine à acheter la paix sociale ; elle crache, par médias interposés, sur Dassault, les Rafales et autres technologies de pointe qu'elle définit inutile au Peuple.

Et le soldat, pendant ce temps, accepte ses conditions de travail, rejetant psychologiquement son avenir d'après, celui où il rencontrera Paul Emploi [Pôle]. Il a signé, il était volontaire, aussi il n'a aucune raison de regretter, de désapprouver et de lamenter.

D'ailleurs, se plaindre à qui ?...

Après avoir compris qu'il avait été manipulé, qu'il ne servait à pas grand-chose, autre qu'à combattre une illusion, il tirera enfin, mais ce sera un bras d'honneur à la République française qui l'a trompé (*et non « qu'il a trompé »*)... sauf si l'Etat lui a donné quelques médailles pour lui faire croire qu'il est un héros. Alors, con et naïf, il le croira, oubliant qu'aux pires moments, il était prêt à faire grève ou s'exprimer publiquement. Il est et restera un pion de la Grande Muette.

Pire : réserviste, malgré un démantèlement des budgets de la Défense, dans un Etat ruiné, il sera prêt à défendre les derniers intérêts du Pays, face au danger, la fleur au fusil, prêt à laisser sa vie, sans se soucier du ridicule.

L'Armée ne coûte pas cher car elle est productive, profitable et cette rentabilité c'est le droit au Peuple de vivre libre.

Aussi, comme le disait Monsieur Alain JUPPE : «Il *ne faut pas se barricader derrière nos certitudes occidentales* ".

Nous devons donc être prêts et aptes, humainement, psychologiquement et financièrement, pour défendre cette Liberté, car il est plus souhaitable et supérieur de vivre une existence vécue, qu'une existence subie.

*

Ceci, il fallait que je l'écrive. Il en va de ma vie, même si tous ces propos doivent m'envoyer en cellule.
Ecrire, c'est comme vomir : c'est en serrant les dents que l'on garde les meilleurs morceaux.

*

La France n'a pas évolué depuis l'affaire DREYFFUS.

Elle est pire : malgré les nouvelles technologies, il est devenu impossible d'avoir le 12 à Asnières et Monsieur Emile ZOLA n'a pas trouvé de remplaçant pour dire : « J'ACCUSE ! ».

*

La Grande Muette est, en plus, sourde. Du moins elle entend ce qu'elle veut, quand elle veut, mais n'écoute pas.

Ma protestation aura déjà et au moins servi à la réouverture de mon dossier classé. Sans cela tout serait définitivement tombé dans l'oubli. Il n'y a pas de Cabinet Noir proprement dit. C'est beaucoup plus pervers, plus vicieux. Dans une enquête, chacune des personnes travaille sur un morceau du puzzle sans savoir sur quoi on œuvre, exécute ou étudie. C'est une mise en place de mèche lente dont le but est d'exploser au bon moment. C'est une véritable machine de guerre utilisée au service de l'Etat pour espionner et finalement éliminer les gêneurs. Ces opérations de basse besogne sont classées Secret Défense. Tout est basé sur l'intimidation. Toute demande ou démarche d'un individu sous cette surveillance est vouée à l'insuccès, et c'est un réel danger pour la démocratie qui, par ces actions existantes, n'en est vraiment pas une.

C'est du travail de professionnels, maîtrisé, organisé, pas de barbouzes. Je maintiens qu'il existe un cabinet noir dirigé à l'Elysée, avec ses ramifications dans chaque Ministère, qui s'occupe d'intimider les gêneurs et de les mettre hors circuit en ternissant leur image. Nos Grands Chefs, de l'Élysée, jusqu'aux Ministères, traînent des casseroles multiples et trouvent naturel de créer des quincailleries pour les autres. Sinon, il est employé le recours au bon génie qui s'emploie à éliminer d'une manière ou d'une autre les obstacles gênants (morts « accidentelles » et suicides « suicidés »).

Évidemment, il ne faut jamais parler de Cabinet Noir : car on se moque de l'aspect farfelu de la chose. Cela fait bien rire et permet de montrer du doigt la paranoïa de la présumée victime. Cette proie qui s'autodétruira elle-même en invoquant la « théorie du complot » qui ne peut exister, bien sûr, ni dans le Monde, ni dans les démocraties, et par conséquent, pas en France, pays des Droits de l'Homme. D'ailleurs, la morale de la bien-pensance affirme que la théorie du complot est une forme de folie, une pathologie de l'esprit critique ou alors qualifiée "d'instrumentalisation", terme politiquement correct voulant dire : "*Se servir de quelqu'un ou de quelque chose dans le seul but de parvenir à ses fins*", qu'il convient donc de rapprocher à la traduction anglaise "*manipulate*" qui permet de revenir au complot qui est bien une action de manipulation !...

Les droits de l'Homme dans la démocratie sont un mensonge de propagande, servant principalement aux médias occidentaux, afin de manipuler l'opinion publique, et de permettre à nos élites, d'agir à l'encontre des populations.

Une fois de plus, il serait temps que nous commencions à ouvrir les yeux et à mettre un terme aux agissements des fines fleurs qui nous gouvernent. Car, si la France a écrit ces fameux Droits de l'Homme, elle ne les met pas en application quand cela dérange ses responsables. La France se croit à la pointe de la liberté d'expression, en exigeant qu'elle se limite aux idées qui conviennent, mais elle est à l'avant-garde de la dictature de la pensée.

Je peux appeler cela le dirigisme avisé !

« Nous ne devons plus subir la dictature parfaite actuelle qui est une dictature qui a les apparences de la démocratie, une prison sans murs dont les prisonniers ne songent pas à s'évader. Un système d'esclavage où, grâce à la consommation et au divertissement, les esclaves ont l'amour de leur servitude, du pain et des jeux... ». Je ne fais que reprendre au présent ce que nous annonçait Aldous Huxley, l'auteur du Meilleur des Mondes.

Les politiciens avec leurs élections existent pour donner aux français l'illusion qu"ils ont la liberté de choisir, avec la complicité de la « journalistie » [**journalistie** : *nom commun, féminin, singulier ; recouvre des réalités et mensonges très divers*]. ...Et les français, qui se savent cocus, votent, pensant qu'il est mieux de choisir celui qui baisera son ou sa partenaire...

Hermès Trismégiste est le symbole égyptien du savoir. Sans la compréhension et la conscience de la connaissance, il ne peut y avoir de liberté, ni de vérité. C'est pour cela que toutes les idéologies totalitaires commencent par s'attaquer à l'information. Toutes les dictatures, camouflées sous le nom de démocraties, manipulent la connaissance et abolissent le sens critique. En sens inverse, l'information est le principal ennemi des dictatures. Les Grecs donnent le nom de leur dieu Hermès à la divinité égyptienne Thot.

La Presse et les Radios appartiennent aux mêmes personnes qui contrôlent tout et partout. Pourtant toutes et tous savent que la France est un pays de moindre liberté d'opinion où la Presse est en majeure partie responsable de la terreur sociale et politique. La Presse appartient avant tout à de grands groupes financiers ce qui en fait une presse toujours plus corrompue et vénale, en œil de Caïn qui farfouille dans chaque maison, en disséquant tout individu qu'il soit SDF ou Président de la République. Le but étant que le Peuple trouve sa pâture dans un journal, avide du sang des autres, comme quand ils s'arrêtent pour contempler un accident de voiture, se repaissant de l'hémoglobine sur les vitres défoncées, et les membres arrachés, scrutant les cris et gémissements. Dans la Presse, ils veulent la preuve que leur gouvernement est corrompu, qu'il y a des fraudes méprisables, que des fonctionnaires travaillent en sous-main. Ils guettent les propos les plus orduriers, les plumes abreuvées de sang pour écrire comme des poignards. C'est le mauvais penchant de l'esprit populaire, qui est donc un client fantastique pour la Presse qui n'hésite pas à en redonner de façon à mettre toujours plus en avant un déshonneur dans sa forme la plus dépravée et éliminer, par action, par omission toutes les bonnes influences. Bref, la Presse journalistique et radio-TV n'est que la liberté d'expression du pouvoir du fric, avec une 45ème position au classement mondial de la liberté de la Presse...

Les gens vont voter, comme des esclaves, des moutons, fiers de dire : "oui, j'ai voté".

Coluche le disait, comme une vérité : « *Si voter changeait quelque chose, il y a longtemps que ça serait interdit.* » Je reconnais que ce qui est difficile en politique, ce n'est pas de choisir entre une bon et un mauvais candidat, mais de choisir entre deux mauvais, m'inspirant ainsi de l'esprit du Cardinal de Richelieu. Le souci actuel et primordial, c'est que ces postulants ont si peu de loyauté qu'ils ne devraient plus être investis par les français dans des postes électifs futurs.

Ils n'ont pas compris que le peuple en a assez des traîtres et des carriéristes. Il est gratifiant de fanfaronner des discours, graines pour pigeons dressés, mais les vraies valeurs que les Français attendent sont celles de la confiance, de la loyauté et de la fidélité.

Ceci dans le cadre de limites de débat établies avant même que le débat ne commence, comme dans un marché de dupes.

Et tous ceux qui n'approuvent pas sont marginalisés et on les fait passer pour des réfractaires, soit pour des malhonnêtes, soit pour des dingues, ou bien pour des conspirationnistes !

La liberté d'expression c'est l'autocensure. A force de tourner 7 fois la langue dans sa bouche, finalement, on oublie ce que l'on voulait dire...

C'est ainsi; nous sommes condamnés à être gouvernés par des gens qui sont allés dans les mêmes universités et les mêmes confréries. Ils siègent dans les mêmes conseils d'administration et fréquentent les mêmes clubs privés. Ils ont des intérêts communs et n'ont pas besoin de se réunir pour se concerter.

Des unions se créent, sans consulter les habitants des différents pays. Tout se fait en cachette, on nous met devant le fait accompli. « Il s'agit d'un réel petit cercle d'amis qui décide»... et qui crée des décrets fondamentaux pendant les congés des français, en loucedé.

Le POUVOIR, c'est cela. Ils savent ce qui est bon pour eux, même si ce qui est important pour le Pays est réduit.

Finalement, pour gouverner, il n'y a que deux partis politiques, frères jumeaux, quelques banques, quelques trusts d'assurance et une cohorte d'agences d'information sous le diktat intellectuel de l'AFP.

...mais si vous voulez acheter un yaourt, vous avez 35 variétés... Car il est possible de choisir que pour ce qui n'est pas important.

C'est l'illusion du choix.

*

La France fut la patrie des Droits de l'Homme, mais c'est du passé décomposé ; elle fut la patrie de la paix perpétuelle avec l'abbé Saint-Pierre, mais c'est oublié ; cette Nation fut la patrie du pacifisme avec Jaurès, mais cela n'existe plus. Car on ne fait la paix que si on la désire et on se bat qu'avec nos ennemis. Progressivement, on oublie que les traités d'entente se basent sur l'intelligence, le dialogue, la culture, la civilisation et que les conflits naissent à cause des passions et des instincts, la jalousie, la haine et la vengeance. Nous devenons inhumains et numériques, sans cerveau avec une barbarie sous jacente en faisant le ménage parmi nous, mais en ne s'attaquant qu'aux faibles, aux honnêtes avec une adresse à perquisitionner et une boîte aux lettres pour les avis d'expulsion. Les bandits de grand chemin et les autoproclamés terroristes peuvent vivre en paix, eux.

À force d'allumer des incendies, souvent à nos portes, nos dirigeants nous mènent, peu à peu, au bord d'un précipice dangereux, et il n'y aura bientôt plus de dérobade.

Une victime n'a aucun droit, hormis celui de se taire, qui devient un devoir.

Rien de plus simple : il suffit de culpabiliser le dénommé réfractaire. Personnellement, j'ai été l'objet d'une volonté délibérée de déstabilisation pour me faire taire. Tout se passe comme si on voulait nier ce qui s'est passé. Comme si c'était sans importance et sans gravité.

Le Cardinal de Richelieu disait déjà : « *Qu'on me donne six lignes écrites de la main du plus honnête homme, j'y trouverai de quoi le faire pendre...* ». A force de chercher le coupable, on le fabrique.

De nos jours, il en est de même : il faut toujours trouver un prétexte pour enquêter sur quelqu'un. Mais en oubliant que cette perversité peut se retourner contre l'enquêteur, qui comme au lendemain des guerres, devra rendre des comptes...

Marcel Aymé se moquant du nazisme nous montrait déjà une bande d'hommes condamnant les autres avant d'être à leur tours condamnés et exécutés, jusqu'à ce qu'il n'en reste plus qu'un. Dans les régimes totalitaires, où l'idéologie dominante pousse à dénoncer les autres, le délateur et membre du parti au pouvoir finit toujours pas être dénoncé et exécuté à son tour.

C'est mon but, ici, que de dévoiler que mes pourfendeurs, sont en réalité, les coupables, et qu'ils doivent être châtiés. Il ne peut y avoir d'amnistie, car quand il y a atteinte aux Droits de l'Homme, c'est comme un génocide, cela devient imprescriptible, immortel, perpétuel, sempiternel.

Sans être révolté, je suis indigné. D'ailleurs la Loi ne permet pas la révolte citoyenne, ni du citoyen, sauf si l'on applique les textes indispensables : «*Quand le gouvernement viole les droits du peuple, l'insurrection est, pour le peuple et pour chaque portion du peuple, le plus sacré des droits et le plus indispensable des devoirs* » (Article 35 de la Déclaration des Droits de l'Homme et du citoyen, et préambule de la Constitution du 24 juin 1793).

Mais dans le contexte quotidien français, il faut garder en mémoire que si l'on est honnête, innocent, respectueux des lois, des traditions, un français a tout à redouter. Aussi, dès maintenant, j'ai décidé d'être craint afin de ne plus rien risquer. Mes gouvernants découvriront que j'ai un potentiel révolutionnaire, que la pitance à laquelle je suis réduit m'a amené à devenir impudent, moqueur, dur, déterminé, affûté, avec une absence de scrupules. Non pas que je veuille que mes tourmenteurs se prosternent, mais qu'ils fassent au moins semblant de me respecter, par peur d'emmerdes bien supérieurs à ceux qu'ils m'ont créés et voudraient me créer. C'est ce qui force l'agneau à devenir loup et sortir de sa tanière. Je ne peux plus tolérer que la France ne respecte pas les droits de l'homme, sinon, ce n'est plus une République. Je ne veux plus que l'on souille les droits universels de l'homme cités en l'article 25 ; la souveraineté réside dans le Peuple, une et indivisible, imprescriptible et incessible. Les délits des représentants du Peuple français et de ses subordonnés ne doivent jamais être impunis. Nul n'a le droit de se prétendre plus inviolable que les autres citoyens. Ils doivent rendre des comptes aux victimes de l'Administration. Ils doivent être jugés et payer pour leurs crimes, car nous sommes tous égaux devant la Loi. Hélas, tout cela ne reste que de la théorie bien-pensante, et l'on verra, plus loin, qu'un recours en Conseil d'État, a été, purement et simplement bidonné.

Quand l'Officier que je suis et que je reste, se réveille, les élites militaires et civiles dirigeantes vont frémir, sursauter, appréhender en se planquant pour ne rien laisser paraître. Jusqu'à présent, quand je toussais, elles faisaient semblant de s'indigner et s'aidaient d'ordures fomentées pour que la victime devienne coupable, à vie et par-dessus tout, ou me tendaient une pastille Valda, voire, ne m'entendaient pas, les oreilles bourrées de leurs certitudes.

Il m'a fallu trop de temps pour comprendre une chose de la vie, c'est qu'il faut placer la barre très haute dans sa vie, pour éviter de se la prendre dans la gueule...

Le problème, dans ce pays, c'est que l'on n'est pas jugé sur ce que l'on a fait, mais sur ce que l'on est ou paraît être ou de ce que l'on a voulu nous faire passer pour.

Idem, un homme aujourd'hui peut être adulé et demain méprisé. Mais, là c'est le vice de la nature humaine, versatile pour toujours.

" L'impopularité d'un jour peut devenir l'estime du lendemain." François FILLON ; mais le contraire est vrai.

En connaissance de causes, je ne peux pas tourner la page d'une histoire que je n'ai pas choisie, écrite pour moi par quelqu'un d'autre, que je n'ai pas lue. Je dois donc révéler le sordide. Hélas, La liberté d'expression s'arrête là où commence la vérité. La société intègre plus facilement les soumis et les cons, que les lucides et les rebelles.

Je ne plierai pas ; je ne m'en irai pas en silence. Je ne me peux me soumettre, je ne peux me retourner, je ne peux me conformer. Je ne me coucherai pas, je ne me tairai pas.

Le courage est de chercher la vérité, de la découvrir et de la dire. La devise militaire « *ne pas subir* » s'applique au fait qu'il est insupportable d'accepter la loi du mensonge triomphant. Je crois que c'est une pensée de Jean Jaurès : « *je pense donc je gêne* ». Et je saurai que je suis sur la bonne voie quand je n'aurai plus envie de me retourner.

Je veux condamner le fait qu'un militaire, officier ou autre, n'a pas le droit de sortir des rails de peur d'être condamné à mort professionnel, puis social. Un soldat a le droit de penser et de parler et surtout d'être écouté par ses Chefs qui ne doivent pas être les maîtres d'opinion. Il n'y a que Monsieur Alain Juppé pour affirmer que « tous les militaires ont le droit de penser, mais il y a quand-même des limites à ne pas dépasser » faisant la thèse et l'antithèse en une seule phrase. Que nos Grands Chefs se rassurent : « Quand les talons claquent, les esprits se ferment »… Il sera dur de contrer le Maréchal Lyautey, le silence abyssal de la *Grande Muette* a encore de beaux jours devant lui, les militaires s'interdisant le droit de dire qu'ils pensent, préférant panser leur lèvres, quitte à continuer à passer pour des abrutis façon *Terminator*, made in Schwarzenegger.

Hélas, les Chefs militaires restent des carriéristes et sont dirigés par les politiques qui sont à la remorque des financiers et des media. Ils deviennent alors, eux-mêmes, des faiseurs et maîtres d'opinion avec l'ascendant efficace qu'est la discipline imposée. Ainsi donc, la discipline militaire est et reste la force principale des armées, et par conséquent, lorsque l'on a quelque-chose à dire, il faut fermer sa gueule, d'où la définition de Grande Muette. Cette vénérable Institution étant pourrie à sa tête par son esprit de classe, les plus hauts gradés n'étant forts qu'en temps de paix. Tant qu'un Saint-cyrien aura ses étoiles de général en sortie de Saint-Cyr, en fonction de son profil pré-dessiné, ce sera ainsi. L'E.S.M. c'est l'E.N.A., et c'est là, le drame. Quant aux autres, aspirant quand même aux étoiles, n'ayant fait que l'école de Guer [près de Saint-Cyr. n.d.l.r.], sans avoir été brillants à l'École de Guerre, ils se comporteront comme des Caporaux s'espérant Caporaux-Chefs en fin de contrat, toujours prêts à sucer des pompes et cirer des bites, ceci dans l'espoir d'un destin minima de 2S, Général quart de place… pour de bonnes balades de retraité au frais de la S.N.C.F. !...

Bref, ils contribueront à maintenir une « république bananière » en interdisant et s'interdisant de dire la vérité à haute voix. « *Dans des temps de tromperie universelle, dire la vérité devient une acte révolutionnaire.* » Georges Orwell a su bien décrire les méfaits du système totalitaire et oligarchique qui écrase toute liberté individuelle. Un militaire étant avant tout un soldat, avant d'être un Citoyen, ne peut être un révolutionnaire, donc, doit se taire, penser qu'il se tait jusqu'à oublier qu'il pense.

Sans négliger que sortir des rails c'est se condamner soi-même, mais aussi toute sa famille, épouse, enfants, parents. Ces dégâts collatéraux sont incalculables. Nous sommes comme à l'époque du système soviétique : la France marginalise et tue socialement toute personne ayant des idées différentes, et dans le cadre militaire, état dans l'état, cela n'en est que pire.

Je n'oublie pas non plus, qu'il faut garder les nuances et ne pas être absurde dans ses revendications : quand on sait que c'est le lever du jour qui fait chanter le coq, il est idiot de prétendre que c'est le chant du coq qui fait lever le jour !

*
* *

2

MÉMOIRE DE DÉSESPOIR

Je veux parler d'avenir.

Je suis Français, patriote, et ai toujours été un grand admirateur du Général de Gaulle, que je considère comme le représentant d'une République juste et démocratique. J'aime la France, ma Famille véritable, et ai souhaité de la servir jusqu'à mon dernier souffle. Ma famille de sol étant prioritaire sur ma famille de sang.

Gare ! Hélas, je ne fais pas partie du Sérail et quand on est un homme hors normes, on devient vite gêneur, encombrant. J'ai un caractère entier de Breton, avec un esprit critique qui peut me faire passer pour « indiscipliné intellectuel », car je constate chaque jour, qu'il y a deux Frances, celle de ceux qui ont le droit et de ceux qui n'ont pas le droit. Avec des attitudes de de Kersauson, entretenant mon rôle de personnage bougon et très susceptible, préférant le surnom de « Général » à celui « d'Amiral », je reste Yann Queffélec, mon pion de lycée, adepte de l'école de la liberté maîtrisée, donc de l'école de soi…

Je suis apolitique et ne considère que la valeur des Hommes, pas leur parti, ni leur religion, ni leur race.

Il y a des Chefs avec qui je serais allé jusqu'au bout du Monde, d'autres avec lesquels, j'avais du mal à franchir la grille de la caserne.

Quoi de plus merveilleux de servir la France en étant aux côtés d'un Chef pour le servir, lui et ses projets pour le Pays !

Personne n'est parfait : par manque d'expérience et sans doute trop d'allant, j'ai pu échouer périodiquement. Mais je garde une qualité, celle de ne pas être un serviteur servile comme nombre de tous ceux que j'ai connus, qui entouraient toujours les Chefs, se comportant en « petits chefs » avec une loyauté discutable et durable en fonction de leur intérêt.

J'ai toujours accepté de donner tout mon temps avec le vœu de faire toujours partie du casting, en suivant comme soutien, mes Chefs comme guides. C'est indispensable pour être efficace et rester crédible.

Le malheur étant de faire confiance, tout en étant soumis, à des Chefs qui n'en avaient que le grade. Avec ce défaut que lorsque l'on ne respecte plus l'Homme qui détient ce galon, on devient fragile. Un Chef ayant le pouvoir d'être totalitaire, et ceci de façon sournoisement démocratique.

Est-ce une motivation suffisante pour aller faire le coup de feu en Syrie ?... Dans un Pays en guerre civile, contre un Gouvernement despote où les résistants sont qualifiés de « rebelles », dont les uns sont pour une cause, les autres pour une différente, sans parler des djihadistes et diverses tendances ?... J'ai failli le faire, à l'époque où notre Chef d'État voulait l'intervention française.

Cela me rappelle le « bordel » innommable que j'ai connu dans les années 80 dans un Liban exsangue où la contrebande, finalement, était maîtresse, avec une qualité de vie inouïe, perturbée par les bombes, où les terrasses des cafés se remplissaient à nouveau, après les massacres.

Avant, j'avais une famille, une vie, maintenant, il ne me reste qu'une mission…
Je suis, je demeure plus que jamais un Officier, restant persuadé qu'il faut pour cela être un idéaliste, même si cela a nui à mon profil de carrière.

25

L'Institution militaire reste la plus belle du Monde, et notre Défense Nationale n'en serait que plus fière si certains de son élément ne confondaient pas la République Française avec un totalitarisme démocratique, importé des Etats-Unis, qui a remplacé la dictature hitlérienne, ce qui fait que tant de petits chefs s'octroient un pouvoir (alors qu'ils doivent être « au service de »), qui finalement est entre les mains de frustrés et de mal-baisés.

J'ai appris à mes dépends comment la machine broie ceux qui la servent. Il convient de ne pas ajouter trop de cynisme, car la majorité des serviteurs de l'Etat, sont réellement dévoués à leur fonction.

Mais il convient, malgré tout, sous prétexte de devoir de réserve, de ne pas parler ce qui amène à conforter la « Grande Muette ». Ces lignes sont écrites pour ne pas parler. Ecrire est une guise de thérapie, pour contenir ma colère intérieure.

Un jour merveilleux, j'ai mis un genou à terre pour quitter l'homme et prendre l'état d'officier dans l'armée.
Il n'y a pas de plus belle consécration.
Il est IMPOSSIBLE de revenir en arrière, sauf si l'on est « défroqué ».

Il est inimaginable de démissionner d'un état d'officier.
« Resigned » est le terme employé en langue anglaise pour qualifier la démission. La racine latine amène au mot « résignation ».

Jean-Pierre CHEVENEMENT a dit : « *Un Ministre, ça ferme sa gueule ; si ça veut l'ouvrir, ça démissionne* ».

Personnellement, j'ai toujours ramené ma gueule quand trop d'injustice m'indisposait. Je ne l'ai pas fermée ; je l'ai ouverte, et j'ai été démissionné contre mon gré.

Mais je ne suis pas un Politique, qui a l'issue d'une démission, où licenciement camouflé, redevient Député, avec toujours une fonction honorable, fortement rémunérée.

Un Officier démissionné, lui, se retrouve à la rue, sans aucun moyen de survie. Le RMI ou RSA n'a pas toujours existé.

Je n'ai JAMAIS été un résigné.

*

Mon lecteur va croire que je suis « hors sujet ». Les faits, rien que les faits…

C'est une simple diversion, où il est important de rappeler qu'un Officier vit un véritable sacerdoce. Je rappelle que les petits chefs despotes, souvent incompétents et inhumains, sont des tueurs prêts à éliminer les gêneurs qui pourraient prendre leur place ou leur créer quelque souci. Ils divisent pour mieux régner et appliquent la formule : « *Un pour tous, Tous pour moi* ».

Je vais faire un parallèle qui amusera les incrédules : savez-vous que si vous subissez deux dégâts des eaux, sans être AUCUNEMENT responsable, la Compagnie d'assurances vous résilie, sans préavis, et comme ces assureurs croisent leurs informations, vous ne trouverez pas à vous assurer à nouveau ! Ou alors, à un prix exorbitant, outrancier et dissuasif. Et l'on vous répondra : « *C'est la Loi !* ».

Finalement, l'officier qui tient à sa carrière et ses lendemains, ne peut, en aucun cas, tenter de faire valoir ses droits. Il se contente d'une fonction linéaire, en bon petit soldat, réglée comme du papier à musique, ponctuée de quelques coups de pute, pour se faire plaisir ou faire genre, en veillant à ne pas sortir des sentiers battus.

Il lui reste les devoirs.
Pas les droits.

Il lui est interdit de se plaindre à l'Administration qui le commande. Elle reste une vieille fille qui n'aime pas qu'on la « *prenne en levrette* ».

Ou, en ce cas, et même préventivement, elle missionne la Direction de la Protection et de la Sécurité de la Défense (D.P.S.D.), ancienne Sécurité Militaire, la Police des Polices de la Défense Nationale.

Elle mène ses enquêtes et décide des responsabilités et élimine toute personne tentée de s'attaquer à la hiérarchie. Car s'attaquer à la hiérarchie, même pour faire valoir ses Droits, c'est remettre en cause le système. Et c'est mission suicide.

Un militaire, que dis-je, un soldat se retrouve donc seul, qu'importe son grade dans la hiérarchie.

Comme dans beaucoup d'Administrations, comme la Magistrature, il peut se retrouver révoqué, sans droit à pension, c'est-à-dire condamné au R.S.A. à vie, puis au minimum vieillesse, la fonction publique lui étant dé-fi-ni-ti-ve-ment fermée. La haute hiérarchie a tout pouvoir, en s'adressant aux hautes instances de la Direction du Personnel Militaire, du genre "Conseil de l'Ordre", pour réclamer votre radiation, vous faire cesser tout exercice et vous empêcher de paraître en tenue militaire, tout ceci afin de vous effacer et de mettre dans l'embarras les autorités civiles et militaires. La Haute Hiérarchie a ce despotisme ou elle se considère "bâtonnier de l'ordre", et fait comme cela l'arrange le mieux, en faisant passer la justice avant la loi, sans se soucier du devenir de celui qu'elle condamne, feignant de vouloir ignorer que condamner un Cadre de l'armée, c'est impossible, sans condamner aussi les autres. Ce n'est pas une affaire avec la justice, que ce comportement, mais celui d'un vieux système qui aide la politique à s'accrocher au pouvoir, restant à sa botte, totalement apolitique, dans une alliance parfaite, créant ainsi une véritable meute, très efficace, qui va déchiqueter tout de qui déplaît. C'est le pouvoir de la Grande Muette : faire oublier le droit du militaire en lui faisant fermer sa gueule, sinon :

- Il est donc qualifié d'irresponsable, d'indiscipliné intellectuel.
- Il ne tardera pas à être qualifié :

- D'indésirable ;
- D'indigne ;
- De pervers ;
- Voire de malade mental (Pas de fêlé dans l'armée, l'ouverture d'esprit étant considérée comme une fracture du crâne comme si le cerveau était parti se promener...

Car la morale et la philosophie militaire, dans son éthique applique la théorie de Confucius qui veut que le soldat soit supérieur et demande tout à lui-même et qu'il serait vulgaire qu'il puisse demander tout aux autres. Ainsi, cela règle tous les problèmes de la haute hiérarchie n'ayant pas de comptes à rendre.

Tant et tant de militaires se sont, finalement, suicidés, sans rien dire, sans écrire.

Mais ce n'est pas l'apanage de l'Administration de la Défense Nationale.

Tant d'autres Administrations rencontrent les mêmes soucis.

Même dans le privé, et les suicidés de France Télécom en sont un exemple criant.

Il est toujours impossible de prétendre que le drame est suite à un Règlement de compte personnel. La responsabilité du Commandement sera toujours soigneusement occultée, en mettant en avant, une « fragilité » d'un personnel ayant des tendances suicidaires et une vie conjugale déficiente...

Les démissionnaires et les suicidés n'ont jamais osé parler de complot.

Le complot agit comme une rumeur ; c'est une fausse nouvelle, bavarde et hautaine qui grandit avec le temps. Le complot c'est un mensonge, qui, plus il est faux, plus il paraît vrai. Le complot circule par téléphone, de bureau en bureau. Il n'y a ni procès, ni poison, ni fusil, mais il se révèle invulnérable, implacable, impalpable.
Contre un complot, il est inutile de résister, de démentir ou de protester.

Il n'y a pas de procès, mais des enquêtes administratives. Ou bien des pseudo enquêtes à charge qui débouchent sur des procès dont le jugement a lieu avant. Rien n'a bien changé depuis Guy Môquet.

La parole de l'Administration est comme les voies du Seigneur : IMPENETRABLE.

Pourtant, celui qui, aujourd'hui, a choisi le parti de résister n'est ni un idiot ni un couard ni un raciste. Bien au contraire, c'est lui qui a tout compris. Il sait que son ennemi fait traîner afin de le décrédibiliser.

« Le premier qui dit la vérité se trouve toujours sacrifié,
D'abord on le tue,
Puis on s'habitue,
On lui coupe la langue on le dit fou à lier ;
Après sans problèmes,

Parle le deuxième,
Le premier qui dit la vérité,
Il doit être exécuté (…)
Ma chanson a dit la vérité
Vous allez m'exécuter. » (Guy Béart)

"Quand la vérité n'est pas libre, la vérité n'est pas vraie." (Jacques Prévert)

Et le summum est que le complot ne peut pas être dénoncé sous peine de passer pour un paranoïaque. Quand il y a un acharnement incroyable, il est impossible de crier au complot, même si l'on en a l'envie, au risque absolu de délire et d'imbécillité.

Se sentir persécuté est donc une maladie, une fragilité, une faiblesse.

Un persécuté devient en urgence un élément à judiciariser. Ainsi, prêt à tomber dans tous les pièges tendus, finalement il figurera dans des fichiers de police et sera ainsi condamné à vie, sans procès et le temps que la CNIL ait gain de cause en révélant des erreurs et dysfonctionnements persistants de fichiers d'antécédents, la victime de complot aura été éliminée par la Police et la Gendarmerie, armes absolues et insoupçonnables de notre Démocratie, Pays des Droits de l'Homme !

De plus, il n'y a aucune prescription. L'honneur est atteint définitivement.

*

Que reste-t-il à celui qui n'avait pas de « ligne de carrière » ?… mais qui est soldat comme on entre dans les Ordres, à la vie, à la mort, sans songer à une fin, à une retraite, à un reclassement ?… Se moquant du fric, des voyages et des sports de riches, préférant dormir, la tête sur un obus, plutôt que sur un oreiller, allongé près de son arme plutôt que contre une femme.

Que lui reste-t-il, à part ses illusions perdues ?…

Hormis le fait qu'il doive terminer sa vie à persuader la Haute Hiérarchie qu'il y a eu manipulation pour sa destruction, il ne pourra se compromettre dans un quelconque job civil avec comme finalité que l'appât du gain, pour espérer un chouette cercueil et une concession, en fin de voyage terrestre. Car la vie de tous les quidams sans vocation est la même : une sensation de confort quotidien pour oublier que l'on vieillit, avec un emploi du temps ponctué de RTT et de congés prévus à l'avance comme leurs réservations de billets de toutes sortes, acquittés par Carte Bleue. Cette vie ne peut être la mienne.

Je ne peux me renier ni honnir l'Institution militaire, poumon essentiel de la Patrie. Hélas, dans l'Armée, comme dans bien des Administrations ou les Politiques, on a à subir d'infâmes salauds qui s'abreuvent de l'énergie de leurs victimes, souvent en les séduisant pour mieux profiter d'elles. Ils camouflent leur côté manipulateur de pervers narcissiques sous des airs altruistes, voire de guerrier, en brouillant les repères, de sorte de vampiriser les subordonnés qui tombent sous hypnose. Le résultat est une discrimination par harcèlement. Le pire, et j'ai bien connu cela : on recherche en permanence notre tourmenteur, on en redemande, histoire de se faire « bien voir », alors qu'en fait on a le pantalon baissé prêt à des harcèlements sodomites pour leur satisfaction passagère.

Pourtant, je me croyais très fort pour repérer la manipulation en sous estimant la force et la puissance de mes prédateurs, en me croyant invincible. Pire, je faisais confiance trop rapidement, en bon apôtre, en parlant trop pour raconter ma vie en détail, donc, à révéler mes failles. Ainsi, ces chefs pouvaient exiger ce qu'ils voulaient en manipulant la corde sensible. Pourtant j'ai de l'intuition, mais je restais sourd à mon instinct sous prétexte que ce chef avait un galon de plus que moi, voire quelques mois d'ancienneté, me ramenant à l'inexpérience de ma jeunesse.

Ah, ces chefs, surtout quand ils avaient bu un coup de trop avaient des mots dévalorisant, mais je pardonnais en voulant oublier ce qui blesse quitte à me laisser dénigrer en privé ou devant mes subordonnés, voire mes proches. J'ai trop souvent accepté le manque de respect, jusqu'à me laisser frapper, alors que cela m'était intolérable. Je taisais mes émotions, ma colère, ma peur, ma frustration, ma honte, ma révolte, mes déceptions. Pourtant je savais me rendre disponible à tout moment, de jour comme de nuit, renonçant même à mes permissions ou périodes fériées, simplement parce-que je cherchais de l'attention, en rognant sur ce qui est vie privée ou de famille. Connement, je croyais que l'on recevait en fonction de ce l'on donne, aussi, j'en faisais beaucoup et même trop. Pour moi, il était valorisant de quitter le bureau à 23 heures au lieu de 17h55 comme les autres, et de faire mes rondes à 4 heures du matin au lieu de 22h25, après le film du soir. Tout cela dans un seul but : celui de satisfaire le chef, lui être bienveillant, utile… le seul souci c'est qu'intérieurement, j'attendais en permanence de la reconnaissance… Connerie !

D'accord, je jouais le jeu du souple, félin et manœuvrier, jusqu'à l'épuisement physique, donc, forcément du mental, mais, à part mes coups de gueule pour cacher mes sursauts de faiblesse, je tachais de faire croire que tout allait bien, alors que je me faisais pomper toute mon énergie par ces vampires du commandement miliaire. Et comme Jésus portant sa croix, j'espérais que mes Chefs changeraient et que leurs belles promesses seraient réelles et concrètes, sans tricherie ni mensonge. Prêt à se faire clouer sur le calvaire, pour une idée de la France tricolore. Allons Zenfants !...

Car c'est une véritable libération que de pouvoir continuer à servir les intérêts de son Pays, tant que l'on en a l'âge et la santé, même en risquant sa vie, les armes à la main, plutôt que de continuer à survivre dans un pays dont l'indice de régime politique reste le 31ème en tant que démocratie imparfaite.

Un pays où tout devient interdit sous prétexte de nous protéger afin de rallonger notre vie dont ne saurons que faire, avec une Justice ubiquiste armée.

Je rappelle que la Justice sans la force est impuissante, mais la force, sans la Justice est tyrannique. Il reste donc impensable de vivre sous les mensonges du Système de traitement des infractions constatées (STIC), ou tout autre système de fichage, qui fait qu'un Citoyen normal reste un tatoué indélébile s'il a eu une quelconque incidence de vie. Il peut avoir un Casier Judiciaire vierge, mais ce « sous-main » lui interdira toute promotion, tout avancement, tout recours, et un jugement impitoyable en cas de difficulté ou autre ennui.

Sans parler de la « fiche S » avec ses différents degrés de dangerosité potentielle basée uniquement sur l'avis de fonctionnaires, dénués de neutralité, et qui peuvent décider d'un coup de plume ou d'un clic, de votre mise à l'écart de la Société, vous infligeant la rétention coercitive de longue durée, voire définitive.

Tout ceci peut provoquer au suicide. L'Etat peut être donc, coupable de cette menace. (Code Pénal Section 6-Article 223-13).

Mais pour se suicider, il faut avoir une mauvaise image de soi-même. En cas d'injustice, celle du Palais, avec les seigneurs tellement à l'abri dans leurs ministères et celle des « Petits Chefs », ces valets serviles craignant les colères des plus grands, que l'on se croirait en 1788, sans recours possible, afin de pouvoir révéler un véritable visage droit et honnête, un Citoyen n'a plus que la solution de sombrer dans l'oubli, dans une désespérance quotidienne. Ce qui peut l'amener à un acte irréversible qui ne fera que confirmer une « fragilité psychologique » donc sa seule faute confirmée…

Dans notre démocratie, certes, nous ne risquons pas la mort. Cependant, en devenant gênant, gêneur, indésirable, indigne, chaque jet de dés vous amènera vers la case Prison, dans ce Jeu de Loi.

De fait, notre République fabrique des délinquants.

Dénoncer des irrégularités révélées vraies entraînera un Contrôle fiscal, une surveillance omniprésente guettant chaque faux pas, quitte à le provoquer.

L'an dernier, ou peut-être avant, le temps n'existant plus, j'ai envoyé une circulaire à 50 destinataires, dont la Présidence, des Députés, des Ministres ou anciens ministres, mon Député, mon Préfet, affirmant mon suicide par immolation par le feu.

La Gendarmerie de mon Village a juste téléphoné à mon Epouse pour quelques explications, sans plus se préoccuper si j'avais donné suite à ma menace…

Par contre, quand j'ai eu l'outrecuidance de faire brûler des branches dans mon jardin, un hiver, dénoncé par un voisin courageux, ma propriété a été prise d'assaut par deux gendarmes verbalisateurs…

LE PRISONNIER

En France, nous avons nos Cabinets Noirs, des Programmes Noirs, qui échappent à tout contrôle officiel du Gouvernement, mais qui arrivent, si besoin est, au coordinateur du renseignement à la Présidence.

Souvent je considère la France comme le Village du Célèbre Numéro 6, dont le producteur était Patrick McGoohan. Ce feuilleton des années 65 reste d'un réalisme actuel, où les villageois sont sur un jeu d'échec géant, paralysés sur ordre vocal et bougeant selon le gré d'un Numéro 2, Chef de ce Village, cage dorée dans un univers sans sentiment.

Nos français ressemblent à ces villageois, en moutons de Panurge, où l'on ne sait pas différencier les Amis des Ennemis. Personne ne fait de faux pas, se sachant écoutés, épiés, filmés.

Personne ne boit, ne fume, ni dépasse la vitesse permise.

Il y a un prisonnier peu commun : le Numéro 6. Le début de ses déboires vient du fait qu'il a détecté dans son travail des « anomalies dans le système ». Sans plus de précision. Mais cela pourrait être un harcèlement moral, une mise au placard, des déboires professionnels suite à une jalousie, une rivalité, une mutation punition…

Le Numéro 6 a fait part de ses analyses et désapprobations par un rapport détaillée à sa hiérarchie.

Panique au sommet des décideurs !

Des obscures mesures conservatoires par manipulations sont mises en œuvre en urgence pour le contrer.

Ce genre de fiction peut paraître amusant, mais c'est dans le domaine du possible, du réel.
Noter que cette série, bien que datée, n'a pas pris de ride et reste bien actuelle.
(Malversation, corruption, détournement d'argent public, mœurs, etc.)
Car notre Société oscille entre l'ordre partiel et le chaos.

On se débarrasse toujours des individus qui en savent de trop. Ou alors, on les « tue » discrètement par un sournois harcèlement, voire une réclusion par différentes sortes de claustration, comme l'isolement, la solitude ou la quarantaine.
(A une autre époque, on les jetait tout simplement dans les oubliettes d'un château.)

Dans un monde moderne, les insoumis, les perturbés, ou considérés comme tels, sont parqués dans un Village. Ils vivront, mais sans espoir de jours meilleurs. On leur parlera de Justice, mais ils ne pourront jamais avoir d'Avocat ou des « désignés » qui plaideront coupable.

Un jour, sous-lieutenant, avec mission d'Officier de Garnison, j'ai visité, une structure psychiatrique dans un Hôpital des Armées. J'ai été outré par ce que j'ai vu. J'ai fait un rapport détaillé.

A en perdre la boule… aurait pu dire Freud en Numéro 2 du Village Français.

Après j'ai compris que j'étais condamné à disparaître, pour avoir vu ce que je ne devais pas voir.

Les conditions de travail sont alors devenues difficiles, avec mes projets avortés ; pourtant je n'avais aucune ombre dans ma vie. Je découvrais alors le sournois, sans possibilité de mettre directement en cause ma hiérarchie.

Le harcèlement moral est comme le complot : même indiscutable, il ne peut être prouvé et décrédibilise la victime, qui ne peut, réglementairement, qu'être victime d'elle-même, en écartant absolument le contexte du travail. Le harcèlement s'accompagne d'agressions verbales qui englobent les atteintes dégradantes, les marques de mépris et la non reconnaissance de la fonction.

Je me suis toujours accroché à mon travail, par véritable passion. Certes avec des ambitions, mais sans jamais faire de plan de carrière, l'avenir venant bien assez tôt. D'ailleurs l'ambition est une île dans la mer qui recule à mesure que le nageur avance. Cependant, cette appétence me faisait accepter les fonctions les plus basses et les plus ingrates ; c'est ainsi que l'on grimpe dans la hiérarchie, quand on ne vient pas du sérail, mais c'est aussi dans la même posture que l'on rampe.

Fils unique et enfant non désiré, j'ai trouvé dans l'Armée Française, ma Famille. J'ai vite compris que pour tomber, on se débrouille seul, mais que pour se relever, la main d'un ami est nécessaire. Ces bonheurs d'aide m'ont permis d'être perfectible et de pouvoir me réaliser jusqu'à avoir de hautes responsabilités supérieures à mes grades.

Il est simplement dommage d'être à la merci de quotas financiers et de compressions de personnels où la pression est constante.

Travaillant de contrat en contrat, d'année en année, j'étais indéfiniment sous pression ; être toujours le meilleur : les six premiers mois, pour remercier de la confiance qui m'était faite et les six mois suivants pour mériter que cette confiance soit renouvelée.

C'est le handicap des Officiers considérés comme « travailleurs saisonniers », sous contrats précaires, que l'on appelle C.D.D. dans le civil. Tout en soulignant que l'Armée sait faire sa popote, en tant qu'État dans l'État, et que le nombre de CDD est limité à deux, devant être requalifié en C.D.I., surtout si l'on détient des diplômes militaires de haute qualification, en spécialité. J'en reparlerai plus loin dans le récit.

Finalement, il est déplorable de constater que l'Etat dévore ceux qui le servent, à la moindre faiblesse, même provoquée. Il existe une volonté de déstructuration de la réalité afin de briser l'individu. Officier, je ne connaissais que mon environnement, ignorant tout de la vie civile et des habitants, avec juste mes souvenirs d'écolier. L'Armée restant mon Monde, ignorant tout de la cité où je n'étais qu'un passager, sans me préoccuper sur la complexité des rapports humains. Je refusais même mon droit de vote, considérant que j'obéirais à l'Etat quelque soit son Patron sans me douter que parfois, obéir aveuglément, c'est trahir et que désobéir de façon éclairée pour démystifier, déciller, c'est servir.

Je vivais dans mon petit monde, même en traversant le monde, tel un Grenadier Voltigeur évitant tout contact et tout piège. Il fallait traverser les pires péripéties sans jamais que celles-ci ne m'affectent grâce à une forte personnalité.

Il était donc impensable que je puisse démissionner. D'ailleurs, il n'y en avait pas de raison ne serait-ce que ce serait sortir de l'aquarium à l'air libre un poisson rouge, le condamnant ainsi à une mort certaine.

On peut donc deviner les conséquences d'un départ soudain et subi, mais pas la réalité d'une démission, totalement irrecevable d'ailleurs ; n'importe quelle Assistante Sociale des Armées pourra le démontrer, simplement en invoquant le vice de forme.

Combien de soldats de tous grades qui se sont ainsi retrouvés civils par radiation, sont devenus des Sans Domicile Fixe ou des délinquants, non par vice, mais à cause du pur abandon par l'Institution qui, est de fait, responsable de ces dérives, l'avenir d'un ex-militaire ne l'intéressant pas. Et c'est fort dommage pour l'image de nos armées, car lorsqu'un « ancien » se trouve impliqué dans un fait divers, les media aiment à se gargariser de l'ancienne qualité du délinquant. La reconversion, qui doit être obligatoire, n'existe pas et il n'y a aucun suivi ; les pseudos Amicales d'Anciens n'étant que des vœux pieux, n'ayant aucune autorité administrative.

La vie civile ne m'a montré plus globalement que son caractère totalement absurde, où les gens ne vivent que pour gagner de l'argent et vivre dans une Société de consommation déconcertante de banalité.
Je comprends ma fuite de la vie quotidienne, ma fuite des réalités sociales, ma fuite des échelles hiérarchiques politico-financières.

La vie militaire m'a toujours donné la motivation que j'aidais à protéger le monde qui nous est offert et n'ai jamais voulu faire partie de ses créateurs. Etre juste un défenseur, un serviteur de l'Etat.

Je n'ai jamais songé que finalement, je deviendrai un jour, celui qu'il faut enfermer, dangereux pour la communauté et représenter un « ennemi public », simplement parce-que j'ai toujours persisté à vouloir reprendre mon travail que l'on m'a volé et non pas être reprogrammé pour une reconversion sociale et devenir conditionné comme tous ces citoyens, arrêtant de boire, de manger gras ou de fumer sur ordre, persuadés que c'est pour leur bien au lieu de prendre conscience politique et morale afin d'éviter un régime totalitaire, où seule la persévérance dans le labeur quotidien est admise, se soumettant à la puissance de l'argent qui s'oppose à l'individu.

J'ai toujours refusé cette vie de civil qui nous ramène à nos inhibitions et à nos incapacités d'agir et de changer le cours des événements. Je reste un farouche ennemi du stress psycho-social et dénonce l'homme prisonnier de lui-même.

En fait, je suis un prisonnier, sans barreaux, responsable de mon propre enfermement, et comme les autres, un bâtisseur de ma prison.

C'est pour cela que je veux fuir ce système clos et simpliste, être enfermé dans un système faussement douillet, contre un conformisme « petit bourgeois béni-oui-oui ».

Je veux redevenir maître du système, sortir de la routine absurde qui conduit en Maison de Retraite, revenir au réel.

Vivre en couple, élever des enfants, qui, sortis du nid, vous oublieront ; prendre du bide et des rides en se dégoûtant devant la glace, s'endetter en soûleries de faux luxe de vie censé apporter le bien-être, ne peut être une motivation suffisante de vie. L'adrénaline, oui, d'accord, mais pour une cause valable, comme la défense et la protection d'une Nation, car se faire peur, uniquement pour le plaisir de sa trouille, n'a pas d'intérêt.

Je comprends, même si je ne partage pas, ces jeunes français devenus Djihadistes, simplement par un dépit de la vie sans intérêt, où tout est édulcoré, sans avoir pu avoir l'opportunité d'un Service National qui leur aurait fait comprendre le patriotisme, l'amour du Pays et la transpiration ; j'admire ces Peshmergas octogénaires qui manient la kalachnikov avec dextérité, malgré les ans et les rhumatismes, en faisant preuve d'une détermination sans faille dans leur dure lutte contre le Djihadisme et l'obscurantisme.

Quoi de plus noble au Monde que d'être soldat pacificateur, afin d'éviter les conflits et les génocides, ce combattant œuvrant pour l'espoir, la ténacité et l'humanisme de son Peuple. Ces gens d'arme, étant les sœurs Théréza de la Patrie avec le privilège du sacré, quitte à se sacrifier pour la paix et la liberté de son Pays.

Ce qui n'a donc rien à voir avec un job de mercenaire ou de vigile convoyeur de fonds, où le Saint Patron n'est qu'un billet de banque avec des points retraite.

Mon ordinateur démarre avec le chant la « Prière du Para » de l'Aspirant Zirnheld, interprété par une promotion Saint-Cyrienne, après bidouille sur le fichier *DLL, imageress*.

Cela vaut mon recueillement, comme la Marseillaise, car, je veux, plus que jamais, garder, et la force et la Foi, en mémoire de tous ces parachutistes de la France Libre dont les sacrifices me permettent aujourd'hui ce prêche avec l'homélie de remontrances et réprimandes.

Comme les marins de l'Île de Sein, je suis volontaire, exalté dans un dévouement patriotique, pour accourir généreusement vers une Patrie en danger.

Pour moi, il n'y a, en fait, rien que de très naturel et correspond à mon Idéal.

Je veux apporter mon savoir-faire, mon expérience du terrain.

Je reste un esprit sain, dans un corps, s'il n'est d'athlète, avec de beaux restes, prêt à bondir.

Je parcoure 100 à 200 kilomètres par mois, en cross, dont un semi-marathon par semaine.

Au pistolet, à trente mètres, sans lunettes, je mouche les bougies.

En échange, je ne demande pas grand-chose, sauf la Justice, mais cette fois, la vraie, pas celle tronquée, orientée et clientéliste.

*
* *

3

PRIMAIRE SECONDAIRE MILITAIRE

Je suis révolté, indigné.

J'ai donné mon âme à Marianne pour une idée de la France, comme Saint Martin Soldat, qui par un geste décisif de sa vocation, n'a pas hésité à se dépouiller pour aider autrui.

Un soldat sera victorieux et prospère tant qu'il sera fidèle à la foi militaire patriotique. Il sera durement châtié toutes les fois qu'il sera infidèle à sa vocation.

Le soldat français est un descendant du Royaume de France et ainsi reste fidèle aux paroles de Saint Rémi lors du baptême de Clovis vers 496.

Quiconque, même doré des parements d'un haut commandement politique ou militaire, n'a le droit d'inverser le sens de ces paroles, le soldat ne pouvant être châtié injustement s'il reste fidèle.

C'est le résultat d'une éducation, dans des traditions qui paraissent d'un autre temps, où l'on parlait du Paradis et de l'Enfer, de la carotte et du bâton, bref avec la notion du devoir où les droits étaient sous silence.

Les Parents étaient l'Éducation et la conduite à tenir, de gré ou de force.
Le catéchisme nous confortait dans cette ligne droite du bien et du mal, du travail et de la récompense.
Et l'école laïque, dès l'école primaire, après les tâtonnements de la Maternelle, m'a appris l'essentiel de ce que devait être la vie. La culotte courte sur des genoux toujours froids, la blouse grise, la rigueur d'instits toujours prêts à tirer les cheveux et donner des coups de règle, ont été la meilleure formation où l'on ne songeait pas à aller se plaindre de mauvais traitements.

Pourtant, quand j'étais môme, l'instituteur nous prenait, lui, debout, sur une de ses jambes, repliée sur une chaise, en nous tenant par une main, il baissait notre pantalon de l'autre. Il nous frappait, « cul nu », devant toute la classe, à grandes claques cinglantes et fortes. Nous pleurions. Je me souviens qu'après ces fessées « viriles », l'instituteur était rouge violacé après cet effort. Nous avions droit aussi, au « hall d'honneur », où, pendant les récréations, nous étions debout, notre cahier à la main, apprenant la leçon non sue, dans le hall d'accès à l'Ecole, bureaux et classes. Les élèves se moquaient en passant, les parents d'élèves souriaient, pleins de béatitude devant la sévérité admise. Sans parler des tours de la cour, avec le cahier dans le dos.

Nous ne nous en vantions pas, à la maison, auprès de nos Parents, car cela aurait été leur honte assurée, et nous aurions repris d'autres fessées. Alors, à quoi bon ?…

Tout ceci était commun, courant, régulier. Nous étions convaincus d'être des punissables mais que tout ceci était fait pour notre bonheur, nos instituteurs n'étant pas méchants, mais simplement nos **éducateurs**, nos Maîtres.

Je me souviens d'un de mes « instits », se moquant de moi, car, en classe, sur la figure, j'avais la marque des doigts d'une gifle de mon Paternel. Son seul souci à ce « Maître » : savoir pourquoi j'avais eu cette gifle, et pour cela, il questionnait les autres élèves, en riant, par harangues perverses, fétides et moqueuses.
C'était cela, l'Education Nationale, dans les Ecoles Primaires, avant 1968. Nous n'en sommes pas morts, et, si ces pratiques avaient toujours cours, combien de procès auraient lieu de nos jours ?… Nos Parents et nos Instituteurs auraient passé leur temps devant la Justice.

Autres temps, autres mœurs ?…

Oui, sans doute, mais nous marchions droit.

Nous étions soumis, prêts à entrer dans l'engrenage, alimentés le mardi après-midi avec une bouteille de lait, don de l'État, une éducation rigoriste, des séances de sport qui se bornaient à marcher au pas et à faire la gymnastique du « Landi », au son du tambourin, afin d'effecteur le défilé des Écoles publiques le 1er mai de chaque année, en short bleu, chemise blanche et cravate noire.

Nous étions fiers. Fiers d'être français où nos leçons de morale et d'instruction civique étaient aussi importantes que la grammaire, la récitation, le calcul et l'histoire-géo. Je ne regrette rien de cette époque, car c'est pendant cette phase de l'École Primaire que se bâtissent les véritables bases des futurs adultes. L'âge de raison de 7 ans se doit d'être précédé et suivi d'une éducation ferme et sans dérivation, pendant cette période charnière. Car l'éducation d'un enfant ne passe pas exclusivement par la transmission des savoirs, mais aussi par la construction de sa personnalité.

Toutefois, il y a une contradiction interne, car la construction de la personnalité d'un enfant relève manifestement d'une idéologie: elle est influencée par l'enseignement reçu. Le danger est que l'enseignement donné par les écoles publiques n'est certainement pas neutre. Quoique : mes "maîtres" étaient tous communistes, et j'ai pourtant élevé avec une doctrine de Droite. Ce qui indique que ces hommes se montraient apolitiques dans leur pédagogie, ne découvrant leur tendance que bien plus tard, quand j'ai découvert que tout est politique… Nos aînés quittaient cette période après le Certificat d'Études Primaires, qui, à mon avis, a bien plus de valeur que tous les diplômes qui seront distribués plus tard. Un enfant « loupé » en primaire, ne réussira jamais sa vie, ne serait-ce parce qu'en France on juge quelqu'un sur ses diplômes et non sur ses compétences.

Un haut diplômé est souvent une personne qui a hérité d'une très bonne mémoire, et ce n'est pas une preuve d'intelligence. J'ai eu comme élèves des polytechniciens qui étaient cons comme des bornes kilométriques, et servi sous les ordres de Colonels parfaitement incompétents. En revanche, j'ai eu à faire avec des « manuels », presque illettrés, qui se montraient extraordinaires dans les situations les plus compliquées. Il n'empêche qu'il faut un tronc commun à chaque humain qui doit avoir absolument le laissez-passer dans la vie qu'est, que doit être et doit rester, le Certificat d'Études Primaires.

*

Je ne suis pas ici pour faire une page d'Histoire de la France des années 1960 ; j'utilise les méthodes de nos Services Spéciaux, qui, lorsqu'ils font enquête sur un individu, remontent jusqu'au sperme de la paternité.

Cela me permet d'attirer l'attention sur la différence entre « *sensible* » et « *fragile* ». Ces deux termes sont essentiels et ne doivent, en aucun cas, figurer sur la fiche profil d'un Officier, meneur d'hommes, car ces valeurs sont appelées à compromettre le rouage méthodique de l'Institution Militaire, par simple incompréhension et risques d'amalgames. Rajoutez le terme « *émotif* », et là, c'est mort, car un émotif est qualifié d'*impressionnable*, *vulnérable* alors qu'il peut être *sensitif*, *intuitif* et *inspiré*. La langue française a cette richesse de vocabulaire que l'on faire toujours faire interpréter une loi, faite de mots, à l'avantage des uns, contre de désavantage des autres !... Un simple mot permet de condamner Charles de Gaulle à mort ou d'indignité nationale, tout dépend du vice du politicien véreux qui manie le langage.

Sensible, je l'étais, je le suis, je le serai. Fragile, je ne l'ai jamais été.

Vulnérable, peut être et sans doute quand on est trop honnête, sensitif, dans le sens de *généreux*, assurément.

Pourtant, une association et confusion sont faites et le pas se franchit aisément.

Je l'ai compris très tôt. Comme je ne supportais plus les raclées quotidiennes, tant du côté des instits que de mes Parents, plutôt sentimental que sensible, j'avais cru opportun de me faire passer pour fragile afin d'éviter les coups à répétition, donc « *à épargner* ».

Non pas que j'étais, que je sois, une « *tête à claques* » ; simplement, j'étais un petit con, bien de mon époque, fils unique sous une coupe parentale omni présente, un peu sauvage, donc un peu rêveur, tout pour faire un bon cancre, capable du meilleur comme du pire. Bref, quand je n'avais pas le droit, je prenais le gauche, avec sanction raclée, à la clef… Je savais me battre comme un chiffonnier, comme cela se faisait à l'époque où nous n'étions pas lobotomisés. Le « *je suis plus fort que toi, tu vas voir à la sortie* » était la coutume. Chaque jour, je m'affrontais au copain qui disait que « *son Père était plus fort que le mien* ». A l'époque, nous ne savions pas que « *ta Mère en baskets est tellement moche qu'on croirait que c'est ta mère* ». Nous cherchions, enfants, à asseoir notre virilité, malgré « *nos culottes courtes* » et nos chaussettes noires. J'ai compris plus tard, que mieux valait un genou écorché qu'un pantalon troué, pour l'économie parentale. Donc, les sorties de l'école étaient épiques, et tels des gladiateurs devant une quinzaine d'autres mômes, nous nous mettions de bonnes branlées, vite fait, bien fait, au risque d'arriver en retard à la maison, et de s'en reprendre une autre pour hors délai, par un paternel énervé !

Donc, j'étais loin d'être fragile et ce mélange de *Guerre des Boutons* et du *Petit Nicolas* était notre environnement où nous grandissions sainement.

Je reconnais que les bases de l'éducation d'un enfant faites de tirage de cheveux « par derrière » par un instituteur attentif à nos fautes d'orthographe, pendant les dictées, nous apprenaient l'orthographe, et que la gifle pour un comportement non-conforme à la discipline, nous faisaient le plus grand bien. Nous n'imaginions pas qu'un jour les gosses appelleraient *SOS Enfants battus* au moindre tirage d'oreille. Ceci explique cela, et je prétends que l'éducation que nous avons eue faisait que nous connaissions les limites droites et gauches du chemin de vie à parcourir.

Mais, comme j'étais un « petit con » futé, je me mis à faire du théâtre, ne ménageant pas les pleurs et la bouille boudeuse, afin de limiter tous ces coups. Je poussais même le vice, pantalon baissé sur les genoux au cours d'une fessée face au public de la classe, pour lâcher un pet dont j'ai le secret. Ce truc qui fait que tout ennemi abandonne sa proie. C'était ma façon de ne pas être castré, de garder mes réflexes de défense, une capacité naturelle de répondre à l'agresseur. Malgré cela et cependant, je fus classé « fragile - à ménager » au cours d'une de mes notations de l'École Primaire. Stupidement, j'en étais fier, car je pensais que les coups cesseraient et que mes Parents en prendraient note pour avoir un comportement moins brutal. J'en avais marre de servir de punching-ball. Car, face aux coups, il y a une nuance : quand c'est une correction administrée avec amour, elle est acceptée. Quand c'est méchant, avec un sentiment sadique, la fessée devient insupportable.

A cette époque, nous étions ainsi élevés. Nous pensions tous que la fessée et les coups faisaient partie de l'éducation. Nous n'avions pas de questions identitaires et nous nous élevions afin de devenir des citoyens de France, un pays merveilleux que l'on apprenait à connaître ainsi, de la chaîne d'arpenteur pour découvrir ce que représentait réellement un kilomètre, au baptême de lancement de la Frégate Lance-Engins DUQUESNE où nous étions pas peu fiers de considérer que nous étions forts d'une force militaire. Nous apprenions que la France avait des ennemis : l'Allemagne sordide que nos instits nous décrivaient de la sorte, ayant connu la seconde Guerre, et nous commentant l'exposition sur les Camps de Concentration, les américains, ensuite, car nos « maîtres » étaient tous communistes, qui nous expliquaient le pourquoi des inscriptions « US go home » sur les murs de la ville.

Je fus donc effaré, quand, 20 ans plus tard, j'ai appris que cette mention « *à ménager* » figurait dans mon dossier personnel militaire, confiée par une indiscrétion d'un Commandant Médecin, qui me révélait cette sottise dégotée lors de l'enquête faite sur moi afin d'intégrer ce qui s'appelait à l'époque le S.D.E.C.E., « Sdèke » pour les intimes, avec sa « *filiale* » administrative du 89ème Bataillon des Services…

En fait, peu d'enfants étaient sur les quais d'un port de commerce jusqu'à minuit, jouant aux osselets avec 5 cailloux, pendant que mes Parents pêchaient, sous prétexte que leurs voisins étaient bruyants et les empêchaient de dormir, en semaine ;

Peu d'enfants étaient sur un rocher, jouant dans les marres laissées par la marée basse, avec des coquilles de bernique en flottilles navales, pendant que Papa-Maman jetaient leur ligne ;

Peu d'enfants allaient à la messe de dimanche matin à la séance de 6 heures et demi, pour se retrouver, une heure plus tard, dans l'arrière de la voiture garée dans un chemin creux, pendant que ses parents chasseurs partaient courir les champs pour des tueries giboyeuses, jusqu'à la nuit. Censé faire mes devoirs sur les sièges, je préférais faire Zorro contre mes ennemis imaginaires, cueillir des mures ou ramasser des châtaignes.

Évidemment, tout cela n'encourageait pas à une scolarité performante qui se soldait par les raclées des instituteurs et parentales. Cela tanne le cuir fessier… la seule chose que je trouvais insupportable, c'était le verre de vin à travers le visage, pour une parole malheureuse à table, qui précédait mon départ pour mon lit. Le shampoing au pinard sentait mauvais et tachait mon oreiller…

Non, je n'étais pas fragile, au contraire, mais cette ambiance m'atténuait. Mes vacances, c'était le square le jeudi après-midi, aller poster le courrier professionnel avant 19 heures, puis de sortir les chiens de chasse pour qu'ils crottent avant de retourner leur vie dans le noir de la cave de l'immeuble. Non, ce n'était pas Zola. Nous n'avions pas la Télé, et le soir j'entendais ma Mère à confession jurer « sur les cendres de son Père qu'elle n'avait pas vu Untel ni Untel » pendant sa journée de travail au bureau de mon Père, et quand cela se passait mal, j'avais droit à assister aux cris et coups échangés entre Père et Mère, histoire de détendre l'atmosphère.

Puis je suis allé au Lycée. Ma première classe de 6ème fut celle du pays conquis : des profs qui ne tapaient pas et des pions qui n'appréciaient pas que je saute du haut du portique. Bref, une année d'essai à renouveler, histoire de trouver mes marques.

J'y ai donc trouvé ma place et suis devenu Chef de Classe puis Délégué, d'année en année. Je m'apercevais, à ma surprise, que je réussissais bien quand je m'intéressais et nul quand j'étais réfractaire à une matière déplaisante que je trouvais ennuyeuse.

J'étais le seul dans un Lycée de 1200 ou 1500 élèves à bénéficier du tarif lourd : de 8 heures à 18h30 tous les jours, le mercredi matin jusqu'à 13h30 et le samedi jusqu'à 16heures. Ainsi, je n'étais pas une charge pour mes Parents qui ne songeaient qu'à gagner tous les jours un peu plus de fric, toujours et encore plus. Pour leurs vieux jours, disaient-ils, car ils n'auraient pas de retraite suffisante. Mes anciens pauvres voulaient devenir de nouveaux riches.

L'école laïque étant gratuite, mon paternel ne concevait pas d'acheter des fournitures scolaires et ce fut le drame de mon entrée en 6ème qui ruina mes parents en frais de demi-pension, location de livres et achats de cahiers !

J'avais compris la leçon et fus rapidement animateur de la Coopérative scolaire ce qui me donnait la gratuité de mon foutra scolaire. Et comme j'étais au lycée « à plein temps », au cours de ma scolarité, je devins animateur-responsable de :

- La Coopérative Scolaire ;
- du Ciné-club ;
- du Club atelier photo ;
- du Club littéraire ;
- et bien sûr, en tant que Délégué, responsable du Cahier de Textes professoral et du Registre d'absence.

Bref, comme un poisson dans l'eau où je poussais le vice jusqu'à créer le Charivari, premier journal lycéen de l'époque, où j'étais Rédacteur en Chef, Journaliste, chroniqueur, reporter. A l'époque, le seul moyen d'impression que seuls les vieux comme moi connaissent, c'était le « tirage à alcool » où chaque page à créer était une aventure, pour que le résultat soit lisible. Ce me fut l'occasion d'apprendre à taper à la machine à écrire.

Ma scolarité fut assez paisible, en étant maître du terrain pour émousser mon côté cancre. J'avais retenu une leçon de morale de classe primaire, d'un cancre, bon dernier, devenu surdoué quand l'instituteur eut la bonne idée de lui donner des responsabilités. J'ai essayé : ça marche ! Et, de la sixième à la Terminale, j'ai été Délégué de Classe, sauf une fois, à cause d'une égalité de voix donnant priorité au natif le plus ancien.

Mais à deux reprises, j'ai merdé mes années :

- Quand je fus amoureux en classe de seconde. Mon cœur brouilla ma cervelle qui fit des nœuds. L'amour est le pire sentiment, un peu comme une drogue dont on ne peut plus s'en passer et qui fait souffrir. Je me suis juré de ne jamais recommencer et ainsi je fis une classe de première exceptionnelle !

- Quand j'ai bâclé ma classe de Terminale où j'étais devenu auditeur libre, car j'avais décidé que ma vie serait celle d'un soldat. Jusqu'alors, je voulais être flic. Pas Gardien de la Paix, mais San-Antonio. Je trouvais le monde bien fade, une naissance, une vie, une mort. Je devinais l'existence terrestre courte et longue à la fois et j'étais ferment décidé à ne pas me prendre la tête à sacraliser le pognon. J'avais l'exemple de mes Parents qui ne vivaient que pour cet or à amasser, tous les jours, un peu plus, sans jamais de loisirs à part la pêche et la chasse. Pour quitter l'état d'ancien pauvre et vouloir devenir nouveau riche. Dans quel but ?... Mon Paternel répondait : j'aurais une retraite minable et je veux gagner suffisamment de sous pour ne pas finir en Maison de Retraite et pouvoir mourir chez moi. Mais j'avais envie d'une tête bien faite de pauvre et non pas, bien pleine de fric.

Prolonger Zorro et jouer aux Gendarmes et aux voleurs, me tentaient assez bien... jusqu'au jour où j'ai compris qu'un Commissaire de Police a plus sa place dans un bureau que sur le terrain, l'arme au poing. Alors, faire des études, assis sur une chaise, pour continuer à me lustrer le postérieur chez les Poulets, non merci. Et comme j'allais au Bac, j'avais décidé que ce serait pour un job de chef responsable, mais je me voyais plus Francis Coplan ou Hubert Bonisseur de la Bath que flicaillon de quartier.

Vivre les cheveux sur les oreilles à rêvasser dans une Faculté, à jouer l'intellectuel, me donnaient le dégoût, car il faudrait au moins me fader encore quatre années d'études, de devoirs surveillés et d'examens, avant de...
...de quoi ?... Papa voulait que je sois Huissier de Justice, ou Notaire. Gagner du fric. Il m'avait déjà choisi mon Épouse, une dont le Père était friqué... peut-être me ferait-il aussi les gosses ?...

Bref, pas de quoi être enthousiaste. Je voyais les vieux, les sexagénaires mis en pré-retraite, bons pour la casse ; les plus anciens, assis sur des bancs, pliés sur leur canne. Je comptais : 60-20=40. Putain ! Moi, qui voulais être éternel, j'évoquais sans cesse ce conte à d'ébourre : 10 ans de lycée, ça va vite, ma classe de sixième, c'était hier. 10 x 4 = 40 ! La vie c'est un éclair, tout ça pour crever, avant, après, ou même pendant ! Donc, ces 40 ans de vie active, il fallait qu'ils soient intenses, avec de l'adrénaline, de l'action et pour faire quelque-chose de grand, d'utile. Tiens, Pape, pourquoi pas : Pape. Mais non, il doit s'emmerder. S'il faisait des miracles, ça se saurait.

Alors, je me rappelais l'histoire de l'homme qui connaissait tout le monde et qui était pote avec le Pape. En fait, la vie, pour moi, c'était de connaître tout le monde de cette planète et d'être reconnu, comme bienfaiteur, mécène, humanitariste, protecteur, mais pas comme connard, Monsieur Dupont et pas Ducon.

Je savais que je n'étais pas Superman et n'étais que d'une apparente banalité comme tant et tant d'autres, avec simplement l'envie de connaître les VIP de par le monde et de posséder la notoriété.

J'ai pu connaître cela en Afrique et au Moyen-Orient, et je n'étais pas peu fier que l'on m'accueille les bras ouverts avec un sentiment de contentement apparent de me revoir.

J'avais un ego fracassant et une soif de vivre, sachant qu'il me restait 40 ans de valables à vivre. Doté d'une forte personnalité, je ne laissais personne indifférent ; soit on m'adorait, soit on me détestait, mais je ne laissais personne insensible.

Pour en revenir à mon histoire drôle, j'imaginais le lecteur que vous êtes, dans la masse de la foule Place Saint-Pierre, entendre une personne dire : « *Yé ! Dites-moi donc, c'est qui, ce gars habillé en blanc à côté de Lebol Jean ?...* »

Bon, ok, mais pour être pote avec la Pape, cela ne s'improvise pas. Le curetonage ne m'enthousiasmait pas. J'avais été enfant de chœur pendant quelques années, membre des J2, avec notre Club dans les sous-sols de notre église. Mais j'avais quitté, du jour où j'avais surpris un de mes copains d'aube, vautré sur les genoux du prêtre qui nous assistait… Puceau, je n'avais pas tout compris, sauf qu'il y avait du malsain. Me faire fesser, le cul nul par mes instituteurs me suffisait et je ne pouvais admettre que les curés s'intéressent aussi à nos fessiers. Je ne comprenais pas pourquoi mes copains d'église avaient autant d'entrain et j'avais surpris un manège de certains qui assistaient la messe à poil sous leur aube. Après les offices, ils avaient des cadeaux, des chocolats… je ne comprenais pas pourquoi je n'en avais pas. Je pris donc la fuite, me sentant intrus, et abandonnais le nom du Père, du Fils et du Saint Esprit. Aujourd'hui, c'est très mode de parler de pédophilie, alors qu'il faut prendre conscience que cela existe depuis toujours et que les gamins que nous étions étaient des proies faciles sous couvert de bienfait clérical…

Cette année de classe de Terminale devait être la charnière de ma vie. L'ONISEP ne m'apportait rien, et je n'en attendais rien. Je restais sur mon exposé d'histoire, que j'avais fait subir à ma classe, sur l'Armée Française, qui avait fait naître ma vocation. J'avais tarabusté inutilement et en vain, mes Parents, pour entrer aux Cadets d'Aix-en-Provence, afin d'être, selon la devise, « *Cadet d'aujourd'hui, Colonel de l'an 2000* ».

Dès mes 8-9 ans, je lisais Jean Bruce et Frédéric Dard, grâce à des fouilles fructueuses dans le grenier grand-parental. Les bandes dessinées ne m'intéressaient plus et me passionnais pour ces récits peu communs.
Il me fallut peu de temps pour me familiariser avec le vocabulaire sanantoniesque. Arrivé en 6ème, je fus dépité lorsqu'on m'imposa la Bibliothèque Verte au C.D.I. du bahut !

Et c'est là, que finalement, je fis connaissance avec Langelot, Agent Secret du Service National d'Information Fonctionnelle [S.N.I.F.], filiale du Sdèke.

Je dois avouer que c'est cet auteur de roman d'espionnage pour bambins boutonneux, qui a bousculé ma vie.

Je m'étais identifié à ce blondinet de 18 ans devenu à son jeune âge, Agent Spécial de la République Française. Très vite, je m'étais mis en relation avec l'illustrateur des pages de ces romans en lui demandant si c'était possible d'avoir une Carte d'Agent Secret, dite vierge, sans les identité, photo et empruntes digitales de Langelot, figurant au début de chaque ouvrage édité. Face à la fraîcheur de mes 12 ans, Monsieur Paulin, ce dessinateur alla jusqu'à me créer une carte personnelle ! Puis, sur ma lancée, par le biais de l'Éditeur, je pus établir une correspondance suivie avec le « Lieutenant X », auteur de ces Langelot. Après quelques années, nous pûmes nous rencontrer à Paris au cours de l'un de ses voyages en France, car il résidait aux Etats-Unis. Ce brillant auteur, du « Retournement », n'était ni plus ni moins que Vladimir Volkoff, écrivain célèbre, Russe blanc et ancien Agent Spécial de la France, avec des déboires inévités de la « Guerre d'Algérie »…

Dans mon bahut, je créais donc un réseau du S.N.I.F. J'eus, évidemment, un ennemi, qui avait créé l'U.N.C.L.E. et qui se faisait appeler, bien sûr, Napoléon Solo… L'United Network Command for Law and Enforcement avait le même but, la même raison d'exister : tout savoir sur tout, avec des « boîtes aux lettres » secrètes de résistants, camouflées dans les distributeurs de papier hygiénique dans les toilettes ! Bref, c'était un Jeu de Rôles que nous avions créé avant même que cela n'existât.

Animateur du Labo Photo, j'appris donc à prendre des photos avec une simple boîte d'allumettes ou un stylo Bic. Nous faisions consommation importantes de citrons, pour remplir des cartouches d'encre vides avec ce jus d'agrume, afin de rédiger nos lettres invisibles décodées au fer à vapeur de Maman… Bien sûr, il fallait aussi espionner et enregistrer les conversations secrètes, à l'aide d'un énorme magnétophone à cassettes à touches mécaniques.

Certes, de nos jours, à l'époque du numérique à tout va, ceci paraît bien puéril, alors que pour nous, prendre une photo d'un prof pendant son cours avec une pellicule *800asa* tenait de l'exploit. Le SNIF combattait l'UNCLE, toujours dans des Missions Impossibles diverses et ludiques. Je racontais ces aventures au Lieutenant X qui m'avait dédicacé un de ses livres, à moi, le fameux « agent 172.008 », et qui se promettait de se servir de nos jeux pour en créer une série, façon « Club des 7 ». Notre Guerre Froide qui consistait à l'élaboration de dossiers en tous genres étaient tous ornés du sacro-saint « Top Secret » qui garde son côté magique !...

...car il y a les initiés, dignes de savoir ce que les autres ne savent pas. Aussi, le gros labeur de nos services était la protection du secret mais surtout celui de l'intoxication et de la désinformation.

Tout y passait, à part les recettes de cuisine. Surtout le fichage des copains en tachant de récupérer leurs empreintes digitales à leur insu et de « révéler secrètement » qui aime-qui, savoir qui pouvait être la petite amie de celui-ci.

En gros, le plus grand des secrets a été d'avoir accès aux bulletins scolaires en préparation par les professeurs. J'arrivais à recopier ou photographier ces documents sensibles qui intéressaient les cancres qui monnayaient ces informations, ceci leur permettant de préparer leurs parents sur des contenus peu élogieux des notes scolaires.

Bien sûr, comme Langelot, j'étais Sous-lieutenant ! Il me restait à confirmer ce grade. Les années passant, j'arrivais à l'âge des « trois jours » pour satisfaire au contrôle d'aptitude au Service National. Aidé, conseillé, parrainé par Vladimir Volkoff, je découvrais cette possibilité de Préparation Militaire. Je pris les contacts avec le commandant du Centre d'Instruction à la Préparation Militaire Terre le plus proche.

Je fis mes fameux trois jours qui ne duraient qu'à peine deux jours. Je fus reconnus apte physique et psychique après une batterie de tests. Je découvrais être qualifié pour la Préparation Militaire Supérieure. Je faillis me faire jeter par le Colonel Chef du Centre car je 'voulais rester' dans cette Caserne aux murs et confort de 1876, en lui disant que j'étais là pour 3 jours, et que je voulais mes 3 jours. Il me dit, amusé : « *Si vous voulez rester, je vais devoir vous donner un balai* ». Bref, le cliché du bidasse.

En arrivant chez moi, j'étais tout heureux d'annoncer à mes Parents que j'étais « *apte parachutiste* ».
J'aurais annoncé avoir le cancer en phase finale, je n'aurais pas fait meilleure sensation. Ma mère était atterrée psalmodiant le fait que j'allais aller chez des tueurs et fous sanguinaires.

Ainsi cette année de Terminale fut consacrée à ces Week-end et périodes de Préparation Militaire. Je m'inscrivis à la Préparation Militaire Parachutiste. Quand j'ai reçu ma convocation, cette fois, mon Père m'intima son refus. Sans savoir que la veille de mon départ à ce stage, le Capitaine Chef de Centre m'envoya deux soldats et sa voiture de service me chercher !... 80x2 kilomètres pour aller chercher un « futur para »...

Finalement, mes Parents se sont faits à cette idée après avoir accepté de contrecœur. Affûté, je continuais mes contacts et de débrouillais avec mon Centre de recrutement pour être incorporé en Devancement d'Appel, plagiant ainsi mon Paternel qui fut E.V.D.A., Engagé Volontaire par Devancement d'Appel, afin d'être incorporé à l'École Spéciale Militaire de Saint-Cyr, au 3ème Bataillon...

En parallèle, par l'intermédiaire de Vladimir Volkoff, je racontais par la plume au Commandant Vaillant, du S.D.EC.E., mes histoires d'Agent Secret en herbe et mes motivations. Il me répondit par une lettre fort sympathique, que j'ai conservée dans une cache tellement secrète que pour y accéder, c'est tellement long et compliqué que je ne peux la joindre à ces écrits.

Ainsi, il s'ensuivit une enquête par des fonctionnaires du 89ème B.S., de ma première classe primaire jusqu'à la Terminale, ainsi que dans mon Centre de préparation Militaire. J'en fus informé par diverses sources. A savoir que ces enquêtes pour insérer un futur agent sont totalement à charge afin de parer à toute éventuelle inaptitude.

C'est pour cela que j'ai bien insisté ci-avant la différence en *fragile* et *sensible*, car si on peut admettre la sensibilité chez un homme, la fragilité, considérée vulnérable est blackboulée.

Mais le véritable drame dans cette enquête, que mon proviseur n'a pas passé sous silence dans cette investigation, c'est que si tout me concernant était favorable, j'ai eu le drame, le malheur de me faire serrer par mon prof de Travail Manuel avec un pistolet à amorces, jouet enfantin, mais insupportable dans une enceinte lycéenne. Pour information, c'était une prise de guerre sur l'UNCLE, et j'étais tout fier de montrer ce pistolet à mes potes de la classe. Mon prof, communiste et antimilitariste, pâmé devant ce P08 factice, qui pour lui restait un Lüger redoutable, me déféra chez le Manitou du Bahut. Mais allez expliquer devant le proviseur et le papa présent que le SNIF était en guerre contre l'UNCLE !... Il aurait fallu balancer et compromettre les autres, et je me refusais de trahir mes amis de combat de nos guerres secrètes et nos jeux de rôle.

Cela faisait tache dans ma candidature aux services secrets…Car, c'est bien connu, pour apprendre à tuer sur ordre et agir avec la doctrine que la nécessité fait Loi, en dehors de la légalité, un prétendant à ce poste d'élite doit avoir un passé sans incident d'aucune sorte, ni salissure, ni flétrissure. La Nikita de Luc Besson ne reste que pure fiction. Par contre Philippe Leroy-Baulieu, alias Grossman, lui, existe bien dans son rôle de fumier. J'ai connu le même, son sosie. Nous en reparlerons plus loin.

Bref, cette année de classe Terminale était pour moi, une ZRA, Zone de Regroupement et d'Attente. J'étais sur un nuage, dans l'attente de mon adoption par ma nouvelle Famille, une VRAIE Famille, enfin. Car le fils unique, scrupulus familial, voulait changer d'air et voler de ses propres ailes, celles d'un Nord Atlas ou d'un Transall, me suspendre à un parachute… J'étais sous l'hypnose béate de ces courriers reçus avec ces mentions : « *A bientôt chez les paras… Para un jour, para toujours !* ».

Aujourd'hui, je comprends ces intégristes et convertis, avec leur profession de foi, séduits par l'islam égalitariste avec cette notion de justice sociale, en même temps que l'appartenance à un groupe solidaire, une communauté. Je conçois, même si je le déplore, ces jeunes qui se sentent surveillés et qui se surinvestissent dans la religion, en tâchant de devenir des « super islamistes » et convertis légitimes, toujours prêts à en faire plus, de plus en plus, pour plaire à Allah. C'est leur exutoire pour palier à leurs frustrations de la vie. Jusqu'à être attirés par le « Djihad » ou guerre sainte, prêts à prendre les armes pour aller combattre en Syrie ou ailleurs. Voire, même, dans ce cadre de leur engagement dans une dimension romantique, se reconstruire leur histoire, quitte même à se sacrifier dans des pseudos attentats farfelus. Ils ont besoin de repères et se livrent avec enthousiasme, jusque dans le sordide.

Quelque part, l'entrée au Service de la République par la voie des armes des Forces Armées, dans une totale vocation par dévouement jusqu'à peut-être mourir pour les intérêts de la France, est assez similaire, même si des esprits chagrins ne peuvent admettre ce parallèle que j'expose et impose ici.

Est-ce une faiblesse, une fragilité ?...

Toujours est-il que je n'avais pas conscience, en glandant cette Terminale, que j'étais en train de me sacrifier. Je ne vivais que pour ces périodes de formation militaires et n'étais plus l'Élève pêchu de pré-Bac. Certes, je manifestais en créant une parodie Ku-kux-Klan pour contrer Simone Veil et l'avortement permis ; en ignorant qu'un jour, mon Épouse et moi allions tuer un enfant quelques années plus tard du fait de notre précarité de Liquidation Judicaire. Je manifestais aussi, chez le Censeur, pour contrer un professeur de mathématiques du fait de son incompétence pédagogique. Bref, je devenais rigoriste et abrupt, ma Foi de déjà soldat me donnait un esprit modifié. Je savais déjà que j'allais bâcler mes fins d'Études secondaires, bien que possédant un capital culturel notable, car j'étais bien en quête de cette spiritualité qu'est « SERVIR » dans le cadre de la Liberté de l'Égalité et de la Fraternité, honneur et discipline.

Je pense qu'il en est de même pour ceux qui décident de se consacrer corps et âme au Dieu Chrétien, le pistolet mitrailleur remplacé par l'encensoir, le drapeau de la France, par un *acrobate* sur sa croix, la Marseillaise par le Notre Père *qui est soucieux*.

Nous entrons, par une intuition exaltée, purs, innocents, confiants et naïfs, au service des sectes qui se révèlent des castes dirigeantes. Ces sectes ayant leurs règlements intérieurs avec leurs bannissements, à la merci des prophètes, surprenants et capables de tout, gradés du Pouvoir, tel Caesar baissant le pouce. De l'enjeu, parure *amore* jusqu'à la mise à mort. Plus tard, bien plus tard, je me souviens de ce qu'un Lieutenant-colonel, en bout de course, donc humble et soumis, pour enfin parler vrai, me disait d'un ton désabusé : « *Vous ne pouvez pas protester, vous n'en avez pas le droit, ni le pouvoir, car vous étiez volontaire.* »

Le danger de la passion restant la manipulation et les mauvaises influences.

Tout ceci mène à une pensée que l'on ne comprend pas. Il n'y a pas de place au sens poétique quand on est scientifique ; il faut, dans la vie, être froid, austère, strictement professionnel, avec la connaissance, en préscience, qui est la fuite de l'imagination. Malheur aux autres qui resteront des faibles, voués à l'échec, car ils passeront pour des doux rêveurs, trop préoccupés et pensifs, donc contestataires en puissance, nuisibles.

Le seul désir ne peut être un Plan de Carrière.

Sinon on constate avoir tout sacrifié pour ce métier alors que cela n'en valait pas le coup, car payé bien trop cher.

Jeanne d'Arc a mal fini. [*Dissertez sur cette affirmation ; vous avez quatre heures*].

*

* *

J'ai pu mettre mon armure, m'équiper de mon heaume. Mon bureau de Recrutement, sur ma demande, à l'insu parental, m'a bien convoqué en tant et en heures, et c'est avec joie que mes rangers sont devenues mon symbole de vie. Je partais pour un voyage sans retour pour une nouvelle vie, afin de servir une cause : mon Pays, ma Nation, ma Patrie, mon Drapeau, comme un marsonaute qui sait qu'il ne reviendra jamais sur Terre...

En fait, je fuyais ma Famille et ce peuple de France qui me faisait peur. Je quittais ainsi cette vie de civil qui ne vivait que par la politique d'une France Capitaliste où les gens ne songeaient qu'à leur petit confort, leur vie à crédit avec que pour intérêt de vie que le Franc sonnant et trébuchant pour s'offrir bagnole, voyages et loisirs, le tout, dans une insouciance déconcertante, manifestant toujours un peu plus de confort et de congés, comme des coupures pub des programmes télé, dans un monde en danger, corrodé par une guerre froide entre U.R.S.S. et U.S.A.

Je faisais partie de la génération Coluche. Je savais quitter une Société civile en pleine mutation, nos années 1970-1980 de bonheur ne pouvaient pas durer, car il y avait trop d'insouciance en contre coup à mai 1968. L'avenir devait me le prouver. Et en 2017, si vous écoutez les gags coluchiens vous constatez qu'ils n'ont pas pris une ride et sont plus que jamais d'actualité.

*

* *

4

LA FRANCE EN DANGER

Un peu plus de trente années ont suffi, comme les vagues érodent les rochers.

Il a suffi d'une magistrale connerie : la Loi Pompidou-Giscard-Rothschild en 1973 qui a été l'origine de notre dette. Etat ruiné en le privant de ses ressources. Les riches ne payent plus d'impôts avec une dette et des intérêts abyssaux. Dette non nécessaire, avec des dépenses publiques qui n'ont pas augmenté, bien que l'on nous persuade du contraire, comme si, par exemple, virer des fonctionnaires régleraient le problème. Mais une dette publique rentable, avec un déficit à payer au service de la dette que l'on laisse filer. Tout cela est complotiste, paranoïaque, à gauche comme à droite. C'est une mise en coupe réglée de l'État, compatible avec la destruction des nations, avec la création d'une espèce d'union européenne. Nous voulions en 1789 nous émanciper de l'Ancien Régime pour nous faire tout piquer, sans réagir, par ceux qui étaient les privilégiés de l'Ancien Régime. Les Libéraux nous ruinent et nous avalent notre état, et façon de penser, en nous noyant dans des problèmes internationaux et des guerres de religion. L'État se retrouve enfermé dans les pattes de ceux qui lui prêtent et lui prêteront l'argent nécessaire, afin de ne résorber qu'une partie de la Dette Nationale, et, en échange, financer les élus... C'est une contre-révolution.

Mais le peuple français n'en peut plus d'être ainsi manipulé, écrasé, terrorisé.

Les Députés et autres politicards ne peuvent pas parler ». Pourquoi sont-ils réduits au silence ? Parce que la bien-pensance a organisé une police de la pensée avec un périmètre sanitaire qui entoure la cage aux « phobes ». Vous êtes, pour un mot, pénalement menacé, on vous accuse d'homophobie, de xénophobie, d'euro-phobie, d'islamophobie. En France, la christianophobie est une opinion, vous pouvez profaner la croix du Christ sans conséquence, en revanche l'islamophobie est un délit. Les hommes politiques sont terrés, tapis, recroquevillés. Ils se taisent. Cependant, nous sommes tous à la merci d'associations qui ont le pouvoir de traquer, de poursuivre, de faire condamner la parole de trop. Nous subissons, comme dans les Etats sous dictature, la judiciarisation des pensées, des raisonnements contraires au permis. Il est essentiel de maintenir les associations caritatives mais de supprimer toutes les autres, clairement politisées et largement contestables s'agissant de leur légitimité et du pouvoir, qui est le leur de déclencher, des procédures de manière arbitraire à l'encontre des justiciables. Cette espèce de contre-pouvoir est nuisible, n'étant aucunement représentative du Peuple français.

Seul un certain Sarkozy avait eu le réflexe de vouloir dénoncer cette attitude répressive. Il suivait l'attitude d'un désigné Buisson qui promotionne l'identité nationale. Mais c'était uniquement un vœu pieu dans l'esprit de ce que le Peuple désire.

Mais hélas, tous les hommes politiques ne sont que des libéraux, atlantistes, et mondialistes. Ils ne font que couler la France. Au cours de ces années, j'ai compris cette chose, ces manipulations qui nous font passer pour une république bananière, aussi je me désigne donc comme dissident, un réfractaire aux idées imposées. J'ai et garde espoir en un Peuple qui n'est pas encore mort et qui ne veut pas de l'abîme.

Je suis sûr de pouvoir être entendu car je ne suis pas seul. Il viendra ce jour où des Zemmour, Finkielkraut, Onfray, Oscar Freysinger ne seront plus censurés car ils sont incontestables et véridiques. Cependant, ils connaissent la barrière imperceptible qu'il ne faut pas franchir. C'est pour cela, bien que courageux et détestés par la plupart des « bien pensants », et des musulmans, ils n'ont jamais fait l'objet d'une fatwa. Cela fait plus de trente ans, depuis la disparition de nos derniers grands hommes, de Gaulle et Pompidou que la parole politique est devenue pourrie, car basée sur des intérêts et des calculs.

Il nous faut reprendre notre véritable indépendance et arrêter de singer les Etats-Unis d'Amérique. Nous devons réadopter nos traditions et l'honnêteté intellectuelle.

Un mandant présidentiel doit durer sept années et non cinq. Stop à deux années perdues : la première en tâtonnements de débutants et la dernière parasitée par les prochaines élections ou le combat électoral devient prioritaire. Bien évidemment, le mandat présidentiel doit être unique et irrévocable. Le président de la République doit être totalement consacré à la France qu'il doit aimer plus que son avenir et sa vie. Il est omnipotent, presque divin. Certains m'accuseront de rétablir la Monarchie et j'approuve du fait que nous sommes issus de décennies de royauté, de coutumes et dans un Palais, on y trouve un Roi. Un vrai Chef, mais pour sept années.

Tout ceci, hélas, au sein de l'Europe qui est toujours et encore un mal nécessaire. Personne ne peut être patriote de l'Europe. Nos racines sont nos Pays et l'Europe n'est qu'un patchwork. L'Europe n'est qu'une union d'États construite de façon technocratique sous la protection d'un despotisme qui ne dit pas son nom et non démocratique avec des structures rappelant le national-socialisme cher à Adolphe… tout ceci dans un concept et des structures socialistes pour un gouvernement mondial socialiste avec toutes les corruptions possibles, les attributions de marchés et les redistributions d'aides. Rappelons-nous qu'à l'origine de l'Union Européenne, Walter Hallstein, a été le premier président de la commission européenne et était un ancien nazi. Les USA l'ont utilisé comme ils se sont servis de Werner Von Braun, créateur des V1, V2 pour la conquête spatiale. Cela doit faire réfléchir.

La France doit être élevée à nouveau avec sa devise : Liberté - Égalité - Fraternité. Et il n'est pas être fâchistes de rappeler en permanence que cette devise doit être associée au Travail, à la Famille et à la Patrie qui devrait être le véritable slogan afin de contrer le misérabilisme qui s'aggrave de jour en jour depuis plus de 30 années.

Mais cela ne peut être parfait que si la France a un projet de vie commune. Ainsi les français se retrousseront les manches avec le sentiment d'exister pour autre chose qu'un confort personnel. Si la démocratie est l'outil de la république, cela ne doit pas être synonyme de faiblesse ou de démagogie. Il faut admettre que le Pouvoir doit être autocrate et dirigiste. Vladimir Poutine admet que la démocratie est très difficile à réaliser et qu'il faut une Loi impartiale pour y parvenir que tout le monde doit respecter. C'est dommage, mais il n'y a pas eu mieux que le culte du Chef. Ce dirigeant responsable est un décisionnaire final et ne peut considérer les dialogueurs sociaux que comme des gens qui soumettent leurs critiques sans aucune déviation. Aussi, si le droit de grève doit rester autorisé, cela ne pourra l'être que si cela ne gêne pas le bon fonctionnement de la Nation.

La France se devra de fermer la page de la Vème République et de repartir sur de nouvelles bases en s'appuyant sur le fait que la Vème République reste et restera, sur des fondations solides, indivisibles, laïques, démocratiques et sociales. Place à la VIème République.

Deux choses doivent être revues sans délai :

- Le Code du Travail, qui doit être simplifié avec moins de densité et être plus clair ;

- La Loi, qui, si elle est bien faite, doit éviter des détournements. « *Il y a ce qui connaissent la Loi et ceux qui connaissent les Juges* » ne devra plus être de mise. Idem pour les Juges d'Instruction dont le statut doit être revu. Un jongleur de textes est actuellement capable de condamner ou de gracier la même personne pour les mêmes méfaits, et si cette dernière est considérée comme "opposant & ou indésirable", il n'y aura pas de secret de l'instruction afin de piper les lois du combat.

Par exemple, savoir que le Général Charles de Gaulle était apatride en 1940 prête à faire sourire. C'était la Loi.

Elle ne doit plus être une baguette magique utilisée en fonction d'États d'âme des gouvernants. Serge Gainsbourg est devenu apatride, Philippe de Hauteclocque, alias Général Leclerc a subi le même sort et bien d'autres. Je donne ces exemples pour rappeler que ces errances existent toujours aujourd'hui, même si cette déchéance ne concerne que les binationaux.

Stop donc au deux poids, deux mesures, même pour des symboles. Que l'on fasse enfin de la politique et non de la philosophie.

Nous devons nous souvenir et appliquer ce que disait Georges POMPIDOU :

"*Mais arrêtez donc d'emmerder les Français ! Il y a trop de lois, trop de textes, trop de règlements dans ce pays. On en crève ! Laissez-les vivre un peu et vous verrez que tout ira beaucoup mieux.*"

J'y ajoute : « *Donnez-nous la liberté d'être libres. Supprimons les feux tricolores dans notre vie et traçons notre chemin. Le principal est d'être honnête avec soi-même. Ainsi nous pourrons avoir un impact sur la société, à condition d'avoir changé soi-même. Ainsi nous serons les grands artisans de la France en étant honnête, humble et intègre, en bannissant toute forme de jalousie. Arrêtons aussi d'estimer que dans notre pays il y a un ennemi intérieur et de laisser des français ayant pour objectif d'éliminer d'autres français, parce qu'ils ont des mœurs de vie qui ne leur plaisent pas, la discrimination active.* »

Stoppons de toute urgence ce pouvoir bureaucratique ou l'Administration vaut toutes les peines de mort existantes. Un citoyen frappé par l'Administration devient un individu présumé coupable, donc condamnable. La Presse est un exemple de cette Administration qui dans ses flashes d'information détaille cet individu, qui, s'il est précisé « présumé innocent », est classifié par son sexe, son âge, son passé judiciaire ou médical, surtout s'il est passé par la case « psychiatrie ». Tout ceci est avant tout destructeur et alimente le Français, celui qui adore s'arrêter lorsqu'il voit un véhicule accidenté pour se ressasser du sang des victimes…

Au lieu de s'appesantir sur la mise en place d'un Revenu de base universel sans condition de ressources, ni même d'activité d'emploi, il faut pouvoir donner une définition du mot travail. Certes, il est concevable de ne pas accepter un « boulot à la con ». Le travail doit être un idéal. Il doit être associé à la Famille et à la Patrie. Il n'y a qu'avec le travail que la Nation avance. Avant de se demander ce que le Pays peut faire pour nous, il est intelligent de faire le premier pas en sachant que chaque acte apportera une pièce supplémentaire à construire et consolider la Nation.

On peut mourir pour un Idéal si c'est pour le Pays. Le travail en est la source et une raison de vivre. Compter ses heures est le début du déclin, c'est le début de la mort. Nous ne sommes qu'éphémères, mais nous pouvons et devons laisser des traces positives et constructives de notre passage sur Terre.

Compter les sous de son travail ne mène qu'à l'égoïsme, et travailler pour avoir tout pour soi ne mène à rien. Serge Gainsbourg le disait : « *Quand on a tout, c'est qu'on n'a plus besoin de rien. Quand on a plus besoin de rien, c'est qu'on n'a plus rien. Rien c'est bien mieux, rien c'est bien mieux que tout. Il faut finir comme Hemingway : à faire le tour de tout, on a tout, et quand on a tout, on a rien.* » On ne meure pas avec sa fortune, quelle qu'elle soit. Vieillir devant son magot, impotent par l'âge avancé, paralysé des yeux et de la vie, cela ne peut être une satisfaction. La mort d'un riche et d'un pauvre ne se différencient guère. Peut-être le cercueil sera plus confortable et la pierre tombale de meilleure facture, mais les vers seront les mêmes. Aussi, la plus belle satisfaction et la meilleure fortune c'est de savoir que l'on a œuvré pour le bien de son pays, qui lui, nous survivra. Il en est de même du travail que de la foi en Dieu de Pascal. Au pire du doute, se rappeler que le travail est un bien socialisant. Enlevez-le à un Citoyen, c'est le condamner, car il s'apercevra bien vite qu'il est inutile, à lui, et aux autres.

A ces fins, il est indispensable que chaque citoyen doive avoir un travail en mains, avec un projet de vie. Un travail ne peut être associé à un côté politique. C'est se condamner au syndicalisme qui n'apporte rien hormis un esclavage à des idées artificielles, nébuleuses et trompeuses, bien que l'on puisse considérer qu'un Peuple qui ne défend plus ses libertés et ses droits devient mûr pour l'asservissement, comme l'écrivait Jean-Jacques Rousseau. Charles de Gaulle le disait : « *les gens de gauche ont rarement de grands projets. Ils font de la démagogie, et se servent des mouvements d'opinion. La gauche tire le haut de la Société vers le bas, par idéal d'égalitarisme. C'est comme cela que l'on a fini dans l'abîme en 1940...* » Mais cela est vrai pour toutes les politiques actuelles, avec de l'attentisme qui se révèle désastreux, le tout mêlé à de la démagogie populiste.

A cet effet, il est indispensable de contrer tout ce qui est l'occulte mondialiste qui veut contrôler de Fonds Monétaire International, de la Commission de Bruxelles, de l'O.N.U., de l'O.T.A.N., le G.A.T.T. (Accord général sur les tarifs douaniers et le commerce), ainsi que tout ce qui est organisme international. Réparer 1973.

Je suis effectivement persuadé que nous sommes asservis progressivement par une sorte de puissance mondiale qui ne dit pas son nom et que j'appelle : les *Envahisseurs*, une espèce de pouvoir d'une autre planète. Je suppose que les grandes fortunes du monde sont unies dans une espèce d'élitisme régnant. Ils veulent asseoir le Monde en l'asservissant en conspirateurs destructeurs implacables. Leur domination totale de notre monde est basée sur une surveillance totale du système financier. Pour cela ils se servent d'une maladie appelée démocratie qui affaiblit les nations en se servant de la bêtise humaine, leur laissant croire qu'ils ont le pouvoir de contester l'ordre établi. C'est ainsi que dans notre France, démocratie type, il y a en permanence l'affrontement de 50 % des Pour contre les 50 % des contre. Vérifiez par vous-mêmes : une élection présidentielle se joue toujours à quelques infimes pourcentages. Nous sommes tous des marionnettes téléguidées, sous influence. En effet, le pouvoir économique et financier nous échappe, ainsi que le pouvoir policier et militaire, sans parler du pouvoir scientifique. Le bulletin de vote est, en quelque sorte, à la démocratie française, ce que la carte de paiement est à l'organisation bancaire (car le fait de départager par nos votes des candidats que l'on nous impose, c'est déjà un abus de pouvoir)... Ces richissimes gouvernants, qui sont une soixantaine, dirigent tous les Chefs qui se croient Chefs, dont les Chefs d'État. C'est **Fantômas**, aux multiples visages connus ou inconnus. Ils ont construit un réseau avec plusieurs distributions travaillant en harmonie et en symbiose, un peu à la façon Al Qaïda sans commandement ni noyau unique, sur le modèle du réseau Internet où tout réussit à fonctionner en permanence même en cas de rencontre avec un nœud ou un défaut du système informatique. A la tête de tout ceci, des despotes, qui, sous leur sublime enchantement, ont toutes les qualités de véritables dictateurs. Ils savent être subtils, cyniques, déterminés, durs sous des aspects sympathiques, avec l'intelligence nécessaire pour chasser tous leurs scrupules. Ils ont un but à atteindre : la réussite, même si elle est immorale, le succès étant l'excuse. Devise que l'on retrouve même à la D.G.S.E. : « *Partout où nécessité fait loi.* ». François Mitterrand en a été un exemple avec les « irlandais de Vincennes » et ses gendarmes magouillés.

C'est la physionomie du Monde. Et Fantômas déteint jusqu'aux échelons subalternes où les Chefs se croient des Chefs alors qu'ils n'en ont pas la puissance. C'est le cas de nos Présidents de la République dans une « démoucratie » en déliquescence permanente. Seul, le Général Charles de Gaulle avait compris ce piège qui dure depuis des siècles et qui voulait son indépendance, ne serait-ce qu'en se dotant de la force nucléaire.

Il ne faut pas convoquer les heures les plus sombres de notre histoire.

L'armée allemande avait ordre de tirer sur tout rassemblement de plus de 3 personnes et sur les gens se tenant aux fenêtres, qui, d'ailleurs devaient rester fermées. L'ignominie du Führer visait l'accomplissement d'une seule race digne de vie sur un vaste territoire sous sa coupe. Il ne voulait pas exterminer les juifs mais seulement les expulser de "ses" terres. La Shoah doit être repensée, car, en fait, c'est Haj Amin Al-Husseini qui a inspiré Hitler. Lui non plus, ne voulait pas des juifs comme migrants au Moyen Orient. C'est ce criminel de guerre anti-sémite qui conseilla de brûler les juifs. Trop peu savent cette osmose entre ces deux destructeurs et de cette collaboration musulmane avec les nazis. Mais l'Allemagne savait finalement qu'elle allait perdre la seconde guerre mondiale, tout en sachant que 20 ans après, voire 50 ans, elle serait le maître un peu partout. Simplement leur réussite sera de faire de sorte que les gouvernements des États accompliront des actes bizarres, comme s'ils exécutaient des ordres. En réalité, la défaite de l'Allemagne nazie était, a été une illusion. Sous d'autre identité secrète, Fantômas poursuit sans répit son plan de domination mondiale, appelée par beaucoup comme "Illuminati". La Résistance française n'entend plus le bruit sourd du Pays qu'on enchaîne. Il n'y a même plus de paille pour cacher les fusils, la mitraille ni les grenades. L'État a veillé à nous désarmer de peur que l'on se fasse mal. Fantômas pointe non seulement une stratégie de domination du monde mais aussi d'isolement de la France, et des autres états de l'Europe géographique. Il ne faut pas être devin pour comprendre qu'il s'agit depuis les années 20-30 du XXème siècle de nous rendre dépendant d'une organisation, d'un O.N.U. qui ne s'appelait pas encore de ce nom, de Bruxelles, de Berlin, du Maroc, de l'Arabie Saoudite ainsi que de la Turquie, améliorée par le système OTAN. Une conjuration évidemment téléguidée, depuis Washington ! Et tout ceci malgré la division de l'administration de l'Amérique qui reste complice de ce que l'on appelait les Empires Ottoman et Austro-hongrois, avec l'Arabie Saoudite, la Turquie, voire même le Maroc et l'Algérie, qui sont à l'origine du radicalisme islamique en France.

Il nous faudra quitter "ce machin" !   De Gaulle voyait clair !

La principale conjuration étant que cette ONU est devenue un système de gouvernance mondiale qui s'articule maintenant autour de la loi islamique ! Il est capital d'admettre que l'O.N.U. est sous la Charia, téléguidée depuis Washington.

Fantômas est insaisissable et incondamnable (Finalement si le nom de « Fantômas » ne vous convient pas, je vous propose de l'appeler : « Washington ». Ou « Council on Foreign Relations (CFR) », avec pour fondateurs Morgan, Warburg, Rothschild et Rockefeller. Le but de ces hommes, a été de créer un système financier mondial qui reste privé, capable de dominer le système politique de chaque pays et l'économie du monde en tant que telle avec, ainsi l'assurance du contrôle du monde entier. Le CFR en est l'organisme visible afin de réaliser cette ambition.

A noter que je me base sur des réalités comme cette déclaration : *"La présente fenêtre d'opportunité, durant laquelle un ordre mondial pacifique et interdépendant peut-être construit, ne sera pas ouverte pour très longtemps. Nous sommes à l'orée d'une transformation globale. Tout ce dont nous avons besoin est une crise majeure appropriée, et les nations accepteront le Nouvel Ordre Mondial. "* David Rockefeller, le 23 septembre 1994. (Sans *faire de la politique* je ne peux que songer à nos français que sont Messieurs Attali et Macron, mondialistes convaincus, que je soupçonne d'être complices dans la jungle de ces inepties banquières destructrices de nos Nations. Macron étant bien le chouchou de l'élite globalisante transatlantique.)

Il faut donc faire avec, mais lutter contre ces manipulations sataniques qui nous mènent à notre perte en nous laissant croire à notre paradis. Nous devons rester vigilants, en tout temps et tous lieux car cette puissance, sans morale, pourrait rayer une grande partie de notre monde en créant une catastrophe nucléaire pour éliminer trop de bouches à nourrir, car la surpopulation est le fléau de demain. Et surtout, nous ne devons plus être crédules face à des attentats trop grandioses pour être limpides et lisibles. Je ne reviendrai pas sur le 11 septembre, ni sur les Busheries en ayant découlées, par mensonges, désinformations et manipulations. Je rappellerai seulement que TOUS ceux qui ont cherché à trop comprendre « ont eu des problèmes »... Fantômas-Washington Washington consolide sa position en affirmant que l'Histoire a choisi les USA pour exercer la suprématie mondiale, et qu'ainsi, aucune autre loi n'est adéquate ni adaptée. Seule la détermination de Washington compte. Sa loi elle-même n'est même pas indispensable, puisque Washington décide et donne des ordres, en lieu et place. Donald Trump aura bien du mal à prouver le contraire, tant que des personnages comme le Milliardaire Soros, descendant des Juifs de l'Europe occidentale finance tout ce qui peut être anti-Trump. Leur cauchemar étant de voir Mister Trump de normaliser ses relations avec la Russie. Le monde est contaminé et corrompu par un système occulte d'agents passifs ou agents dormants, à la solde d'Israël et attentifs à aider les agents secrets du Mossad, ne serait-ce que par leur aide logistique. Nos dirigeants le savent très bien et jouent le jeu, aux ordres. Ce système manipulé par les Ashkénazes influence les décisions de défense Nationale et de Politique Étrangère. En France, nous avons une Secte qui contrôle le Quai d'Orsay, aidés par environ 3000 agents dormants, nichés dans des postes clefs de notre Gouvernement, dont une soixantaine de députés, et notre Administration, dans la Défense Nationale, dans le Renseignement Extérieur et Intérieur, dans la presse, dans l'audio-visuel, bref, tout le monde des affaires y est mêlé, allant de la Culture jusqu'aux People !

Avec ces dés pipés, qui tintinnabulent depuis une quarantaine d'années, ne soyez pas surpris que notre politique, surtout la politique étrangère soit exactement ordonnancée par des States, dans le cadre d'une russophobie toujours en arrière-plan. Avec toujours une Presse, LA Presse sur le même diapason. Il est aisé de comprendre ainsi, la cote de popularité d'un Monsieur Macron, qui agira dans ces normes s'il est élu, et les soucis judiciaires montés en épingle, contre Monsieur Fillon et Madame Le Pen, car Fantômas verrai d'un sale œil que nous combattions le terrorisme, par actions et dialogues affichés avec Messieurs Poutine et Bachar El Assad... gros adversaires d'Israël !... (Toujours chercher à qui profite le crime et les relations de Familles.)

Ne vous attendez pas à ce que les journalistes, corrompus occidentaux vous signalent ces faits. Les médias de la presse écrite et télévisée occidentale font partie de ce jeu criminel de Washington. Et les personnes qui oseraient dénoncer cet état de fait, passeraient pour des illuminés. C'est ce à quoi je m'expose en toute conscience. Je n'ai sans doute pas inventé le collier à nouilles, mais je persiste sur l'élaboration et la structuration de l'Union européenne avec son objectif caché aux individus, qui a effectivement mené, après un demi-siècle de désagrégations et de débandade des États-nations, ce grand projet actuel de Traité Transatlantique, c'est-à-dire la création d'un grand marché ouvert pour les États-Unis. Un second marché intérieur, en quelque sorte, un empire technocratique, mais pas politique, puisque toute puissance politique a été insensibilisée, anesthésiée, lénifiée, grâce à des Chefs d'État, complices, malgré eux, du fait de leur inaptitude à contester des ordres inacceptables. (On comprendra mieux pourquoi nos angliches veulent quitter l'Europe où leur rôle d'agent double n'a jamais trompé personne... du verbe *"trumper"*)

Nous sommes en véritable danger : celui de l'usage des ordinateurs et de leur raccordement entre tous. L'Humanité n'a pas pris conscience que ces machines n'ont ni morale, ni conscience et font ce qu'on leur dit, sans état d'âme, en véritables esclaves. Il suffit d'un vaste réseau couvrant toutes les activités humaines pour contrôler, immobiliser, voire détruire telle ou telle population. Le danger de notre état laïc c'est de renier notre passé judéo-chrétien et d'abandonner notre héritage du passé. Pour parer à ce danger, il est indispensable, plus que jamais d'avoir un idéal commun : la Patrie.

Il faut mettre en garde, en permanence, nos citoyens afin qu'ils ne soient plus aveuglés par tout ce tout numérique, digital, que sont ces innombrables ordinateurs et Smartphones. Il est vital que tous ces moyens qui servent à ficher, à espionner, identifier et contrôler soient compris par chaque citoyen afin d'éviter qu'il soit livré à la solde de cet « occulte mondialiste », comme personne rentable avec un potentiel destructeur de notre Nation.

Aussi, nous ne devons pas tomber dans les pièges tendus que sont toutes ces guerres actuelles basées sur du pseudo-religieux ou pétrolifère.

Il est curieux de prendre conscience que 1000 recherches Internet/an consomment autant d'énergie qu'une voiture qui aurait fait 37 fois le tour de la Terre ! ...Ce qui fait sourire quand on parle de la pollution énergétique de l'automobile !... et du pétrole consommé. Quand on aura pris des mesures concrètes pour abandonner la manne pétrolière, accéder à l'électricité sans combustion, pour enfin snober une tirelire de 200.000 milliards de dollars représentant l'industrie la plus juteuse au monde, avec ses réserves de pétrole, charbon, lignes électriques, et modifier enfin le pouvoir géo-politique actuel.

Nous devons rester prudents sur cette société des loisirs qui pervertit tous nos instincts. Les ordinateurs en sont la base avec ces jeux de la vidéo qui n'ont aucune morale et destructeur de la jeunesse. Un jeune désabusé, abêti, n'a plus aucune éthique et peut être manipulé à des fins inavouables.

L'idée que d'utiliser notre cerveau à une moindre capacité, nivelant par le bas, en se contentant de nos acquis et en nous permettant ainsi d'être tranquillisé et sécurisé, n'est pas inintéressante du tout... Cela nous maintient certainement dans un état d'enfermement bien rassurant, de routine où le quotidien et ce qu'on en fait nous suffit amplement pour mener une vie simpliste !

Un autre danger est le principe écologiste où le simple fait de déféquer fait de nous des coupables de pollution ! S'il est idiot de manger des fraises ou des cerises à Noël, venues de je ne sais de quel pays lointain, et ne favorise pas l'écologie où manger des fruits de saison est conseillé, cette politique actuelle d'échanges internationaux de produits ne doit plus être une priorité. Cela ne fait qu'abîmer notre autogestion patriotique. Avec le risque que certains pays fournisseurs, se sentant brimés, opteront pour l'accusation d'embargo, se sentant isolés avec menaces de conflits...

Ces conflits armés, par quelques hordes incontrôlées, basés sur l'appauvrissement de pays, à cause d'impossibilité de commerce international existeront aussi sur les minerais et le pétrole, pour dériver finalement sur des rivalités religieuses qui sont les meilleurs prétextes pour des guerres. Ce qui amènera à des immigrations incontrôlées dans les pays occidentaux, sous prétexte de misère et d'affrontements armés. La Patrie devra veiller à ces moments à ne pas être tentés de modifier les lois en vigueur pour favoriser des immigrations massives, et à bien veiller à leur parfaite application. Cela ne ferait que déstabiliser l'économie intérieure et augmenter les tensions raciales ou (et) religieuses à l'intérieur de la Nation, sans parler du risque de déstabilisation sociale et pire, politique. Ne pas oublier, non plus, que le nerf de la discorde est le chômage, résultat de l'immigration, des naissances issues de ces immigrés, des restructurations en découlant du fait du refus la main d'œuvre sous-payée assimilée à de l'esclavage, avec des syndicats de travailleurs et associations de toutes sortes, aggravant la situation.

Si nous regardons autour de nous, nous constatons que nous faisons face à la fusion de l'Europe avec le Tiers Monde. Le fléau des mariages interraciaux engendre chaque année des milliers d'enfants métissés: certains nomment cela, les « enfants de Kalergi ». Sous la double pression de la désinformation et du bouleversement humanitaire, les Européens apprennent à renoncer à leur origine, à leur identité.

Le Fantômas international, tirant les ficelles de tous les gouvernements du Monde, réussit à nous convaincre que renier notre identité c'est un acte humanitaire et de perfectionnement, que le "racisme est mauvais", car ils nous veulent tous comme des consommateurs, *cons* mais pas *mateurs*, donc aveugles. Il est urgent, aujourd'hui plus que jamais, de montrer les mensonges de ce système pour réveiller l'esprit révolutionnaire des Nations. Chacun doit voir cette vérité: l'intégration européenne s'apparente à un génocide. Nous n'avons pas d'autre alternative, le choix est un suicide national.

De par cela, le gouvernement ne devra pas faire preuve de faiblesse en laissant croire à des libertés politiques et un affranchissement économique, en s'épanchant par le biais des ordinateurs en ventes de denrées et de déterminations politiques. De fait, ces illusions ne feraient qu'accentuer l'appétit du gain et un endettement accru qui ne pourrait jamais être résorbé. Le danger est dans ces petits prix pratiqués qui n'ont rien à voir avec l'essor mais qui risquent de créer la déflation.

Je cite l'imparable morale de la grenouille que si on la plonge dans l'eau froide et qu'on porte très progressivement l'eau à ébullition, s'engourdit et s'habitue à la température pour finir ébouillantée. Ainsi, le français se sentant dans un bien-être économique fera de moins en moins d'efforts pour le travail et petit à petit, toutes les industries disparaîtront, sous prétexte de délocalisation. Sans parler de ces fameux remords sur la soi-disant colonisation historique faite par la France et de la diabolisation de l'armement qui nous ont fait déjà fermer tant d'arsenaux, avec pertes d'emplois. Ainsi le risque avéré est la fainéantise du français qui ne peut plus songer à fermer un volet sans un Smartphone. Le chômage aura une ligne ascendante. Les revenus sociaux dissuaderont d'aller chercher un travail et les plus courageux songeront à aller travailler à l'étranger.

Rivés sur la télévision qui a les mêmes programmes sur toutes les chaînes (et dans tous les pays) et sur les medias qui racontent tous les mêmes choses futiles, une culture « déculturée » aura jour et uniformisera tous les esprits avec un nivellement vers le bas. D'ailleurs, pour effacer le réel, il suffit de ne pas le dire ; ce qui n'est pas montré n'a pas d'existence. De 39 heures de travail hebdomadaire, en passant par 35, il ne faut pas songer à baisser à 30 heures sous prétexte de résorber le chômage, ni à mettre la retraite à 55 ou 60 ans. Le réveil de la population française est urgent. Il faudra travailler 40 heures par semaine et ne songer à la retraite qu'à partir de 65 ans. C'est indispensable sinon nous ne pourrons plus nous payer notre pain quotidien car c'est le travail qui libère l'homme et non l'homme qui se libère du travail. Il faut donc refuser au maximum l'importation de produits que nous pouvons créer nous-mêmes. Ainsi, nous stopperons le nombre des assistés sociaux, des sans domicile, des incompétents et des incultes.

Notre harmonie sociale devient de plus en plus compromise, du fait des pertes d'emploi et de la psychose de cette perte toujours possible, quelque soient le type de contrat ou le bagage intellectuel. Sans parler d'une nouveauté, qui était insidieuse durant toutes ces dernières années, la possibilité d'une guerre de religion, voire d'une guerre civile.

Notre paix sociale aura bien du mal à être préservée avec les budgets actuels d'austérité avec une réduction hypothétique et illusoire de la réduction d'une dette nationale. C'est le résultat de cette monnaie européenne où il n'y a plus de possibilité de dévaluation et des manipulations internationales des États-Nations et du fameux Fonds Monétaire International... Il faut parer absolument à ce que notre volonté à maintenir nos structures modernes dans les domaines des nouvelles technologies numériques, de l'agriculture, du transport, soit préservée. Ne nous laissons pas abuser par des pertes de salaire et de départs volontaires pour assainir l'économie.

Ne nous laissons pas dépasser par ces nouvelles technologies du numérique qui veulent remplacer la main d'œuvre humaine. Payez-vous moins cher les péages d'autoroute depuis qu'il n'y a plus de personnel aux guichets ?... Vos autoroutes en sont-elles mieux entretenues et moins dangereuses ?...

Ne nous laissons pas abuser par cette philosophie des vacances et du confort à tout prix où le seul intérêt visé est le repos et le moindre effort.

Nous ne laissons pas dépouiller de notre passé judéo-chrétien, de ses traditions et de notre conscience inspirée du christianisme où, sans être fervent pratiquant, les 10 commandements du Dieu chrétien restent la meilleure voie de la vie.

Restons vigilants et ne nous démunissons pas de notre armée, gendarmerie et de notre police. Le limogeage entrepris depuis toutes ces dernières années, sans contestation, du fait de contrats bâtards ou de limites d'âge ne fait qu'affaiblir notre Nation. Ne pas se leurrer avec les jeunes recrues sous contrat précaire qui sont dépourvus de morale et de conscience car sous-éduqués, adeptes principalement de leurs Smartphones et de ce que l'on appelle les « réseaux sociaux » où l'on y trouve que l'aliénation mentale addicte, car très mal éduqués au cours de l'École Primaire, base fondamentale de la culture, du respect et de la discipline de vie.

Ne nous laissons pas désarmer en mettant nos forces au service de l'OTAN et de l'O.N.U ! Ces soi-disantes forces, dites d'intervention n'ont aucun pouvoir décisionnaire et tellement amalgamées qu'elles en sont déliquéfiées. Car ce qui est visé par les États-Nations (ce Dieu internationaliste) c'est le désarment de notre Nation, notre démilitarisation afin que nous soyons impuissants en perdant notre indépendance face à cette épée de Damoclès qu'est ce pouvoir mondial impalpable mais qui veille sur nous de façon satanique.

Récemment, nous sommes victimes d'attentats et de conflits extérieurs pseudo-religieux où l'islamisme est l'ennemi désigné. Nous en avons pour trente ans de conflits que nous ne pourrons régler aisément, la force armée ne servant qu'aux politiques pour s'organiser et trouver des compromis qui ne mènent à rien sauf l'usure de notre peuple. Le tout sous un contrôle des media qui s'en donnent à cœur joie pour prouver que toute action est inutile, ou disproportionnée, ou inadaptée. Journalistes, eux-mêmes, sous le contrôle de l'internationalisation de l'information qui doit être identique de l'Ouest jusqu'à l'Est.

Ne nous laissons pas leurrer par ces soi-disant révolutions démocratiques.

Elles n'ont guère débouché à des réformes des institutions de l'État ; le mode de vie tout entier a été anéanti et plutôt que le triomphe de la démocratie et du progrès, on a pu voir la pauvreté, la violence et la catastrophe sociale. Et les droits de l'homme, y compris le droit à la vie ont été gravement oubliés. Il faut demander à ceux qui sont à l'origine de tout cela. Ont-ils au moins conscience de ce qu'ils ont fait et font ? Je crains que cette interrogation ne reste lettre morte, car les politiques qui se basent sur la confiance en soi excessive, le narcissisme à outrance, le principe d'exclusivité et la certitude d'impunité, perdurent.

Nous avons affaire à des gens cruels, mais absolument pas stupides, pour autant, et pas primaires. Ils ne sont pas stupides et pas plus que nous, mais on ne sait pas en définitive qui manipule qui…

Ces États-Nations ne veulent qu'une chose : notre asservissement, notre moutonnage, notre imploration, pour que nous puissions rester faibles et neutres en se donnant l'impression de vivre intensément en jouant à des jeux vidéo de guerre… Tout ce qui est recherché, c'est notre minabilisme où nous acceptons d'être contrôlés, filmés, disséqués en perdant toute personnalité. Avec cette surveillance complète à outrance tout faux pas sera puni par voie de justice, et la peur du « casier judiciaire » fera de nous tous des marionnettes déshumanisées. Notre ADN est fiché, sélectionné dans des banques de données et tous les gens potentiellement dangereux seront condamnés avant même d'avoir commis un forfait.

Dans ce cadre, bien entendu et pour parfaire, il est dangereux de nous laisser conduire à un Service Civique, qui n'est plus un Service Militaire. Si ce Service Civique sert à nous conditionner encore un peu plus, nous ne serons plus qu'un troupeau. Et bien sûr, un troupeau désarmé, n'ayant plus aucune connaissance du fonctionnement et de l'utilisation des armes. Car détenir un canif sera bientôt une arme dangereuse et interdite. Bien évidemment, aucune arme à feu n'est plus tolérée, sous prétexte de tireurs déments qui pourraient créer des sentiments d'insécurité. Pour la bonne preuve, les actes de mort ne seront que les faits de ces coupables, les extrémistes religieux que sont actuellement ces islamistes qui ne sont, en fait, que des voyous illuminés, conditionnés, des frustrés attendant la mort avec espoir de baiser des vierges au paradis d'Allah…

Depuis des années, nous nous mettons à genoux et avons fermés tant et tant d'arsenaux de fabriques d'armes, ce qui a créé du chômage, donc une baisse de la condition économique. Pourtant, il était fondamental de garder cette puissance armée pour asseoir notre indépendance. C'est comme si nous renoncions à notre force nucléaire : ceci fait, je garantis que la France sera envahie séance tenante.

Nous sommes à la merci de ces États-Nations qui veulent notre faillite, en voulant contrôler à outrance la production alimentaire et les chemins internationaux d'échange des productions. En diabolisant la pollution de la Planète et du climat, nos productions vont au déclin avec des nourritures qui vont aller de plus en plus à la décroissance. Je reste persuadé que cette publicité incessante sur la pollution, la fonte des glaces et la montée des eaux est une intoxication internationale et voulue. Prenez un verre d'alcool avec des glaçons, mettez-en des gros et mesurez le niveau du liquide dans votre verre. Laissez fondre. Le niveau a-t-il baissé ?... Non, bien évidemment. Et il en est de même pour la Planète Terre. Mais les dramaturges écologiques ont réussi à nous culpabiliser, TOUS.

Contester comme je le fais c'est être suspect. Je suis trouble et ambigu car je ne veux pas marcher dans les traces des menteurs aveuglés par leur narcissisme aigu. J'irai même jusqu'à dire que la pollution invoquée est artificiellement créée par les produits chimiques empoisonnés et que l'on nous culpabilise en invoquant une exploitation excessive et irréfléchie. C'est comme de vouloir rouler en voiture, en moto, en camion, où l'on est accusé d'être des assassins de la nature. C'est vouloir ignorer que les 15 plus gros cargos sur nos mers polluent plus que les 800 millions d'automobiles de notre monde. Il est vrai que c'est plus pratique de taxer les bagnoles que le transport maritime et aérien. Sans parler des pets et rots de nos vaches qui contribuent à bientôt le tiers des émissions des gaz à effet de serre. Et je ne parle que des vaches, comme me le précisait Alexandre-Benoît Bérurier… Et que fait-on ?… devons-nous donner du Spasfon aux ruminants et faire des avions à voile ?… Non, on interdit les voitures aux numéros pairs et impairs, en feignant d'oublier les dérogations et les gens qui ont deux véhicules, l'un en plaque pair et l'autre en plaque impair… ou en mettant des vignettes invisibles aux contrôles sur des pare-brise d'autos qui roulent. C'est ainsi que nous sommes commandés, là, comme ailleurs, dans des endoctrinements à succès. Moi, je propose une solution, simple, visible et efficace : la plaque minéralogique à la mode de l'ancienne Allemagne avec deux macarons aux couleurs des pourcentages de polluants, qui prendront la place, des logos et numéros de régions, utilisée de façon fantaisiste la plupart du temps. Deux macaron-vignettes, en relief, authentifiés. Quoi de plus simple ?… Sans parler de la possibilité d'y inclure une puce électronique détectable par radar. Mais, il est vrai que je ne suis pas Ministre de l'écologie…

J'ai bien dit : une solution, pas un programme. Quand j'entends tous ces politicards qui se prétendent diriger l'État de France, avec des annonces, des plans, des projets alambiqués, amphigouriques, je me marre, je me gausse, face à ce bruit de parlottes, de discours de futures promesses non tenues où l'on n'entend plus ni les paroles ni leur sens. Tous ces gens sont tellement démagogues qu'ils en ont adopté la tête du con satisfait. Chez eux, il n'y aura ni apostasie ni renonciation, se croyant aidés par le silence de Dieu. Un vrai Président doit présider, pas être apothicaire, potard. Mais mieux vaut potard que jamais… (*Oui, je sais… je ne peux pas m'en empêcher de ces clins d'œil à Frédéric Dard*). Je suis anti-discours qui ne sont que des élocutions d'auto-satisfaction. Le Président est un Ambassadeur National et doit mettre le pouvoir exécutif entre les mains de son Premier Ministre, véritable Consul de la Nation. C'est le Chef d'orchestre du Gouvernement, le Chancelier. Un bon Président c'est celui qui a un brillant, excellent, intelligent Premier Ministre, qui saura diriger le Pays, et mettre aussi en œuvre mes grandes idées, comme supprimer l'École de la Magistrature et d'autres Écoles similaires qui n'ont d'ambition que de former des castes. Par exemple, pour la Magistrature, je ferai de sorte que les Juges soient d'anciens avocats afin qu'ils se souviennent, et *sans supprimer le Juge d'Instruction, mettre, au contraire deux juges d'instruction, pour suivre une affaire, l'un à charge, l'autre à décharge…* Je veux supprimer toutes ces castes, toutes ces tribus, tous ces clans, donc tous ces copinages. Je supprimerai donc l'E.N.A. et d'autres Écoles que je réformerai de fond en comble ainsi que des nids, comme le Sénat, en commençant par supprimer pas moins de 300 Députés de l'Assemblée Nationale. L'État doit être une direction de véritables Entreprises, sans être lui-même une entreprise paralysée. Il renforcera donc les pouvoirs des Préfets qui ne seront plus des inconnus du Peuple qu'ils dirigent, mais de véritables personnalités de terrain en leur rendant le pouvoir exécutif du département en acteur d'autorité. Ils seront désignés par le Premier Ministre, parmi de hauts fonctionnaires de différents ministères.

*

Coluche disait : « *un pour tous, tous pourris* ». C'est effarant de réalité. Nous sommes victimes, en permanence des mensonges de nos gouvernants qui se mentent à eux-mêmes, jusqu'à même qu'ils ne sachent même plus où est la vérité. De nos jours, à force d'à force, pour une promotion ou par habitude, nous sommes tous victimes de l'égocentrisme, l'insensibilité, la ruse et de la dissimulation. Chacun est frustré et croit que c'est en mangeant l'autre qu'il survivra. L'Homme est son ennemi.

Je suis donc un ennemi, car je veux rester indépendant. Ainsi, je deviens donc dangereux parce-que je veux être Libre. Mes écrits veulent démontrer que je viens ici en libérateur, même si je suis une mouche sous un marteau-pilon. Je veux créer un électro-choc, face à l'abrutissement de mes semblables qui croient vivre dans le bon sens en se disant que les choses de la Terre n'existent que bien peu, et que la vraie réalité n'est que dans les rêves déjà adeptes à la libération prévue de la drogue, façon soixanthuitars attardés pensant qu'il est interdit d'interdire et que la faute reste toujours celle du voisin qu'il convient de mépriser, pire, de jalouser. Je veux recréer la notion de Respect et de Liberté individuelle.

Cela fait plus de trente (30 - thirty - тридцать - triginta - trenta) années que l'on nous mène en barque, et pire que les migrants actuels, nous ne savons même pas où aller !…

Aussi, par ces lignes, je veux redonner aux français la liberté de penser, de se préoccuper réellement des problèmes sociaux et de s'intéresser de près aux connaissances essentielles.

Qu'ils n'oublient jamais que l'une des devises les plus importantes des anciennes sociétés secrètes, comme la franc-maçonnerie, est « *ordo ab chao* » soit, l'ordre sort du chaos. Ne les laissons pas être les « maîtres du Monde » et rappelons-nous que le Peuple, c'est le Pouvoir et le Pouvoir c'est le Peuple, mais surtout, surtout gardons bien en mémoire que la Franc-maçonnerie a contribué et continue de démanteler l'Armée Française. Certains me diront que c'est une légende et acteront en ce sens que le Ministre de la Défense actuel est Franc-maçon du Grand Orient de France (GODF)… comme notre Président de la République et notre Premier Ministre [*Général LEBOL Jean, vous signez en lettres de sang votre arrêt de mort !...*].

Les occidentaux, européens, mais surtout NOUS, français ne nous laissons pas leurrer par la désinformation de tous les instants, ni par le bouleversement, l'abrutissement, la confusion humanitaires n'ayant qu'un seul but, notre anéantissement. Ne renonçons JAMAIS à notre identité et nos origines.

Gardons en tête les paroles de Jacques Brel, l'homme qui fuyait les troupeaux : « *Désolé, bergère, j'aime pas les moutons !* ». Car, les « Maîtres de Monde » nous inculquent la « bien-pensance », celle qui nous mène à la transparence. Flaubert écrivait : « *La conversation de Charles était plate comme un trottoir de rue, et les idées de tout le monde y défilaient dans leur costume ordinaire, sans exciter d'émotion, de rire ou de rêverie.* » Cette propagande pyramidale rassemble les cauchemars d'Antoine de Saint-Exupéry, ou déjà, à l'époque il ne restait plus rien que la voix du robot de l'intoxication et de l'endoctrinement. Deux milliards d'hommes n'entendant plus que le robot, ne comprenant plus que le robot, en devenant robots, eux-mêmes. Refusons de devenir l'homme de masse, sans sentiment humain et ingrat face à tout ce qui a rendu possible son existence trop paisible, où il suffit de remplir le contrat ou les cases à cocher pour réussir sa vie. Nous n'en arriverons qu'à être bêtes et tristes, dans une crédulité rassurée avec une vision du monde confiante. Et rappelons-nous que celui qui suit un troupeau ne voit que des trous du cul !

Depuis ces 30 ou 40 années, gare à celui, ou celle, qui doute, qui s'inquiète, bref, qui pense ! C'est assurément passer pour un indiscipliné intellectuel, ou cérébral déviant. En ces cas, choisissez d'être philosophe, mais pas fonctionnaire d'État ou assimilé ! Sinon, vous serez considéré, pire qu'un Djihadiste, bien que l'ouverture d'esprit ne soit pas une fracture du crâne.

J'en reviens ici, à un culte de la laïcité, nécessaire absolu pour sortir notre Pays de l'impasse actuelle. Attention cependant de ne pas sombrer dans une liturgie laïque, sans forme, sans couleur, sans musique, sans chant, mais au contraire retrouvons cet état d'âme de la fin des années 1970-80 où nous avions un atout essentiel : l'optimisme. Ce n'était, ni de gauche, ni de droite, simplement insouciant ou, malgré tout, insidieusement perçait un gauchisme culturel qui allait surgir, entretenu et subventionné par l'État de Mitterrand. Le libertaire et le libéral se sont finalement coalisés de façon mixte, mêlée, pour nous fondre dans la masse.

Si nous laissons faire, nous allons aller vers la fin de l'espèce humaine, le Transhumanisme, avec un métissage total. C'est bien pour cela que Fantômas, maître du Monde veut nous faire renier notre identité et nous transformer en consommateurs aveugles. Pour lui, c'est un acte humanitaire de progrès où le code ordonné est que le racisme est mauvais. Et nous sommes en train de nous laisser détruire actuellement par plus raciste que nous, par des travers religieux du Moyen Âge.

Français, il est devenu essentiel et impératif de dénoncer les mensonges de ce système et de ressusciter notre esprit révolutionnaire. Nous sommes face à une tactique mise en place depuis l'Après Seconde Guerre Mondiale : L'Europe, qui sous des aspects économiques qui pourraient être bénéfiques, et une prétendue homogénéité qui empêcherait une nouvelle guerre mondiale, est en fait l'INTÉGRATION EUROPÉENNE, que j'appelle GÉNOCIDE fabriqué par tous ces mensonges du système, ou le but est génétique en brisant les filiations. Changer le Peuple et métamorphoser la civilisation est un acte grave de crime contre l'Humanité, un viol de la Pensée.

Pour contrer ces prétendus Maîtres du Monde, nous devons lutter contre la tactique de la distraction. Trions en permanence le déluge permanent d'informations insignifiantes et de nouvelles distractions ou autres modernités numériques. Le but est de nous empêcher de penser aux sujets de réelle importance, noyés dans trop d'évènements, de révélations et de communiqués.

Arrêtons aussi, face aux graves problèmes rencontrés d'accepter les solutions imposées par le Gouvernement. Dernièrement, face à des attentats sanglants, nous avons tous demandé des lois sécuritaires qui se retournent contre nous, en limitant nos libertés. Face à la crise économique actuelle, nous sommes tous d'accord pour un recul de nos droits sociaux et la dévastation des services publics. (Là, encore, l'on veut nous faire admettre que le numérique est la solution idéale pour les échanges de documents officiels). Ce sont des fautes de notre part d'accepter tout cela.

Gardons en mémoire ce que je vous ai décrit comme la « *morale de la grenouille* ». Cette stratégie permet de nous faire accepter toutes les mesures inacceptables si elles nous avaient été imposées rudement d'un seul coup. Nous devons refuser de nous laisser convaincre par cette philosophie politique qui considèrerait comme indésirable l'intervention de l'État dans l'économie et la société, où chômage abondant, petits salaires insuffisants, contrats précaires, etc. nous sont imposés à l'insu de notre plein gré.

Ne croyons plus aux « sang et aux larmes » qui nous attendent. Quand on nous annonce des mesures impopulaires pour demain, sachons que c'est pour aujourd'hui, et que cela a déjà commencé hier. Ne soyons plus naïfs ni amnésiques. Si demain, il nous est annoncé de la merde, ne prévoyons pas que « ça ira mieux demain » en acceptant l'inacceptable stratégie du différé de mesures rigoureuses qui arriveront plus tard en nous faisant accepter des sacrifices pour plus tard. Le sacrifice auguré est pour maintenant. Donc, à nous de réagir en conséquence et de ne pas accepter avec soumission le pire prévu. Ne soyons plus dociles ; refusons le travail précaire et le chômage, préférons la révolte à la culpabilité. Nous ne sommes pas fautifs de notre malheur, passé, présent ou à venir et rappelons-nous que la « CRISE » a bon dos, elle dure depuis plus de 30 ans. Le travail n'est pas de l'esclavage pour nous inciter à faire toujours plus d'effort sous prétexte qu'un jour nous serons récompensés, alors que ce jour, c'est l'infini indéfini. Raymond Barre, Raffarin sont passés par là avec leurs restructurations économiques, en copiant ce que font tous les gouvernements du monde, c'est-à-dire en sachant que plus d'efforts et faire la course à la compétitivité de la personne n'apporte rien de positif si la structure sociale et économique est désastreuse. Nous savons qu'ils savent que nos protestations ne dureront pas et que les grèves sont inutiles. En fait, jusqu'à présent, nous ne travaillons dans une Société sans nom, qui ne sait rien d'elle-même, contre toute une bardée d'hyperspécialisés qui collaborent pour des multinationales, pour les gouvernements, pour leurs armées qui utilisent la science du contrôle des systèmes, vivants ou non-vivants. C'est la cybernétique qui permet de connaître, dans l'absolu le fonctionnement du psychisme humain, avec ses émotions et son comportement. C'est par ce système et ce biais que nous sommes manipulés, que l'on fasse partie des grands ou des petits, des anciens riches et des nouveaux pauvres. Le tout est de faire qu'il y ait un décalage si important, que la science et la technologie progresseront de plus en plus en faisant de nous des populations stupides.

Comprenons que Notre monde est entièrement constitué de systèmes combinés et en interdépendance. Ces systèmes sont la société, l'économie, les réseaux d'ordinateurs, jusqu'à la machine, l'entreprise, l'environnement, le cerveau, l'organisme, l'individu,

Nous subissons de plein fouet les applications de la cybernétique qui fournit des méthodes dominantes pour le contrôle de deux systèmes importants: la société et l'économie. Finalement, nous sommes toujours les serfs des seigneurs. Le serf travaille pour un fruit qu'il espère un jour ; le seigneur chasse, tue et se régale. Les Maîtres du Monde et les gouvernants sont des manipulateurs qui disposent, ainsi, de moyens illimités.

Mais nous ne sommes pas des enfants. Rejetons toutes ces publicités et les « cadeaux gratuits ». Comprenons que nos gouvernants nous prennent, avant tout, hormis pour des moutons, pour des pigeons ! Plus l'image publicitaire sera belle, plus le ton sera déresponsabilisant, plus ce sera influençable. Nous devons nous méfier de la publicité, qui est de la désinformation qui vole nos esprits en voulant nous faire acheter quelque chose dont on n'a pas besoin, que l'on nous veut indispensable. Tout comme les fameuses « Soldes » où l'on n'achète pas un article, mais un prix.

*
* *

LA DÉSINFORMATION

En 1982, Vladimir Volkoff, Pierre Debray-Ritzen et Jean Ferré tentent de donner une définition du mot « Désinformation » :

Technique permettant de fournir à des tiers, des informations générales erronées les conduisant à commettre des actes collectifs ou à diffuser des jugements souhaités par les désinformateurs.

Dans son livre « PETITE HISTOIRE DE LA DESINFORMATION » (Editions du Rocher), paru en Mai 1999, Vladimir Volkoff en propose une nouvelle définition :

La désinformation est une manipulation de l'opinion publique, à des fins politiques, avec une information traitée par des moyens détournés.

Il y explique que la « Désinformation » n'est ni le « Mensonge », ni la « Publicité », ni « l'intoxication », ni la « Propagande », ni le « Bourrage de Crâne ».

En pratique, c'est un peu tout cela, mais organisé par une agence ou un groupe en vue d'un but bien précis dans un monde qui est plus que jamais dirigé par une aristocratie de corporations et de superpuissances, dont la propagande publicitaire, omniprésente, joue sur les sentiments pour altérer la perception de la réalité. Dirigées par des meurtriers dans des pouvoirs présidentiels, qui ne doivent pas nous illusionner, même s'ils sont noirs et qu'ils sourient….

La désinformation peut parfois mener jusqu'à la Paranoïa, mais comme disent les Américains avec un certain bon sens : « La Paranoïa n'a jamais empêché d'être persécuté ... ! »

*

N'oublions pas que c'est notre sens critique qui veut et doit être détruit. D'où l'utilité de ne pas nous laisser réfléchir mais de jouer sur nos émotions. Fantômas sait que notre subconscient est perméable à souhait et que nous sommes toujours prêts à envoyer un texto surfacturé, comme si on détenait une baguette magique. Demain, l'on nous supprimera les billets de banque remplacés par le l'argent virtuel sous prétexte de praticité, voire d'hygiène pour parer à l'argent sale…

Petit à petit, nous nous apercevons que notre Éducation scolaire devient de plus en plus minable en qualité, mais que de plus en plus de gens obtiennent tous les diplômes souhaités. C'était déjà valable à l'époque de nos aïeux, qui, s'ils n'avaient qu'un niveau de Certificat d'Etudes Primaires, faisaient une lettre censée et sans faute d'orthographe, ce qui n'est plus à la portée d'un bachelier littéraire actuel. Ou alors, nous avons affaire à des pseudos intellectuels, qui, lorsqu'ils écrivent, emploient tant de termes et de tournures sinueuses, qu'au final, on ne comprend plus le sens de ce qui a voulu être expliqué. Bref, le but recherché est de nous abêtir et nous laisser ignorant. Ainsi, nous sommes mieux enclins à l'esclavagisme. Un gosse n'aura aucun mal à quitter l'Éducation nationale au plus tôt permis, car ce sera un concurrent de moins aux études, et il sera dérivé vers l'apprentissage d'un métier qu'il ne connaîtra jamais. L'idéal sera même qu'il soit fier d'être minable.

En effet, il faut, de nos jours, être idiot, stupide, ignorant, inculte, improductif, illettré, mal fringué, mal rasé pour paraître, face aux autres, un être relax, paisible, branché, donc bien intégré dans la société. Je me marre quand je vois ces « bobos » passer à la Télé, col de chemise ouvert, que je croise plus tard, sur le trottoir, en chemise cravate.

Bien évidemment, cet être humain, intérieurement, ne se doute pas qu'il est un con, et paraît en être content, fier de sa condition. Et si ce n'est pas le cas, il se dit que ce n'est pas de sa faute, mais celle de ses Parents, de la Société qui ne veulent pas de lui. Finalement, il se sent responsable de sa situation. Il comprend qu'il n'a pas hérité de l'intelligence, qu'il est inapte, fainéant. Plus ça va, moins ça va. Chaque jour atteindra sa peine, et de jeune con, il vieillira con et mourra de la même façon dans une vie inutile. C'est le résultat de l'auto-dévaluation recherché par nos Maîtres qui préfèrent faire semblant de jouer aux assistants sociaux plutôt que d'avoir à faire avec un révolutionnaire. Sa trajectoire a été tracée, et il ne s'est aperçu de rien.

Il est effectif qu'il est recherché de moins en moins d'élites dirigeantes, par une sélection quasi-permanente. Même si l'on veut nous faire croire qu'il faut supprimer les notations durant l'école primaire, c'est un leurre. Au contraire, l'élève sera noté « à la gueule » et non plus aux résultats scolaires. Place aux fumistes qui réussiront. Ce qui permettra de l'envoyer les autres, en voie de garage, sans avoir à se justifier avec des preuves. Les bonnes notes, les bons points et les images étaient une bonne éducation sur le mérite. Un carnet de notes était indiscutable.

Mais les notes continuent à être dressées. Bien sûr, durant toute la scolarité. Sauf que les Parents n'apprennent que leur enfant est un cancre qu'en fin de trimestre, quand il est trop tard. Si ces parents sont stressés par leur situation, ils ne pensent pas à exiger quotidiennement les résultats de leurs mioches, et se contentent d'espérer que tout va bien de ce côté. C'est le but recherché. Il n'est pas nécessaire de n'avoir que des bons élèves. Une bousculade agglutinée de trop de neurones en bon état risque de faire engorgement. C'est indispensable dans la sélection. Et il faut rassurer l'élève, en lui faisant comprendre que c'est « chouette d'être un imbécile heureux », en l'encourageant même dans ce sens.

Pourtant il apprendra bien vite que TOUT est noté, disséqué. Nous sommes tous des filtres notés et évalués dans tous les domaines. Et cela ira jusqu'à, piégés par ce délire de la notation en tous genres, nous sommes à l'auto-évaluation personnelle et à la comparaison de la taille de sa bite, jusqu'à l'habitation, la voiture, les loisirs, le nombre de maîtresses, etc. Car nous sommes masochistes. Et Fantômas de se régaler à évaluer toujours et pour toujours, cet individu, grâce à sa surveillance omniprésente, par le renseignement, les écoutes, le contrôle de son Smartphone, de son ordinateur, de son dossier médical. Il a le loisir de sonder chaque être humain au niveau psychologique et physique. Il SAIT TOUT de lui, alors que lui, il ne sait rien et sait qu'on ne sait jamais et ne songera pas à demander, car il n'aura pas de réponse. Il est dans le troupeau de moutons qui, hélas, me fait penser aux longues queues des déportés dans les camps pour un bol d'eau chaude. S'il tente une sortie, il aura affaire à la pointe de la baïonnette et sera qualifié d'indiscipliné, d'indigne de vivre.

Il serait incomplet de ne pas marquer le rôle de la Presse dans ce contrôle et de redire ce que j'écrivais plus avant. Le journaliste est le seul autorisé à aller fouiller les poubelles et ressortir qu'un Quidam a été condamné il y a 50 ans et ainsi resalir un casier Judiciaire redevenu vierge. Il se donnera à cœur joie sur les ondes de parler d'un coupable en le qualifiant de « présumé », même s'il est indiscutable qu'il vient de tuer 20 personnes au hachoir à viande… Ainsi, les moutons moutonneux se cacheront encore un peu plus, de peur de se voir étaler dans la Presse au scanner, avec âge, profession, liens conjugaux, politiques, apostoliques et, bien sûr, sans oublier les tendances psychologiques, l'amour de la pédophilie et si possible, de la zoophilie. Avec, évidemment, les dates de séjour en prison ou en hôpital psychiatrique. Histoire d'audience mais surtout que le fichage soit parfait, d'ailleurs soufflé par les instances judiciaires ou, et, policières. Le tout sera classé et retrouvable à vie… « C'est la VÉRITÉ, c'est DANS le journal ! ». Malheur à un Homme Politique, même s'il est plus-que-parfait du subjonctif présent, reconnu pour son honnêteté et ses compétences, s'il a, un jour, servi de fusible, pour son Supérieur hiérarchique, même reconnu comme pourriture et inapte à la fonction, en prenant les torts à sa charge, en brave petit soldat. Il y aura toujours un connard pour rappeler que cet homme a un Casier Judiciaire, donc des casseroles, donc des méfiances à mettre en évidence !... Même Sœur Théréza est passée pour une « salope » grâce à la Presse, le jour où l'on a appris qu'elle se faisait des doigts de cour !

Les journalistes se disent indépendants, alors qu'ils sont « aux ordres ». Même s'ils ne croient pas les mensonges des hommes politiques, ils les répètent… Ils sont la base de la désinformation des moutons bêlants, jouant aux crédules devant l'incroyable, parodiant les perplexes devant l'incontestable, et se mélangeant les pinceaux quand ils ne savent que penser, des hommes qu'ont vu l'homme, qu'ont vu l'homme...

Car les Maîtres du Monde savent qu'ils ont affaire à des minables et que leur mission est juste de les rendre encore plus mauvais, pitoyables… Et le mimétisme est là : cette procédure à la Fantômas a lieu, du très haut jusqu'au très bas, en pyramide descendante, en passant par nos gouvernants. Tout est gangréné : ce qui explique la fonction des « petits chefs » qui zigouillent, soit leurs subordonnés, soit leurs supérieurs, pour se donner une impression de pouvoir, mais se gardant de leur pouvoir afin d'aider quiconque dans le besoin, de peur de prendre des responsabilités. Avec bien sûr ces Chefs qui perpètrent leurs règlements de compte personnels. C'est ce qui faisait le bonheur de l'armée allemande d'occupation, avec des Kapos serviles à souhait mais dont il fallait se méfier. Sans parler de cet autre ravissement que les Kommandanturs où les lettres anonymes arrivaient à ce point nombreuses qu'elles n'ont même pas pu être toutes ouvertes ! Imaginez avec les courriels d'aujourd'hui, le numérique, et les fameux réseaux, appelés « sociaux », où l'on peut maintenant dénoncer et insulter à sa guise, rien que pour le plaisir de raboter son prochain, afin qu'il fasse moins d'ombre.

Les Maîtres du Monde surfent sur trois tares essentielles :

- les religions où l'on réussit à créer, à souhait, des Saint-Barthélemy, en jouant sur l'esprit de clocher ou de mosquée ;

- les couleurs de peau, donc des civilisations, des races, en oubliant qu'il s'agit d'un même genre humain et en mettant en évidence des tares présumées ;

- le sexe. Car, en définitive, TOUT est là. Car, il est évident que nous sommes tous des frustrés du cul, quelque soient les religions et les couleurs de peau ! Et cela, n'est ni fonction du grade dans la Société, ni de la situation professionnelle. L'Homme baise ou le voudrait ; la Femme se fait baiser ou ne le voudrait pas ; un peu, beaucoup, passionnément, à la folie, pas du tout !... Dans chaque drame, cherchez la femme, qu'il soit politique ou privé : il y a toujours un problème de sexe, avec en fond de toile, jalousie, argent, rivalité, tromperie, bêtise. (Et je ne parle pas de l'homo sexualité, car il faudrait parler de la femme en chaque homme, et je ne suis pas là pour écrire un Tome 2 !)

Une jolie femme est une occasion de guerre, un *"cas suce des lits"* ; une jolie femme est un flagrant délit. Toutes les invasions de l'histoire sont inspirées, décidées, incitées par des jupons. La femme est le droit de l'homme, elle en est sa proie.

Partout où il y a une jolie femme l'hostilité est ouverte. Pas de quartier, guerre à outrance !

En politique, c'est très courant. Cela reste prohibé de le dire, alors qu'il est flagrant que les hommes de pouvoir sont souvent des hommes plus portés sur le sexe que tout autre.

Par tout là-dessus, vous rajoutez l'argent, le pétrole, le gaz, les titres, les médailles, et Fantômas, du haut de sa stèle nous contemple comme des fourmis et se marre en se tapant sur la cuisse et du Achille Talon destructeur, car nous ne sommes que vermines. Si l'on peut mettre en doute l'existence de Dieu, le Diable, lui, est bien réel, fait homme, créé par l'homme.

Refusons donc la création de la plus grande zone de libre-échange du monde. Ce serait réduire au maximum les droits de douanes afin de faciliter les importations, les exportations et les investissements outre-Atlantique. N'oublions jamais que l'objectif est également d'harmoniser les réglementations entre l'Europe et les France sur certains secteurs. *Les droits de douane s'ils sont supprimés vont tuer des secteurs essentiels de notre industrie et de notre agriculture.* Refusons absolument les lobbies anglo-saxons à Bruxelles qui reposent toutes sur le principe du libéralisme le plus effréné. Enfin, refusons de laisser se désintégrer la souveraineté politique des nations avec leurs frontières dans un pas de plus vers la gouvernance mondiale.

Certains esprits chagrins diront que j'exagère, que je fantasme, que je me trompe, que tout ceci est faux et digne des théories de l'Illuminati. M'en fiche : comme Blaise Pascal et sa croyance en Dieu, je fais comme si tout cela existe et nous menace, en déclaration, afin de pouvoir parer au pire ! *Méfions-nous de nos amis, cherchons en quoi cela leur profite, et l'ennemi ne pourra avoir pied.*

Et gardons en mémoire que les Maitres du Monde ont un but ultime : réduire la population mondiale, avec une planète qui peut se passer des hommes, comme les voitures se passeront de leur conducteur ! Ce dernier devient passager jusqu'à devenir le même, dans une boîte, qui sera incinérée pour disparaître et rendre ainsi la place dans la Société où il intrusait.

Il nous faut lutter car la France est en grand péril, envahie par l'extérieur et démolie de l'intérieur. Commençons par rétablir les frontières et stoppons les flux migratoires. Gardons en mémoire qu'un pays sans frontières est un terrain vague. Réapprenons à nos enfants à aimer le Pays et découvrir son Histoire et ses racines. Admettons une société multiculturelle mais interdisons qu'elle soit multiconflictuelle.

La France n'a pas à être l'objet de conquêtes. Refusons l'infiltration et une démographie basée sur l'oumma qui ne songe qu'à nous absorber. Danger. Si nous acceptons cela, comme c'est le cas depuis plus de30 ans, dans dix ans nous aurons cinq millions d'émigrés, qui refuseront les règles françaises et qui feront naître des enfants qui révoqueront l'Histoire de France.

Ne rêvons pas : parmi toute cette masse humaine, nous aurons, nous avons, des agents dormants qui se préparent à la lutte par le biais du terrorisme. Il convient sans doute, d'accepter les **Français Musulmans**, mais pas les **Musulmans Français**. En France, il faut vivre comme des français, en respectant notre Père et ancêtre : Clovis.

Un ancien Président de la République a dit : « *La France, tu l'aimes, ou tu la quittes* ». Si de lui, on ne doit retenir que cette phrase, ce sera à prendre comme une doctrine dont la morale est : ne rien tolérer de l'intolérable. Rappelons-nous l'Histoire : là où l'islam(isme) existe, c'est dans un esprit de conquête par le djihad. S'il devient majoritaire, il imposera la charia. Pour l'instant, l'islam(isme) se dissimule, comme se taisaient les agents soviétiques sur notre territoire. Sauf que le danger actuel est plus dangereux et grave qu'à l'époque de l'U.R.S.S. et de la Guerre Froide. Car il n'y a pas pire que les guerres de religion.

Ne donnons pas raison à Fantômas et ses sbires de nous autodétruire. Contrôlons ces marchés planétaires qui veulent abattre les nations. Contrôlons nos politiques qui sont des menteurs et des traîtres en favorisant la collaboration et la similitude du libertaire et du libéral. A leur insu, très souvent, car, noyés dans leur pouvoir personnel de luxe et d'intérêt, ils ne sont pas équipés pour. En bref, ils sont cons, mélange de Judas qui s'en lave les mains et de Louis XV qui se moque du futur comme du déluge.

Soyons, restons et exigeons d'être FRANÇAIS, avec la Nation comme patrimoine, notre frontière comme filtre et notre génération à venir inviolable. Le socle immuable étant les instituteurs, stupidement renommés « *professeurs des écoles* ». Je n'ai retenu de fondamental de toute ma vie que cette formation morale de mes « instits » de l'École Primaire. Tout le reste n'étant que zoubida, de la fleur d'œillet et accessoires de vie. On les soupçonnait d'être communistes, mais ILS AIMAIENT la France et les français.

Hélas, nous sommes gouvernés par des inaptes depuis Charles de Gaulle et Georges Pompidou. Valéry Giscard d'Estaing, n'était que cultivé, instruit, mais pas pour cela intelligent. Simplement pourquoi ? Aucun de nos derniers Présidents avaient de la passion pour l'Histoire de France, jusqu'à supprimer des périodes clés de cette Histoire, dans nos lycées et Collèges. Mon expérience d'instructeur à des Élèves polytechniciens prouve que ces cerveaux musclés ne sont bons que dans la théorie, le cul sur la chaise. Dès qu'il faut mettre en pratique, sur le terrain, c'est le vide complet. Bien sûr, il ne faut pas généraliser, mais je prétends que pour avoir de bonnes branches solides qui répandent feuilles, fleurs et fruits, il faut un tronc solide sur des racines costaudes et bien ancrées.

Nous savons tous qu'un peuple sans mémoire est aussi un peuple sans avenir.

Si nos pouvoirs politiques attaquent frontalement l'enseignement de l'histoire, c'est parce qu'ils veulent en finir avec notre identité, notre culture et donc notre mémoire nationale.

Tous les totalitarismes s'employaient systématiquement à réécrire l'histoire, pour mieux modeler le « matériau humain » ou à la détruire, en prenant l'exemple de l'État Islamiste qui détruit à cœur joie tout ce qui est culture et monuments de l'antiquité.

La solution, la vraie, c'est que lorsque nous sentons que nous ne pouvons pas échapper à un système, nous ne devons plus nous adapter. Nous devons refuser d'accepter des choses que, autrement, nous pourrions considérer indésirables, mais réellement enfin les considérer comme telles. Il en va de notre survie et de notre liberté. Arrêtons absolument de soutenir des systèmes et des dirigeants qui nous offrent un sens de l'ordre, qui est un leurre, pour nous rassurer que les choses sont sous contrôle. Ne justifions plus ces systèmes aliénants auxquels nous attribuons des qualités qu'ils n'ont pas mais qu'ils paraissent avoir. Arrêtons d'expliquer avec bienveillance ou je m'en *foutisme* de ces lacunes : ces systèmes paraissent légitimes, mais en fait, sont complètement illégaux, à tel point, que jusqu'à présent nous avons renoncé à les contester tellement ils sont impossibles à défendre ! (*j'espère que tout le monde suit, ou dois-je répéter ?...*)

Nous sommes victimes du mensonge de la vérité. Le courage de la vérité est de faire passer ce qui est vrai avant ce qu'on croit. Le problème étant justement que ce qui probablement fausse tout dans la vie, c'est qu'on est convaincu qu'on dit la vérité parce-que l'on dit ce que l'on pense. (*Un peu de Sacha Guitry fait toujours mieux dans ce décor*). La vérité ne peut être « ma » vérité car elle n'appartient à personne. On ne peut dire une chose et son contraire et se mentir à soi-même. L'informatique actuelle avec ses fameux réseaux sociaux a la force de nous rendre cruels, sous faux prétexte d'esprit critique, menteurs, sous pseudonyme, et inaptes. Bientôt nos enfants, s'ils savent taper sur un clavier avec deux doigts, ne sauront plus tenir un stylo, ni écrire ; nous, les parents, qui conduisons fort mal nos automobiles, allons encore dégénérer dans nos réflexes et nos notions de gabarit, en se servant d'ustensiles Hitech qui conduiront et gareront nos voitures à notre place. Ne dit-on pas que l'Internet existe pour faire croire aux cons qu'ils sont intelligents ?... Tout ceci enlève petit à petit le charme de notre vie et notre potentiel ; au pied du mur de nos prétentions, nous croyant surhommes alors que nous dégénérons. Sous prétexte de progrès de la science et de modernité, on se ment en acceptant d'être de plus en plus nul et soumis. L'informatique nous aliène et nous fait sombrer dans le mensonge de nous-mêmes, dans la soumission, où nous refusons toute vraie vérité en nous nous retrouvant dans une vraie prison sans barreaux, en nous faisant avaler n'importe quoi. Le danger de la double-pensée qui existe depuis fort longtemps dans le langage politique, est d'endormir notre esprit critique en réécrivant l'Histoire à notre guise, sans anti-thèse, ni de ne plus déceler les complots dans la formulation de la vérité apparente. Ce qui fait que tous détestent la vérité, trop dérangeante.

La solution, la vraie, c'est la désobéissance. N'obéissons plus aux diktats des dirigeants, et refusons de mourir pour cause d'obéissance aux systèmes révélés injustes, corrompus et incompétents. Justifions notre désobéissance en arrêtant de défendre ce qui ne fait que paraître légitime.

Rappelons-nous, chaque jour, chaque heure, que la vie est très courte et elle ne mérite d'être vécue qu'avec une cause à défendre, même si cela doit s'avérer moins confortable que la grenouille dans l'eau tiède.

*
* *

5

L'AVENIR FRANÇAIS

Alors ?...

Il faut savoir commander et avoir été formé pour cela. Ensuite, cela reste à vie.

Je sais commander, car j'ai été commandé toute ma vie. Ainsi, je sais ce qu'il faut faire et ne pas faire, dire ou ne pas dire.

Certes, il est difficile d'imaginer qu'un soldat républicain puisse devenir Président de la République. Mais comme le dit Michel Blanc, chez les « *Bronzés* », "*On sait jamais, sur un malentendu, ça peut marcher !...*"

Bref, un plan « Z ».

Cependant, quand le Pays, la Nation, est dans une phase critique, il faut être plus que jamais volontaire pour cet acte civique essentiel, afin que la France retrouve sa souveraineté.

Face à une chute démographique, un communautarisme qui peut amener à une guerre civile, un laxisme de tous les instants imposé par la prudence de ne pas déplaire aux petits chefs, agenouillés devant les grands chefs, la France doit redevenir un acteur responsable. Et pour cela, TOUS les citoyens doivent devenir garants de leurs actes et pensées.

Ainsi cela permettra une politique nationale saine et une politique internationale indépendante. Ne sommes-nous pas descendants d'irréductibles gaulois ?...

Il conviendra, dans un premier temps, se détacher de l'OTAN pour retrouver notre rayonnement.

L'avenir est dans le francophonissime et dans l'Afrique francophone.

Il est essentiel et urgent, pour dynamiser l'évolution, le commerce et l'industrie, de développer le continent africain. Et ceci doit se concevoir avec les français, les belges, les canadiens, les africains. Tous ensemble, nous avons les moyens de dynamiser ce grand continent et ne plus le laisser se faire dépouiller et coloniser par la communauté chinoise.

La France peut et doit devenir le moteur d'une Fédération Internationale Économique Francophone (F.I.E.F.), avec tous ces états qui travailleront ensemble afin de rétablir un véritable essor économique.

Il suffit de peu de chose : un Président de la République française ayant une vue d'avenir sur 20-30 ans sur son action, et non pas de la navigation à vue sur 4-5 ans, en évitant les écueils qui l'empêcheront de se représenter à la fonction… Et un Peuple en accord avec cette optique. Je prends le pari que le français, *Monsieur de Souche*, ne veut pas QUE la protection, mais qu'au contraire il est volontaire pour l'aventure, comme ses ancêtres qui sont partis à la conquête de l'Ouest américain, dans un esprit pionnier mais non pas colonialiste.

Le futur Président devra cesser les voyages, visites amicales, déjeuners, discussions informelles… et vouloir ainsi, réactiver les réseaux africains. Tous les coups devront êtres interdits, en se basant sur tous les soutiens qui seraient bons à prendre.

Il conviendra absolument d'officialiser ces relations dans l'intérêt de tous, des Nations africaines francophones et l'État français, dans une véritable collaboration commerciale, industrielle, à armes égales, dans un esprit du Commonwealth, en communauté d'États, de façon intergouvernementale, en jetant aux orties ces remords de colonialisme et de repentances, pour d'anciens territoires de la France ! Le véritable AVENIR est là.

Pour les esprits chagrins, il convient de ne plus diaboliser ce qui a été appelé « colonisation ». L' l'épopée coloniale de la France a été l'œuvre de grands Républicains. Jules Ferry a prétendu "*porter la civilisation aux races inférieures*", Léon Blum a proclamé "*qu'il était du devoir des races supérieures de venir en aide aux races inférieures.*" Les accusés-coupables d'aujourd'hui sont Lyautey, Charles de Foucauld, le Docteur Schweitzer, Gallieni, héros d'hier. Ils n'ont fait pourtant que de libérer les peuples originaires du bastringue sanguinaire et lamentable, infligé par les maîtres de l'époque, les "Rois Nègres", responsables d'ignominieuses concatènes de l'esclavagisme, et d'abroger ces pratiques ancestrales. Ils ont œuvré dans la lutte permettant de mettre un achèvement aux éternelles guerres claniques qui bousillaient, tuaient, égorgeaient, dévalisaient le continent africain. Ils n'ont eu que pour un seul but, celui d'apporter la paix française en amenant Justice et Ordre, issus de notre expérience et mis en pratique par les administrateurs coloniaux. Et ce n'est pas un crime humanitaire de notre part que d'avoir supprimé les épidémies qui exterminaient des tribus en totalité, et fait éteindre les contagieuses et durables famines qui empiraient le déclin et la disparition de ces peuples. En résumé, ce n'étaient là que la conquête de la Liberté, de l'Égalité et de la Fraternité, avec la paix et la santé. Tout ceci est bien respectable et il convient d'honorer tous ces français de métropole qui ont servi la Patrie en élargissant nos frontières pour redonner l'indépendance à tous ces peuples, mais sans doute, trop tôt, avec un goût d'inachevé. Un jardin bien entretenu devient vite un roncier, s'il n'est pas maintenu préservé et protégé. Hélas, de nos jours, les "rappeurs", issus du continent africain, viennent chanter en France pour cracher dans la soupe, la jugeant trop salée, oubliant que leurs grands-parents n'en n'avaient pas du tout, et même pas l'assiette, tout ceci afin d'attiser notre contrition, nous créer des remords et nous convaincre à retourner notre propre Droit contre nous. Les véritables colonisateurs, sont, en fait, ces descendants de pseudo-colonisés, qui veulent nous apprendre la vie en profitant de nos largesses et nos faiblesses, en nous méprisant de surcroit, attisant le racisme par le refus de s'intégrer, vivant en bandes de quartiers et tribus. Le grand danger, est qu'ils polluent notre jeunesse française.

Je veux pour l'Afrique francophone, je veux que les français soient les défenseurs puissants de tous les déshérités, de tous les faibles, de tous les opprimés de ce monde, qu'ils soient les apôtres du droit sacré du genre humain. Ils doivent avoir notre sympathie et notre soutien. Nous devons apporter la lumière à des populations encore appelées "en voie de développement", leur enseigner la liberté, l'horreur de l'esclavage, avec la conscience réveillée de la dignité humaine ; il suffit de reprendre la parole de Victor Hugo au sujet de la puissance de cette civilisation : « aider ce magnifique mouvement philanthropique qui semble, en tournant aujourd'hui, l'intérêt de l'Europe vers le pays des hommes noirs, vouloir y réparer le mal qu'elle lui a fait. Ce mouvement sera une gloire de plus pour le dix-neuvième siècle, ce siècle qui vous a vu naître, qui a établi la république en France, et qui ne finira pas sans voir proclamer la fraternité de toutes les races humaines. »

On peut sans doute y voir, à l'époque, un peu d'utopie, mais on peut penser que si l'islam n'avait pas envahi l'Afrique, si les Occidentaux n'avaient pas quitté le continent pour se contenter d'exploiter à distance, grâce à des dirigeants corrompus, ce continent aurait pu répondre aux espoirs de Victor Hugo. La terre d'Afrique est riche à foison, avec son climat, ses terres prospères, son sous-sol encore plus abondant, et pourtant, malgré cela, ses hommes, les plus entreprenants, la quittent pour venir en France et d'autres pays d'Europe, pendant que leurs frères se laissent bouffer la laine sur le dos dans un renoncement coupable et archaïque…

Ne pas réaliser ce pari sur l'Afrique francophone serait pour nous le risque de perdre notre civilisation et notre identité par un envahissement incontrôlé de nos terres métropolitaines.

La destinée du monde du 21ème siècle est en Afrique pour y créer un nouveau monde.

Sans être Monsieur Afrique, ni Jacques Foccart, ni Guy Penne, ni Robert Bourgi, je lance le défi, en toute transparence, sans valises de billets, ni costumes sur mesure, de faire d'un État comme la R.C.A. ou Centrafrique, la vitrine d'un nouvel État prospère en employant la fierté nationale à se retrouver dans l'unité et le progrès. Il faut simplement Croire et Oser en donnant l'envie à tous les africains de croire en leur avenir et leur rappeler que Paris, avant les travaux pharaoniques du Baron Haussmann, n'était qu'un terrain vague, que Brest, Lorient, Le Havre n'étaient que des champs de ruines après les bombardements alliés !

La mer Méditerranée ne doit plus être une frontière entre deux univers, avec d'un côté toute la civilisation et d'un autre côté toute la barbarie, comme le disait Hugo. On dit l'Afrique farouche, avec deux aspects : peuplée, c'est la barbarie, déserte, c'est la sauvagerie. Selon le poète, « au 19ème siècle, le Blanc a fait du Noir, un homme ; au 20ème siècle, l'Europe a fait de l'Afrique un monde » ; je prétends qu'au 21ème siècle, l'Afrique sera le Nouveau Monde ! (*Mais il va falloir se bouger, car il ne reste plus que 80 années…*)

La civilisation y est maintenant. Il faut juste y apporter la concorde. Je reprendrai ces propos à mon compte, en disant qu'il faut apporter la charrue, pas le canon, le commerce, pas le sabre, l'industrie, pas la bataille, la fraternité, pas la conquête.

Toujours dans la même veine, Hugo conseillait de "verser notre trop plein" dans cette Afrique, et du même coup, résoudre nos questions sociales en changeant nos prolétaires en propriétaires. « Faites des routes, faites des ports, faites des villes ; croissez, multipliez, cultivez… » Tout ceci reste d'actualité, plus que jamais depuis Hugo. Mais rien n'a été fait à cause d'un mot, un seul, qui a tout détruit : « Colonisez ».

Je suis issu des « Troupes Coloniales », j'en ai appris l'esprit. Il ne s'agit pas de conquêtes colonialistes, mais de fraternité. Je suis soldat et je déteste la guerre. Idem, je prépare la guerre, en apportant la paix.

Et dans cet esprit de construction solide de l'Afrique francophone, il faut remettre au premier plan le principe de laïcité avec le refus du communautarisme. Il faut refuser la stigmatisation insidieuse des africains d'origine arabe ou de confession musulmane, comme la stigmatisation de tout africain en vertu de ses origines sociales ou ethniques ou bien de ses convictions politiques ou religieuses ; il faut remettre à sa juste place, très faible sinon nulle, la menace alléguée du « terrorisme djihadiste », ne pas se focaliser là-dessus ; il faut dénoncer la théorie du « choc des civilisations » comme une théorie fausse et nocive et prendre des mesures, notamment éducatives, pour convier les peuples à la « concorde des civilisations » ; il faut lutter contre toutes les formes de terrorisme, à commencer par le terrorisme des séparatistes de régions ou de territoires. En fait, le véritable ennemi, ce n'est pas le Djihad, mais la Mafia.

En France, nous sommes gouvernés par des rats gros et gras, tolérant l'intolérable, assoiffés de leur pouvoir protégeant leur intérêts, sans jamais vouloir se bouger, de peur de remuer la poussière et d'éternuer sous les retombées. Il faut qu'ils abandonnent le navire et leur avenir. Qu'ils laissent enfin les Lafayette envahir le pont, regonfler les voiles et prendre un nouveau cap, celui de l'espérance !

N'oublions pas les humanistes incontestables de la fin du XIXème siècle qu'étaient Jaurès, Blum et Ferry qui parlaient de races et de sous-races et d'empires coloniaux. Il ne s'agissait pas de crimes contre l'Humanité mais d'une volonté de développer des pays africains catholiques ou musulmans. Je reste persuadé qu'il ne s'agit pas de coloniser ou recoloniser ces Pays, mais de travailler ensemble, en bonne intelligence, en respectant toutes ces Patries avec leurs mœurs et traditions, d'égal à égal. Il ne peut s'agir de « colonisation soft », mais d'un véritable devoir de faire profiter les Pays en voie de développement à se moderniser. Je le répète : l'Afrique fera le XXIème siècle. Et j'ai bon espoir que des pays comme l'Algérie seront heureux de cette opportunité et je loue la clairvoyance de Monsieur Jean-Louis Borloo avec son travail d'électrisation de l'Afrique qui sera la voûte de ce développement que je préconise, que je veux et qui doit être un véritable programme présidentiel pour les trente ans à venir. Il faut bien être persuadé que la croissance africaine n'a rien à nous envier et qu'avec la généralisation de l'électricité, la croissance de ces États passera très vite à 15% par an et que nous profiterons, par ricochet, d'une croissance de 2 à 3% supplémentaire. Je promets la prospérité et la stabilité de nos Pays en unissant nos efforts dans la F.I.E.F ! Je rappelle : "Fédération Internationale Économique et Francophone" qui sera à la base de la VIème République et d'un nouvel essor.

Aujourd'hui, je suis triste quand je constate que la France, seule, donne [gratuitement] huit millions d'€uros (soit un peu plus de 5 milliards de FCFA), montant alloué par la France via l'Agence Française de Développement (AFD), à l'État Centrafricain. Cet argent est destiné en priorité au payement de salaires des fonctionnaires et assimilés centrafricains.

Un citoyen français sachant cela peut se révolter en disant que cet argent est donné à fonds perdu et cela n'empêchera pas un centrafricain de cracher sur la France.

Il y en a marre de toutes ces négociations sous-terraines, à l'insu des peuples. Et cela durera tant que les politiques français se sentiront coupables de « colonisation ». Cela n'a aucun sens et le colonialisme d'hier doit être rangé aux oubliettes. Depuis l'indépendance apparente de ces États, cela n'a laissé la place qu'à des réseaux, mis en place à l'époque Charles de Gaulle, afin d'exploiter les richesses minières et pétrolifères en Afrique, où les Chefs d'État potiches se gavaient un maximum de l'argent français pour l'investir dans des hôtels particuliers à Paris et limousines de luxe. Le résultat est qu'en 2016, dans les villages africains, les peuplades vivent encore à l'ère préhistorique. Je l'ai vu, de mes yeux, vu, avec des cases sans mobilier et sans ustensiles de vie. Il n'est plus tolérable que les pays africains continuent à être bouffés par la corruption et les dictatures. Nous nous devons d'y apporter notre concours pour une gestion plus saine et probe et incorruptible.

Il est inadmissible de laisser croire que nous aidons l'Afrique en leur offrant des crayons de couleur pour les enfants, alors que nous, volons, dans l'ombre, or et diamant ! L'Afrique ne disperserait pas aussi facilement et allègrement si elle était équilibrée et combattive et si l'Occident était honnête et intègre. Elle doit pouvoir vendre ses ressources au prix du Marché. D'accord, cela déstabiliserait et affaiblirait les économies occidentales, en retour, qui se sont bâties sur une doctrine post-coloniale de pillage à dessein et désir. Il y a des économies très florissantes en Afrique, en pleine croissance, qui devraient nous faire rougir, nous en total sur-place ! Stoppons cet argent perçu indûment sur l'Afrique grâce à nos avoirs de réserve de change, basés sur une dette coloniale. Une énorme partie de l'argent de nos banques existe grâce à l'exploitation du Continent Africain. En fait, sans l'Afrique, nous ne serions rien, et nous continuons à exploiter les ressources de ces Pays jusqu'au jour où nous serons éliminés par ces « salauds de pauvres » à force d'avoir trop tiré sur la corde. N'oublions pas que si nos ancêtres sont les Gaulois, leurs ancêtres sont africains !

Il conviendra de s'inspirer de la Démocratie directe, sur le modèle Suisse, où tous les États de la Fédération [F.I.E.F.] travailleront sur trois pouvoirs, l'un législatif, l'autre exécutif et enfin, le judiciaire, en trois autorités différentes et indépendantes, avec une neutralité totale en politique extérieure et une suppression de toute peopolisation politique.

Et l'Europe dans tout cela ?...

Malgré les dérives de l'Union €uropéenne, la France fait partie intégrante de cette Europe, pour le pire et pour le néfaste, dangereux et corrupteur... Je ne suis contre l'Europe du point-de-vue qu'il s'agisse de la civilisation à laquelle nous appartenons. L'Europe n'est pas l'Union européenne. L'Europe c'est une culture de nos anciennes paysanneries, je suis français de nationalité et européen de civilisation, cependant, ce n'est pas une raison que je défende ce phénomène austère et insensible qu'est l'Union européenne qui érode, affaiblit et use ce qui constitue proprement l'identité européenne. Je serais plus attiré par une Europe de la souveraineté, mais là ne sont pas mes préoccupations et ce patchwork se déglinguera au niveau des politiques par manque de réelles motivations des États dans cette Union, au bas niveau politique, et de la perfide Albion qui dévoilera officiellement qu'elle est, en fait, un État américain, qui agit en agent double.

En effet, ce n'est plus un secret d'affirmer que la finalité de ce projet de construction européenne est de neutraliser politiquement les états européens, d'empêcher toute politique autonome, tant sur le plan intérieur que dans celui de la politique extérieure, pour placer l'Europe sous la surveillance et autorité américaines. A cet effet, l'OTAN qui est le prétexte géopolitique et militaire de l'Union européenne, a pour fonction de faire conduire aux pays d'Europe et à leurs frais, les guerres imposantes et ridicules étasuniennes et surtout d'appliquer la politique d'endiguement à l'encontre de la Russie bien qu'elle ne soit plus l'U.R.S.S. Une politique énormément aventureuse et risquée qui aura pour effet de faire des nations européennes un champ de bataille dans une hostilité opposant l'OTAN contre l'Armée russe.

De la même façon, la création de l'Euro avait pour objectif et résultat d'affaiblir, voire de démanteler économiquement l'Europe, en favorisant l'économie allemande, la Germanie étant un feudataire de fait depuis les accords suite à la seconde Guerre Mondiale. Ainsi, c'est un marché libre à concurrence déloyale où la puissance de l'industrie allemande, greffée à la doctrine du libre-échange intégral, a accéléré la destruction de toutes les industries européennes, et remarquablement celles de la France.

Les démonstrations et les principes mettant en évidence la mise en vigueur de cette ample manœuvre américaine de supériorité tutélaire de l'Europe ne manquent pas.

La France, alliée des États et Pays francophones, doit et pourra peser à nouveau sur la scène internationale. Ayant quitté l'OTAN et ses obligations de vassal, la France aura tout intérêt à devenir alliée de la Russie où elle a des intérêts communs. Vladimir Poutine a une envergure telle qu'il est diabolisé par la malveillance américaine frustrée de ne plus pouvoir officialiser cette Guerre Froide qui lui permettait toutes les déviations. Cet homme ne veut que l'essor de la Russie et se préoccupe peu de ses besoins personnels et de son enrichissement. La Russie, malgré la rumeur, est un État sage : la diminution du budget Défense, et course aux armements moindre, de la Russie, montre que ce pays ne croit pas en un proche conflit généralisé et n'entend pas alimenter cette obsession qui n'existe aux States et en Europe, que pour convaincre l'opinion d'adhérer à des projets aux dessous peu respectables, ni honnêtes. Il sera enchanté de pouvoir travailler avec cette Fédération économique francophone qu'il considérera en partenaire véritable.

Il surprend par son envergure et apeure les démocraties faibles qui sont restées sous le mythe Brejnev. Pourtant, il devrait être un modèle surtout quand il annonce ses mesures contre l'immigration illégale. Vladimir a surpris l'opinion publique mondiale en annonçant hier la création d'une Garde Nationale. Elle aura vocation à lutter contre le terrorisme, le crime organisé et le trafic de stupéfiants sur le territoire russe. Mais elle devra également faire respecter les lois régissant l'immigration de travail, bien que cela relève de la sphère civile.

Ce nouvel organisme exécutif dépendant du ministère de l'Intérieur luttera contre le terrorisme, le crime organisé. En plus de ses fonctions, elle assumera celles des unités de police anti-émeute, des unités d'élite.

*

Monsieur Poutine a également insisté sur l'autonomie accordée à cette nouvelle structure, dont la création sera entérinée par une loi fédérale afin d'éviter tout litige pouvant gêner le travail de cette unité.

C'est autre chose que notre armée de Réserve qui reste encore et toujours une simple idée et une poignée d'individus, difficilement mobilisables.

Pour ce qui est de Vladimir Poutine et d'une alliance intelligente, ce sera dur d'exorciser celui qui fait peur.

La Russie maudite est sous le règne d'un diable assoiffé de pouvoir disent les Occidentaux sous la ventriloquie de la marionnette de l'Oncle Sam. L'Occident s'accorde sur le fait que le président russe est coupable de tous les maux du monde, et cultive cette idée permanente chez ses alliés. Pourtant, je prétends qu'une telle approche, est trop simpliste, pour ne pas dire absurde. Tous les maux du Monde lui sont attribués.

Vladimir Poutine est un fantôme et se fait craindre de par son ancienne appartenance au K.G.B. Son groupe sanguin est A.K. 47, il ne se masturbe jamais car il est inébranlable. S'il devait avoir un ordinateur américain de chez Apple, la pomme serait entière et aurait trouvé la page 404 !... Quand Poutine arrive en ville comme piéton, même les trottoirs changent de trottoir. On peut dire non à Vladimir, mais il faut une bonne Mutuelle et si fumer tue, cela se fait moins vite qu'avec Poutine. Il est de la race des héros, pas plus grand que Sarkozy, mais personne n'a songé à se moquer de sa taille ni à lui rajouter des talonnettes. D'ailleurs, quand il était petit, il n'envoyait pas de lettres au Père Noël mais des ultimatums. Il est maudit car jalousé parce-qu'il est plus-que-parfait du vindicatif présent. L'erreur, il ne connaît pas et même s'il s'apercevait qu'il a sauté de l'avion sans parachute, il remonterait le chercher. C'est ainsi, notre imagination vagabonde, car on ne prête qu'aux riches. Il sait mettre les américains et les occidentaux, comme la France, au pied du mur. Par exemple, au sujet des attentats de musulmans, il sait dire que ses dirigeants doivent expliquer qui est derrière ces massacres créés pour justifier toutes ces innocentes victimes. Car ce sont bien les gouvernements américain, britannique et français qui ont été les principaux promoteurs du terrorisme islamiste.

Avant, Poutine était considéré comme fou dans la politique internationale. Angela Merkel estimait qu'il vivait dans son propre univers. Mais aujourd'hui Monsieur Vladimir Poutine porte le nom de diable chez les Occidentaux. Pourtant on pourrait l'appeler Zorro car c'est un rusé renard, mais on préfère le blâmer et dire que tout est de la faute des russes. Pourtant, personne ne sait s'ils sont derrière les problèmes existants, mais tout le monde hésite bizarrement et étrangement à l'affirmer.

Tellement que lorsque que Nikolaï Sarkovitch a été reçu par le Président Putin, il est sorti en K.O. debout pour faire une allocution télévisée où tout le monde a cru qu'il avait mal digéré un litre de Vodka cul sec… il s'est retrouvé amoindri, lui qui croyait que l'Europe était dirigée avec satisfaction sous le concours américain, il s'est retrouvé face à un Monsieur P, comme Passion, découvrant que la Russie pouvait amener l'Europe incontestable à sa destruction.

Pour l'exemple de ses capacités, Vladimir a engagé ses forces dans le conflit syrien. Et en pas six mois, les heurts russes ont réussi à changer le cours des choses avec une ouverture aux troupes gouvernementales de Syrie, alors que tout ceci était prétendu irrévocable par les occidentaux, simplement parce-que cela leur déplaisait que la solution fut russe.

Le bilan est que pendant ces cinq dernières années la guerre syrienne a créé 300.000 morts et 12 millions de déserteurs partis vers l'occident et ceci sous l'incompétence occidentale, mais est-ce vraiment de l'impuissance car il faut l'avouer c'est l'affairisme et l'indifférence qui ont fait éclater la Syrie, pour cette guerre froide qui n'a jamais cessé d'exister, qui fait le jeu de l'Amérique et par conséquent des occidentaux. Tout est là : il faut donc un ennemi commun, essentiel en désignant Vladimir Poutine fauteur de trouble en fouteur de merde.

Pourtant, Grâce à Poutine, la Russie s'est relevée en quasiment 17 ans et a tout à apporter à la France. D'ailleurs on ne peut se passer d'elle, ne serait-ce que par le fait que nous sommes, encore pour un bout de temps, dépendants aux Antonov An-124, aux Iliouchine Il 76, à l'Antonov, quand nous avons une balade aérienne de frets à entreprendre !!!

Il faut se rappeler d'où vient la Russie. Après une révolution bolchévique, financée par l'Occident, au moment même ou elle se libéralisait, elle a été impliquée dans la guerre de 1914 dont elle n'est pas responsable. Il n'empêche que la cascade et l'enchaînement lui ont été fatals. Puis elle a enduré assurément la terrible guerre désirée par l'Allemagne hitlérienne, puis, finalement, en 1990, elle a failli sombrer définitivement aux mains des oligarques industriels et financiers, dont la mainmise sur l'économie russe devenait une préoccupation majeure de la population, après une ère de laisser-faire et de complicité de Boris Eltsine.

En dix-sept ans, la Russie s'est reconstruite grâce à l'effort de Vladimir à prendre acte des événements traumatiques pour ne plus, ou ne pas, avoir à vivre dans la dépression et se reconstruire. Il l'a accompli sans aide extérieure et ceci n'a rien d'équivalent dans l'événement de l'histoire.

Vladimir a une vision géopolitique qui n'est pas despotique même s'il doit aller buter les terroristes dans les chiottes ; il exige un rééquilibrage face à la volonté de puissance occidento-américaine, en termes de moyens budgétaires, militaires, maritimes, industriels, agricoles et culturels.

Toutes les représentations négatives et fantasmagoriques ont été reprises de jour en jour, par des esprits journalistiques soumis, conformistes et ignares que la Russie voudrait envahir l'Europe alors que c'est l'OTAN qui présentement même aménage des manigances soldatesques aux frontières directes de la Russie.

La Russie a toujours été victime d'invasions subies et est desservie par un manque de frontières naturelles.

Vladimir peut s'en sortir car il fait de la Russie un élément d'entente, de réconciliation et de rééquilibrage géopolitique et des conflits d'intérêt, comme elle l'illustre en Syrie. La Russie défend les minorités chrétiennes en les protégeant de la politique des néoconservateurs américains.

La Russie de demain, au lieu de trop copiner avec la Chine, par dépit, ou par défaut, a tout à gagner à renouer avec l'Europe. Hélas, et toujours hélas, face à la soumission des hommes politiques occidentaux sous la férule de l'OTAN, cela semble encore impossible dans un futur proche ; il serait dommage que la Russie-Chine devienne légitimes en devenant une puissance arctique et par-là même, une puissance maritime… Enfin, la France peut jouer un rôle colossal par le biais de son histoire et de son attachement franco-russe, des percées maritimes, de ses échanges économiques, du concordat capitalisé de l'énergie et de la force nucléaires souveraines, à condition, que la France revoit sa position vis-à-vis du Fantômas US.

Nous avons, assurément, des destins communs, mais il y a toute une école de la pensée à changer, face à notre totale manipulation.

Quand je suivais les cours de catéchisme, j'ai appris qu'il y avait le Paradis et l'enfer, ce qui est catholiquement correct. Aujourd'hui, le politiquement correct définit les USA comme étant le Paradis et la Russie comme étant l'Enfer.

La règle étant que recevant une baffe, il faut tendre l'autre joue…

Aussi, il est paradoxal de constater des manœuvres internationales, dans les Pays Baltes, par exemple, tout près de la frontière russe. Cela s'appelle de la dissuasion. En avant, les Pays européens, États-Unis en tête, suivis par la France, l'Allemagne, le Royaume Uni, la Lettonie, la Lituanie, l'Estonie, la Slovénie, la Finlande, le Danemark, la Norvège et même le Luxembourg, pour démontrer qu'ils sont opérationnels sur le terrain, pour faire manger la pâtée aux Russes. Le prétexte, vieux comme le Bloc Est-Ouest, est de se préparer à une agression. Toujours sous l'hégémonie yankee qui a sa puissance d'occupation militaire en Allemagne en transformant ce pays en protectorat, et ceci pendant encore au moins 83 ans, ce sera un pays occupé ! Ce qui explique que Mâme Merkel mange la soupe de Fantômas avec appétit en encourageant les autres, dont la France, à bouffer dans la gamelle.

Bien sûr, cela ne peut laisser indifférent le post-U.R.S.S., qui, de son côté, se prépare au combat, en mettant au top niveau ses stocks et réserves…

« Qui veut la paix prépare la guerre ». Sauf que le sioniste américain, via la C.I.A. vise à jouer à 10 contre 1, avec l'Europe sous ses ordres. Nous vivons dans un odieux mensonge, où sous prétexte de mur de Berlin tombé, cela a permis de reconstruire des murs et des barbelés, qui mis, bout à bout, feraient le tour de la Terre ! Nous sommes entrés dans une guerre mondialisée, faute de guerre mondiale. Nous y sommes, avec la douce illusion d'avoir des alliés solides, alors que nous sommes seuls sous le piège mortel de l'OTAN. Illusion toujours, en nous faisant croire qu'avec l'OTAN nous gagnons des conflits ou du moins des batailles, alors qu'elle nous prive de gagner des guerres. Nous croyons tous que l'Europe est un rempart et qu'elle a tué les guerres et qu'elles sont mortes alors que ce n'est que chimère comme l'est la Défense Européenne.

Alors qui est donc Satan ?… Vladimir Poutine ou Fantômas, alias l'Oncle Sam ?…

Bref, nous vivons dans un Monde truqué avec toujours des dés pipés dans des jeux de cons où il n'y aura jamais de vrais gagnants. Le seul vrai souci étant que ce qui se passe dans l'infiniment grand se répercute dans l'infiniment petit, et on en revient sur la pratique des grands chefs et des petits chefs aux chaussures cirées qui distinguent leurs complexes pris à travers le seul prisme de leur mantra…

C'est pour cela que je prône un grand changement de politique extérieure en changeant d'Alliés ; la peste ou le choléra. Nous avons testé la peste pendant 70 ans ; il est temps d'expérimenter le choléra !

Pour continuer dans le politiquement-intellectuellement incorrect, quand je dis 70 ans, c'est à partir de la libération de la France des armée d'Hitler. Mais ne nous leurrons pas : l'aide G.I. n'a eu lieu que pour nous envahir par les américains chewing-gums, et si notre Général de Gaulle n'avait pas shooté dans cette fourmilière en s'affirmant indépendant, nous ne serions qu'un État U.S. de plus, une étoile supplémentaire sur leur drapeau. L'impérialisme américain date de bien plus longtemps, et pendant la première guerre Mondiale, le bon ton était d'appeler cela du Protectionnisme.

Aujourd'hui, plus que jamais, nous devons affirmer nos choix et pouvoir considérer la Russie et les U.S.A. différemment, renoncer aux illusions de la Défense européenne et quitter à nouveau les structures militaires de l'OTAN. Cela ne pourra que nous aider notre autonomie stratégique, économique et industrielle. De plus, remettons en place un État souverain avec remise en premières places de la Police, de l'Armée et de la Justice en arrêtant de tout remettre dans les méandres de Protection Privées. Evidemment le budget des armées doit être nettement réévalué jusqu'à au moins 4 % de notre Produit Intérieur Brut. Il y a du retard à rattraper du fait que depuis Valéry Giscard d'Estaing on s'est évertué à faire le contraire ! Ce qui a fait écrire le Général Marcel Bigeard : « Adieu ma France, tu n'es plus celle que j'ai connue ».

Il est utile, là, que je fasse une parenthèse pour rappeler ce livre qui est, plus que jamais d'actualité. Comme les blagues de Coluche, tout ceci n'a pas pris une ridule :

"Adieu ma France... Tu n'es plus celle que j'ai connue, le pays du respect des valeurs, de l'hymne et du drapeau, le pays de la fierté d'être français. Adieu ma France des trafics en tous genres, du chômage, de l'islamisme, de la polygamie, du laxisme, de la permissivité, de la famille décomposée... Adieu ma France réduite à l'état d'urgence, ma France déconstruite, en guerre avec elle-même. Je veux, néanmoins, demeurer optimiste et croire en ton sursaut. Mais qui te sauvera ?

Cela fait « vieux con », n'est-il pas ?... C'est ce que disent les mous du genou affirmant que c'est « d'un autre temps et que le Monde change »...

Ce livre testament du général Bigeard me donne envie, plus que jamais, d'être cet homme qui saurait se mettre tout entier à son service, sans magouille, sans en retirer pour moi-même le moindre profit, mais qui se donnerait entièrement, et de façon désintéressée, au sauvetage du pays, à la relance de la France.

Il était Contre la Constitution européenne, contre la France et l'Allemagne se congratulant d'être les leaders de l'Europe, car associer deux malades n'a jamais donné la santé...

Il parlait déjà de la Turquie en tant que rêve inespéré des islamistes en doutant de ce que peut être un islamiste « modéré ». Bigeard avait bien compris que la Turquie n'était qu'un Cheval de Troie du fondamentalisme et du cancer islamiste qui gangrène le Monde. Sa vision du voile islamiste date de 2002-2008 et se révèle exacte où il parle de lapidation et de droits à la fois moyenâgeux et inhumains.

Il s'alertait sur les immigrés qui ne songent qu'à leurs droits et pas à leurs devoirs, de leur non intégration et de l'immigration maghrébine à brandir fièrement des drapeaux algérien et marocain au cours de cérémonies officielles ou de matches de *foute bol.*

Il se morfondait sur l'oubli du patriotisme et la disparition de l'identité française. Il alertait sur le « refus de s'intégrer de millions d'immigrés », et d'une progéniture asphyxiante, avec confusion des valeurs. Il alertait déjà sur le fait de confusion des valeurs dans une France en perdition que plus rien ne structure de manière cohérente et qui semble ne plus avoir d'avenir en tant que nation.

Marcel Bigeard n'accusait pas Daesch, qui n'existait pas, mais il nommait le véritable ennemi qu'est l'islam et l'islamisme conséquent. Je note, au passage, que notre Ministre de la Défense, dans son dernier livre, qu'il n'a pas écrit tout seul, ce qui est pire, car il a été conseillé et corrigé, se borne à accuser Daesch, auteur et fauteur de tous les troubles actuels.

Quand un Rottweiler mord, on euthanasie le chien, sans vouloir comprendre qu'il a été dressé par un maniaque foldingue. Le résultat est qu'on interdit ces chiens de race et que l'on désigne tous les propriétaires de ces canins comme des dangers.

Idem que pour Clébard Rottweiler, les gugusses de Daesch, ne doivent pas être tous finauds, mais ils ont été dressés par l'islamisme, qui a fait de ces gens des dangers inhumains, du fait d'un ascendant démoniaque. J'en profite pour informer, qu'en fonction de l'histoire de ces dernières décennies, vers la fin 2016, le groupe Daesch retournera à la clandestinité, comme l'a été Al-Qaïda, avant de s'éteindre par petits brûlots successifs et sautillants. Du Califat territorialisé, il ne restera plus qu'un concept, un quelconque djihad exclusif, autonome, clandestin et travaillant avec des sous-traitants, les tarés sanguinaires et les illuminés étant monnaie courante. Et à nouveau, tous nos bidasses, engagés à la pelle, à grands renforts de publicité télévisée, se retrouveront à la rue, avec comme souvenir, la haine de l'État français qui les aura laissés tomber comme de vieilles rangers trouées, sans reconversion décente, ni possibilité de rester sous les drapeaux. Et dans quelques années, tout cela recommencera...

Malgré tout, ces criminels agissant sous la bannière de Daesh, ont un atout d'avance sur nous, peuple de France : l'Unité est pour eux essentielle, fondatrice dans la vie en commun d'une religion. Ils tentent de bâtir leur état islamique à partir d'un sentiment religieux. Nous devrions nous en inspirer en retrouvant notre sentiment national qui a disparu, ou du moins, mis en veille, à croire qu'il est éteint. Je crois savoir que Monsieur François Fillon (encore un François !...) se sert de son attachement judéo-chrétien pour ramener à lui tous ces intégristes catholiques, afin de créer cette représentation et conscience nationale, de façade.

Car, comme le précise Marcel Bigeard, la France, est le donjon de la forteresse de l'Europe, qui est en fait un colosse aux pieds d'argile. Il ne s'imaginait pas, à l'époque, qu'elle aurait été envahie par des hordes de musulmans, et *the must*, AVEC notre complicité !!! L'Europe est en guerre, la France est en guerre. Bigeard en 2002 disait qu'on ne voulait pas le voir, et aujourd'hui encore, trop refusent cette certitude, cette réalité des faits.

Le Gouvernement ne gouverne plus. Il est remplacé par une kyrielle d'associations en tous genres et religieuses, en particulier, qui dictent à nos pseudo-chefs, la conduite à tenir.

Le Général disait que nous étions encerclés, infiltrés. Il passait ainsi pour un vieux con paranoïaque… Pourtant, avec raison, il savait que nous avions affaire à une guerre sournoise de subversion souterraine qui s'insinue un peu plus chaque jour, pendant que notre Président fait la tournée des cimetières dans des commémorations insipides et ennuyeuses, constatant que l'on agrandit les cimetières depuis qu'il est au pouvoir… eh, oui, sa vie continue, des *guili-guili* avec la Matrone Merkel et autres qui se moquent bien de nous, car il représente une France aveugle et stupide qui offre à notre ennemi « des bases arrières accueillantes et complaisantes » [sic]. Bruno parle de politique de l'autruche, alors que nous serions inspirés à appliquer la politique de l'Autriche, afin de contrer « une menace qui plane » [sic].

A force d'être mous du genou et de jouer les repentis à tout propos et tout bout de champ, sur nos actions dites coloniales, en revenant sur le passé, nous ne nous engageons pas sur l'avenir alors que nous devons faire fi des quelques excités, manquant d'appréciation, qui osent encore nous traiter de « coloniaux ». A les écouter, demain, nous changerons la Marseillaise pour la remplacer par « la paimpolaise » ou en changeant les paroles afin d'en faire un chant des Castors Juniors. Il y a même de plus en plus d'idiots qui chantent la marseillaise, en mettant la main sur le cœur, façon U.S.A. ce qui est une véritable quenelle, la stature voulant que l'hymne national soit écouté et chanté au Garde-à-vous, les mains le long du corps.

Si nous voulons travailler ensemble, dans ce fameux cadre d'une Fédération Francophone, il faut bannir ces repentances, sans objet.

Car, je le répète, si nous voulons VRAIMENT que la France soit prête à l'affrontement, il faut que le Pays redevienne homogène et structuré. Notre Histoire de France doit être conservée dans les mémoires et transmises de Père en Fils et de Mère en Fille. Nous sommes issus de Gaulois et c'est Clovis et Charlemagne qui sont à l'origine de notre *Francia*. Nous nous devons d'être concernés par notre Histoire et commémorer nos souvenirs nationaux avec panache et solennité. Nos Parents en ont la responsabilité ainsi que notre éducation en Écoles Primaires qui se doit d'éduquer ses enfants en Instruction Civique et en Morale. C'est aussi important que de parler, écrire, et compter. Nos racines et spécificité en dépendent. Que nous soyons blancs, jaunes, gris ou noirs, peu importe ; nous avons juste un bout de vie à faire sur cette planète et devons avoir une attitude de dignité les uns envers les autres et un état d'esprit créatif et positif. Nous sommes présents pour « croire et oser », croire dans un Peuple uni et oser créer, vivre avec un projet, c'est-à-dire, l'optimisme. Et surtout, surtout, arrêter de critiquer et détruire. Il ne doit rester à tuer qu'une seule chose : l'inertie. Et il n'y a pas besoin de Dieux pour cela : ma Mère me disait « Aide-toi, le ciel t'aidera » et non pas l'inverse.

Notre existence en dépend. Marcel Bigeard, finalement très sage, écrivait : « *la France va traverser une crise très profonde, à la fois politique, économique et surtout, morale* » [sic].

C'est fait.

Le mot essentiel, notre leitmotiv doit être et rester : La morale publique.

Pour cela, il nous faut des Chefs qui gouvernent, pas des pantins politiques qui pensent à leur confort, à leurs revenus, leurs retraites, mais des Hommes d'État, par vocation, qui se soucient de chaque français, en évitant micros et caméras façon Loft Story. Ils ne sont pas élus pour se faire voir, faire des risettes et parler pour ne rien dire, mais pour bosser. Ils ont des porte-parole pour transmettre leurs messages. Et on s'en cogne que les gouvernants roulent en voiture, en vélo ou en avion à réaction, du moment qu'ils font avancer les intérêts du Peuple.

Qu'ils fassent des erreurs, tout le monde en fait. Ce que le citoyen ne veut pas, c'est qu'ils fassent des fautes.

Une erreur est pardonnable, une faute est punissable.

Les français doivent se sentir eux-aussi, responsables de leur avenir et de la politique menée. Il doit être mis en place, le numérique aidant, une « votation » qui aura lieu tous les trois mois, sur des questions posées par le Président de la République. Les électeurs doivent avoir un rôle essentiel et permanent dans la bonne conduite de l'État. Ce ne sera ni de la démocratie, ni de l'autarcie, ni de la dictature bienveillante mais un dirigisme planifié.

C'est de retrouver ces bases, la seule solution pour sortir de la merde.

Comme tous, je « ne veux plus avoir mal à ma France ».

*
* *

C'est bien pour cela qu'il nous faut un vaste projet, celui de la Fédération Internationale Economique Francophone, en alliant toutes ces Nations, États et gouvernements francophiles.

PAYS FRANCOPHONES et anciens protectorats (Maroc-Liban-Syrie, etc)

Nous devons regarder de l'autre côté de la méditerranée.

Nous savons que notre Nation est étymologiquement chrétienne à majorité catholique, de mœurs et de traditions. Cependant, sans accepter l'expansion communautarisme sur le sol national, nous ne devons pas renier les autres religions, ni l'arabisation. Pour cela nous devons apporter notre savoir, l'exporter. En premier lieu, il faut faire comprendre que les pays arabes ont tout intérêt à franciser leurs cours, comme c'est le cas, au Maroc, par exemple. Cela permettra, dans les cours de mathématiques, technologie, physique et chimie, d'ouvrir les esprits sur le Monde. Ce moyen est la langue française, pas l'arabe.

D'autre part, l'avantage de la langue française, c'est qu'elle est neutre religieusement. L'arabe est la langue du Coran et entraîne fatalement l'islamisation. En effet, leurs enseignants viennent essentiellement des pays du Golfe et d'Arabie Séoudite, et sont dévoués à l'Islam.

Car, l'atout essentiel de la langue française c'est qu'elle est parlée dans le monde entier, par au moins 200 millions d'individus. La Francophonie regroupe 68 États et gouvernements. C'est la seule langue, avec l'anglais, que l'on peut apprendre dans le monde entier. *"Parlez à un homme dans une langue qu'il comprend, cela entre dans sa tête. Si vous lui parlez dans sa langue, cela va droit dans son cœur."* Disait Mandela.

Sans parler que le français permette d'être un atout pour trouver un emploi au niveau international du fait qu'elle est la cinquième puissance commerciale et troisième comme terre d'accueil pour les investissements étrangers.

Si le français est la langue de Victor Hugo, c'est un parler international pour la mode, la cuisine, les arts, le théâtre et l'architecture.

Même un inculte ne connaissant que le français peut voyager facilement à l'Étranger et pas forcément qu'aux îles Seychelles ! D'autre part, les étrangers connaissent le français qui leur est bien agréable lors de leurs visites en France pour comprendre notre mentalité, notre culture, et notre *French Way Life* !...

Si le français permet de poursuivre ses études dans des universités en Europe et dans le Monde, c'est une langue des relations internationales, officielle à l'O.N.U. et autres comme l'UNESCO.

N'oublions pas que le français est la langue la plus parlée sur l'Internet avec l'allemand et l'anglais. Elle est une langue latine, agréable à apprendre et aide à l'acquisition facile des autres langues latines. Déjà, au XIXème siècle, la langue de Molière était parlée dans toutes les cours d'Europe.

Sans parler la langue française, il est malaisé d'avoir un esprit aussi critique que le notre, indispensable dans les négociations et les discussions. Ce n'est pas pour rien que nous avons les plus grands philosophes et scientifiques du fait de la structure de la langue et de son pouvoir détaillé, circonstancié et critique.

Enfin, et le but ultime d'une Fédération Internationale Économique Francophone, c'est que tous ces États et gouvernements francophones, une fois réunis, seront la mise en orbite d'une véritable expansion économique, car **il est prouvé que les affaires se négocient mieux avec des partenaires qui parlent la même langue !**

Il conviendra de mettre en place une identité francophone avec un passeport adéquat, permettant la libre circulation, sous contrôle, d'un pays à l'autre. Le but n'étant pas une invasion ou une immigration, mais une culture. Par exemple, qu'un africain puisse trouver au Canada des appuis financiers ou de bonnes idées afin d'exporter tout cela dans son pays. Qu'un français puisse comprendre qu'il peut vivre heureux au Congo-Brazzaville et importer son savoir-faire. L'idéal serait les États-Unis Francophones, en commençant par l'union économique et de langue. Chaque président ou monarque gardant, bien sûr, son indépendance en gardant en souci principal la laïcité afin de ne pas contaminer l'essor du bon marché. Je rappelle une fois de plus que la religion doit être une foi intérieure qui ne doit pas intercéder sur la vie industrielle et commerciale, ni apporter de trouble. Personne ne peut affirmer que si 2 milliards d'humains qui se déclarent chrétiens ont forcément raison et que si 1 milliard 600 mille humains qui se déclarent musulmans ont forcément raison, c'est pouvoir affirmer aussi, et à coup sûr, que 100 milliards de mouches qui aiment la merde, ont, elles aussi, forcément raison !

L'idéal serait que ce soit comme au Japon où l'offre religieuse est foisonnante et où la norme est un mélange des croyances, la pratique relevant davantage du rituel folklorique que de l'engagement spirituel.

A chaque État de continuer à avoir une justice indépendante y compris de syndicats, à une presse libre, au droit d'expression y compris des militaires, à la laïcité, c'est-à-dire au respect des religions mais à condition qu'elles ne viennent pas dicter les attitudes, le libre arbitre et la morale. On doit séparer la politique des églises et mosquées.

C'est une condition de taille qui a pour conséquence que l'on permettra l'importance de l'éducation de la jeunesse ; Par l'École, mais le champ de ce contrôle semble trop restreint car l'éducation d'un enfant ne passe pas exclusivement par la transmission des savoirs, mais aussi par la construction de sa personnalité qui dépend des Parents qui ont un rôle clef.

Même si la construction de la personnalité d'un enfant relève manifestement par l'enseignement reçu et que l'enseignement donné par les écoles publiques n'est pas neutre, les Parents doivent imposer le respect et l'éducation de la vie en société.

L'apprentissage pourra commencer dès 14 ans, pour les jeunes qui ne voudront pas continuer leur scolarité et qui préféreront apprendre un métier, sous condition d'un diplôme de fin d'Études Primaires.

Il sera commun à tous ces États-Nations de mettre en place un Service National obligatoire, militaire pour les uns, civique pour les autres, avec un tronc commun de formation civique et une obligation de résultats quant au savoir de la natation et du secourisme, sans oublier l'obtention du permis de conduire de véhicules légers, et le devoir obligatoire de citoyen, celui de donneur de sang. Mais surtout que ce Service National ne soit plus armé de l'idée qu'il faut séduire avant tout et que commander, former, instruire est secondaire, comme ce fut, hélas, le cas.

Il ne faut perdre de vue que, même si cela peut paraître paradoxal, un Service National dans les armées, permet une espérance de vie plus longue. Le service militaire doit, pour cela, être exigeant physiquement et se poursuivre jusqu'à la cinquantaine. Le service des armées contribue à la bonne santé des individus par un exercice physique intensif. La guerre est une préparation physique et dans un état quasi permanent de conflits de l'histoire humaine, chaque citoyen se doit d'y être prêt. C'est essentiel pour la bonne marche de la fameuse démocratie qui représente nos valeurs morales, politiques, avec ses droits et devoirs. En sachant que cette république n'aura d'avenir que si elle comprend bien que la guerre est l'affaire des hommes pour survivre dans la paix, sans se laisser aveugler par une privatisation des soldats de guerre, une émergence foldingue et anarchique de cyberguerre et de drones. La guerre électronique sera le déclin de l'humanité en étant abominable et irréversible, qui sera déclenché par de très riches fous prétextant quelque menace existentielle. Cela peut être Fantômas ou un Kim Jong-un. Aussi, l'esprit guerrier doit être l'affaire de tous les citoyens pour sa santé physique et morale en comprenant que notre Nation est en état de conflit existentiel, hier, aujourd'hui, demain et toujours. C'est ainsi depuis 2500-3000 ans et cela ne changera pas au cours de nos générations.

*

Tout ceci dans une liberté d'entreprendre sans fisc inquisitorial et un code du travail limpide et simplifié.

Afin de permettre aux enfants d'avoir une éducation solide et encadrée parentalement, il sera mis en place une allocation par couple qui sera un revenu fixe et égal pour tous, que certains appellent déjà «*Revenu de Base Universel* », représenté par une carte numérique permettant les achats en vivres et habillement, sous condition que seul un élément du couple légitimement reconnu, pourra travailler à l'extérieur, jusqu'à la libération de ses enfants de l'Education Nationale, et de revenus réguliers. En contrepartie, il conviendra de supprimer toutes les dépenses de protection Sociale (allocation scolaire, etc.). Les familles devront se responsabiliser. La souscription d'une assurance pour couvrir les frais de santé est dans la logique. Idem pour la retraite qui devra être assujettie à un plan épargne, avec un paiement mensuel négligeable, du genre des petits ruisseaux qui finissent par faire des rivières, sans omettre le fait que la retraite est déjà garantie par le salaire de base. Cela allégera la dépense publique de façon très appréciable.

Il va de soi que l'on ne doit pas considérer que l'on doit être payé pour vivre, comme si l'État s'excusait en donnant une compensation financière, en se donnant un sauf-conduit pour que le citoyen accepte mieux de vivre dominé par des piètres, arrivistes et sans-incertitudes d'eux-mêmes. Il ne s'agit pas de nourrir des gueux et d'acheter une fausse paix sociale. Cette allocation doit simplement permettre dans un couple légitime, qu'il puisse y avoir soit la mère, soit le père pour tenir le véritable rôle d'éducateur des enfants et de s'occuper de l'intendance. Cela permettra, en outre, une libération de bon nombre d'emplois, qui, lorsqu'ils sont secondaires, comme cela arrive très souvent dans un couple, « *le revenu pour mettre du beurre dans les épinards* », n'ont pas de véritable attrait financier quand on enlève toutes les charges que comporte cet emploi.

Certains diront que je rêve. Lorsqu'on rêve tout seul, ce n'est qu'un rêve alors que lorsqu'on rêve à plusieurs c'est déjà une réalité. L'utopie partagée, c'est le ressort de l'Histoire.

C'est ce qui me pousse à diffuser mon message.

Un de mes amis au Congo-Kinshasa est entrepreneur de travaux publics. Il me dit qu'il a du travail jusqu'à la fin de ses jours, car il y a tout à faire.

En France, par exemple, il faut faire savoir et aider les citoyens à se déplacer dans ces états francophones où les maçons, les électriciens, les plombiers et tous les autres métiers de l'artisanat sont les bienvenus et même, implorés.

Le tout étant que le dynamisme de tous ces peuples encouragera les industries à s'implanter dans cette soixantaine d'états. Que l'on comprenne enfin que l'Afrique est le Continent du 21ème siècle et a juste besoin d'un coup de main bienveillant pour devenir un paradis terrestre. Les Peuples pourront défendre leurs libertés et leurs droits, pour éviter de connaître l'esclavage ou de vivre dans une cage artificielle qui les maintiendrait dans un état d'asservissement mental.

Quant aux esprits chagrins rappelant des phases vécues de colonialisme, il faut bien comprendre qu'il ne s'agit pas là de pillage de pays, mais au contraire de détruire les reliquats de misère de faim et de chaos social. Que ce soit en France ou dans ces pays francophones les chiffres du chômage doivent devenir caducs ou insignifiants.

Cette grande fédération d'États doit permettre aux petits d'arrêter de ramper et aux grands d'arrêter de dominer, car tous ces Pays et gouvernements seront transparents interdisant l'opacité des dirigeants. Il n'y aura pas de place pour le populisme primaire associé au pessimisme, à l'égoïsme ; au protectionnisme, à l'extrémisme, à la xénophobie, à la démagogie. Au contraire ce renouveau populiste permettra de percevoir les bienfaits du multiculturalisme, du mondialisme et de l'immigrationnisme, bref, l'instinct de conservation des peuples.

Cette grande fédération d'États doit permettre l'intégration. Quand un francophone s'établira dans un pays d'accueil, il en adoptera les usages et les coutumes ou valeurs nationales. Il ne s'agira jamais de se comporter en envahisseur et d'exiger le respect de quelque usage exotique. Le pays choisi ne peut être une zone à conquérir. Tous ces États-Nations ont besoin d'êtres humains de bon ordre pour pouvoir se régénérer qui devront respecter absolument les lois de séparation des États et des Cultes. C'est essentiel : une terre francophone est une terre laïque, ni catholique, ni d'islam. C'est une terre pour donner des racines de plantes, pour donner la vie, en oubliant les races, pour être simplement humaine.

Bien évidemment, il faut avoir, sans délai, une monnaie commune : le Franc ! Le franc C.F.A. et congolais seront des valeurs à réajuster sur cette devise. Le Franc sera la valeur monétaire de la Fédération, et devra caracoler en tête, avec ses rivaux, le dollar américain et l'€uro. Privilégier le Franc sera comme privilégier la langue française : avoir nos étalons garants de la fiabilité.

Afin que cette Fédération ne risque pas la fragilité, les Forces Armées de chaque pays devront être communes, en une Force Francophone, afin de pouvoir lutter contre un ennemi potentiel qui ne manquera pas de vouloir déstabiliser cette communauté francophone.

Des règles essentielles seront communes à tous ces états ou gouvernements francophones, Il ne s'agit pas de créer une révolution thatchérienne avec 30 ans de retard, avec un libre échange mondial obsolète, comme la rigueur budgétaire. Il s'agit de préserver la préférence nationale, du moins au niveau de la langue française, dans un contexte d'alliance des pays francophones, au niveau économique, en relançant l'investissement public par une politique de grands travaux, et des industries :

- Il n'y aura pas de programmes scolaires en langues étrangères dans les écoles ;

- Toutes les annonces du Gouvernement et les élections se dérouleront dans la langue nationale, le français ;

- Toutes les démarches et questions administratives se feront dans la langue française ;

- Les étrangers ne pourront en aucun cas être une charge financière par les contribuables :

- Pas de Sécurité Sociale ;
- Pas d'indemnité, ni allocation de repas ;
- Pas de soins de santé ou tout autre avantage public, qui ne pourront être accordés ;
- Tout manquement donnera suite à des peines correctionnelles.

- Les étrangers, les expatriés, peuvent investir dans le pays, mais le montant doit s'élever au minimum à 50.000 fois la moyenne journalière de subsistance ;

- Si les étrangers, les expatriés investissent dans l'immobilier, les possibilités sont limités et contrôlées avec aval des services du ministère des Affaires Étrangères. Par exemple, certains terrains, en particulier, sur lesquels sont construits des biens immobiliers et qui disposent de l'accès à l'eau courante et d'une viabilisation conforme, ne peuvent qu'être réservés aux natifs du pays d'accueil ;

- Les étrangers, les expatriés ne peuvent avoir le droit de protester dans le pays d'accueil. Aucune manifestation, aucune utilisation de drapeau étranger, aucune organisation politique, aucune organisation religieuse, ne peuvent être acceptées ; Aucune calomnie sur le pays d'accueil, son gouvernement et sa politique ne peuvent être tolérés. Toute violation à ces règles sera puni devant un Tribunal Correctionnel ;

- Aucun étranger, aucun expatrié ne peut pénétrer dans le pays d'accueil de façon illégale. Il ne pourra qu'être traqué et arrêté, pour être expulsé. Tous ses biens seront saisis.

Ces règles d'immigration sont indispensables dans le cadre de la bonne sérénité de ces Pays, ou gouvernements, francophones. ***Il est à noter que ces mêmes règles sont appliquées et en vigueur dans les Émirats Arabes Unis et en Arabie Saoudite*** ; ce sont donc des règles internationales connues et acceptées.

Pas question de confronter cette Fédération Internationale Économique Francophone à un Commonwealth « *à la française* ». La « Reine » de l'État français ne sera qu'un simple égal avec les autres gouvernants. Pas besoin d'un Parlement du type de celui de l'Europe, ni de capitale. Le numérique permet aujourd'hui des conférences en vidéo simultanée des Gouvernants. Sans doute faudra-t-il un Secrétaire d'État aux Affaires Francophones, mais l'essentiel restera que tout ce processus soit le plus éthéré possible et le plus rentable.

Donc pas de Marseillaise, ni de jour de gloire ; la liberté chérie devant être librement consentie pour un avenir meilleur, dans la stricte égalité des gouvernants et des peuples sans idée erronée et stupide de colonialisme. Il est sûr qu'il faudra un drapeau où figurera le tricolore français mais où tous les états et gouvernements seront représentés. Dure tâche où l'égocentrisme et le narcissisme d'État seront à rude épreuve... Les étoiles sur un fond de tissu sont d'un redoutable déjà vu et le décalage d'un drapeau multicolore style Gay Pride L.G.B.T. déconseillée. Mais il sera bien temps d'y penser, le moment venu, un hymne et un drapeau servant avant tout, pour la montée au combat. Dans le cas du FIEF, il s'agit, avant tout, d'une réussite économique, écologique, culturelle et laïque, sans s'encombrer des religions et des races qui n'apportent que des troubles, surtout qu'elles sont nombreuses, différentes et nocives dès qu'elles cessent d'être des propositions spirituelles pour devenir des idéologies. En cela, il est donc permis d'être déiste et voltairien ; pour ma part, la religion n'est pas ma tasse d'athée. Cependant, il s'agira d'interdire toute instauration de communautarisme et d'islamisation criminelle de cette Société d'États. Les racines et traditions devront, toutefois, être préservées sans déboucher sur des républiques universelles ou des sociétés athées et contrer toute idée de finance apatride.

Ce Meilleur des Mondes sera possible qu'à une seule condition de taille : Faire respecter l'ordre ainsi que la sécurité des biens et des personnes, avec la plus grande fermeté en interdisant tous les empêcheurs de tourner en rond et associations de toutes sortes qui passent leur temps à vouloir tout remettre en question... et faire un doigt au groupe Bilderberg !

Pendant 40 ans, tous les politiques ont rendu le Monde méconnaissable, à l'image du pavillon témoin qu'est la France. Réagir est une question de vie ou de morgue. Et le seul véritable ennemi est ce Fantômas financier dont j'ai longuement parlé, où des fortunes colossales servent à agir avec l'arme salafiste, dans une sorte de processus sataniste et occulte. Cette foi mortifère n'a qu'un but, celui du coucou qui vole le nid des autres pour y pondre ses œufs.

*
* *

Des esprits chagrins m'accuseront d'être anti-musulman. C'est faux, je suis simplement anti-islamiste. Je réponds en citant **Wafa Sultan**, dont je reprends les termes à mon compte, non sans quelques modifications :

« L'Islamisme est le problème.

J'ai décidé de combattre l'Islamisme.

Non pas l'Islam politique, ni l'islam militant, ni l'islam wahabiste, mais l'Islamisme en soi, l'Islamisme tout court ;

Je crois fermement que l'Occident a inventé tous ces termes d'Islamisme radical, wahabiste, etc.

Pour rester dans le politiquement correct.

Durant mes visites en Syrie, je n'ai jamais entendu quelqu'un qui qualifia l'Islamisme comme l'Occident le fait !

L'Islamisme n'a jamais été mal compris, **Car l'Islamisme est en lui-même le problème, mais personne n'ose dire la vérité.**

L'Islamisme **est diabolique. Les Français l'ignorent peut-être encore, ou refusent de le dire quand ils le savent car ils ont peur.**

La peur et l'ignorance ne les sauveront pas de l'Islamisme et de sa barbarie intrinsèque.

Personne ne cherche les racines même du terrorisme,

Cette machine de lavage de cerveaux nommée : « Islamisme ».

L'Islamisme ne dépend pas de moi, ni d'aucun musulman :

L'Islamisme est exactement ce que le prophète Mahomet a dit et a fait.

Pour comprendre l'Islamisme, vous devez lire la biographie traumatisante et choquante de Mahomet :

Agé de plus de 50 ans, il épousa sa deuxième femme alors qu'elle n'avait que 6 ans !

Un musulman me répondra : « *c'est un grand mensonge, elle avait 9 ans, pas 6 ans* ».

Cela ressemble au fait quand un policier vous arrête pour excès de vitesse à plus de 130 km/heure, et que vous lui dites : « *c'est un grand mensonge, je roulais à 90 km/, et non pas à 130* ».

Oui, elle avait 9 ans, et pas 6 !...

Mahomet épousa ensuite sa belle-fille !

Son fils était adoptif.

A l'époque, l'adoption n'était pas tolérée par la culture pré-islamo-arabique.

Mahomet dit alors à ses suiveurs : « *Dieu m'a dit que l'adoption est interdite* »...

Et croyez-le ou non, l'adoption est depuis interdite dans l'Islamisme.

Mahomet avait ainsi interdit l'adoption afin de justifier son mariage de sa belle-fille !

Sa onzième épouse, Safiyya, était juive.

Ce qui suivit son mariage est bien documenté et écrit dans nos livres scolaires ;

Mahomet attaqua la tribu de son épouse Safiyya, tua son père, son frère et son mari.

Et le jour même, il coucha avec elle.

Voilà ce qu'est l'Islamisme.

Vous devez savoir, vous devez comprendre que l'Islamisme est en soi le problème.

J'en ai marre de tous ces occidentaux qui me demandent de baisser le ton,

J'en ai marre de tous ces gens qui me demandent :

« Etes-vous en train d'essayer de convertir 1,5 milliards de musulmans » ?

OUI, j'essaie et j'y arriverai !

Sachez que la toute première valeur que nous apprenons en Occident c'est de pouvoir réaliser l'impossible, si l'on croit profondément en soi-même !

Je ne crois pas uniquement en moi, mais je crois encore plus en ces millions de femmes musulmanes comme Nonie Darwich et Ayaan Hirsi Ali.

On doit travailler la main dans la main pour convertir ces 1,5 milliards de musulmans.

Les musulmans doivent comprendre qu'ils n'ont que deux choix : de changer ou d'être détruits.

Je vous en prie : que votre façon civilisée de penser n'entrave pas la défense de notre merveilleux pays.

Défendons nos valeurs, notre liberté. Défendons ce paradis où l'on vit.

Ne prenons rien pour acquis. Je ne le fais pas !

J'ai goût à chaque moment de ma vie de français.

Le simple fait de marcher seul dans la rue sans être insulté, accusé ou frappé, est une grâce pour moi.

Le simple fait de pouvoir bavarder avec une femme sans être accusé d'adultère, est une grâce pour moi.

Pouvoir prendre une tasse de café seul dans un bar est une grâce pour moi.

Ceci est valable pour les femmes occidentales qui ne doivent pas prendre cela pour acquis.

Oui, il faut défendre notre beau Pays !

Mon rêve est de voir la Syrie, et autres états musulmans aussi libres que le sont les pays occidentaux.

ET NON PAS L'INVERSE !

Quand je suis en pays musulman face à la terreur cachée, je ne cesse de me lamenter ;

A chaque retour en France, après quelque escapade, libre de toute entrave avec la liberté de penser, je me surprends à me plaindre.

Alors je pense à tous les opprimés qui vivent en pays musulman et je rêve de les voir tous libres un jour.

Et ce rêve doit être la vision de toute l'humanité ! »

Je peux beurrer la tartine en superposant les épaisseurs par d'autres propos et qualificatifs qualifiant l'Islamisme. En effet, la situation actuelle étant si grave, qu'il est un devoir de citoyen français de souligner le grave danger qui nous menace, l'Islamisme étant désormais le sujet incontournable et déterminant pour l'avenir de la France :

J'ai donc étudié le Coran afin de me faire ma propre idée.

Finalement, j'en retire la certitude que l'Islamisme n'est pas une religion, mais une loi, un état et que le musulman modéré n'existe pas ; il y a les « bons » musulmans qui appliquent à la lettre le Coran, et le *Coran alternatif* pour les mauvais musulmans qui s'adaptent.

Car l'Islamisme, c'est l'intégrisme et c'est une maladie, c'est l'islam juridique qui se prétend religion d'amour, de paix et de tolérance. De fait, on y trouve 109 versets appelant à la guerre contre les mécréants.

Je suis un mécréant et je ne supporte pas que l'on me dise, par voix présidentielle, que nous sommes en guerre et de constater que l'on collabore avec l'Islamisme … La poignée de main de Pétain à Hitler en 2016 !

*
* *

Nous sommes dans un monde de merde où les étrons se donnent la main dans une chorégraphie qui hésite entre la farandole et la cavalcade, mais il n'en demeure pas moins que cette chienlit de l'Islamisme dépasse tout entendement, en nocivité, en amplitude et résolution à vouloir notre monde en salle d'attente de l'enfer.

Je persiste : je suis un mécréant, insoumis.

Moi, qui, par les subtiles et habiles manœuvres de discrimination visant à me détruire, où chaque jour j'ai appris à résister, jamais je ne me laisserai berner par cette illusion perdue d'avance de « vivre ensemble », car ce n'est pas une réponse au mal, mais une soumission, une idéologie illusoire.

D'ailleurs, quand en France, un Lorrain ne peut s'intégrer chez un Méditerranéen, un basque, chez un breton, comment voulez-vous qu'un citoyen, chrétien ou autre, puisse apprécier un adorateur de tapis ?... C'est un non-sens, une incongruité. Le citoyen a compris que la vie est trop courte pour être tout le temps irréprochable, il sait que la confesse absout les pêchés et l'on comprend son droit de considérer que la loi islamiste est un cancer rampant et agressif.

Je termine en affirmant que l'Islamisme méprise l'Africain et envie l'Occidental en le défiant.

Le jour où l'Afrique s'éveillera et jettera l'islam est proche. Le 21ème siècle doit lui être libérateur et salutaire.

Encore un effort et les africains se libéreront de l'islam et des mollahs, pour retrouver leur véritable identité.

Les peuples noirs africains, encore plus dépréciés par les Arabes mahométans, autrefois esprits mystiques ou chrétiens, qualifiés d'enfants d'esclaves par les Arabes, finiront par se réveiller et se débarrasser de ce harnais.

Le souci majeur est qu'avec notre Président de la République et possiblement avec le futur de 2017, le danger est que rien ne sera fait de mon projet qui sort du « politiquement correct » et des affaires en cours.

*
* *

Il est en effet bien méprisable de considérer l'islamisme comme de l'intégrisme et d'associer les autres religions comme pouvant être composée d'intégristes, pour en faire des sectes.

Et les sectes peuvent être laïques... *suivez mon regard :* L'Institution Militaire comporte certains sectaires ou intégristes laïcs, aussi dangereux que des islamistes et qui trouvent à redire et, ou, à sanctionner l'imprudent qui dessine, critique ou caricature, prêts à le condamner à mort en le considérant traître et indigne !

Car ces intégristes confondent l'armée comme étant une religion en tant que secte politique, juridique et théocratique. J'en ai connus : ils sont des tueurs, avec pour armes, l'administration, le téléphone et la bouteille de whisky. Pour de prétendues raisons d'éthique, mais surtout d'avancement personnel, ces personnes sont totalitaires, liberticides, phallocrates, misogynes, violentes, obsédées sexuelles, anti-libérales et même anti-sémite, sans en connaître la signification. Ils ont fait de l'armée une secte : si on la quitte, par refus de l'endoctrinement, on meure pestiféré par une indignité infligée.

*
* *

Je ne peux m'empêcher de faire un parallèle avec l'Islamisme et l'Institution Militaire française :

- L'Islamisme est une secte, comme les autres religions et bien d'autres organisations dites laïques. Et dans toute secte digne cette désignation, l'engagement se base sur l'engouement et l'admiration allant jusqu'à l'obéissance, la soumission, voire la servitude d'un sujet envers son Chef, son maître, son instructeur, le commandant brillant, le cerveau, l'autorité de cette secte. Cette influence, ascendance, s'opère à travers des techniques de conditionnement intellectuel, cérébral et psychologique, à la suite duquel les membres perdent tout jugement, discernement et sens critique en se retrouvant ainsi emprisonnés et soumis, avec une incessante dépendance mentale et spirituelle avec leur initiateur qui devient un modèle à suivre. Les croyants en ces religions et doctrines despotiques, absolues et dictatoriales doivent obéissance absolue totale et amblyope à leur dirigeant spirituel.

- Aussi quand le religieux s'approprie l'armée ou que l'armée se référence au religieux, voire un athéisme inhumain, il y a grave danger de méthodes expéditives. Surtout avec ce que l'on appelle « les gradés » dès qu'ils entraperçoivent et pressent carrière, honneurs, pouvoirs... qui n'osent plus être des humains en se tournant vers le politiquement correct, pas de vague, pas d'emmerde. Majoritairement.

Heureusement, pour ce qui est du commandement militaire, ce n'est pas une généralité et il reste, de source sûre, bon nombre d'officiers supérieurs et généraux en activité, quand même, qui aiment leur patrie plus que leur carrière, avec des hommes sous leur commandement, sans être disposés à trahir leur sacerdoce, et se payer sur la bête.

*
* *

Notre système actuel va mourir avec des politiciens qui s'usent les uns contre les autres. Toujours les mêmes gugusses où tous ces professionnels minables de la politique politicienne se battent façon Iznogoud qui n'a qu'une idée fixe : « devenir calife à la **place** du calife ! ... »

Nos français, comme d'habitude, voteront pour le Candidat choisi par les manipulateurs financiers de Fantômas, qui tirent habilement les ficelles, et ce droit de vote leur donnera l'illusion d'être en démocratie. Pour preuve, je connais personnellement, un Candidat à la Présidence qui, du fait de sa prétention ambitieuse, a été contacté par un mystérieux « donateur » qui lui a proposé une fortune s'il se retirait de la liste des prétendants. Et quand on sait qui est mon bonhomme, on se doute bien que le « mécène bienfaiteur » s'est fait envoyer sur les roses... avec, en échange des menaces non voilées.

Ces français étaient tous des humains jusqu'à ce que la race nous déconnecte, la religion nous sépare, la politique nous divise et la richesse nous classe.

Les films, le football, la bière, le jeu, forment tout l'horizon de ces moutons français. Ainsi, l'État garde tout ce troupeau sous contrôle, sans difficulté. Et qu'importe une élection présidentielle qui laisse le pareil au même. Car finalement, en profondeur, il n'y a pas de différence entre un Hollande, un Sarkozy. Idem, pour les prédécesseurs qu'ont été Chirac, Mitterrand et Giscard d'Estaing. Chirac était un fainéant, par nécessité, pour se faire aimer. Mitterrand était un rusé, par obligation pour faire l'appui et le bon temps. Bref, tous ont œuvré pour leur but : leur gloire personnelle. Coluche disait, je le répète : « *un pour tous, tous pourris* ». Cela n'a pas une ride. Il disait aussi : « *Si voter changeait quelque chose, il y a longtemps que ça serait interdit...* »

En fait, ils connaissent la vérité de leur inconsistance, notés par les prestidigitateurs et illusionnistes financiers. Il suffit de lire et relire le texte écrit par la fondation interconfessionnelle « The Appeal of Conscience », qui est basée à New York, qui a dernièrement annoncé, que le président français François Hollande était le lauréat de son prix « Homme d'Etat mondial » 2016. Ce prix « *honore les dirigeants qui soutiennent la paix et la liberté, par la promotion de la tolérance, la dignité humaine et les droits de l'homme, en défendant ces causes dans leur pays et en travaillant avec d'autres dirigeants mondiaux pour bâtir un avenir meilleur pour tous* », a précisé la fondation dans un communiqué. « *Le président Hollande sera reconnu pour son leadership dans la sauvegarde de la démocratie et de la liberté dans un moment d'attaques terroristes et pour sa contribution à la stabilité et la sécurité mondiales* », ajoute le communiqué. Elle est pas belle, la vie ?!...

C'est la preuve par 9 de ce que je dis ici : des pantins qui nous pantinent.

Car finalement, comme l'écrivait Aldous Huxley :

"*La dictature parfaite serait une dictature qui aurait les apparences de la démocratie, une prison sans murs dont les prisonniers ne songeraient pas à s'évader. Un système d'esclavage où, grâce à la consommation et au divertissement, les esclaves auraient l'amour de leur servitude...*"

Les français, dans ce désir de projet de vie, doivent absolument garder leur identité et arrêter de croire au merveilleux monde des Bisounours où tout le monde s'aime à la queue leu leu.

La Guerre Civile n'aura pas lieu si le Peuple sait les manigances de ceux qui travaillent avec l'argent des fondations américaines visant à détruire la France dans le cœur des français. Si cela a été une réussite pour l'Allemagne, pieds et mains liés suite aux accords signés à la Libération, cela ne doit pas être le cas de la France, restée fière et indépendante suite à la colère gaullienne qui a su créer le « US GO HOME » et garder le contrôle de l'armée française et ainsi conserver la souveraineté et l'indépendance nationale du pays. Hélas, un ouistiti, tant damné plus tard, nous a raccroché, à notre insu à la saloperie otanienne, n'ayant plus aucune raison d'être, en faisant de nous un vassal des américains, pour le pire... Le résultat est qu'aujourd'hui on nous impose le désordre qui met la Patrie en danger, et nos gouvernants ne sont que des soumis.

Ils ne songent qu'à leur Pouvoir basé sur des fondations américaines et à l'hypnose créée, jusqu'au tréfonds des media sous influence, serviles sous le pouvoir des grandes fortunes de Fantômas, manipulateur, et agitateur du Dow Jones et de Wall Street.

Le remède est pourtant simple : la *langue française* issue de notre Histoire de France, notre Moyen-âge chrétien, à majorité de catholiques, et fièrement, nos pères sacrifiés à Verdun, a le pouvoir d'avoir le Pouvoir. Intérieurement, heureusement, il reste une France qui se sent trahie, mal à son aise, devenant insoumise car la colère gronde intérieurement à l'encontre des traîtres qui nous sous-gouvernent depuis 40 ans !...

J'ai appris, tout môme, en cours d'histoire que le Maréchal Pétain est un héros de Verdun. Cela, petit à petit, a été effacé des registres de l'Histoire, où nos enfants sont devenus sans mémoire dans un monde d'inculture et la gratitude nationale que nous lui devons s'est transformée en traîtrise. Sans aller plus loin, notre précédent Président de la République ne s'est pas gêné, sur sa lancée d'avoir fait devenir la France un simple rouage d'un ensemble militaire sous velléité américaine, avec une gestion budgétaire criminelle, nous conduisant au surendettement, puis une destruction de l'État libyen, a simplement tué la fameuse démocratie française par la ratification du Traité de Lisbonne !!! Ceci malgré 55% des français qui ont voté pour le NON. Le 08 février 2008 doit rester la date historique de la ratification par le Parlement français de ce Traité, donc la mort de la liberté souveraine de la France et de sa démocratie. Aussi et par conséquent, traiter le maréchal Pétain de traître, s'est admettre que le dernier Président français en est un tout aussi. La seule justice, c'est qu'il n'a pas été réélu, car il aurait dû d'ailleurs subir une procédure de destitution suite à ce méfait de trop. Blanc bonnet, bonnet blanc, son successeur ne vaut pas mieux car il n'a pas annulé la ratification de ce Traité parfaitement illégale. Ce qu'a fait notre ancien Président n'est pas pire qu'une poignée de main à Hitler ! En 39-45 nous avions déjà des pourris de gauche dans une France délaissée par une politique corrompue et affairiste. Notre France a hélas, une histoire qui n'a progressé qu'au travers de crises savamment dissimulées, camouflées, maquillées par une Presse aux ordres. Daniel Cohn-Bendit, par exemple, ex gauchiste, ex ennemi N° 1, disciple sectateur de la cheville ouvrière de l'ordre corrompu, a su se reconvertir en organisateur du mondialisme et se fait entendre, chaque jour, sur nos ondes. Il n'est certes pas le seul à besogner dans ce genre de saloperies de désinformation et de l'influence sur le Peuple.

Certes, mes propos ne visent pas à me faire des ennemis, je ne veux pas déclarer la guerre, je dis juste ce que je pense, là, où tout le monde se tait pudiquement, en « délicatesse ». Martin Luther King ne dirait pas le contraire !

J'en suis arrivé là car je cherche à comprendre les questions de nos Français, je pense que c'est fait ; maintenant, je ne cherche plus à connaître les réponses, je pense que c'est fait aussi. Je suis simplement devenu l'homme sage qui a appris de ses erreurs ; et devenu encore plus sage en apprenant des erreurs des autres. Nous vivons maintenant dans un milieu où, l'information informatique étant, beaucoup de gens veulent sauter les étapes, aller directement à l'information, sans chercher à en comprendre le cheminement, le pourquoi du comment. Tous maintenant, écrivent, et débloquent à tout va, pour finalement ne rien dire, sauf des critiques destructrices, alors qu'il vaudrait mieux agir, en proposant des solutions, plutôt que de tracer des lignes à charge, sous prétexte qu'ils savent mieux rédiger que de perpétrer et exécuter.

Ainsi va la vie, une course à la reconnaissance, à la légitimation, pour justifier son existence.

C'est pour cela qu'en tant qu'ancien cancre, j'avais décidé d'être autodidacte pour garder ma Foi intacte, une espèce de pureté de la terre, façon Alexandre Bérurier ; pour se révéler efficace, même en pétant haut.

*
* *

« L'espoir fait vivre » ; ceux de mes semblables comme les miens.

Je sais que le pays va sans doute et certainement connaître quelques bouleversements dans les mois à venir.

Mais cela sera pour un mieux futur.

Surtout s'il y a un retour à l'ordre moral. L'Ordre Moral ne date pas d'hier et est né d'une alliance des droites qui s'est créée après les chutes ininterrompues de Napoléon III et de l'autorité du pouvoir républicain provisoire. Sans doute, faut-il se souvenir que c'est le nom de la politique désirée par le gouvernement d'Albert de Broglie, constitué sous la présidence du maréchal Mac-Mahon à partir de 1873. On identifie cette détermination d'ordre Moral qui a généralement été attribuée au Maréchal Pétain durant le régime de Vichy. Pour résumer, cela sous-entend que la chrétienté demeurera le fond d'écran dans un État laïc. C'est affirmer, sans réserve, que le racisme sera interdit ainsi que la discrimination. Le Peuple a obligation de se contraindre aux Lois et Coutumes du Pays. Le respect des religions restant, sous condition qu'elles ne viennent pas dicter les meurs et les attitudes, le libre arbitre et la morale. Entre parenthèses, l'Islamisme n'a pas sa place dans ce contexte de vie. L'État agit naturellement en régulateur, pas en totalitaire et un dirigisme bienveillant ne peut être que le bienvenu, la réelle démocratie ne restant qu'une utopie, du fait que c'est très difficile à obtenir et ne doit pas rester simplement un aloi équitable vote de citoyen. La démocratie française devant être le moyen de pouvoir défendre ses libertés et ses droits, ceci afin d'éviter qu'il puisse être enclin à l'esclavage. De fait, j'affirme que nous ne sommes pas « en démocratie », nous avons juste l'illusion d'y être, dans cette démocratie malade du manque de démocratie.

*
* *

6

PRÉSIDENCE

Aussi, et par ces faits énumérés, insistant sur la nécessité d'un francophonissime international, réacteur de notre commerce, de notre industrie, de notre culture et motivations, je suis,

CANDIDAT à la PRÉSIDENCE de la RÉPUBLIQUE FRANÇAISE.

Je suis candidat car je veux que les grands arrêtent de dominer et que les petits arrêtent de ramper, afin de lutter contre la tolérance et l'apathie de notre société mourante. Je ne veux plus que nos gens vivent dans une cage artificielle qui les maintient dans un état d'asservissement mental, sous la domination du politiquement correct. Et c'est hélas, grâce au chaos ambiant que je peux apparaître comme un dirigeant intègre.

Je veux que la liberté ait enfin un sens et que l'on puisse dire aux gens ce qu'ils n'ont pas envie d'entendre et qu'ils puissent répondre.

Nous entrons dans une phase aiguë de pillage de notre pays, avec pour résultat la misère et la faim, qui touchent particulièrement les personnes âgées, avec la maladie, le chaos social, les suicides d'agriculteurs, d'ouvriers, de soldats, de gendarmes, de policiers. Je ne veux plus de ces chiffres du alarmants du chômage.

Je ne vis pas dans une existence d'opulence, mais je décide, par simple amour de mon Pays, d'entreprendre ce volontariat pour attaquer un redressement parce-que je vois d'immenses périls sur l'horizon, bien pire que la crise économique violente de 2008, car, ceux-ci, existentiels. Modestement, je mérite autant l'admiration que tous ces chevaux de course drillés par leur parti politique qui parlent tout le temps, récitant du par cœur de leurs conseillers. Le tout étant de pouvoir le faire savoir. *"Et comme j'ai pris le droit d'en connaître, je sais de le faire savoir."*

J'ose me battre, et même si j'ai essuyé des échecs, je suis digne de respect avec le respect de ma dignité, n'en déplaise à mes ennemis. Mon PC de campagne sera un banc publique de l'Allée Marcel Proust, dans mon patrimoine, j'ai juste une bagnole de 20 ans d'âge, même pas un costume, aussi je n'ai rien à craindre d'une tyrannie médiatico-judiciaire du parquet financier, ni de partialité des magistrats dans un coup d'état institutionnel, dans une censure dictatoriale ! Mais il est vrai qu'il suffira de dire que je n'ai pas une seule signature de parrainage pour me juger *fantaisiste*… À moins d'une intervention magnifique de notre cas *Membert*, « Moi Président », qui, après avoir commencé son quinquennat avec *Léonarda*, touché le fond avec l'affaire de cet enculé de « *Théo* », saura se racheter en me faisant don de ses parrainages devenus inutiles du fait de son obligation à l'égard de la Nation !... Car, ma candidature, motivée par une trahison militaire, est légitimée par le fait que l'Institution Militaire est garante de la continuité historique, directement soudée à la protection et à la sécurité des français. Et devant le danger menaçant pour la France avec ces soucis de racisme religieux et des dérives identitaires, il est le devoir de la Grande Muette de **ramener sa gueule** pour rappeler à tous les responsables politiques, de tous bords, leurs devoirs à l'égard de la Nation. L'État actuel, comme d'ailleurs depuis 30 ans, trahit le Pays sans se préoccuper de l'intérêt supérieur du Pays remis en cause, par un déni des réalités de ces *irresponsables* responsables, avec des prises de décision contraire aux intérêts du Pays. Il est urgentissime d'admettre enfin la stratégie de conquête de l'Islamisme qui est totalement incompatible avec le semblant de démocratie prétendu. Je prétends même, que si l'on m'empêchait dans mon combat actuel, au nom de l'Institution Militaire, je briserai ce silence afin d'encourager tous les acteurs de la "Grande Muette" à prendre la parole, que tous les Généraux d'active et de Réserve, et autres Cadres, chantent enfin que « *la rue appartient au drapeau français, en imposant la force de nos cœurs et de nos âmes* », un vrai chant de guerre et de victoire, qui monte plein d'espoir. Qu'ils s'unissent enfin pour une marche vers l'Élysée, dans un grand rassemblement autour de mon banc, pour que le Peuple puisse enfin comprendre où est leur intérêt pour ces élections présidentielles, pestilentielles en diableries, où notre avenir, à tous, se joue, pour une sécurité à l'extérieur et une concorde à l'intérieur, dans une démarche de salut public. Mais tout ceci ne sera finalement qu'un rêve ; pas un couillu ne viendra me voir pour me soutenir ; *le seul endroit où ils aiment être, c'est ailleurs.*

Ce qui me fait peur, c'est que la morale a très souvent perdu face à la réalité, et que la raison ne l'emporte que très rarement. C'est ce qui a fait de moi un banni et que je risque de le rester ! Mais face à tous ces Candidats au Pouvoir qui veulent la bénédiction des foules, je leur rappellerai Victor Hugo qui disait : « *Souvent la foule fait du tort au Peuple* ». Ils s'imaginent comme des führers devant la foule dense sur l'Odeonsplatz, avec des hauts cris et des grands gestes. Rameuter les divisions humaines par milliers peut créer des tragédies. Car les déceptions de l'Été feront naître la révolution d'Automne. Ces mêmes foules qui vous ovationnent peuvent soudainement se ruer sur vous pour vous piétiner.

*

Je sais bien qu'il y a de plus en plus de candidats à la présidentielle, et tout le monde peut prétendre être Président, et des esprits hâbleurs donneront l'exemple de notre Président de la République actuel... C'est à croire qu'ils ne trouvent pas de travail honnête et rémunérateur. Ainsi, tous se rabattent sur ce job, histoire d'avoir finalement un C.D.D., non renouvelable, pour être nourri, logé et blanchi dans un coin paisible parisien, avec l'espoir qu'une chanteuse ou une actrice show sexy chaud tombe sous le charme du locataire... « **Moi, Président, je ne serai pas payé.** » Quand on est au Pouvoir, à la tête de la République, il est impensable de se faire rémunérer alors que l'on bénéficie de toutes les facilités onéreuses pour effectuer le job, offertes par l'État. Par contre, je ne payerai pas les factures d'électricité de l'Élysée, *parole de Général* !

Il reste évident que je ne suis que l'un de cette soixantaine de candidats, considérés comme farfelus. La différence entre tous étant que certains, les plus connus, ont des capitaux disponibles afin de faire campagne pour se faire reconnaître par le bon peuple de France… Quand on dispose de pognon avec un parti Politique manipulé comme il le faut, on dérange moins, et d'insolite, étrange, on peut devenir légitime. Quant à l'ego surdimensionné et l'orgueil, il est similaire chez tous.

Nota : Après avoir abattu deux handicaps majeurs :

- Les **500 signatures** qui permettent le droit d'espérer. J'en profite pour insister sur ce côté anti-démocratique, qui empêche les candidats non issus d'un parti d'accéder à la candidature, outre la controverse sur la publication des noms des parrains qui est de nature à dissuader les présentations. Ce système, a été prévu pour écarter les candidatures farfelues, mais sert en réalité à barrer la voie à l'expression des courants minoritaires. C'est un système agnat, par lequel les élus déjà en place décident entre eux qui seront « nominés ». Les grands partis décident de la vie politique et font pression sur les maires et les élus plus «complaisants» en les menaçant de sanctions, de représailles et de baisse de coopérations et subventions s'ils ne respectent pas les consignes qui sont, en fait, des ordres. Cette loi qui a été votée pour empêcher les candidatures fantaisistes et anti-démocratiques, est en fait une loi pour éliminer la concurrence, faire pression sur les élus et imposer des conditions à ceux que l'on parraine : arrêtons la tartuferie ! Dans mon cas, je ne suis ni fantaisiste ni illégitime, mais, SEUL, même si j'ai de bonnes idées, un bon programme, c'est une mission quasi impossible pour récolter ces signatures chez ces maires frileux du porte-plume, à moins d'un soulèvement national qui prenne partie en mon nom pour cette chasse aux promesses de dédicace. Dès que je mènerai campagne, ce sera pour exiger une réforme de cette loi scélérate qui donne tout pouvoir aux Partis Politiques en éliminant les « petits » candidats. Ce système s'est encore durci au cours de ce *Quinquina* et ce système mis en place, plombant le pluralisme démocratique, encore plus scandaleux, est accepté par tous dans cette démocratie où personne ne parle. Comme bien évidemment, je ne pourrais avoir ces signatures à temps pour cette élection de 2017, je vais donc me préparer à la chasse à l'autographe pour la session de 2022 ! *J'oserais, je mettrais ici un smiley "clin d'œil"*... en espérant que ce système de parrainage soit revu et corrigé, car anti-démocratique, comme celui de ces « primaires » à la française qui ont donné des résultats farfelus. *Ce qui laisserait entendre que Monsieur Henri Guaino, Michèle Alliot-Marie, Mame Ramatoulaye Yade qui n'ont pas les 500 gribouillages, à l'heure où je mets sous presse, sont des joyeux fantaisistes, insultés comme « farfelus » par de gens comme Éric Brunet de RMC, (chevalier de la Légion Donneur par copinage des petits caporaux...). Attali le disait : « je ne peux être candidat, car il faut des militants, des colleurs d'affiche, des finances, un parti politique connu et reconnu, avoir déjà remporté des élections locales. Cela coûte très cher et risque d'être de votre poche, en cas d'insuccès. Tout ceci est un handicap majeur. ».* Il est donc capital (Paris), de remettre en cause, contester et changer cette pratique de signatures de Maires, « *aux ordres* », sous peine de sanctions liberticides et financières pour leur commune, ce qui est encore une preuve d'illusion de liberté républicaine.

En conclusion, ce système est absurde, c'est un déni démocratique, un mépris social, du copinage qui arrange les Candidats des Grands Partis. C'est contestable ; je le conteste. C'est le Peuple qui décide. Je me passerai de ces parrainages de complaisance, qui n'empêcheront pas ma candidature.

- Un Citoyen, comme je le suis, désire que l'on rende à la France le sens civique et la confiance dans les Institutions, mais c'est sans espoir d'être entendu par le Peuple. Il sera inévitablement muselé s'il n'est pas un "Professionnel" de la Politique. Les exemples ne manquent pas : tous ces politicards ont débuté à l'âge de 18 ans et n'ont rien fait d'autre de leur vie que de tremper jusqu'à se baigner dans les carrières du *Pouvoir*. Car, pour eux, c'est une profession, et bien rarement une vocation. Le pouvoir et le fric.

- Dans ma situation, je suis Mandela. Rappelons-nous : Nelson Mandela a lutté contre la domination politique de la minorité blanche et la ségrégation raciale menée par celle-ci. Il a participé à la lutte non-violente contre les lois de l'Apartheid, mises en place par le gouvernement du Parti national. L'ANC est interdit en 1960, et la lutte pacifique ne donnant pas de résultats tangibles, Mandela fonde et dirige la branche militaire de l'ANC, qui mène une campagne de sabotage contre des installations publiques et militaires. Il a été est arrêté par la police sud-africaine sur indication de la CIA, puis a été condamné à la prison et aux travaux forcés à perpétuité. Dès lors, il est devenu un symbole de la lutte pour l'égalité raciale en bénéficiant d'un soutien international croissant. Après 27 années d'emprisonnement dans des conditions souvent très dures, et après avoir refusé d'être libéré pour rester en cohérence avec ses convictions, Mandela a été relâché en 1990. Il a soutenu alors la réconciliation et la négociation avec le gouvernement du Président Frederik de Klerk. En 1993, il a reçu le prix Nobel de la Paix pour avoir mis fin au régime de l'apartheid et jeté les bases d'une nouvelle Afrique du Sud. Nelson Mandela est devenu le premier président noir d'Afrique du Sud en 1994. Il demeurera une personnalité mondialement reconnue en faveur de la défense des droits de l'homme.

- Je suis Mandela simplement par le fait que, sans n'avoir rien fait d'illégal, hormis contrer la ségrégation faite aux Officiers Sans Statut, j'ai été dénoncé par les services de la Stasi de la D.P.S.D., comme gêneur indésirable et dans le cadre d'une fausse démocratie qui, si elle a écrit les Droits de l'Homme, elle s'en tamponne le coquillard à grands coups de poing bien profonds, pour une trentaine d'années d'emprisonnement, à perpétuité, à l'air libre, dans une prison sans barreau. La différence avec Mandela, c'est que je suis resté seul, solitaire mais solidaire et n'ai bénéficié d'aucun soutien d'aucune sorte, où mes amis d'hier, sont devenus mes ennemis d'aujourd'hui et de demain, sinon préférant l'oubli dans l'omerta. Ce que je veux depuis toujours, c'est faire reconnaître la faute de la Hiérarchie militaire qui se moque des règlements et est au-dessus des lois quand cela l'arrange, par simple mépris. Aujourd'hui donc, si je ne pouvais reprendre du service dans les armées, à quelque titre que ce soit, je serai donc un homme politique, car il n'y a pas de limite d'âge et ce sera pour moi l'occasion de consacrer ma fin de vie à la France, à une idée française, principalement basée sur la réelle défense des Droits de l'Homme. Je ferai comme les autres politicards : avoir un ego surdimensionné, mais pour faire le bien autour de moi et en profiter pour diffuser par tous les moyens ce que l'esprit militaire français peut avoir de mauvais, dangereux et nuisible. Nicolas Sarkovitch me donnera des adresses pour effectuer des conférences, sur la base philosophique Cocluchienne : « *Il y a les avocats qui connaissent la loi, et ceux qui connaissent les Juges… *».

- Quand j'ai été commerçant, j'ai vécu toutes les bassesses du mercantilisme pour arriver à ses fins et vendre un maximum, en réussissant à fourguer les nanars, en jouant au camelot et en faisant des campagnes de publicité et d'animation avec stands et promotions flash. Aujourd'hui, je vois la même chose avec des hommes, dits 'politiques', qui se prennent pour des "hommes d'État", alors qu'ils ne sont que des vendeurs de godasses ou de lunettes 'pas chères', avec la deuxième gratuite. Ils disent avoir UN programme, alors qu'ils savent que les promesses ne sont jamais tenues, et c'est à celui qui fera la meilleure enchère à ce peuple qu'ils méprisent par leurs mensonges. Un vrai programme est celui qui lie la Nation pour les trente ans à venir, avec un objectif très fort et non pas de l'épicerie sur les 35, 28 ou 40 heures de labeur par semaine, non pas la retraite à 60, 65, 68, 35 ans. Ce sont là des détails, qui, s'ils ont quelque importance, sont du niveau du Premier Ministre et non pas d'un Président de la République ! Oui, il faut dire que la remise à flot du Pays se fera par ordonnances, dès l'arrivée au Pouvoir, oui, il faut rassurer le Peuple sur une participation aux changements, que j'appelle « domestiques », par des votations régulières Je propose même une participation directe par la voix de la radio, par des émissions du genre des Grandes Gueules de R.M.C., animées par du personnel politique, chargé d'écouter les critiques et les doléances, sur les thèmes de la Nation, avec des sondages en temps réel qui donneront lieu à des changements de direction de la politique en cours en fonction des courants majoritaires exposés. Ce sera certainement plus rentable et plus productif que des manifestations dans les rues et des grèves à tout bout de champs et de chants !

- Si l'on veut changer et réformer ce Pays dans les profondeurs, il s'agit, avant tout, de faire disparaître tous ces professionnels de la politique, vendeurs de chansons, en fonction du baromètre. Il convient de mettre en place un Gouvernement d'Union Nationale que cesse le schéma traditionnel de débats entre majorité et opposition. Il faut une coalition de spécialistes, du genre « Barristes », comme ce Monsieur François Assélineau. Il faut des "couillus" qui devront bosser comme des Hercule, sans se préoccuper de leur cote de popularité. Et ne pas hésiter à s'entourer de ces autres candidats à la Présidence, sans doute de valeur, mais qui resteront des inconnus des français car ils ne pourront obtenir ces fichues signatures. Mais convaincre les *Michèle Alliot-Marie, Didier Tauzin, Henri Guaino*, de mettre nos puissances en commun pour une République d' Union Nationale, n'est qu'une utopie car leur ego ne s'en remettrait pas !

Pourtant dans l'idée révolutionnaire d'un gouvernement d'unité et de fusion nationales, afin de renverser la table et ses chaises musicales, si tous ces "petits" candidats mettaient tous leurs parrainages obtenus en commun, dans le même saladier, ce serait ne pas subir le diktat politico-médiatico *Le Pen-Macron-Fillon-Hamon*, les pitoyables têtes de liste qui font leur campagne bruyante comme des camelots de marché vantant le dernier modèle d'épluche légume, dans des semblants de programmes concoctés par des con-seillers, de promesses qui ne seront aucunement retenues, de bonimenteurs discoureurs et flatteurs, veillant à contredire sans le laisser paraître leur Tweet écrit il y a deux ans, car ils ne sont même pas d'accord avec eux-mêmes, jouant à l'aiguille du baromètre du Peuple, s'adaptant en permanence pour monter au beau-fixe. [*Pfffuiii ! Tout cela dans une seule phrase !...*]

J'en appelle donc Henri Guaino, Mame Ramatoulaye Yade, Jean Lassalle à s'unir avec moi, afin de pouvoir créer une France Nouvelle, sous condition d'un seul Contrat à Durée Déterminée, s'ils sont d'accord avec moi que l'aristocratie féodale est morte, à remplacer par une aristocratie de l'esprit en devenir ; que nous avons traversé un temps intermédiaire que l'on a nommé démocratie mais qui est, en réalité, dominé par la pseudo démocratie de l'argent. Il nous faut stopper ce chaos actuel de la vie moderne, où les lois n'ont pas de foi et la remplacer par une aristocratie spirituelle qui s'appropriera les instruments du pouvoir pour les utiliser pour le bien de la communauté, le Peuple.

Notre Nation a failli être détruite par deux guerres mondiales que l'on voudrait achever avec une immigration massive venue d'Afrique du Nord et des pays islamiques pour nous remplacer ethniquement et détruire le Christianisme qui est le socle moral et historique de notre civilisation. C'est une lutte à entreprendre immédiatement afin de préserver nos racines.

Un programme audacieux, c'est le mien, celui de renforcer le français au niveau international, en améliorant l'infrastructure de notre pays, en renforçant la sécurité nationale, en rendant le Peuple optimiste pour remettre la France sur les rails de l'avenir en exportant notre savoir-faire dans tous les états francophones. Penser GRAND, si l'on veut jouer égal à égal avec **Trump** et **Poutine**, et ne plus s'abaisser à bavasser sur le *prix des lunettes* et des *remboursements de la sécurité sociale*. Cela, c'est la sauce interne à régler au niveau des ministères concernés, objet de votations éventuelles.

Car, finalement, il n'y aura qu'un seul Chef, un seul Responsable : le Président de la République qui ne représentera AUCUN parti politique, ni aucune tendance, de droite, de gauche, du Centre ou des extrêmes. Les leaders ne doivent pas craindre de renverser la table et de chasser les taupes. En bref, stop à la démagogie, la fausse complaisance, la mensongère bienveillance, la vraie hypocrisie et de vouloir - faire semblant - plaire à tout le monde. Finalement, je répète la fameuse devise Pompidolienne : « *Arrêtez d'emmerder les français !* ». Quand on fait une publicité télévisée ventant tel pinard, il faut arrêter d'infantiliser le peuple en lui rappelant « *qu'il doit boire avec modération* ». Nous sommes TOUS faits pour crever un jour ; dès la maturité arrivée, c'est le compte à rebours qui est en marche. Mieux vaut claquer à 50,60, 70 ans que complètement sénile, dégénéré, se pissant dessus ou dessous, dans des odeurs de merde et de pisse, en ne se souvenant plus qui on était. MERDE ! Lâchez la grappe aux français et ils iront mieux, ce maternage à outrance, qui est de fait, un maternement [*nouveau mot que je propose aux Belles Lettres de l'Académie Française*] intrusif n'est que trop nuisible. Le voile intégral, nous l'avons déjà dans la tête et nous voile, même les yeux. Que les femmes arrêtent de se déguiser en hommes, en redevenant désirables et sexy, que les hommes stoppent de se déviriliser, qu'ils se rasent et remettent leur cravate ! Un *CHEF*, même au féminin, peut être *UN* chef, sans martyriser la langue, par "*une cheffe*", sous prétexte qu'une chatte n'est pas un chat ! J'ai toujours vouvoyé le Bon Dieu dans le *Notre Père*, car j'ai toujours considéré que je n'étais pas assez intime avec lui pour le tutoyer, et cela ne doit pas m'empêcher de jurer sur le « *Bon Dieu de Bordel de Merde !* » Arrêtons de faire semblant et vivons chaque jour comme si c'était le dernier, et ceci devant être appris à nos enfants dès le plus jeune âge. Il vaut mieux se réciter des pensées de la méthode Coué, en se levant le matin, que de se flageller en récitant des prières pour un Dieu que l'on veut miséricordieux alors qu'il est moins prouvable de son existence que les aliènes extra-terrestres.

Avant de changer de chapitre, Cher lecteur, quelques phrases de ce bon Mandela que l'on devrait mieux connaître :

"- Je n'étais pas un messie, mais un homme ordinaire qui était devenu un leader en raison de circonstances ;

- Des gens courageux ne craignent pas le pardon, au nom de la paix ;

- Les hommes qui prennent de grands risques doivent s'attendre à en supporter souvent les lourdes conséquences ;

- Que règne la liberté. Car jamais le soleil ne s'est couché sur réalisation humaine plus glorieuse ;

- J'ai appris que le courage n'est pas l'absence de peur, mais la capacité de la vaincre ;

- Ça semble toujours impossible jusqu'à ce qu'on le fasse ;

- Etre libre, ce n'est pas seulement se débarrasser de ses chaînes ; c'est vivre d'une façon qui respecte et renforce la liberté des autres ;

- L'honnêteté, la sincérité, la simplicité, l'humilité, la générosité, l'absence de vanité, la capacité à servir les autres - qualité à la portée de toutes les âmes - sont les véritables fondations de notre vie spirituelle ;

- J'ai parcouru ce long chemin vers la liberté. J'ai essayé de ne pas faiblir, j'ai fait beaucoup de faux pas. Mais j'ai découvert ce secret qu'après avoir gravi une haute colline, tout ce qu'on découvre c'est qu'il y en a encore beaucoup d'autres à gravir."

*

- Le ***financement*** *de Campagne*: J'espère que l'un de mes lecteurs destinataires [Pas Sa Sainteté le Pape, ayant déjà trop à donner pour reconquérir son Église dans l'honneur trop malmené], un de ces deux Grands Présidents pourra m'aider dans cet exploit afin de relancer une France ragrandie et indépendante, car l'argent reste le nerf guerrier, avec l'espoir qu'ainsi la France soit un véritable trait d'union entre Russie et States. Pas la peine d'espérer un geste du côté de nos Patriotes qui ne croient qu'en les maniaques, envoûtés et tourmentés de l'Establishment, qui savent les abuser à leur cause…

Ceci, même si ma candidature, finalement, ne pourra être qu'une aspiration virtuelle !

Mon mouvement politique s'appelle : « **Numéro 6** », avec comme slogan :

« ***Je ne suis pas un Numéro, je suis un Homme Libre !*** »

- Je crois à la nécessité d'un état régulateur mais pas totalitaire, à l'importance du social, mais pas à l'assistanat, à la nécessité du respect de nos libertés, sans que cela soit un droit à tout casser pour obtenir ce droit.

- Je crois à l'égalité mais pas à l'égalitarisme, je crois à la solidarité sous condition qu'il y ait les devoirs pour obtenir les droits. Pour preuve, une fois élu Président, je **supprimerai, séance tenante, l'immunité présidentielle**, et d'ailleurs, toutes ces formes d'immunité, sources de dérives diverses.

- Je crois à l'humanisme, mais refuse que des éléments extérieurs viennent troubler nos lois et notre morale. Je crois à une Justice indépendante, sous condition qu'elle soit toujours sous contrôle de jurés dans tous les tribunaux. Je crois en le retour d'une Cour de Justice Martiale, qu'était la Justice Militaire, afin de gérer tout ce qui est du domaine de la Défense Nationale et du Ministère de l'Intérieur.

- Je crois à une presse libre, sous condition d'une commission de modérateurs volontaires, choisis parmi le peuple, régulièrement remplacés. Mais la bataille pour la liberté d'expression et d'opinion est loin d'être gagnée. C'est un contre-pouvoir, certes, mais sous condition que les citoyens exigent le combat contre la dictature du médiatiquement correct. Il ne faut plus des médias aux mains de journalistes tous façonnés au même moule de la bien-pensance. La Presse ne doit plus instiller la bien-pensance dans tous les esprits, copieusement arrosée de subventions publiques (nos impôts). Il est honteux de constater que la France n'arrive plus qu'en 45ème position au classement mondial de la liberté de la presse de Reporters Sans Frontières. ***Les services de renseignement écrivent l'histoire et les grands médias la racontent.*** Ainsi, les médias traditionnels, avec une bonne conscience écœurante, jugent, censurent et excluent du débat tout ce qui n'est pas politiquement correct. La minorité a le privilège délétère de faire l'opinion en condamnant ce que pensent la majorité des Français. Pour un mot de travers, une opinion dissidente, c'est le bagne. La liste est longue de ceux qui ont fait les frais d'un lynchage médiatique pour avoir osé émettre un avis, une analyse contraire au médiatiquement correct : Eric Zemmour, Alain Finkielkraut, Michel Onfray, Christian Vanneste, etc. Ou alors, simplement, c'est la censure pure et l'événement est passé sous silence. Il n'a pas lieu d'être, il n'existe pas. La Presse est complice de cette dictature sous des airs de démocratie mensongère.

Sur ma lancée, je dénonce la communication de Presse qui ressemble à une doxa, des préjugés populaires, des présuppositions admises pour la plupart et évaluées négativement ou positivement, c'est selon, qui incitent à garder le silence sur les vraies vérités. Ce qui fait, par exemple, que la France se trouve soumise à l'Islamisme, car personne n'ose faire de vagues, par trouille de châtiments, vengeance ou représailles, avec une judiciarisation à la clef. Il n'y a d'ailleurs plus lieu de mettre le feu aux poudres car elle est mouillée, éventée, personne ne tenant à aggraver la situation. On met en avant la peur d'une guerre civile, au pire, d'un scandale, au mieux, afin que tout le monde soit dans le rang, soumis à la désinformation et cette résignation nous met face au racisme, d'une part, et de l'emprise croissante de l'islamisation du pays, profitant du système. Je veux absolument stopper ce déni de réalité, en nommant les problèmes et oser affronter les situations.

- Je crois à la nécessité d'un état régulateur mais pas totalitaire, à l'importance du social mais pas à l'assistanat, à la nécessité du respect des libertés, mais pas au droit de casser du flic, à l'égalité, mais pas à l'égalitarisme, à la fraternité, mais avec des compensations car il ne peut y avoir de droits sans devoirs, au traditionalisme et à l'humanisme, mais pas jusqu'à admettre que des éléments extérieurs viennent bouleverser notre morale et nos lois, que ces milieux viennent de temps à autre assassiner quant à l'envie. Je veux une justice indépendante, une presse libre, au droit d'expression y compris des soldats et gendarmes, à la laïcité, c'est-à-dire au respect des religions mais à condition qu'elles ne viennent pas me dicter mes comportements, mon libre arbitre et ma morale.

- Je veux le droit d'expression, y compris des gendarmes et des militaires. Je ne veux plus de toutes ces Commissions et Associations de toutes sortes, qui veulent régir et décider de tout. Il y a un Gouvernement pour cela et des lois ;

Dans un état laïc, je veux le respect aux et des religions, sous condition qu'elles n'interviennent pas pour me dicter ma morale, mon libre arbitre et mes attitudes. La religion doit être comme le sexe : rester dans un cadre intime qui ne regarde pas les autres.

- Je suis pour les commémorations, à condition qu'elles soient dignes et sans mea culpa ;

- Je suis pour la liberté d'entreprendre avec une simplification totale des démarches ;

- Je veux une simplification du Code du Travail, d'un taux horaire maximal de 40 heures par semaine ;

- Je persiste dans une retraite allouée au bout de 40 annuités exigées et obligatoires, sans droit de retraite avant terme, ni autre forme de limite d'âge ;

- Je prétends qu'un jeune de 14 ans peut entrer dans le Monde du travail s'il ne veut pas continuer ses études, après l'obtention d'un Certificat d'Etudes prouvant qu'il sait lire et compter ;

- Je veux que l'on prenne en compte les années d'études supérieures dans le comptage des points retraire, quand l'étudiant a obtenu son diplôme ;

- Bien évidemment, je veux un Service National avec deux options distinctes, l'un militaire, l'autre civique. Ce Service National donnera droit et obligation au permis de conduire un véhicule dit léger, au certificat de secourisme et une bonne aptitude à la natation. Il ne pourra y avoir aucune dérogation pour un service commençant dès l'âge de 18 ans, pour les scolarisés, 16 ans pour les jeunes travailleurs, pour une durée de deux fois, six mois, avec des périodes obligatoires s'échelonnant sur plusieurs années. Un Certificat Civique sera délivré à l'issue de ce Service National attestant une bonne connaissance des droits et devoirs du Citoyen. Cela devant être un bagage pour une vie de citoyen français ;

- Pour renforcer le système du Service National, il y aura un ***Directoire National***. Sa vocation sera de lutter contre le terrorisme, le crime organisé et le trafic de stupéfiants sur le sol républicain. Ce Directoire aura pour autre mission de faire respecter les lois régissant l'immigration de travail, en coordination avec la sphère civile. Cet organisme exécutif dépendra du Ministère de la Défense Nationale et assumera aussi les fonctions de police anti-émeute. Ce Directoire National aura une autonomie accordée comme structure de l'État et sera entériné par décret loi afin d'éviter tout litige pouvant gêner le travail de cette unité. Cette réserve active sera mobilisable en tout temps et en tous lieux et complètera les unités d'active opérationnelle dans les actions extérieures en cas de besoin ;

- Enfin, je veux être l'artisan du passage à la VIème République et en incarner la transition. Avec cet élément fondamental d'en faire un élément de cette Fédération Internationale Économique Francophone, ceci afin de redynamiser l'industrie et le commerce dans un cadre francophone, avec une liberté de circulation et d'entreprendre de tous les membres de cette Alliance, sous le pointage d'un Passeport francophone.

Il convient d'apporter nos savoir-faire dans les autres états adeptes de la langue et surtout redonner l'envie à tous les expatriés vivant actuellement sur le sol métropolitain de retourner dans leur pays d'origine, pour apporter, avec notre aide, une main d'œuvre technologique. S'ils considèrent que la France est un Eden, qu'ils soient convaincus que ce Paradis peut s'exporter. Je ne suis pas Pascal Sevran qui écrivait que la bite des noirs est responsable de la famine en Afrique. Je veux simplement qu'ils aient les moyens de nourrir leurs enfants et leur donner un avenir, avec des structures industrielles solides. Dans les pays, appelés autrefois « sous-développés », il faut qu'enfin le terme : en « voie de développement », soit une réalité. Tout cet argent que nous donnons inutilement en métropole, pour les aides aux expatriés, doit être utilisé pour eux, mais dans leur pays de naissance. Il faut relancer la machine, mais pas dans un but humanitaire, mais donnant-donnant. Il faut que les États francophones jouent le jeu à fond et que leurs gouvernants soient réalistes, mais exigeants, humains, mais intraitables, avec, pour commencer une exigence draconienne, radicale et obligatoire de la limitation des naissances, afin de stopper cette démographie exponentielle foudroyante, comme l'ont fait les chinois à une époque. Il faut entraîner et attirer la France en Afrique et non plus le contraire, avec un esprit patriotique dans chaque état de la francophonie, sans verser dans un nationalisme révolutionnaire. Il est utile de rappeler ce que martelait Monsieur Houari Boumediene, Président algérien, en 1974 : « *Un jour, des millions d'hommes quitteront l'hémisphère sud pour aller dans l'hémisphère nord. Et ils n'iront pas là-bas en tant qu'amis. Parce qu'ils iront là-bas pour le conquérir. Et ils le conquerront avec leurs fils. Le ventre de nos femmes nous donnera la victoire.* » Dans les faits, il est indéniable que ses prévisions étaient justes, rendant notre métropole ingérable. Nous accueillons trop d'étrangers en « amis », en leur donnant la priorité à l'emploi et aux allocations de toutes sortes, tout ceci au détriment et désavantage des français *dits* de souche. En remerciement, ces gens, très souvent nous imposent leur haine, leur indiscipline, leur inculture, leurs manies, leurs règles. Souvent ils sont ingérables, devenant indésirables par des actes criminels et malhonnêtes, mettant une mauvaise ambiance dans la population et asphyxiant nos tribunaux correctionnels. Nous avons affaire aujourd'hui à des territoires républicains considérés comme perdus et prêts à s'embraser au moindre prétexte. Il n'aura suffi qu'une quarantaine d'années, époque giscardienne, pour que notre héritage historique soit mis en péril par les différents pouvoirs, en s'accentuant de Président en Président. Ces estropiés de la pensarde ont laissé faire et accepté une immigration massive, incontrôlée et injustifiée en voulant intégrer des musulmans par millions, dans une société occidentale et laïque, qui a pour charpente le christianisme. C'est simplement une pure démence et demeure une utopie contre laquelle je réagis. Si l'islam est installé en France, c'est depuis l'invasion organisée par Giscard d'Estaing quand il a autorisé le regroupement familial, ce que les autres ont laissé faire ensuite en en rajoutant le droit du sol et l'immigration massive pour faire baisser les salaires, entre autres. Ces centaines d'enclaves sous le despotisme de populations du Maghreb et de l'Afrique doivent être reconquis, sans délai. Cela ne se fera pas sans heurts, mais il faut bien être persuadé et conscient que cet autre peuple, qui ne nous aime pas, ne se sentira jamais français, et ne se contente que d'être nuisible. Avant qu'il ne soit trop tard, afin de rétablir l'ordre public et éviter une guerre civile ethnique, quitte à quelques violences, l'État, que je représenterai, devra stopper net l'immigration extra-européenne renvoyer dans leur pays d'origine les ennemis de la République, ceci afin de contrer l'islamisation destructrice galopante qui veut notre perte. Et si ces gens se disent français, il faudra qu'ils le prouvent par le respect de nos institutions et de notre culture.

Cette expérience d'immigration délétère doit cesser et comme disait un ancien Président de la République, leur place en France ne peut être possible que s'ils aiment notre Nation et nos institutions. Il n'y a pas de place dans notre Pays pour les ennemis de la République. Ce n'est pas être Nationaliste que de vouloir se débarasser des intrus, il s'agit simplement d'affirmer qu'il ne faut pas avoir la haine des autres, comme le sont les extrémistes, mais d'avoir l'amour des siens, donc, le Patriotisme. Je veux redonner le goût d'aimer ses racines, son passé, aimer sa terre natale, où servir sa patrie et respecter ses parents redeviendra un comportement normal. Chaque nation devra être une réalité naturelle respectable, où les enfants seront les hommes de demain, véritables bâtisseurs. Le patriotisme devant être pureté et dévotion, sans tapis de prière, ni crucifix, implorant des dieux dont personne ne peut jurer l'existence, mais dans un esprit laïc, cartésien.

Tout le monde accepte de concevoir que le Pays est en déclin, mais personne n'ose donner les vraies solutions. Pour cela, il faut du courage, car l'Histoire de France n'est pas terminée mais il faut que les français comprennent enfin qu'on l'amuse, pour faire noble : qu'on se fout de sa gueule, dans un système électoral verrouillé. Nos dirigeants n'ont pas conscience, ou ne veulent pas l'avoir, pire, ne doivent pas l'avoir, que le Peuple arrivé au jour du désespoir et de la honte, d'avoir bu le calice jusqu'à la lie (pas l'hallali), fera exploser un FLN français ! Et alors, gare…

Il convient, séance tenante, de lutter contre l'orthodoxie libérale de Bruxelles. Il faut s'émanciper et ne plus poursuivre cette politique déflationniste adoptée depuis 1974. Arrêtons de faire passer la France pour un pays touristique digne d'un vaste musée. Il faut faire un doigt d'honneur à Maastricht et renouer avec la croissance en rattrapant notre retard technologique en ne dénigrant plus le travail, l'effort, les heures travaillées, mais revaloriser le labeur. Le Gouvernement, jusqu'à présent, composé de singes savants du capitalisme, ne doit pas avoir peur du Peuple et du monde ouvrier et se cacher derrière le rideau de la démagogie, en ne répondant pas aux vraies questions par de habiles pirouettes.

Je veux une force mobilisée face aux corporatismes et aux rentiers et une lutte contre les anglo-saxons qui fixent les règles de la globalisation. Je veux une monnaie française, commune à tous les états de la francophonie, qui, sans renier le dollar américain et l'€uro, pourra contrer les institutions financières internationales du FMI et de la Banque Mondiale, par un combat contre les capacités médiatiques et la manipulation de l'opinion publique du puissant Fantômas qui ne pourra plus, à sa guise, gérer ce libre échange actuel étendu à la dimension du monde entier. Il est essentiel pour la francophonie de lutter contre notre déclin présent, par un contre pouvoir visant cette politique américaine qui nous expose à la récession économique européenne et à cette guerre au Moyen-Orient qui ne nous regarde pas. Adoptons la méthode libanaise pendant la guerre des années 1980 : « *Continuez à vous battre, jusqu'au dernier des soldats français, nous "on" compte les sous* »… Ne soyons pas plus royalistes que le Roi et devenons mercantiles en développant à nouveau nos industries. Stoppons les délocalisations dans les pays à bas coût et renforçons les territoires francophones. Redoigt d'honneur envers la Banque centrale européenne et le pacte de stabilité budgétaire. Répondons avec des propositions fortes en rompant avec cette orthodoxie maastrichtienne grâce à une véritable relance technologique, industrielle resserrée dans cette alliance et coopération au sein des pays francophones. Démarquons-nous de cette Europe Américaine en donnant au F.I.E.F. les moyens d'exister dans ce 21 ème siècle. Le F.I.E.F. doit savoir s'appuyer sur la Russie pour pouvoir peser dans les affaires internationales et refuser la perspective d'une guerre de civilisations et de religions.

La France doit se tracer son chemin avec ses alliés, Belges, Canadiens français, Africains en étant capable de faire bloc dans les relations internationales, avec en mémoire que la Russie et la Chine peuvent nous aider à contenir le risque présent de néo-impérialisme, surtout si la politique de Monsieur Trump est désavouée, ce qui serait dommageable. Le secret de notre réussite est simple : arrêter de se réduire à l'alliance américaine dans son esprit Macdo.

J'ai le courage de dire la vérité : il faut rompre avec cette trajectoire floue et nébuleuse issue de la politique mitterrandienne des années 1980. Remettons en cause, sans attendre, la prépondérance de la rente et de la finance et n'être plus cette zone de libre-échange. Notre dessein, ce n'est pas les 5 années à venir, mais les 50 ans qui arrivent au galop et que nous devons enfourcher. Je préfère, finalement, des cheminées d'usine qui fument, plutôt que des pelouses trop vertes sans même pouvoir avoir le privilège de marcher dessus.

*

Je pourrais parodier notre regretté Coluche en affirmant :

« J'appelle les fainéants, les crasseux, les drogués, les alcooliques, les pédés, les femmes, les parasites, les jeunes, les vieux, les artistes, les taulards, les gouines, les apprentis, les Noirs, les piétons, les Arabes, les Français, les chevelus, les fous, les travestis, les anciens communistes, les abstentionnistes convaincus, tous ceux qui ne comptent pas pour les hommes politiques à voter pour moi, à s'inscrire dans leurs mairies et à colporter la nouvelle de ma candidature à la Présidence de la République. »

« Le seul candidat qui n'a aucune raison de vous mentir ! »

Voici donc mon discours :

« Françaises, Français,

Cette année, c'était très bien... L'année prochaine, ce sera pire.

Et oui, Mesdames, Messieurs, le pays va mieux que l'année prochaine.

Nous envisageons un redressement dans 5 ans.

En effet, dans 5 ans, nous serons considérés comme un pays sous-développé, auquel viendront en aide les pays industrialisés.

Vous ne dites rien ? Tant mieux.

De tous ceux qui n'ont rien à dire, les plus agréables sont ceux qui se taisent !

Et rappelez-vous que :

Si la Gestapo avait les moyens de vous faire parler, les politiciens d'aujourd'hui ont les moyens de vous faire taire.

J'entends de droite et de gauche dire : "La Droite est nulle, le Gauche est nulle, je vote nul".

Eloignez vous du fatalisme ! Réagissez, sachez prendre votre chance !

Rappelez vous que : Quand il pleut des roubles, les malchanceux n'ont pas de sacs.

Et pour ça, la France doit se redresser, elle compte sur vous !

Il faut acheter français. C'est très facile : Comment reconnaitre un produit français ? C'est le plus cher.

Je voudrais rassurer les peuples qui meurent de la famine dans le monde : "Ici, on mange pour vous".

Mais qu'ils prennent patience, les pauvres sont indispensables, la preuve les américains en ont, ce n'est quand même pas par snobisme.

Les pauvres sont indispensables à l'équilibre du monde, donc nous remercions les pauvres de l'être.

Pour les pauvres : "Hip hip hip ? Hourra !!!!"

Et les populations s'agitent, et j'te fais des affiches :

- "Un Macron, sinon rien !"

- "Mon candidat, c'est Fillon... Mon candidat, c'est Fillon..."
Pan ! Dans le fion !

A vos souhaits !

- Et François Hollande, avec ses 45% de matière grasse...

- Juppé, avec sa "carrière de Président avortée »...

- Et Sarkozy ! Quand il n'est pas là, il nous manque...

Faut dire que quand il est là, il nous manque aussi...

De peu, mais il nous manque, et lui, par contre, il ne nous a pas manqués.

Après, peut-être que les chômeurs votent pour qu'on les prenne pour des travailleurs....

Le PC c'est le parti des travailleurs : c'est là où y'a les vieux fossiles, dont certains sont complètement marteaux.

Quand je vois un mec qu'a pas de quoi bouffer, et qu'il va voter, ça me fais penser à un crocodile qui se présente dans une maroquinerie.

Si jamais les hommes politiques se mettaient à tenir les promesses qu'ils font, il leur faudrait le budget des Etats-Unis.

Ils te feront un plan de 15 ans de développement de ceci, qu'ils abandonnent au bout de 5 ans, qui est repris au bout de 10, Roh lalalala...

Et tout ça, c'est avec notre pognon.

Le mois de l'année où le politicien dit le moins de conneries, c'est le mois de février, parce-qu'il n'a que 28 jours.

Mais vous savez qu'il y a pire ?

Les hommes politiques - je vais vous faire un aveu - ne sont pas bêtes !

Vous vous rendez compte de la gravité ! Ils sont intelligents !!!

C'est à dire que tout ce qu'ils font, ils le font exprès, ils y réfléchissent, ils y pensent !

Parce-que vous comprenez, si c'étaient des cons, ça irait tout seul, on dirait : *"Bon, bah, c'est des cons !"*

Nan, nan, nan, nan, nan !

Les présidents et les dirigeants des pays qui ont laissé crever l'Afrique, l'Amérique du Sud, [...] c'est des gens qui le font EXPRÈS !

Et vous savez qu'il y a pire ?

Les journalistes ne croient pas les mensonges des hommes politiques... mais ils les répètent !

C'est pire, ça confirme !

Ils ont beau faire ceux qu'ils ne croient pas ce qu'ils disent, ils le répètent tous les jours, à la télé, dans les journaux, ...

Vous savez que les hommes politiques et les journalistes ne sont pas à vendre ?

D'ailleurs, on n'a pas dit combien...

Ouais, je sais, je sais... J'ai tendance à ouvrir ma gueule un peu trop fort...

Mais ça tient à ce que jusqu'à 20 ans, j'ai cru que je m'appelais Silence. »

Voilà mon discours de mai 2017, que Coluche affichait il y a trente ans !!!... Comme quoi, **RIEN** n'a changé. Tout ceci reste, ô combien, d'actualité, dans un Pays où l'on confond "égalité" et "égalitarisme", avec une dimension d'acteur qui a pris trop d'importance chez les Candidats, dans un État "spectacle", avec des candidats décoratifs, dans un vide-grenier poussiéreux.

Aussi sérieusement, Candidat au trône de notre monarchie présidentielle, car un Président de la République n'est pas un homme normal,

- Je ne veux plus d'une France scindée entre patriotes et mondialistes.

- Je ne veux plus de cette démocratie actuelle qui n'est qu'une mystification totale ;

- Je ne veux plus que les milieux d'affaires soient les décideurs ;

- Je ne veux plus que l'opinion publique soit trompée abusivement par les grands Media conditionnant nos cadres dirigeants sur les bienfaits des milieux d'affaires qui veulent moutonner le peuple européen ;

- Je ne veux plus que la France soit bradée en simple région du mondialisme ;

- Je ne veux plus que Bruxelles dicte sa loi, avec son démantèlement des nations en en faisant des régions artificielles, factices, fictives avec des peuples hypnotisés par l'écran de leur Smartphone ;

- Je ne veux plus que le Peuple français soit dépossédé de son pouvoir de décision dans leur vie de tous les jours, qu'on ne les force plus à devenir des vieillards centenaires, qu'ils puissent mourir quand ils le veulent, qu'ils puissent contester toutes les interdictions à la con, qu'ils puissent faire des gosses dans un futur optimiste, *l'insolence de la joie de vivre* et parer au suicide démographique actuel, qu'ils ne soient plus harcelés par des sondages, que les hommes se rasent et portent la cravate sans honte de passer pour un nanti, que les femmes redeviennent féminines en jupes mini et talons sans passer pour des salopes, qu'ils puissent fumer où ils veulent, qu'ils évitent la bouffe rapide aux enseignes imposant à ne plus aimer que des aliments merdiques et merdeux ;

- Je veux que les Maires retrouvent leur pouvoir, autres que de n'être responsables que des incidents, mais de leur liberté et latitude de décision dans le domaine communal. Qu'ils retrouvent leur vraie valeur d'Officier de Police

Judiciaire, une réelle capacité exécutive et de police administrative en surveillant et protégeant les administrés quitte à limiter la liberté d'individus et d'influencer leur comportement lorsqu'il y va du bien-être général ;

- Je veux une vraie Agence Postale pour tout village comptant au moins 2000 habitants ;

- Je veux une Antenne de Gendarmerie pour tout village comptant au moins 2000 habitants avec une disponibilité et ouverture 24heures sur 24 ;

- Je veux une vraie police routière où les Brigades Motorisées seront quadruplées avec une présence omniprésente et visible, remplaçant tous les radars électroniques et autres mouchards fixes. Ces BMO ayant un pouvoir dissuasif, mais aussi instructif sans être forcément punitif ;

- Je veux de vrais points de contrôle réguliers sur les routes et dans les villes, permettant de contrôler les identités, l'état des véhicules, les matériels transportés ;

- Je veux le retour des Postes de frontière avec une Douane Volante ubiquitaire ;

- Je veux une Police de proximité et que les zones urbaines, jugées difficiles, soient quadrillées ;

- Je veux que les militaires gardent leur arme de service, même en permission, où ils seront tenus de se déplacer en uniforme ;

- Je veux, finalement, que tout ce qui a été détricoté depuis 40 ans, soit reconsidéré comme une structure de notre Société, où la liberté de chacun n'est possible que s'il peut s'assumer dans le bon droit. La liberté actuelle n'est qu'un triste bordel où l'on constate que tout est interdit, sans aucune morale ni responsabilité et toute liberté n'est qu'illusion, sous condition qu'elle soit convenablement canalisée. La liberté des uns dépendant de la liberté des autres. Le français devient un irresponsable du fait que TOUT lui est imposé, pour son bien, sa santé, qu'il ne doit pas dépasser la dose prescrite.

L'État, dès le plus jeune âge d'un enfant, doit lui apprendre de se libérer des contraintes de la psychologie collective, en lui apprenant à être et comprendre la vie, l'intelligence de l'existence et le passage temporaire de cette vie à trépas. Il doit comprendre, admettre, qu'il n'est qu'un outil de l'environnement, du biotope, et qu'il doit penser comme la vie agit. Il est la vie et doit comprendre qu'il doit rester en adéquation avec son environnement. Il doit apprendre à être libre de lui-même et de ce fait devenir un être totalement libre pour admettre les malheurs et les souffrances. Et pour cela être conscient qu'il doit se libérer de la liberté en recherchant son équilibre personnel et son bien-être, avec la conscience de prévoir les conséquences de ses actes. Pour cela, la seule école qui soit, c'est l'étude de la Nature où l'on vit et qui nous fait vivre, et de se sentir responsable.

- Pour conclure, je veux que la devise de la France soit : *"Faire autrement"*, comme celle du C.O.S. Il s'agit de réorganiser nos structures avec une meilleure organisation afin de mieux planifier et préparer nos entreprises, nos industries pour obtenir une meilleure cohérence, une synergie par une rigueur d'investissements personnels. Il ne s'agit plus d'improviser et de rester sous la dépendance d'autres États. La France doit se comporter en Leader et se donner les moyens de ses convictions. C'est prioritaire dans notre France en danger où chaque Préfet doit être un Chef d'État-major avec les coudées franches d'un chef de guerre, devant s'entourer, non pas de bureaucrates, mais d'hommes de terrain, volontaires recensés par des chasseurs de tête, qu'importe leur cursus, le principal étant l'honnêteté et le côté opérationnel, prêts à « faire autrement », c'est-à-dire franchir l'obstacle.

*

Tout simplement, les personnes les plus formidables sont celles qui ont connu l'échec, la souffrance, le combat intérieur, la perte, et qui ont su surmonter leur détresse, dans une école de la vie qui ne prend pas de vacances... Elles ont une sensibilité, une compréhension de la vie qui les remplit de compassion, de douceur et d'amour, sans omettre la fermeté lorsqu'elle est indispensable. La bonté ne vient jamais de nulle part, pour comprendre les choses, il faut avoir vécu ces choses...

Avec comme slogan de campagne : « *Jusqu'à présent la France est coupée en deux, avec moi elle sera multipliée aux quatre coins du Monde !* ».

Sans doute les mous du genou penseront que je suis un nouveau Coluche de la dérision par mes déclarations. Pourtant, ma candidature n'est pas plus ridicule que certains postulants actuels ou virtuels qui n'ont strictement aucun charisme, ni aucune chance pour l'élévation suprême à la tête de l'État, comme Jean Lassalle et le Général Didier Tauzin qui, s'ils sont émérites, restent trop droits dans leurs bottes, comme paralysés, sans pouvoir shooter dans les fourmilières du contre-pouvoir.

Aussi, avec ardeur, sans vouloir « *emmerder la droite jusqu'à la gauche* », du fait qu'elles se confondent, je considère et reconsidère avec sérieux ma candidature pour m'y engager véritablement, avec détermination.

Sans jamais oublier que le paysage politique français n'a plus rien de la gauche ou de la droite. Il est indéniable que ne subsistent que deux blocs hétéroclites. L'un est mondialiste, européen, français par habitude mais sans conviction, communautaire, idéologique, islamisant. L'autre, composé des français toujours patriotes, conscients et au contact de la réalité. La population de l'un est constituée de gens parrainés, protégés et de gens qui ne veulent pas comprendre ni voir, les habitants de l'autre sont ceux qui prennent tous les jours la réalité en pleine face. Un bloc se permet toujours et encore l'insouciance, avec une conviction totalitaire et qui se prend pour l'évidence et l'autre qui lutte pour préserver la vie, les acquis de la République, face à cet autre bloc qui le méprise, le considère comme ennemi détestable et malveillant. Rappelons-nous la devise de Friedrich Nietzsche qui disait que les convictions sont des ennemies de la vérité, plus dangereuses que les mensonges. Cela risque de changer en mieux si les deux grands de ce Monde, Russie et States réussissent à s'entendre et à donner l'exemple. Poutine semble prêt à cela, mais le problème restait avec Obama qui ne voulait pas tendre la main, de peur de passer pour un autre, en la tendant en salut nazi. Mac Donald Trump sera peut être ce changement de cap, s'il oublie cette culture Mac Do expansionniste, en redevenant une nation et non plus le bras armé d'un empire financier transnational. Je suis pour une sociologie conservatrice et non populiste pour la France indépendante qui refuse de se faire acheter par l'oligarchie. Je suis traditionaliste, sans vouloir nuire ni à l'esprit orléaniste ni aux accents bonapartistes.

Dans ce futur, il n'y aura pas d'anaphore, car le Président que je veux être c'est une position volontaire motivée par la décision de prendre de vraies décisions, sans le souci d'être réélu, car ce mandat serait unique et sans aucune rétribution financière. Cela je l'avais écrit avant l'élection de Donald Trump, qui m'a piqué l'idée !

Il est essentiel de remettre la machine en parfait état de marche, pour un futur mandataire sur 7 ans, dans le cadre de la VIème République.

Mon mandat sera non renouvelable et cette solution évitera définitivement les déviations démagogiques. Ce qui permettra d'affronter des décisions souvent impopulaires mais aptes au redémarrage. Mon souci restera en priorité l'intérêt général du Pays et non pas, mes intérêts particuliers. Surtout ne jamais être victime d'un système qui empêche de prendre de vraies décisions et ainsi remédier à l'éternelle mauvaise gouvernance du pays depuis Georges Pompidou !...

Nos gouvernants doivent enfin comprendre que c'est la faiblesse des moutons qui fait la force des loups. Et un mouton, ne supportant plus d'être considéré comme brebis, peut devenir un bélier, prince et chef du troupeau. Le bélier peut commencer à frapper de tout côté, les chiens, renards et sangliers sauvages jusqu'à ce qu'il les détruise tous. Tous les moutons du pâturage auront la laine pure et abondante. Leurs yeux grands ouverts verront le Bienveillant. Car les moutons sont aussi intelligents qu'un chien, peut-être même plus, car il n'accepte pas de se faire casser les pattes à coups de pistolet. C'est un animal d'une grande sensibilité, qui vit de façon très hiérarchisée, possédant un répertoire de codes et de lois régentant la vie en groupe. Car les moutons aiment et profitent de la vie avec de la joie ; ce n'est pas de la viande sur pieds ; ils méritent le respect. Le mouton n'est pas con.

Il est donc vital et urgent que les moutons, devenus béliers, reprennent leur vraie place dans la Société et chassent les stupides renards qui ne songent qu'au panache de leur queue.

Les moutons sont la démocratie et peuvent lutter contre tout, sauf les dangers de l'intégrisme, qu'il soit chrétien ou musulman.

Il est essentiel que dans l'avenir immédiat, la France soit doté de son autorité extérieure. Il faut qu'elle soit entendue et respectée dans le concert international. La Nation doit retrouver son autorité sociale. Plus de pilotage à vue, ni de confusion dans les décisions. L'économie doit repartir avec remotivation des troupes, sans cortèges braillards de manifestants gueulant qu'après on verra… mus par une vocation insurrectionnelle. Enfin, et le plus important, que la Patrie républicaine retrouve son autorité publique et n'hésite plus à juguler toute forme de violence. Les dégradations de biens publics et privés seront très sévèrement condamnés. La démocratie tant désirée ne doit plus être synonyme de faiblesse.

En France, il faut un homme fort, qui aura le courage de s'opposer à ceux qui, jusqu'à présent, ont prouvé qu'ils n'avaient, comme initiale détermination, que cette ambition destructrice de pousser la planète dans le déséquilibre d'un conflit mondial à la capacité meurtrière inégalée.

La souveraineté rentable et adroite faisaient de la France, un pays à part, autonome de ses choix, et prêt à défendre sur son territoire et à l'extérieur, notre idéal résultant naturellement de la conception croyante et chrétienne qui l'avaient édifié.

Aujourd'hui, je ne vois aucun postulant, pour vouloir faire de ces principes moraux, l'un des arguments du redressement d'un Etat robuste, dégagé de sollicitudes qui ne sont pas les siennes, et avant tout, défenseur de sa population.

Les présidents de la République, transformés rudimentaires locataires, qui se sont alternés à la tête du Pays, sont de dérisoires héritiers des monarques qui, pendant leur règne, firent de la France, une monarchie de grandeur. Ils n'ont gardé de la Monarchie que les dorures des Palais et l'esprit de privilégiés de l'Ancien Régime.

Demain est ténébreux, et qu'on en soit lucide ou que l'on se dénie, nous allons entrer dans une époque qui sera rapidement faite de tragédies … Aussi, en m'entourant de vraies compétences, je peux faire un État alerte et non pas un état d'alerte. Si je fais mienne l'esprit pompidolien qui ne voulait pas qu'on *emmerde les français*, en retour, il ne faudra pas qu'on m'agace, me contrarie, me dérange, m'enquiquine, m'importune… au risque de déterrer les méthodes d'Alain Peyrefitte !

Il n'est plus acceptable que trop de certains qui médisent en qualifiant la France de République Bananière. Il faut pouvoir dire la vérité à haute voix ; c'est la mission du Président reliée par les journalistes qui ne doivent plus déformer le message en ces temps de tromperie universelle. Dire la vérité ne doit plus être un acte révolutionnaire, du moment où le Président, Chef suprême des armées est aussi le Chef suprême de l'exécutif. Le Président, disposant du droit de faire grâce et seul représentant de l'État à pouvoir user de l'arme nucléaire, est un modèle d'honnêteté. Aussi, il n'est pas pensable, ni tolérable qu'il soit contesté ou caricaturé, voire critiqué. C'est la base de son autorité qui ne peut pas être remise en question ; cela s'appelle la discipline, dans l'esprit et la forme.

Ce n'est pas de la dictature. Simplement, loin d'un Peuple victime d'idéologie imposée, où l'on ne pense plus, sans discuter, sans comprendre, sans réfléchir, qui aurait la tendance de se comporter en esclave, il ne faut pas non plus dénigrer pour le simple plaisir de se faire entendre.

Je dis et je répète que TOUT est à la base de l'éducation par nos « professeurs des Écoles » qui redeviendront des instituteurs, ceci afin de reprendre les traditions de l'École Primaire avec les cours de morale en classe. Ces leçons nous suivent toute notre vie, en mode d'emploi, avec ce sentiment de bonne moralité qui nous permet de nous sentir à notre aise dans la Société, pour vivre ensemble dans le respect de la République avec notre attirance nationale. Retrouvons notre rêve français, pas celui de savoir manger chaque jour à sa faim, mais d'avoir un désir de normalité et de sociabilité. Cela nous permettra de pouvoir tendre la main aux étrangers qui viendront sur notre sol, non pas, en pays conquis, mais en invité. Comme cela se fait dans bien d'autres pays où nous sommes accueillis par un « Welcome ».

Nos traditions ancestrales doivent pouvoir nous permettre de nous refamiliariser au culturel qui est le socle de notre civilisation. Ne soyons plus misanthropes et privilégions le tourisme de masse, qui saura respecter nos us et coutumes.

Réaffirmons notre Histoire de France, avec nos grands hommes trop oubliés, de Vercingétorix, en passant par Clovis et tous nos Rois. Richelieu et Louis Philippe ne doivent plus être des styles de meubles, mais des références de faits historiques, comme Napoléon qui ne doit plus laisser le souvenir d'un éjaculateur précoce et cocu notoire, mais qui a rectifié presque chaque année la carte de l'Europe tout en créant le Code Civil. Comme Pétain qui, si on l'accuse de traîtrise, était cependant Maréchal de France avec de glorieux faits d'armes durant la première Guerre Mondiale.

Notre culture, c'est avant tout notre langue, notre valeur avec un vocabulaire riche et distingué. Arrêtons de baragouiner un mauvais anglais international, de définir nos pensées fugaces, éphémères par ce satané langage texto *fonétik* [ta Mère] et compresser nos pensées en 140 caractères dans un « *Touite* »…

Redevenons patriotes, sans rougir d'être patriotiques avec un drapeau français qui doit être un étendard et non plus une serpillière, avec une Marseillaise qui doit être chantée avec enthousiasme, mais non hurlée n'importe où et n'importe quand. Il est désolant de constater le patriotisme franchouillard seulement que pendant des matches de football (*de la bière et des jeux*).

Si la laïcité reste primordiale, notre civilisation n'en reste pas moins sur des bases chrétiennes avec des coutumes et des habitudes de bon aloi nous permettant de concevoir notre précarité sur Terre, mais avec l'espoir d'un monde meilleur, où chaque minute vécue nous incite à l'expérience du lendemain en évitant de n'être que matérialiste, en œuvrant pour nos générations de demain et bâtir le futur.

Nous ne devons pas nous compromettre avec des sectes sataniques car nous ne sommes pas des poltrons. Il doit y avoir une fierté de notre béret et de notre baguette de pain, respectant notre coq gaulois, qui sait chanter, même les pieds dans la merde. Travaillons ensemble, mettant en évidence les notions de bien et de mal et aidons la Justice à punir les cancrelats, chasser les importunistes provocateurs et les assassins.

Aimons-nous avec superbe mais considération. Respectons notre race blanche, sans renier qu'elle soit une ethnie, et acceptons les autres qui désirent vivre selon nos traditions et mœurs. Notre Histoire n'est pas un passé décomposé, mais les édifices, les structures de nos ancêtres. Respectons les guerres de nos Anciens qui ont créé notre civilisation helléno-chrétienne qui ne doit pas nous contrarier.

Crachons méthodiquement , avec calme, sur tous nos anciens gouvernements qui, du fait d'un esprit gauchiste à la mode, ont su flatter nos esprits en nous faisant cacher la merde sous le tapis et accepter trop facilement leurs inaptitudes au commandement clair et limpide. Soyons convaincus que le Français, s'il a besoin des autres, a les qualités pour s'assumer, seul, à la force du poignet. S'il peut distribuer de l'aide aux pauvres, ce n'est pas pour qu'ils soient plus pauvres avec l'argent des riches, mais qu'ils se relèvent dans un élan social. La clef du bonheur n'est pas d'affirmer que « *le monde a changé* ». Il s'est simplement modernisé et nous devons veiller à ce que ce modernisme ne nous chamboule pas notre façon de penser, en veillant à ce que la robotisation ne nous aliène pas. Veillons à garder notre identité en évitant un flicage à outrance et toutes ces puces électroniques qui pourraient nous aliéner si nous ne maîtrisons pas la situation, sans hésiter à bannir les *Géo Trouvetou* et autres professeurs *Tournesol*, en évitant un retour vers le futur.

Rappelons-nous qu'un bon coup de pied au cul à nos enfants est avant tout un accélérateur à bourriques, pour remettre nos cancres dans le bon axe, sans être des bourreaux d'enfants. Nous devons motiver nos chers *Ubins* pour qu'ils soient des créateurs et non pas des dépravés du nazislamisme, convertis, nous considérant comme des mécréants, des athées matérialistes. Nous sommes des atomes de l'Univers et nous sommes tous essentiels pour la bonne marche du Monde qui est un astre merveilleux.

Méprisons Fantômas, ce monstre destructeur et la mondialisation qu'il souhaite en voulant nous esclavager. Il ne doit plus avoir du vide français mais de la rigueur avec de la politesse bienveillante pour contrer nos ennemis, que nous ne devons pas aller chercher jusque dans le fond les chiottes, mais simplement en fermer les portes en double-tour, en nous adaptant aux situations internationales avec nos modalités. Gardons jalousement notre riche hémisphère septentrional en valeur sure.

Il convient de rétablir une immigration zéro et de procéder ainsi à la remigration. Cela sera un coup d'arrêt et il faudra admettre les départs volontaires. Il conviendra de renvoyer chez eux tous les clandestins qui n'ont aucun droit de séjour. Evidemment, les délinquants incarcérés seront renvoyés chez eux à l'issue de leur peine. Tout ceci améliorera la condition de vie des citoyens. Il conviendra de définir la situation des immigrés qui ont trouvé leur place sur le Territoire et qui en acceptent les coutumes. Ces bi-nationaux seront assimilés s'ils ont vocation à rester en France. Cela inversera la courbe de l'immigration.

L'extermination était une valeur de la République française, quand la France Républicaine ne parvenait plus à nourrir tous ses habitants. Depuis, nous sommes restés sur cette époque de 1793, et nos gouvernants ont trop tendance à détruire un homme, non pas pour ce qu'il fait, avait fait ou aurait fait, mais simplement pour ce qu'il est. C'est la base même de la « note de gueule » d'aujourd'hui. Il ne faut plus que l'avenir soit d'avoir à manger ou être dévoré ; donnons tort à Jacques Attali, chassons l'idée d'euthanasie de nos sociétés futures et donnons la chance à la vie sans qu'elle ne soit qu'une survie en privilégiant les citoyens attachés à ce plus beau pays du monde qui ne doit pas être simplement une zone touristique, mais un pays à réindustrialiser d'urgence.

Quant à nos dettes, remettons en vigueur le droit international qui stipule qu'un État peut décider de ne pas rembourser sa dette souveraine, sans remplir ses obligations financières si cela implique des sacrifices trop importants à sa Population. Cela, au nom d'un principe qui s'appelle le « *droit de nécessité* » ; en fait, plus clairement, les droits humains sont supérieurs aux droits de ses créanciers.

Enfin, méfions-nous du mot « démocratie » que tout le monde emploie à tort et à travers, sans même en connaître la véritable signification. Gardons en mémoire que le dissident russe Alexandre Soljenitsyne, lorsqu'il a enfin pu quitter l'URSS, a découvert avec stupéfaction que l'Occident, qu'il croyait libre, était en vérité régi par un totalitarisme démocratique.

Rappelons-nous que tout l'art de la démocratie est de faire croire que c'est le peuple qui décide...

Voici donc mon Programme, dans sa structure générale, ses racines et son tronc. Les branches ne restent plus qu'à pousser, feuiller et fleurir, quitte à enter quelques greffons, pour des fruits meilleurs.

J'en soupçonne qui diront : « *Il est comme Trump, la fortune en moins ! Un fou. Un taré. Un idiot au programme sans queue ni tête. Ses propositions sont iconoclastes juste bonnes à être joyeusement épinglées par tous les politiciens et économistes, et tous ceux qui pensent le connaître, affirmant que rien n'est sérieux et ne peut être mis en œuvre.* » A moins que l'on comprenne que taper du poing sur la table fonctionne toujours et qu'il faut autre chose que des « politiques » pour tenir le Pouvoir de l'État.

*
* *

Le problème dans notre société actuelle est cette Presse à outrance où tout le monde se prête au jeu en voulant se faire entendre.

Le résultat est que ce trop de discours ne font plus qu'un bruit, une espèce de brouhaha où l'on n'entend plus les paroles et leur sens par cette soûlographie de trop de mots.

Hélas, un Candidat se croit obligé de faire meeting sur meeting devant des salles pleines en quête d'audimats et de pourcentages. Le seul résultat de tous ces mots racontés dans tous les sens et appris par cœur, n'est qu'un business médiatique et une autosatisfaction pour ego surdimensionné, le tout, géré par des communicants sous-marins qui tirent les ficelles de guignols pathétiques.

La France n'est en fait, pas un pays de moutons, mais de bœufs que Charles de Gaulle traitait, à l'époque de veaux. C'est la triste évolution de notre société.

*
* *

DEUXIÈME PARTIE

LA SOUFFRANCE ET LA FOI

Monsieur Pierre Messmer, ancien ministre des armées du Général Charles de Gaulle, ancien Premier Ministre, ancien maire de Sarrebourg, ancien président du Conseil Général de Lorraine, était Chancelier de l'ordre de la Libération, Chancelier honoraire de l'Institut de France et membre de l'Académie Française. Avec un palmarès politique et guerrier, il fut l'un de nos Grands Hommes d'État.

Il n'hésita pas à me répondre au dossier que je lui envoyais concernant mes déboires suite à la grave injustice qui m'amène ici aujourd'hui.

Sans doute retrouvera-t-on trace de ces correspondances dans ses archives privées sont conservées au service historique de la Défense.

En résumé, il s'interrogeait sur le fait « *qu'un homme tel que vous se retrouve dans pareille situation* » [sic], en me proposait son aide.

Bien évidemment, quand ce grand homme prit ses renseignements à mon sujet, l'omerta spontanée doublée de celle délibérée a fait son office, le tout, justifié par l'intoxication, la déformation de la vérité par le mensonge. Bref, j'ai appris, bien plus tard, « de source informée », que Pierre Messmer avait été dissuadé de donner suite, car, toujours selon cette même source, cela aurait mis en difficulté la « chaîne de Commandement »...

Il s'agissait d'une méthode persuasive d'exception bien rôdée, déjà utilisée afin de déconseiller et rebuter la dizaine d'officiers supérieurs et les trois généraux qui m'ont offert la même aide et qui, mystérieusement, ont coupé tous les ponts avec moi, du jour où ils ont eu « la bonne parole » du MINDEF...

Donc, et hélas, les meilleurs Chefs ont leur faille. Il suffit, pour cela de les tromper !...

7

LE CHEF

Dans l'Armée française, il est beaucoup parlé de camaraderie. En réalité, si les relations humaines devaient être synonymes de sentiments et d'émotion, il n'en est rien. Car ces qualités sont de très mauvaises conseillères et peuvent détruire une carrière. Malheur à celui qui n'y prend pas garde, car il deviendrait faible aux yeux des autres. Malheur aux faibles !

D'accord, l'émotion ne peut s'exclure du chant militaire, et peut même devenir du lyrisme. Qui n'a pas eu les yeux embués en écoutant les paroles des chansons de marche ?... Cependant, dans la vraie vie du soldat, dès qu'il est gradé, l'exaltation et la frénésie sont remplacées par la réflexion et le discernement. Il est convaincu et l'a été, que pour assumer ses fonctions, il doit devenir con, c'est-à-dire prendre de la hauteur. Il compte sur son charisme qu'il doit se fabriquer, s'il n'a pas été aidé pour cela en formation d'Écoles militaires. Pourtant le résultat est là : les oiseaux sur le haut de la branche, chient sur ceux d'en dessous, qui, s'ils lèvent la tête, voient des trous du cul. Un soldat pour monter en grade, officier, ou sous-officier, doit avoir sa parfaite maîtrise du « moi », faute de soi. Ainsi, ils sont tous prêts aux plus hautes responsabilités grâce à ces prises de hauteur. Avec pour ceux qui doivent entrer dans l'histoire de l'Armée : réussir sans faire de vagues, avec en plus, le facteur chance pout ne pas traverser de catastrophe indépendante de la volonté de ce Chef. C'est ainsi, que le Commandant devient souverain et balaie tout ce qui peut entraver sa réussite, surtout si c'est un subordonné. Il vénère le supérieur qu'il aspire à devenir à son tour.

Malgré tout et les chagrins que cela occasionne parmi les subordonnés souvent lésés, frustrés ou bannis pour permettre l'ascension du Boss, tous se doivent de cirer leurs pompes et faire reluire celles du supérieur, sans hésitation ni murmure...

Finalement, pour le bien du service et de l'Institution, tout le monde accepte et demande cette rigueur, reniant même l'exaltation qui devient lamentable et infondée. Indispensable pour la survie de la gamelle et du Contrat à renouveler... Ils encouragent même leur Patron et Employeur, car noteur, afin qu'il ne sombre jamais dans l'impéritie, l'incompétence, l'incapacité et l'ignorance. C'est ainsi que l'idée du subordonné devient celle du Chef quand elle est bonne... Le Manitou est donc sur sa chaise à porteur et tous les subordonnés, le trouvant beau, sont tous en pamoison, oubliant qu'ils devraient avoir une crise de nerfs en s'anathématisant de tant de flagornerie conne. [Anathème : анафема]

Ainsi, ce soldat de haut rang, vole sur son tapis, en gardant la tête froide, comme un robot à la Schwarzenegger. Pourtant, il est sensible, enclin à l'émotion, ce qui le fait courir, tête baissée, dans certains pièges du jugement impitoyable, à l'insu de son plein gré. Finalement, ce manque d'attention de tous les instants détruit sa concentration et il oublie, le naturel revenant, d'évaluer les problèmes à leur juste hauteur en apportant des solutions dignes de trahison. Mais, ils sont devenus aveugles et ne doivent pas pleurer quand ils ont cassé leur jouet, qu'ils cachent, d'un coup de patte, sous le tapis.

Ces chefs sont finalement des gens qui oublient la lucidité et la conscience, sur le tourniquet où il leur faut absolument tendre le bras pour arracher la peluche. Car, c'est cela leur unique but : la carrière, sans se demander si la véritable réussite c'est d'avoir à organiser raisonnablement leur commandement pour les bienfaits de la Patrie. Ils ont choisi, abrutis par le souci de leur réussite, de continuer dans leur diffraction émotionnelle, quitte à s'envoyer dans le mur, pire, d'y envoyer les autres. Hélas, il n'y aura jamais personne pour les recadrer, et ce n'est pas l'École de Guerre qui y réussira !...

Et ce problème de la hiérarchie pyramidale est valable et prouvé, tant chez les politiques que dans beaucoup d'entreprises... Et l'on voit ce que cela donne avec certains présidents de la république et hommes, dits politiques, qui ont des têtes grosses comme des cathédrales à force de se sniffer du Pouvoir et de ne pas savoir s'en servir autre que pour leurs intérêts personnels, délivrant du « Chers Amis » à tout va, pourtant ne souhaitant que leur mort ou leur destruction, histoire qu'ils gonflent un peu plus le tas servant de podium pour se monter encore plus haut et montrer à tous leur gloire ! C'est très bien illustré par les officiers, les plus jeunes en grade, lisant le menu de la Popote : « Foutez vous en plein la gueule, Que la première bouchée vous régale, Que la dernière bouchée vous étouffe, Et ce dans l'ordre hiérarchique inverse afin de faciliter, par là le jeu normal de l'avancement dans l'armée française en général et dans les Troupes de Marine en particulier, ce dont je serai le dernier et Ô combien indigne bénéficiaire. »

Et, las, les popotiers, quand ils deviennent chefs, ils oublient qu'ils ont été responsables de la mangeaille...

Mais mémorisé le fait qu'un officier c'est fait pour monter en grade pour devenir Calife à la place du Calife, sans même vouloir se l'admettre qu'il deviendra un méchant vizir Iznogoud. Sous l'étiquette neutre du politiquement correct d'officier intègre, il saura grimper dans la hiérarchie et prendre la place plus importante, par des habiles manœuvres. Il n'y a jamais loin, par intérêt d'utiliser la fourberie et la cupidité, et de tenter d'éliminer les gêneurs. Il fera partie des petits pouvoirs, de ceux qui sont souvent plus nuisibles et dangereux que les grands. La dignité et la Patrie étant en arrière-plan.

« Après moi, le déluge !... » C'est ce que disait Louis XV. Attention, cependant, car le déluge peut être de sang.

Ces Chefs, pour être Chef, ne s'embarrassent pas de ce qui arrivera quand ils ne seront plus des Patrons, même s'ils étaient des leaders. Ils se moquent du futur quand ils auront cessé d'être en fonction. Et bien sûr, ils s'en taperont de ce que deviendront, ou sont devenus, leurs collaborateurs. Ils ont su s'asseoir sur la bonne branche, celle du haut, et ne veulent surtout pas la scier en se préoccupant des choses qui dérangent.

Bref, quand tu as rencontré un Chef comme cela, tu peux crever, même si tu t'es étouffé en suçant.

*
* *

8

L'ENNEMI INTÉRIEUR

(Note : Les noms propres et de lieux ont été modifiés afin d'éviter quelques procès et de maintenir un anonymat tant que ce n'est pas nécessaire ni primordial.)

Avoir des ennemis, quand on est soldat, c'est la logique même.
Nous sommes formés pour et contre.

Mais avoir un ennemi intérieur, c'est trop. C'est glauque.

Je me remémorais un entretien avec mon Patron direct, dans un Groupement de Tarente [*], où j'étais l'Officier Adjoint de ce Lieutenant-colonel Sacristie [*].

Nous nous entendions à merveille. J'avais un VRAI rôle d'Officier Adjoint avec toutes les responsabilités qui incombent. Comme les autres, je l'appelais « Papi » et il était peu évident de croire en son aptitude physique à être Parachutiste en 1ère section… avec ses moustaches en balai de chiotte, les mêmes qu'avaient mon grand-père, de taille tellement moyenne qu'il aurait pu être petit, avec une démarche de ouistiti et une allure d'ancien-combattant devant le mémorial de fusillés de la France combattante. Quand il a été affecté et que j'ai pris mes fonctions, je lui ai demandé de subir les tests parachutistes d'aptitude afin qu'il puisse sauter et ainsi espérer la solde mensuelle conditionnelle. Il a balayé cette fantaisie d'un revers de main car il avait bien autre chose à faire. J'avais donc fait un faux de complaisance. Le matin, quand il arrivait avec deux heures de retard, avec encore la marque des draps sur le visage, il se sentait obligé de me dire qu'il venait de faire un footing assez long…

Bref, je signais « par ordre ». Tout baignait. Grâce à son soutien, j'avais réussi à donner à ce Groupement de « techniciens Spécialistes » un aspect militaire de bon aloi.

J'ai même eu l'idée, sotte et grenue, à la veille d'un départ en OPEX au Liban au bénéfice du 8ème R.P.I.C. [*], de mettre à jour toute la paperasse en cours, et de me faire aider par mon Épouse, qui classait au fur et à mesure, toute la nuit jusqu'à l'arrivée des cadres au matin, afin de quitter mes fonctions en laissant tout propre derrière moi.

Bref, après plus de six mois en OPEX, je fus peiné de constater :

- Que j'étais muté pour servir comme Cadre dans une École du Matériel, à l'E.C.E.M.A.T.E. à Castelrouquin [*]
- Que j'avais moralement disparu de cette Unité. Petite consolation : Mon successeur me rassura en me confiant qu'il avait continué sur mes traces et gardé ma méthode de travail et de gestion. Mon bureau n'existait plus et je ne retrouvais pas ce tableau de la Bataille de Bazeilles qu'un de mes anciens Commandant d'Unité m'avait offert en cadeau. D'accord, un simple tableau de 2,00 m x 1,20 m, encadré et fait à la gouache par un amateur, mais qui avait une valeur symbolique à mes yeux. Primo : c'était le cadeau d'un véritable chef comme on n'en trouve que peu, et secundo, c'était BAZEILLES, tout un symbole ! Un tableau digne de sa place dans une Salle d'Honneur.

Personne ne savait, et je ne rencontrais qu'un silence gêné. Jusqu'au jour où une confidence m'informa que cette œuvre avait été détruite pour en récupérer le contreplaqué !!!

J'étais vert.

Puis, je fus rouge quand j'appris que cela avait été fait sur ordre du « colonel, de Papi »…

J'allais donc le voir, cet homme, ce Lieutenant-colonel Sacristie [*]. Comme déjà dit, ce petit homme moustachu, était dans la D.D.L.C. [Date limite de Consommation], cependant Corse, mais, et, j'appréciais son style de commandement hors d'âge, aux vieilles traditions. Jusqu'alors, nous nous entendions bien, sans jamais d'anicroche. Paisible.

Mais rentrant de séjour au Liban, j'étais fort en colère de voir qu'il avait laissé faire ma mutation, sans m'en avertir, en profitant de mon éloignement, en séjour en OPEX. Les absents ont toujours tort. Comme quoi, les Chefs savent décevoir surtout quand ils autorisent une mutation « hors PAM » [Processus Annuel des Mutations]. Cela sentait le coup pourri.

Voici donc ce qu'il s'est dit [*Note de l'auteur : à la virgule près, ce dialogue est authentique. Même des dizaines d'années après, il y a des moments inoubliables* avec fort orage du Grand Sud-ouest] :

« Mon Colonel, je voudrais m'entretenir, avant mon départ pour ma nouvelle affectation, au sujet de quelques points troublants ;

-- Asseyez-vous, justement je voulais aussi vous voir…

-- Je voudrais que vous me confirmiez être à l'origine de la destruction de mon tableau de Bazeilles. Vous saviez que cela vient d'un de mes anciens patrons, un Capitaine « harki » comme on dit, un véritable officier de la Coloniale comme, hélas, on n'en fait plus. J'adore cet homme et cette peinture était un prolongement de lui-même à laquelle je tenais comme d'un trésor…

-- En ce cas, il fallait l'emporter avec vous, quand vous êtes parti…

-- Je suis parti en J+1 au Liban. Une mission n'est pas une mutation. Cela fait partie de mes effets personnels qui ne dérangeaient personne. Franchement, je ne comprends pas…

-- Nous avions besoin de contre plaqué pour une utilisation dans l'intérêt de l'Unité. Oui, j'en ai donné le feu vert ;

-- C'est un manque total de considération pour un objet qui est ma propriété. Franchement, je ne pige pas. C'est une destruction qui m'est insupportable et vous n'aviez pas le droit de faire cela ; c'est un manque de respect, c'est malhonnête, indigne et traître. C'est une brimade morale et il faudra encore que je m'écrase…

-- Au contraire, vous allez devoir me dire « merci »…

Mon courroux fut stoppé net par autant de toupet, figé par l'interrogation. Je regardais la bouche surmontée de cette petite moustache déplumé de grand-père de14-18, dont j'ai vu les dernières lorsque j'allais à la messe dans mon village étant gamin. Je n'aimais pas quand ce demi-vieillard prenait des airs de conspirateur, du genre de celui qui raconte des histoires drôles qui tombent à plat. Mes sens étaient en alerte : cet homme avec qui je m'entendais bien jusqu'alors, où nous travaillions de concert, se craquelait devant moi comme un puzzle ébranlé avec le masque qui s'émiettait sur le sous-main.

D'un ton doucereux dont il avait le secret, il me raconta de quoi oublier Bazeilles et la dernière cartouche :

« Ce tableau c'est du passé. Vous servez dans le Matériel qui est, maintenant, une Arme, dont vous devez être fier. J'ai eu, en votre absence, de très mauvais renseignements sur vous. J'ai fait la part des choses car je vous connais et que je n'ai eu qu'à me louer du travail que vous avez effectué. Mais, il n'empêche que vous avez des ennemis qui veulent votre peau. Je ne sais pas ce que vous leur avez fait, mais ils m'ont assuré qu'ils désiraient votre disparition. Je ne peux vous donner mes sources. C'est pour cela que j'ai approuvé votre mutation à l'E.C.E.M.A.T.E., l'école du Matériel à Castelrouquin [*]…

-- Bref, vous croyez ce que vous disent des taupes et acceptez tout comme parole d'évangile ! Vous savez très bien que cette mutation hors PAM est combinée et que c'est me condamner à mort de me muter dans ce machin !

-- Vous crachez dans la soupe ! Vous n'êtes plus dans la Colo ! Vous servez le Matériel maintenant…

-- J'ai fait le sacrifice de mon Arme au profit de cette affectation chez les parachutistes, mais je n'aime pas la mentalité des gens du Matoche qui ont l'idéologie d'ouvriers de l'Arsenal !… et qui se disent parachutistes, juste pour percevoir la solde d'à l'air. Je suis bien placé pour le savoir, m'occupant des avionnages ; La plupart des Cadres se limitent à leurs 6 sauts annuels, tout comme vous où vous avez toujours une bonne raison pour ne pas aller sauter !…

Je rentre d'OPEX dans le cadre du REGFrance. Nous avons commencé la mission sous le béret bleu de l'ONU pour, du fait de l'invasion israélienne, repasser sous béret rouge, en cours de mandat. J'aime le danger et l'insécurité et je m'y trouvais bien. Vous savez que bien que Lieutenant, j'ai remplacé un Commandant, au pied levé, comme Chef des Services Techniques. Il est bien évident que je ne me suis pas contenté d'avoir un rôle de fonctionnaire, mais d'une mission de soldat. Par exemple, quand la douzaine de Renault Saviem sont tous tombés en panne pour cause de câble d'embrayage, car cette maintenance n'était pas prévue, j'ai passé la frontière et c'est de Tel Aviv que j'ai contacté un ami qui a été acheter ce qu'il fallait chez Renault et qui m'a envoyé le colis en Poste Restante. Ça c'est un côté opérationnel que le Matoche ne connaît pas car si j'avais attendu le bon vouloir des « Appros », j'attendrais encore. Comme je l'ai connu en Afrique, où, lorsqu'il manquait des pièces et outils, il fallait établir des Bons qui sont restés sans suite… Au Liban, je servais plus à ouvrir les convois en théâtre hostile, pour faire les jonctions avec le 420ème D.S.L. qu'à vérifier si les boulons étaient serrés ! Mais, comme vous le dites, je n'ai pas que des amis et cela me crée une vie plus insupportable que le risque de se faire buter. Par exemple, les israéliens ont tenté de capturer notre convoi, car ils se considéraient maîtres du territoire. Je m'y suis opposé. Ils voulaient ouvrir le feu. J'ai réagi en parlementant avec des officiers « yiddish ». De l'ouverture du feu promise, c'est passé à la capture du convoi. Puis, d'un commun accord, eux, n'ayant pas de liaison radio pour avoir des consignes, et, moi, dans la même situation, je suis parti avec ma jeep sur un piton pour avoir la connexion avec mon Commandement. Je faisais dans mon froc, non pas à cause de la vie de mes hommes, qui étaient en défense et prêts comme de vrais guerriers, mais en raison des conséquences professionnelles car je sais n'être qu'un fusible. Alors que j'étais au pied du véhicule, j'ai senti un choc au pied gauche. Mon pataugas était en sang suite à un éclat quelconque que j'estimais vite être une balle. Cela venait d'un sniper qui souhaitait me déstabiliser, m'intimider. Aussi, j'ai renoncé au contact radio et ai rejoint mon convoi. J'ai réagi en affirmant que je continuais mon chemin et que j'en n'avais rien à foutre de l'armée israélienne. Résultat, les « Youdes » ont pris en note nos numéros d'immatriculation… et nous ont laissés passer. Certes, j'ai été accueilli, à mon étonnement, comme un héros à l'arrivée à Burdj Qallawah, notre PC. Cela n'a pas duré : le lendemain, tous les convois français étaient interdits de rouler par décision de l'O.N.U. suite à mon affront. J'en ai lu le message que je garde précieusement. Car c'est ainsi, c'est avec notre bienveillante diplomatie et nous perdrons toujours toutes les guerres car nous ne savons que baisser le froc en se limitant à bannir tout preneur d'initiative. En fait, mon Colon était content et tous nos convois ont été sous ma direction où il y avait toujours une jeep israélienne dans les parages. Quand ils me reconnaissaient, ils prenaient le large et nous foutaient la paix. Mais je ne me suis jamais vanté de cet incident de balle, car je ne voulais pas de problème ni complication. Tout se serait retourné contre moi.

Tout le monde parle d'audace, mais c'est une théorie d'École militaire. En fait, il faut toujours baisser l'échine et éviter l'inconnu… Éviter de jouer au héros, à moins d'avoir un Père Général.

J'ai connu au Liban, un Lieutenant qui faisait connerie sur connerie. Il n'a jamais eu de souci majeur car il était bien né. J'ai connu un Capitaine, relevé de son commandement, rapatrié en France, car il avait fait une erreur, pas une faute, une erreur d'appréciation. Cela lui a été fatal.

Comme quoi, il n'y a pas que dans le Matériel qu'il y a des enfoirés. La liquidation est simplement un jeu favori. Et je comprends mieux l'asthénie des Officiers Supérieurs qui ne se mouillent pas afin de ne surtout pas compromettre leur avenir. Devenir Général, coûte que coûte.

-- En bref, vous détenez la vérité, vous êtes un héros et vous êtes entouré d'idiots ?… Belle auto satisfaction…

-- Je ne dis pas ça pour vous. Vous savez que vous ne serez jamais Général ! Mais je vous ai fait un rapport, suite à une Opex en Afrique et vous deviez remuer ciel et terre. Et quand nous avons reçu un Général COMMAT en inspection, vous êtes resté timide et m'avez prétendu je ne sais plus quoi afin de ne pas lui confier ce rapport, qui était essentiel sur les approvisionnements en Zone d'Action et qui évitaient que l'on ait à fabriquer nous-mêmes nos jeeps à partir de carcasses laissées à l'époque Bigeard !

Vous savez : ma carrière risque d'être courte, si je n'ai pas mon intégration mais je prétends pouvoir faire mieux, mes preuves de mon professionnalisme chez les parachutistes que dans une École qui n'a pas besoin de moi. J'ai assez donné entre l'E.S.M.C.L.É.P.L.A.T. [*] à Bourgade [*] où je formais les Polytechniciens aux bases de l'infanterie et à l'E.S.O.A. de Saint-Just [*] où on m'a refilé une section déjà en formation. J'ai besoin de stabilité pour préparer le concours d'intégration et pas de repartir à zéro dans une nouvelle affectation.

-- Vous n'aimez pas Matériel…

-- J'y sers à titre provisoire. Je n'aime pas le Matériel qui a gardé une mentalité de Service, avec ses « *petits arrangements internes, en famille* », pour ne pas parodier les «*Petits meurtres en famille* » et qui n'a pas l'âme d'une Arme. Je vous prends en exemple : vous avez l'âge d'être mon Père, et connaissez même un de ses amis de chasse, avec qui vous étiez en Algérie. Un Groupement comme celui-ci était commandé jusqu'à présent par un Capitaine. Ici, on vous appelle « *Papi* » et c'est incongru dans une unité de parachutistes ! Vous êtes Lieutenant-colonel, et en tant qu'Officier Adjoint et responsable des activités Toutes Armes et du Sport, je n'ai jamais réussi à vous faire admettre de passer les tests d'aptitude au Parachutisme. C'est par arrangement, et péniblement vous effectuez les sauts que je vous programme, quand vous daignez les accepter, pour pouvoir prétendre à percevoir la solde « d'à l'air ». J'ai accepté à conter-cœur par discipline, de valider votre aptitude. Dans le Matériel vous vous prenez pour des technocrates, alors qu'il devrait y avoir des techniciens, mais soldats avant tout. Ce Groupement est composé de Cadres qui ne cherchent que le confort financier, et c'est incompatible avec ma façon de penser. Vous n'êtes pas ici en « *temps de Commandement* », mais pour finir votre carrière « en beauté » pour vous donner l'impression de commander un Régiment, alors qu'ici ne n'est qu'un grand garage, avec une voie de garage !

Je ne suis pas entré dans l'Armée pour servir la *Royale Cambouis* mais pour être opérationnel. Je me souviens de l'histoire d'un lieutenant sur bombardier : cela ne lui convenait pas, il lui arrivait tous les malheurs car la fonction ne correspondait pas à son profil de tête brûlée dans des missions Plan-plan. Jusqu'au jour où il a pu devenir pilote de chasse, et là, il a pu enfin se révéler.

-- Ce n'est pas pour ça que vous pouvez tout vous permettre ; Je n'ai pas aimé, quand au bal Régimentaire vous vous êtes pointé avec les boutons d'arme de la Colo...

-- La tenue Bleue, elle sert une fois tous les 10 ans ! Effectivement, je n'avais pas changé mes attributs d'Arme, car passer de doré à argent, justement cela coûte. Je reconnais que « *la guerre des boutons* », ce n'était pas ma préoccupation, et le Régiment étant Interarmes, cela est passé inaperçu. Sauf pour vous et je comprends mieux la vengeance du *tableau de Bazeilles* pour me punir de mes amours !

-- Un militaire ça ferme sa gueule ou ça s'en va ! Lorsque je vous ai invité à dîner avec le Colonel X [*identité oubliée*] et son Épouse, il m'a reproché votre parler trop direct, trop va-t-en guerre, vous disant méprisant, que vos propos montrent une profonde méconnaissance de la réalité stratégique. Car vous devez rester au service d'une politique fluctuante, souvent politicienne, envers le Commandement. Vous devez avoir plus de discernement. On n'attend pas de vous de commentaires sur la stratégie militaire française.

-- Oui, je sais. Le Général commandant l'E.S.O.A. de Saint-Just [*] m'a déjà dit que j'étais « indiscipliné intellectuel » ! Pas d'accord !... La première loyauté d'un militaire au service permanent de la nation, de ses intérêts et de ses valeurs, est envers la France. J'ai été structuré par l'éthique de conviction, et je dois prendre la parole pour lui rester fidèle, plutôt que le renier. « *Tout va très bien, Madame la Marquise* », cela ne durera pas. La démagogie entraîne l'irrespect de nous-mêmes et est en train de détruire l'Armée et les Appelés du Contingent deviennent incommandables.

-- Un conseil : restez à votre place, rentrez dans le rang. Vous et votre Épouse, changez votre profil.

-- Mon Épouse ?...

-- Oui. À ce dîner, elle a beaucoup choqué la femme du Colonel X [*identité oubliée*]. Elle a dit qu'elle n'avait pas de propos mesurés et qu'elle était habillée comme une femme aguichante, trop show-room.

- Quoi ?... Elle portait une robe de cocktail achetée chez un professionnel pour une soirée de l'E.S.O.A. de Saint-Just [*]. Elle est de famille de militaires et a l'habitude de fréquenter ce monde ! C'est sûr qu'elle ne ressemble pas à Bernadette Chirac. Marre que les femmes doivent être moches, mal fagotées, et parler mièvre, pour être acceptées !!! Je comprends qu'il y a conflit de génération et que dans 30 ans elle raisonnera autrement ! Il y en a marre de cette forme de catholiques intégristes qui déguisent les épouses d'officiers en jupes longues plissées et souliers plats vernis à glands, et qui doivent avoir une ribambelle de gosses, pour se faire bien voir au « *thé de Madame la Colonel* » ! C'est de l'essentialisme discriminatoire avec une adhésion rigide. Dans les bals régimentaires, il y a toujours un album photos qui s'ensuit. Tous les *boudins* sont pris en instantané dans toutes les positions. Comme par hasard, je n'ai jamais vu un cliché de ma Femme. La censure à ce stade n'est pas digne de la république. Pour réussir, il faut être incolore, inodore et sans saveur ; Salut les frustrés !

-- Vous êtes têtu !

-- Pas du tout. Je veux bien vendre mon âme au Diable, baisser mon froc, mais vous n'aurez pas ma liberté de raisonner. Il me reste le droit de déterminer moi-même le contenu de mes représentations intellectuelles, morales, politiques et religieuses, cela reste dans mon domaine privé et n'influence aucunement ma perception militaire où je ne fais qu'appliquer le règlement.

Avant de se quitter, il faut que tout soit clair et que je puisse vider mon sac :

-- Tout d'abord, j'irai dans ma nouvelle affectation en « *célibataire géographique* », car si mon Épouse fait partie du paquetage, il y a des valises que je préfère laisser à l'abri afin qu'elle ne puisse pas troubler quelque esprit acariâtre ! Elle pourra ainsi continuer à animer l'atelier peinture sur porcelaine pour les femmes des Cadres de la Garnison, qui semblent l'apprécier ;

-- Pour moi, l'armée, c'est ce que j'ai connu à Orléans, dans mes illusions de la bravoure parachutiste et patriotique pour effectuer des missions hors gamme visant à la sauvegarde des intérêts fondamentaux du Pays. J'ai eu affaire à des Cadres émérites qui ont su bâtir ma Foi avec la **Prière du Para** comme bréviaire ;

-- Pour détruire un profil, c'est simple : il suffit d'un Lieutenant vachard, nostalgique d'une Guerre d'Algérie non vécue, qui vous fasse, de nuit, à l'aide de TL 122 [Torche Lumineuse de faible intensité], faire vider le sable d'une tranchée de tir au bord d'une dune, par votre section. Pour se faire mal voir, quand vous avez 20 ans et l'inexpérience qui va avec, par de vieux sous-officiers et des appelés du Contingent, il n'y a pas de meilleure formule, surtout quand on a été formé au culte du Chef, de l'obéissance et de la crédulité à penser qu'il est possible de vider l'océan avec une cuillère à café, remplacée par des quarts et des pelles U.S. !... C'est vous qui passez pour un sale con, et quand par là-dessus, il se dit en sourdine 'radio-bidasse' que le Capitaine vous a ordonné de vous infiltrer parmi les appelés du Contingent afin de démasquer les instigateurs de tracts anti-militaristes ; là, la coupe est pleine, vous avez une Carte de Visite à vie. Vous vous retrouvez célèbre dans ces tracts, la Sécurité Militaire vous fiche et votre carrière militaire, à peine commencée, se retrouve déjà dans votre dos ! Car dans un jeu de cons, vous êtes toujours le con d'un autre et souvent, le vrai con, le fautif véritable, se retranche, hors du coup, et compte les points... Il est très difficile de se construire sur du sable mouvant, et tellement simple de se faire détruire ;

La France et l'Administration aiment les rapports et les tampons. Ils servent à protéger les uns et discréditer les autres, ou vice-versa. Moi, j'ai été fliqué jusqu'à mon école primaire lorsqu'il y a eu enquête suite à ma demande d'entrer dans les Services de Renseignement. Ils en savent plus sur moi que moi-même, ainsi que sur ma Femme, mes Parents, mes Beaux-parents et la chatte à ma voisine !... S'il n'y a pas de cadavre dans le placard, on en trouve au moins la poussière, en cherchant bien, et si le vent tourne, on le fabrique ;

Je ne supporte plus cette discrimination et vous me confortez sur mes certitudes. Ainsi, je vous quitte en excellents termes, et à mon retour, après plus de 6 mois de silence, j'ai face à moi un ennemi qui ne dit pas son nom !

Quand j'étais Sous-lieutenant, ma première lecture de notes faite par le Colonel RAVAT, ressemblait à un rêve éveillé : j'étais le meilleur, bon partout, et avec un profil de Colonel, m'assura-t-il. J'étais comme j'étais, je suis, comme je suis, et je serai toujours droit dans mes rangers. A tel point que je me suis retrouvé instructeur infanterie d'Élèves Officiers Polytechniciens, que je sautais en chute en Section Militaire de Parachutisme Sportif. Affecté à l'E.S.M.C.L.É.P.L.A.T. [*] à Bourgade [*], Officier Troupes de Marine, détaché dans cette école du Matériel, à contrecœur, mais ayant mission à remplir, j'ai réussi à m'y faire ma place. Hélas, je ne me suis certainement pas fait que des amis, du fait que j'étais atypique chez les gens du Matoche. Il m'a fallu des années pour connaître l'origine de mes cauchemars d'aujourd'hui. Simplement, je dérangeais ;

En cette France, nous sommes fichés, disséqués, « cancanés » et finalement classés ; ceci, sans notre avis et notre connaissance de se qui se dit et s'écrit. Et il n'y a pas d'amnistie. Jamais.

J'ai eu l'honneur d'avoir la charge de remplir le rôle d'Officier de Garnison. J'ai mené ma mission à cœur jusqu'au jour où je suis allé inspecter l'Hôpital des Armées Jean-Baptiste Lucien [*]. Connaissant mes droits et prérogatives, je me suis rendu, entre autres, visiter le Pavillon 13, qui était celui des « fêlés du bocal », que j'ai pénétré en toute innocence. Là, je me suis retrouvé dans la *Cour des Miracles*. Certes, il y avait un monde fou, tous ensembles dans une enceinte innommable, une salle jonché d'immondices et de tags et autres barbouilleries sur les murs, peuplée de malades, sans surveillance, comme livrés à eux-mêmes. Il y avait un fort brouhaha, des chicayas et crêpages de chignons entre patients. Ça criait, ça rigolait, ça piaillait. J'avais l'impression d'être dans un mauvais film où il ne manquait que Napoléon avec son bicorne et sa main dans le gilet... Bien évidemment, j'ai été pris à partie par ces énergumènes qui m'ont dit que je n'avais rien à foutre là et qu'il allait m'arriver malheur... Je cherchais désespérément un infirmier ou un responsable, en vain. Finalement, je suis entré en discussion avec deux malades dont l'un me confia qu'il était Officier, tout comme moi... « *Vous ne savez pourquoi je suis là* » me dit-il, avant de poursuivre : « *Je me suis mêlé de ce qui ne me regardait pas, j'ai vu ce qu'il ne fallait pas voir, et j'ai raconté ce que j'ai vu... et voilà où je suis maintenant. Partez, partez vite ! Oubliez-nous sinon vous serez maudit à jamais !* ». Ils me disaient avoir été internés « à l'insu de leur plein gré », mais devenus fatalistes, se disant abrutis par les médicaments, devenus incapables de prouver leur bon état mental.

Et, tous et toutes m'ont montré du doigt en disant, dans des tons rauques et dans des souffles : « *Pars ! Pars !...Dégage !...* ». Oui, je suis parti, comme en fuite. Choqué par cette aventure peu banale, quasi en état de sidération, j'ai repris souffle, en marmonnant : « Ça n'est pas possible, cette situation. ». Je fis donc mon rapport, en toute honnêteté, et au lieu d'omettre cet épisode, au contraire, j'ai écrit ma révolte sur ces gens qui agonisaient dans leur démence et indignité. Mais au lieu de me cantonner à écrire les faits, j'ai débordé en manifestant que c'était inadmissible de laisser ces gens livrés à eux-mêmes... En bref, je mettais le Chef
du service psychiatrie et toute la chaîne de Médecins-Chefs de cet Hôpital dans la difficulté, par mes écrits. Dans l'armée française, il est déconseillé de « faire des vagues », surtout lorsque cela compromet de très hauts gradés, médecins ou pas.

D'un autre côté, personne ne pouvait me punir pour avoir effectué mon travail en toute honnêteté et objectivité.

Pêché de jeunesse, je ne savais pas que cela allait se retourner contre moi et qu'il y aurait vengeance et damnation.

Aujourd'hui encore, je m'en mords les doigts. Certes, Officier de Garnison, pendant un temps donné, « Grand Manitou », je suis redevenu le simple petit Sous-lieutenant, pointé, dès lors du doigt. J'entendais, par des indiscrétions que j'étais « révolutionnaire », « emmerdeur ». Je restais « droit dans mes rangers ». Mais un officier parachutiste de l'Arme des Troupes de Marine, qualifié de « sortant de West Point avec mes idéaux et mes illusions » faisant tâche, en tant que Cadre dans cette Ecole Militaire du Service du Matériel. Le seul objectif de mes Collègues était le pot de fin de semaine où il y avait toujours une fête, un anniversaire, bref, un motif à beuveries et totales saouleries, officiers, sous-officiers mélangés, « copains comme cochon ». Il faut savoir que dans l'armée, il y a la guerre des boutons, les dorés contre les blancs, les gens du Service et ceux de l'Arme. Bref, un mépris des uns pour les autres, avec des jalousies meurtrières. J'y ai côtoyé le délit de sale gueule, les planqués et les fainéants, avec comme seules passions de terminer à 18 heures, rentrer avec le petit car des personnels, de rester le plus longtemps possible dans cette Garnison, bref, de vivre « peinards » en employant le copinage et le complot contre les réfractaires à leurs mœurs.

Je suis ainsi : je ne peux m'empêcher de subtiliser l'arme d'un Chef de Poste de sécurité, laissé sans surveillance, pour qu'il vienne le chercher, le lendemain à mon bureau. C'est terriblement efficace de mettre en évidence les fautes professionnelles et de discipline, mais cela n'attire pas la sympathie, où je me suis exposé à la Loi du Talion, œil pour œil, dent pour dent... On m'a toujours dit : « *On n'est pas en guerre !* ». J'ai toujours répondu : « *Quand on y sera, on perdra, car personne ne prend son rôle au sérieux.* ».Un Chef de corps n'aimait pas que je trouve une Télé, grosse comme une cantine, dans une chambre d'arrêt. Certes, il prenait acte, mais cela l'indisposait et les sanctions prises l'étaient contre des collègues qui, ensuite, me le faisaient payer... C'est pourquoi, il faut toujours écrire R.A.S dans ses rapports, ainsi, tout le monde reste beau et gentil...

De mon inspection en tant qu'Officier de Garnison, je n'en ai jamais entendu parler directement. J'ai simplement mis du temps à appréhender que ma vie était en train de changer. Même si j'ai enfin compris qu'il y aura toujours un jaloux pour me dénigrer, qu'il y aura toujours un hypocrite pour me salir et un sale con pour me ruiner la vie, je le dois au fait qu'ils considèrent que j'ai une belle vie et qu'ils m'envient !

Ce n'est pas un privilège de l'Armée. Jean-Pierre Coffe refusant de tutoyer Nicolas Sarkozy a subi un Contrôle Fiscal la semaine suivante... Un impertinent devient ainsi un effronté, irrespectueux et désobligeant s'il ne tient pas à entrer dans des cercles qu'il juge non vertueux ou non-conformes. Malheur aux faibles, car ces autres ont tous le téléphone d'un Collègue à la Direction du Personnel Militaire, ou le copain d'un ami qui travaille à la Sécurité Militaire rebaptisée en D.P.S.D. Bien faire et laisser dire étaient ma réponse, et aujourd'hui encore je ne regrette rien. J'étais instructeur infanterie d'élèves officiers de réserve et de Polytechniciens. Je me devais d'être parfait, cherchant le plus que parfait car ces « cerveaux musclés » ne permettaient ni l'ignorance, ni l'erreur, ni l'amateurisme. Mais je savais déranger certains cadres car trop militaire, trop jugulaire.

Il était impensable que le morveux de « sous-bite » que j'étais puisse faire de l'ombre aux vieux Cadres de cette École qui y faisaient toute leur carrière, agrémentant leur vie au téléphone, vautrés derrière un bureau. Leur récréation, c'était le pot de fin de semaine qui se terminait en beuveries et dégueulis... Je connais ; j'y étais. Passage obligatoire pour une pseudo cohésion. Pots où assistait l'épouse d'un Adjudant, divorcée ou séparée. Ce personnel civil administratif retournait toutes les têtes de ces militaires qui ne rêvaient que de « se la faire »... Mais la goutte de whisky qui a fait déborder le verre, c'est qu'au cours de ces retrouvailles de beuveries et de petits biscuits salés, cette jolie secrétaire d'une trentaine damnée, était à chaque fois invitée du fait de son minois et de son côté avenant. Tous ces mâles bavaient, se croyant dans ses privilèges.

Manque de bol pour eux, c'est moi qui suis parti avec, moi l'officier non titularisé, jeune blanc-bec à peine majeur de 21 ans selon l'ancien temps. Trentenaire sexy, elle ne cédait à personne, se contentant d'être bon public. J'ai sympathisé avec elle. Je ne sais plus comment, je me suis retrouvé à poser la moquette de sa salle de séjour. Nous étions amis, en tout bien, tout honneur. Après de longues veillées à refaire le monde, je dormais sur le canapé. Nous étions simplement devenus amis. Mais nous sortions et vus ensemble. Et le matin, j'arrivais au Poste de Sécurité, en voiture, avec elle, qui conduisait. Ce fut une traînée de poudre, et tous les Cadres savaient que « *j'étais avec Babette* ». Naïveté de gamin que j'étais, sans comprendre à temps que j'étais son jouet, elle était bien contente de faire un doigt d'honneur moral à tous ces envieux qui restaient sur la béquille !... Et ma situation devint vite irrespirable, où l'on sent le malaise perturbant d'être « *en trop* »... Ce qui donna même lieu à une lettre de menace d'un Officier supérieur qui m'annonçait me détruire si je reprenais contact avec cette dame, alors que pour moi, ce n'était qu'une anecdote de vie, ayant rencontré une jeune fille de mon âge qui devait plus tard devenir mon Epouse.

Je vais vous donner des mots que je connais par cœur qui qualifient cette situation, que je ne connais que trop bien, au cours de ces années : vous croisez des gens sournois, doucereux, fourbes, chafouins, à l'attitude méfiante, rusée, maline et grimacière. C'est la perfidie qui les anime où leur but inavoué est de vous faire passer pour traître, indigne. Puis j'appris que j'étais muté. C'est très humain dans l'inhumain. Et aujourd'hui, c'est ce que je ressens auprès de vous, Mon Colonel !

C'est tout.

Comprenez-vous : le but recherché est que l'on se désole, que l'on culpabilise, mais, finalement, quand on a compris le stratagème et que l'on se compare, on se console, convaincu de ne pas se laisser ferrer comme un rat dans un égout, mais plutôt, accepter la balle en plein cœur en disant vive la France, les yeux non bandés, ni par le chiffon, ni par la honte.

Oh non, ce n'est pas un Bergame, mais un sac marin que j'ai à vider.

Voulant une vie active et trépidante, j'avais demandé ma mutation pour des horizons plus virils. Je fus surpris quand le Colonel François [*], Directeur de l'Instruction arriva dans mon bureau pour m'annoncer mon départ prochain. Ce n'est pas très courant comme situation dans la hiérarchie. Il paraissait gêné de m'annoncer ma mutation à l'E.S.O.A. de Saint-Just [*] en me conseillant d'être très prudent... Ce n'est que plus tard que j'ai compris qu'il ne maîtrisait pas ce départ, ainsi que ses recommandations, comme si j'allais au casse-pipes. Il m'aimait bien, mon côté atypique et guerrier lui plaisaient et le changeaient de son ordinaire.

Ce n'était pas pour me surprendre, du fait que j'avais demandé à retourner dans mon Arme, en Unités de combat. Mais en fait, je devais rejoindre la prestigieuse école Nationale des Sous-officiers d'Active à Saint-Just. C'était le cadeau empoisonné... Accueilli à bras ouverts, quelques jours plus tard, je constatais un rafraîchissement glacial. Dans ces cas là, on culpabilise. J'appris vite, que même respirer je le faisais mal. Ce n'est qu'avec le recul et des années après que j'ai compris que le « dossier avait suivi » et le fameux sous-dossier dont l'intéressé n'a jamais connaissance, mais qui est votre condamnation à mort.

Quitter une École pour une autre École, cela n'avait rien d'enthousiasmant, quand on songe à aller vadrouiller au Moyen orient ou en Afrique... Du haut de mon *vingtenariat*, il est compréhensible qu'avec une formation infanterie commando, j'aspirai au bruit des moteurs de Transall, à l'odeur de la poudre, de la poussière, plutôt qu'à former des Chefs de Groupe...

J'allais donc, avec optimisme, affronter de nouvelles aventures qui allaient me confronter à d'effroyables fautes de commandement, tellement graves, qu'elles ne pouvaient qu'être volontaires !...

*
* *

9

FAUTES DE COMMANDEMENT

Lorsque c'est un acte intentionnel
Cela est assimilable à un outrage, un viol, une agression, une humiliation, une indignité

Des fautes des Chefs, j'en ai eu à affronter. Du Capitaine Félix Cep [*], qui quitta le terrain de manœuvre pour rejoindre sa maîtresse, en se servant de l'alibi de l'exercice sortie terrain, ce qui est un phénomène que j'ai, hélas, souvent connu, laissant sa Compagnie, à genoux, à la recherche d'un pistolet MAC50 perdu dans un sous-bois par un Lieutenant, jusqu'au même individu, qui venait fouiller mon appartement et lire mon courrier ; des tordus, j'en ai côtoyé un maximum. Chose bizarre : ils ont réussi, car les rats sont le symbole d'intelligence et de la bêtise humaine. Ils savent utiliser l'intellect, la socialité, le jeu, et l'affection, en trompant leur monde à leur avantage, en faisant illusion, en sachant se caméléoniser façon Manimal, pour devenir, tantôt un crocodile, tantôt un requin.

J'ai donc rejoint l'E.S.O.A. de Saint-Just [*], ce petit Saint-Cyr des Élèves Sous-officiers. J'étais flatté de pouvoir servir dans cette École de prestige, malgré la déception de ne pouvoir plutôt servir dans une arme de mêlée. Je fus accueilli avec dignité et j'eus immédiatement connaissance de ma mission : prendre le commandement d'une section d'Élèves Sous-officiers, en remplacement d'un Capitaine. Je n'avais pas conscience du cadeau empoisonné qui m'était servi.

En effet, la section était en avant-fin de formation. Je devais donc me lancer à l'eau sans prendre le temps de me mouiller la nuque. Le frais lieutenant deux barrettes, nouvellement promu, que j'étais, aurait eu besoin d'un temps d'acclimatation et d'accoutumance. Cependant, pendant la première huitaine, tout s'est passé fort bien. Puis, subitement, comme lorsque l'on ouvre la porte d'un congélateur, la situation s'est brusquement rafraîchie.

Comme lorsque j'ai vécu mes premières années de soldat qui se sont passées merveilleusement bien et qui me donnaient la confirmation de ma prémonition ce que j'ai bien le profil Officier. La « déconvenance » est arrivée à cette époque, où, subitement, le Lieutenant-colonel Machain [*] m'a pris en grippe, et ce, de façon inexpliquée. J'entrais dans une partie de flipper électronique en devenant une balle malmenée, avec un « Tilt » menaçant. J'étais terrorisé par ce Chef du Bataillon, qui me parlait haineusement, et qui me suivait comme mon ombre. Mes Cadres me rassuraient, quoiqu'inquiets, en me disant que c'était l'ambiance de « merde habituelle dégradant le climat de travail» et de son caractère, mais, mon Commandant de Compagnie s'était prêté aussi à ce jeu de massacre, où un poil de nez qui aurait dépassé, me signifierait le « game over ».

Bien que rassuré par mes Cadres qui me soutenaient, j'avais compris la toxicité de cet Officier Supérieur, sans doute nostalgique de la légion Étrangère où il avait servi. Sans cesse, je l'avais dans mon ombre. Je ne comprenais pas pourquoi il me jugeait en permanence, me regardant de haut, me rabaissant à chaque rencontre, avec une volonté d'humilier, me manipulant par des conseils se voulant séducteurs, pour mieux me contrôler ensuite, jouant avec mes sentiments et abusant de ma disponibilité. J'essayais de comprendre ce marteau piqueur et m'épuisais, dans la peur de mal faire, jusqu'à détruire mon estime de soi, car cette personne me sapait sans que je m'en rende compte vraiment, dans un souci de bien faire, prêt à tailler une pipe. Et j'avais le même dans le bureau d'à côté, le Capitaine commandant la Compagnie, excité perpétuel, passant son temps à tracer des pages complètes dans son Cahier d'Ordres.

Après ces épisodes, ou, à cause d'un certain naturel, j'ai constaté qu'il y avait des interdits, des tabous, comme le fait de poser des questions. « *Ne jamais expliquer, ne jamais se plaindre* », c'est la devise prisée par les aristocrates de toutes les nationalités et par là, celle de la caste suzeraine des commandants militaires, protégeant ainsi leurs privilèges.

Un officier ne doit pas poser de question, c'est extrêmement impoli, à son supérieur hiérarchique et tout le monde était mon transcendant hiérarchique, vu mon âge et mon grade de l'époque.

Dans l'Institution, il est interdit de poser des questions, du moins, très difficilement. Ces règles hiérarchiques sont incompréhensibles et absurdes : poser une question à son supérieur est considéré comme une extrême grossièreté et surtout un aveu d'ignorance. « *On lui a déjà expliqué, ou on aurait dû… »*

Ce qui a été la révélation de mon impossibilité technique de devenir un Officier intégré, ce n'est pas venu en un coup. Ce qui devait être mon adoubement, mon officialisation de mon rang, de mon grade et de ma qualité, c'était mon apprentissage et expérimentation dans l'Institution. Cela a été, d'entrée de jeu, un désastre, un martyr, une descente aux enfers dans ce milieu militaire où j'ai eu droit à toutes les humiliations possibles et j'ai connu le raffinement de la cruauté le jour où un de mes supérieurs est venu m'ordonner de ne plus penser comme un officier, mais comme un exécutant un rôle de simple Chef de section. Désormais, je ne devais plus ressembler à un officier, je ne devais plus me prendre pour un officier. Je ne comprenais pas, car j'avais été formé pour cela. « *Qu'est-ce que c'est que cet ordre que vous me donnez ?* » lui demandé-je. « *Le simple fait que vous posiez cette question prouve que vous n'êtes pas Officier. Vous seriez un vrai officier vous ne protesteriez pas ! La vérité est que tout le monde est très mal à l'aise du fait qu'avec votre apparence hautaine et superbe d'officier de West Point ou de Saint-Cyr, cela nous met, profondément, mal à l'aise. Vous êtes comme un agent double. Faites vous tout petit et n'ayez même plus l'air d'être officier, ne montrez plus que vous êtes officier !* » Fut cette réponse foudroyante, de cet Officier, passé par la Légion. Cela a été la pire baffe dans la gueule que j'ai prise dans l'Institution Militaire, qui fit de moi un malaise vivant, et cela n'a pas facilité mon intégration dans les années à venir. Quand on est dressé au culte du Chef, se voir commander par Mister Hyde est déroutant intérieurement. Je faisais de l'ombre et l'on voulait me remettre à ma place de mon statut apparenté à celui de « *travailleur saisonnier* » ou comme le fils d'un cousin-cousine !

Il est dit que le meilleur moyen de faire semblant que l'on connaît tout, c'est de ne jamais avoir l'air étonné. Je reste dubitatif sur cette affirmation, qui est contraire à toute recherche du progrès.

FAUTE de COMMANDEMENT
Cadeau empoisonné

Avec le recul, j'ose maintenant affirmer que cette affectation comme Chef de Section, tout juste nommé Lieutenant « plein », en remplacement d'un Capitaine, ceci au moment crucial de fin de peloton de ces Élèves, où ces trois mois sont essentiels, est, non pas un 'cadeau empoisonné', mais une FAUTE de COMMANDEMENT.

Ne serait-ce que parce-qu'une section n'existe et ne se donne efficacement à son travail que dans la mesure où elle présente une certaine cohésion avec son nouveau chef. La méfiance étant la pire ennemie de la coopération, il est indispensable de créer la confiance pour générer l'esprit d'équipe, ce qui n'est pas évident lorsqu'un nouveau chef est ainsi imposé. La simplicité aurait été ma meilleure alliée pour créer des liens solides entre mes collaborateurs Sous-officiers et mes Élèves, avec le Capitaine descendant en binôme pendant une quinzaine de jours et un Commandement bienveillant évitant de compliquer la tâche par un harcèlement et une attitude agressive et vipérine.

L'inquisition, le rabaissement, le dénigrement relèvent du harcèlement moral. C'est très pratique pour le tourmenteur, car c'est très compliqué à prouver, surtout pour un militaire qui est trop discipliné pour oser faire remonter l'information. Je voyais cela comme une machine infernale qui s'était mise en marche pour me broyer. Je constatais que chaque soir, je revenais usé, humilié, abîmé, de mon travail. Au début, je ne voulais pas me formaliser en prenant à la légère les piques et brimades. Je mettais tout cela sur mon manque d'expérience qui me mettait en état d'infériorité et justifiait les vexations, les humiliations. Je perdais mon temps à chercher l'origine de ce conflit. Si tout allait dans le meilleur des mondes avec tout le monde, il y avait ces deux os : Machain [*] et l'Autre (Brillant Capitaine dont j'ai oublié jusqu'à son nom… car il savait masquer sa propre incompétence du commandement). Bref, j'étais dans une attitude défensive, du fait de mon anxiété. Je voyais une rage froide dans le regard de Machain [*] qui déclenchait chez moi, la peur, et quoi que je fasse, tout se retournait contre moi de manière confuse. Je comprenais une chose essentielle : Machain [*] voulait me désarçonner afin de me pousser à la faute. Il ne fallait pas que je tombe dans ce piège. J'avais admis que j'avais dû mal réagir à l'autoritarisme de ce maniaque en montrant trop que je refusais de me laisser asservir, et dévaloriser, ce qui justifiait, sans doute que j'étais devenu sa cible. Tous deux m'avaient retiré tout sens critique jusqu'à ce que je ne sache plus qui a tort qui a raison. Ils me stressaient, me houspillaient, me surveillaient, me chronométraient pour que je me sente en permanence sur le qui-vive, et personne ne me disait rien de ce qui pourrait me permettre de comprendre ce qui se passe. Je me sentais acculé, mais j'acceptais toujours plus sans arriver à dire que c'est insupportable.

Mais aucun des deux ne me disaient que j'étais nul ou inqualifié. Ils troublaient par leur attitude où je sentais dédain et méchanceté. Ainsi, je restais paralysé et ne pouvais me défendre. Pas de conflit ouvert, hormis le mépris, donc pas de discussion, donc pas de solution ! C'est ma façon de vivre, en sentant que je n'intéressais pas ou même que je n'existais pas. Comme rien n'était dit, tout pouvait être reproché. Et comme j'avais une tendance à me culpabiliser, c'était royal, j'allais exploser en vol, car j'en arrivais à douter de moi-même. Quand je saluais, je n'avais pas droit à la poignée de main…

Je ne suis pas misanthrope; j'ai simplement peur de la méchanceté, la jalousie, qui fabriquent la discrimination. Il n'est pas permis d'être différent, l'atypisme étant considéré comme une tare. Les gens ont le même jugement, en France, pour les atypiques que pour ce que représente l'argent, par exemple. Notre Président de la République n'aime pas les riches car il sait que le Peuple n'aime pas les nantis, mais il peut être ainsi, car, somme toute, il est riche. Les Français sont souvent aisés, mais n'aiment pas être baisés, donc ils méprisent ceux qui pourraient être mieux qu'eux.

Comme j'étais loin d'avoir le caractère d'un insoumis, j'avais peur, par une attitude de mépris ou de provocation, d'être amené, du fait de mon caractère, de devenir impulsif à la colère ou à un comportement agressif et d'être ainsi, accusé de perturber la bonne marche du service. Sans non plus, passer pour un paranoïaque !...

Il est impossible de se sortir de cette situation, le système est verrouillé, ne laissant aucune place pour permettre de sortir de la peur et de la culpabilité, car le sordide implacable est de s'auto-persuader que l'on est coupable de tout, d'être nul, responsable de sa situation et de vivre avec. C'est le plus fort facteur d'encouragement à la criminalité, dans la mesure où l'on considère que l'on n'a plus rien à perdre, comme sous un effet hypnotique rongeur.

Il n'est pas un secret de dire que dans la « Grande Muette », l'Institution Militaire peut elle-même devenir un système pervers lorsque la fin justifie le moyens et qu'elle est prête à tout, y compris à détruire les individus pour parvenir à ses objectifs. Et quand on veut détruire une personne il suffit tout simplement de le décrédibiliser pour ensuite le diaboliser dans un processus ignominieux.

Au cours d'un exercice de défilé, en tête de ma troupe, me faire admonester en public, par le Lieutenant-colonel Machain [*], était insupportable, car, s'il y a quelque chose que je sais bien faire, c'est marcher au pas, la tête haute, les bras levés, sans contre-pas !...

Et quand ce même individu, à 3 heures du matin, fait « Pan » avec sa bouche, en sautant d'un buisson, alors que la section est en exfiltration, marche forcée, afin de m'engueuler parce-que les « hommes » ne sont pas en bonne formation, car il voit dans le noir... est-ce bien le rôle d'un Chef de Bataillon ?... Renseignement pris auprès de mes collègues chefs de section, aucun n'a eu à affronter ce genre de rencontre nocturne... mais, eux, à 35-40 ans, parlaient de leurs points-retraite et leur fonction était devenue routine de vieux routiers. D'ailleurs, je sentais qu'ils se tenaient à l'écart, par égoïsme, et sans état d'âme.

Il y a aussi un truc redoutable, celui que l'on peut considérer comme lorsque le condamné à la guillotine est rabattu sur la bascule, c'est l'arrivée soudaine et impromptue du Médecin-Chef de l'École, que l'on vous impose, en début de manœuvre nocturne avec votre troupe, sous le seul prétexte établi qu'il « *avait besoin de prendre l'air* »... Car, en fin de compte, c'est le « *mouchard* », imposé, sous « secret médical », qui en fait est missionné dans une fonction de comportementaliste !...

Ceci, je ne l'ai appris que plus tard, l'expérience et les confidences aidant. C'est l'homme du SYGICOP, le profil médical qui peut tuer, surtout le P de Psychisme, qui peut passer de 1 à 3, en une nuit... On ne se méfie pas de son côté apparemment inoffensif, mais, en définitive, c'est un espion, qui n'est pas là par hasard, mais dans le rôle d'ennemi. Insoupçonnable sous peine d'être paranoïaque, et si on est considéré comme tel, on est inapte... Le diable se mord la queue.

En tant qu'Élève Officier à Saint-Cyr Coëtquidan, j'ai vécu mes Chefs, mes Voraces, mes Instructeurs. Ils étaient tous paisibles et à l'aise dans leurs rangers. Ce qui nous enlevait le stress, nous mettait de bonne humeur malgré les efforts et les douleurs, et nous amenait à les aimer.

Dans la situation actuelle, je comprenais le stress de mes élèves qui sentaient le malaise créé. Quand on est humilié devant eux par un Supérieur, cela fabrique une gêne, démotive, détruit plus que n'instruit.

Cela peut se révéler dramatique.

Dans une troupe, c'est comme dans un troupeau, on ne peut s'improviser berger. La méfiance est un instinct animal. Tout étranger est un importun, crée une gêne, un stress, tant chez le Chef, les chevriers et le cheptel. La présence de ce Toubib dérangeait.

Une section qui se déplace de nuit, en formation de combat, sous une pluie battante, harassée de fatigue, poursuit, avant tout, sa mission. Elle est dans l'ambiance. Cette atmosphère ne supporte pas de modification à l'entourage, et cet homme qui vient « prendre l'air » est le malvenu. Tous se sentent obligés d'être protégés de cet Ami alors qu'ils se chargent de l'ennemi à localiser, contourner ou abattre.

Cette nuit-là, les élèves sous-officiers avaient fait le job du raid de fin de peloton : défense de point sensible, infiltration vers l'ennemi, destruction de point attaquable. Elle en était au stade de l'exfiltration. Le seul incident fut l'intervention vociférante du Lieutenant-colonel Machain [*], qui, par des mots criminels, a détruit plus que des rafales de fusil mitrailleur.

L'ennemi restait vivant et s'appelait le Stress. Et ce ne fut que du bonheur quand l'ombre de ce Capitaine -Médecin disparut enfin…

A un moment, bien des kilomètres plus tard, l'on vint me rendre compte que l'Élève qui « planchait » comme chef du 1er groupe avait perdu son Pistolet Mitrailleur. Avec mon groupe commandement, je rejoignais cet élément, dans un chemin creux, dégueulant de bouillasse.

« Je suis – Je vois – Je fais – Je demande »… Bien sûr, aucune liaison radio avec le PC Compagnie.

« Dans quelle zone l'arme a été perdue ?... » Il me fut assuré que c'était dans les 50 mètres de ce chemin.
Je fis stopper l'ensemble des gars, en FINEX perso, car ce n'était plus le moment de rigoler. Il fallait retrouver cette arme, coûte que coûte.

Je me souviens d'un percuteur de fusil mitrailleur AA52 perdu lors d'un exercice de salade d'armes, au Bois du Loup à Coëtquidan, dans l'herbe bretonne. Ce bout de ferraille en lettre L, nous l'avons cherché, cherché, cherché, brin d'herbe par brin d'herbe, durant des heures et des heures. Finalement l'Élève officier qui l'avait laissé glissé de sur une toile de tente transformé en tapis de sol, a passé des heures et des heures à faire et refaire des comptes-rendus de perte !...

Je me souviens d'un Pistolet-mitrailleur tombé d'un Zodiac au cours d'une traversée de bras de mer… Toujours dans la nuit, le vent et la pluie, pour faire simple. Nous avions plongé, nous laissant couler jusqu'au miracle en récupérant cet arquebuse.

Bref, je savais que les emmerdes, ça vole toujours en escadrilles, et que dans le cas présent, le ciel était bouché, constellé.

J'eus une liaison radio quasi inaudible. Je rendais compte de cette perte et ne sus jamais si le message fut reçu. J'en espérais presque de voir la gueule de Machain arriver, quoique…

Les recherches étaient vaines.

Je mis la troupe en pause et au repos. Tous étaient harassés et traumatisés par ce contretemps. Je laissais un de mes Cadres gérer les hommes, et continuer à fouiller ce sentier, sans piétiner.

Moi, je partis, seul, chercher du secours. Je trouvais en pleine campagne une maison allumée. Vers ces 4 heures du matin, cet habitant se préparait pour aller au travail. Je le réquisitionnais afin qu'il me dépose à la brigade de Gendarmerie la plus proche.

Finalement, trois gendarmes, en pantalon bleu et souliers vernis, armés de grosses lampes torche, se salopaient dans ce chemin sans rien trouver de plus que de la boue et des branchages…

De guerre lasse, les tuniques bleues et moi, avons repris le chemin inverse, longeant la Route Nationale, en balayant le sol au projecteur, l'estafette de gendarmerie en avant.

Je confidais [*du verbe « faire une confidence ». Je sais, c'est nouveau, ma création*] au Maréchal des Logis Chef de Gendarmerie, que « *tout était foutu et que j'allais devoir songer à aller vendre des fraises* », car perdre une arme, c'est impardonnable. J'en étais principal responsable, c'est ça la rente du Chef.

Ce n'est qu'à 5 kilomètres du chemin creux, que nous avons retrouvé cette arme, au bord de la route. L'Élève Chef de Groupe, lors du « bond en avant », encombré avec sa carte, sa boussole, son PP11, et ses responsabilités, ne s'était pas aperçu qu'il s'était délesté.

J'étais fier d'avoir retrouvé cette arme de guerre qui l'aurait été sûrement par un automobiliste dès la levée du jour, avec toutes les chances qu'il se la garde.

Il fallait reprendre l'exfiltration, et rejoindre le gros de la Troupe sur l'objectif d'arrivée.

Les Gendarmes furent extraordinaires et réquisitionnèrent au Debout-Lever « quelqu'un qui n'a rien à leur refuser », et avec son fourgon genre bétaillère, nous avons récupéré notre groupe, transi, mais qui reprit goût à la vie en retrouvant cette arme maudite et en sachant que nous allions rattraper le temps perdu, dans le confort motorisé.

Largués à 500 mètres du point prévu, nous avons fait notre arrivée honorable, dans les temps.

Machain :
« J'ai entendu dire que vous aviez perdu une arme ?...
- Non, Mon Colonel, juste égarée. R.A.S. Mon Colonel »

Ainsi donc, cette Haute Autorité savait qu'il y avait une arme de perdue ; mon message radio avait bien été reçu. Et, là, le CHEF, celui qui sait faire « Pan-Pan ! » dans la nuit avec sa grande bouche, conscient que j'étais face à une difficulté de perte d'arme, s'était bien gardé d'intervenir...

Je le sentais même déçu ; il eut le même regard méprisant, chargé de haine, un regard qui ne regarde pas, que lors d'une messe au Camp de Montmorillon, alors que nous devions nous donner une poignée de main, selon un rituel de l'homélie du curé-aumônier, sa main fut aussi rapide que celle d'un pickpocket, et ses yeux lointains, méprisants, ailleurs.

Putain ! Qu'est-ce que je devais puer !...

Alors que certains me diraient de ne pas accepter cette situation, moi je me disais : « *Il fait cela pour mon bien, pour m'apprendre à vivre, à commander, à résister, à devenir un guerrier, bref, un HOMME...* » ...comme mon Père quand il me fouettait avec la laisse du chien !

Faisait-il cela par méchanceté, par bêtise ou par mépris ?... Je ne le saurai jamais. Je savais seulement que lorsqu'il était dans mon environnement (ou moi dans le sien), je devais m'attendre à une merde. Le jour où l'un de mes Élèves s'est fait exploser une grenade dans la main, IL ÉTAIT LÀ... Je me sentais coupable de cette erreur de ce soldat, parce-que j'avais un œil accusateur sur moi. Et aujourd'hui encore, je me dis que si cet officier supérieur n'avait pas été là, il n'y aurait pas eu de blessé.

...Comme lorsque nous faisions des concours de tir avec mon Paternel. Tireur excellent, voire émérite, rien que l'ombre de cet homme dans mon dos, faisait que je devenais piètre mitrailleur !

Irais-je jusqu'à dire que toutes ces personnes, détenteurs d'une autorité, qui représentaient mon Père m'enlevaient tous mes moyens ?... Ou bien, étaient-ils simplement méchants ?...

Continuons donc sur cette marche de 100 kilomètres de mes Élèves Sous-officiers, qui devait terminer ce Raid de fin d'Instruction, de l'hélicoptère se posant et du Général Lapaire [*] en descendant... Ce fut un vrai enchantement pour sauter du haut d'une tour sans élastique !... Dès que je sentais du mou dans la corde à nœud, je jetais un œil sur le Général : il sortait son calepin et prenait des notes... Bien sûr, c'est à ce moment qu'un de mes E.S.O.A. trouva le moyen de s'écrouler, par cause d'épuisement... Le Général prenait des notes, griffonnant, noircissant mon arrêt de mort ! J'ai fait arrêter la troupe. Nous avons fait boire l'exténué. Puis, je l'ai porté sur mon dos et nous avons repris notre cheminement. Et le Général tournait la page pour un autre chapitre... Finalement, il tourna aussi les talons, sans un mot, pour s'*hélicoptérer* vers le repas de midi, où Machain attendait...

L'on pourrait me dire que je suis paranoïaque et que je me fais des idées fausses, car, finalement et concrètement, personne ne me prend en défaut ni ne me punit pour faute. Je note juste une ambiance pourrie volontairement avec des conséquences nuisibles. Je me sentais comme un otage, dans un système délétère où, malgré moi, je développais une sorte d'empathie, voire une sorte de sympathie ou de contagion émotionnelle vis-à-vis de mes bourreaux. En fait, c'était pour moi, comme une manifestation inconsciente de survie ; en voulant quoiqu'il arrive, m'attirer la sympathie de mes Supérieurs, je pouvais me croire susceptible d'influencer leurs émotions et me mettre partiellement hors du danger de contrat non renouvelé. Ainsi, je voulais la pacification qui débouche sur une reconnaissance de mon professionnalisme. Mais, en fait, c'est surtout de ma propre angoisse que je me protégeais, le danger étant toujours réel et permanent.

Hélas, il a suffi d'un Bal de l'École, tralala en tenues Bleues et robes longues, et du placement de mon couple à la Table Officielle, à mon plus grand étonnement, et regret, désirant la discrétion, pour constater que je devais subir l'épreuve de la marche sur le feu comme un surpassement de moi. Là, c'est le drame : il me fut force de constater que ma future Épouse et moi avions fait une entrée remarquée. Toutes les femmes étaient déguisées de l'uniforme du mari et j'ignorais encore que ce fut de mise. Toutes avaient dû aller s'habiller à la boutique de prêt à porter pour femme musulmane, du genre se démarquer sans se faire remarquer, en abayas, djellabas, sur souliers plats vernis ; Le tout surplombé de masques de maquillage de voitures volées et de bijoux les plus kitch. La seule qui sortait de l'ordinaire et fantaisie était l'épouse du Capitaine Bouture [*]. Je la reconnus comme étant mon ancienne prof de Latin-français. Je sentais alors les regards glacés sur les épaules nues de ma Douce, et sa robe longue et blanche. L'abasourdissement de confusion surprise fut instantané sur cette femme merveilleuse, venant des hommes qui ne pourraient l'avoir et des femmes qui ne pouvaient pas rivaliser. Mon fameux Général, Grand Manitou de l'École, fut rapidement déchaîné et commença danses sur danses, en se frottant honteusement sur mon Épouse, ventre en avant, tous sourires dehors. Jusqu'au moment, où rassise, le Général Lapaire [*] vint la rechercher pour une nouvelle danse. Hélas, celle qui devait devenir mon Épouse lui dit : « *Demandez à mon Mari !* » et le « mari » de répondre : « *C'est à elle de décider !* ». Se voir refuser par une jolie femme, une danse, humilié devant tant de regards semblant respectueux mais amusés, et la haine était déclarée. (Quand, des années plus tard, j'ai été invité à sa table, au camp de Caylus, sa première question a été : "*et votre charmante Épouse, comment va-t-elle ?...*", comme quoi, la rancœur est tenace...)

Fermez le ban. Nous venions de nous détruire en direct et en public.

Quelques jours plus tard, 24 décembre, réveillon de Noël, après seulement 3 mois d'affectation, une estafette vint sonner à ma porte d'appartement. Il m'apportait un message. J'étais muté le 02 janvier au 3ème R.I.C. à Tamise...

J'eus l'occasion de discuter, par un hasard favorisé, avec le Capitaine Bouture [*]. Qui me dit être « *au courant de tout, qu'il avait eu les mêmes soucis avec son Épouse, que les femmes de l'École se voilaient du fait que le Général est un pervers sexuel, et que ce refus de danse avait été un affront.* ». En gros, j'étais mort.

Ma jeune expérience militaire avait deux fils rouges qui me suivaient depuis ma première paire de rangers :

- l'alcool à outrance et à chaque affectation, j'avais un Sous-officier, de préférence polonais - ce n'est pas une légende - spécialisé en mort cérébrale éthylique qu'il fallait retrouver dans un fossé ou dans une Popote clandestine ;

- le sexuel où le sport cérébral était de trouver, séduire, et biser, voire plus, une femme ! De véritables prédateurs, célibataires ou mariés. Et au sujet de ce Général, je l'ai déjà dit, un de mes collègues, Lieutenant à l'E.S.O.A. de Saint-Just [*], je l'ai retrouvé, Capitaine, aide de camp, au Quartier du Camp de Caylus : il partait chercher des « femmes » pour la soirée du Général... Ce n'est pas un secret de dire qu'il y a un machisme musulman chez les militaires et qu'ils déconsidèrent la gente féminine en de simples objets de sexualité.

A École du Matériel, à l'E.S.M.C.L.É.P.L.A.T. [*] à Bourgade [*], le Commandant de Compagnie et les deux Lieutenants « anciens » avaient, sur casting, sélectionné chacun, leur « polytechnicienne » comme Radio sur leur Jeep...

Pas la peine de dire que je suis parti, là encore, sans « pot de départ ». En cette période de fin d'année, tout le monde était en permission, sauf le Général qui me convoqua.

Je m'attendais à tout : mes ignorances, mes maladresses, mon inexpérience, etc.

Sauf que ce Général, dans ce qu'il me dit, je ne me souviendrai que d'une chose : « *Vous êtes indiscipliné intellectuel !* ».

Quand je lui racontais l'histoire du Pistolet Mitrailleur perdu et retrouvé, le tout pour lui rappeler l'atmosphère où il m'avait contrôlé, il me dit encore : « *Vous êtes un Chef de Bande* » en me prenant l'exemple d'un poulailler, de renard, bref une dissimulation de contrevérité mystifiante dont je n'ai encore pas compris le sens.

Il n'y eut aucune vraie critique, aucun vrai reproche. Je m'attendais à être traité d'inapte, d'incompétent, d'incapable. J'étais muté, en quelque sorte, par promotion... J'étais juste un « Chef de bande » qui trouverait son bonheur sûrement au 3ème R.I.C. de Tamise [*] car, doté d'une « indiscipline intellectuelle » cela signifiait que je prolonge les réflexions dans un avenir militaire 'autrement ' aussi bien que dans la stratégie militaire et de son évolution globale... On me reprochait sans doute d'anticiper les changements dans l'Armée, avec des erreurs de prévision, des idées reçues et des sources d'aveuglement collectif ?... Je devais certainement m'emmêler dans les concepts de prospective, de stratégie et de commandement ?... Peut-être ne fallait-il pas retrouver la mémoire du passé pour préparer l'Avenir de notre Défense Nationale ?... Et comme il y a trop de diagnostics et de prescriptions, je n'avais pas de réponse à la question et ne savais pas passer à l'acte avant qu'il ne soit trop tard... J'avais oublié de n'être que docile, donc un mauvais carriériste et ne serai jamais désigné au Conseil des Ministres pour être promu Général !...

« Certes, tous les militaires ont le droit de penser, mais il y a quand même des limites à ne pas dépasser. » ce qui fait la synthèse du fameux aphorisme d'Alphonse Allais – « Une fois qu'on a passé les bornes, il n'y a plus de limites », et de la sentence du maréchal Lyautey : « Quand les talons claquent, les esprits se ferment. »

Si les militaires se mettent à penser, on n'est pas sorti des ronces, quoi !

J'ai donc rejoint le 3ème R.I.C. de Tamise [*]. Je fus accueilli chaleureusement comme nouvel affecté avec dignité, par le Chef de Corps. Pas question pour moi de rouler les mécaniques, restant humble, me doutant, avec certitude, donc balançant entre positif et négatif, qu'une épée de Damoclès se balançait doucement au-dessus de ma tête.

Je ne prétends pas être meilleur que les autres, mais je veux simplement être meilleur que moi en ne souhaitant qu'être ressenti comme cela par les autres. J'avais peur du Tapis rouge le premier jour, coup de pied au cul au deuxième... J'avais peur et avait du mal à vivre cette mutation en souhaitant une espèce de clarté, une vraie explication, sur ma vie d'aujourd'hui. La seule réponse que j'ai pu obtenir c'est qu'on avait besoin d'officiers pour partir au Tchad avec de jeunes engagés. C'est ce que me confia ce Chef de Corps, ce qui me rassura dans ma peur d'une vie qui ne pourrait plus être vécue.

Sans aide financière de Papa-Maman, ni d'ailleurs, n'ayant que ma solde, mon pouvoir de caisse de jeune ménage était sur le rouge. Je fus affecté, pour emploi, dans un Camp, à 15 kilomètres de la Garnison avec comme moyen de locomotion mon cyclomoteur gagné au B.E.P.C.

J'y fréquentais deux Chefs de Section issus de Saint-Cyr qui avaient leurs soldats en formation. Des sections d'une trentaine avec un encadrement retaillé, comme prévu dans le T.E.D.P., les T.T.A. et INF.

FAUTE de COMMANDEMENT
Mission casse-gueule

Finalement, il me fut alloué une section.

Et quelle section !...
97 E.V.D.R.... Dont certains ne savaient ni lire, et d'autres, ni écrire.

Du grand n'importe quoi !!! Pourquoi un effectif si important ?... Ceci alors que les collègues d'à côté vivaient paisibles avec un nombre réglementaire en personnel.

Mais le top du délire, c'est que l'on avait fait les fonds de tiroir pour m'adjoindre des gradés, de qualité fort discutable, en sous-effectif, pour encadrer ces Engagés Volontaires du Rang.

Et le nerf de la guerre, un S.O.A., non pas d'élite, mais du litre. Ce Sergent-chef, muté disciplinaire pour conduite et alcoolémie tapageuse, d'un Régiment Parachutiste, était le parfait fort en gueule fantasque, la véritable caricature du *Souzoff* abruti. C'était un de plus à tous ces cadres alcooliques que j'avais eu sous mes ordres.

Au lieu d'être catastrophé, et d'appeler « au secours » pour cause de sur-effectif en troupe, et sous-effectif en encadrement, idiot, stimulé et béat, j'étais fier !

Certes, le matin, à la cérémonie aux couleurs, ma section tenait toute la longueur de la Place d'Armes, mais j'aurais dû soumettre à mon Commandant de Compagnie le précepte : « Un Chef, une Mission, des Moyens », que 100 types c'est beaucoup trop, surtout sans encadrement correct.

Mais non, *je parviendrai* me disais-je, fier de la confiance que l'on me faisait. Et puis, menacer de jeter l'éponge devant le Capitaine Brisefair [*], cyrard dans ses gènes, qui sont chez lui, une unité de base d'hérédité qui prédéterminent un trait hostile et méprisant. Je savais que je ne m'en ferai jamais un ami, de cet être trop parfait, secouant la corde de l'équilibriste, histoire de tester son bon équilibre. Bref, je sentais un mec dangereux qui ne me ferait pas de cadeau. D'ailleurs, il ne m'avait jamais demandé si un tel effectif n'était pas trop important, aucun conseil, aucune recommandation, rien. Mon expérience grandissante dans les Chefs et dans les hommes m'avaient appris aussi, que si on avait besoin de rien, c'était mieux. Un jour, j'ai eu le malheur de répondre « *d'accord* » à ce Capitaine, qui m'a répondu que je n'avais pas à être '*d'accord*', mais d'obéir aux ordres. Ambiance fraternelle, quoi.

Pourquoi tant de haine ?...

Le seul point commun que je me suis trouvé avec le Général Charles de Gaulle, c'est d'être seul et à contre-courant de la pensée unique. Et avec un statut fragile, c'est suicidaire, car trop dérangeant.

Je m'étais fait à l'idée « d'une Carte de visite » jointe à mon dossier dès mon départ de École du Matériel, à l'E.S.M.C.L.É.P.L.A.T. [*] à Bourgade [*]. Même si j'avais récupéré un Témoignage de Satisfaction en tant qu'encadrant des Polytechniciens, j'avais bousculé les lignes de ces Cadres du Matoche, bien *plan-plan*, savants techniciens méprisant les combattants, et mon rapport sur le Pavillon 13 des *perturbés de la pensarde* de l'Hôpital des Armées Jean-Baptiste Lucien [*], plus mon rôle de Roi de cœur que l'on m'avait prêté à Babette et qui s'était prolongé sur mon Épouse d'aujourd'hui, toutes ces billevesées ne devaient pas tenir sur une Carte de Visite. Je soupçonnais un Rapport pas piqué des vers, bien déformé à charge, ce qui motivait certainement la discrimination dont j'étais l'objet et victime. Je savais aussi que les contrats mis en place pour les O.R.S.A., s'ils étaient d'un an, au premier renouvellement, passaient ensuite pour une durée de huit ans ; ce qui change la donne au niveau psychologique, pour une liberté d'esprit qui évite à penser à la sanction du chômage du lendemain, car le fait du précaire agit très négativement sur l'état d'esprit, surtout quand on est commandé par un chef inhumain. Ces gens aiment exploiter cette fragilité en se révélant despotes, pour des subordonnés qui déconsidèrent et dédaignent comme intrus. Je savais que j'avais un statut de *Travailleur Saisonnier*, très déconsidéré et par les Officiers et par les Sous-officiers, qui, sur des légendes bâties sur les recrutements pendant la Guerre d'Algérie, estimaient nos galons comme gagnés dans une pochette surprise, que nous étions du « jetable » après usage, juste utilisés pour des besoins de compétence à l'image « d'Officiers Experts » qui n'auraient jamais l'honneur d'avoir un temps de commandement d'Unité !...

Je savais aussi que nous étions des fusibles largables, utilisés dans le cadre de l'effort général de résorption des possibles sureffectifs ou pour palier à des sous-effectifs. Aussi, il fallait toujours avoir en tête la politique d'incitation au départ précoce des cadres de l'armée de terre.

*

La maladie de nos gouvernants voulant réduire les effectifs des fonctionnaires et assimilés ne date pas d'aujourd'hui. Pour la Défense Nationale, elle représente 60% de la diminution totale des fonctionnaires d'Etat. Le principe de la « Grande Muette » facilite ces restrictions. En Très Haut Lieu, on se moque bien que les missions soient mal remplies du fait de la décimation, du fait de l'économie réalisée sans risque de rouspétance. Tous les officiers savent cela et se contentent, fatalistes, d'une excellence de façade, en camouflant les carences, défaillances profondes. Nous nous enlisons dans des bourbiers, comme en Afrique, dans l'indifférence générale. Bref, tout le monde s'en cogne, même si la Russie revient en force et que les G.I. men frétillent à l'idée d'une suprématie mondiale... qui nous entraîne dans une politique interventionniste vouée à l'échec assuré, avec l'autosatisfaction de quelques batailles presque gagnées. Nous tenons à rééditer 1914 et 1939 en traitant de la Défense du Pays avec une légèreté sans nom. Depuis la mise en sommeil du Service National en privilégiant un tout juste élément opérationnel avec une efficacité limitée.

Je rêve au retour d'une Guerre Froide, qui n'est actuellement que réfrigérée, sans tenir compte des méfaits et dangers de la décongélation et de la récongélation, sans parler de la prolifération des bactéries...

Je rêve du retour d'une Guerre Pétrifiante afin que nos Autorités Civiles et Militaires reprennent conscience des choses de la vie, en commençant déjà à reconsidérer positivement les intermittents de la Défense Nationale qu'ils n'ont que trop considérés que comme des périodiques ! Nos généraux successifs n'ont été que des inconscients. En 1974, face aux Comités de Soldats, les seules solutions trouvées ont été de châtier les Cadres qui les contraient en faisant trop de vent sur les vagues, pour finalement, suspendre le Service National, les croissants aux petits-déjeuners du samedi matin coûtant trop cher, vendre nos casernes et transformer les Divisions en Brigades!!!...

La réduction drastique des effectifs, et rigoureuse des matériels a créé des déficiences profondes de l'outil militaire. Aussi, il est sot d'apporter le moindre crédit au discours de Dominique de Villepin aux Nations Unies lors de la crise irakienne qui était digne de la bonne vision d'un Ministre de la Défense qui a pleinement conscience que les armées françaises ne peuvent pas intervenir dans ce deuxième round de la guerre d'Irak, simplement parce qu'elles n'en ont pas les moyens, ni en effectifs, ni en matériels. La politique de fonctionnarisation des forces armées, qui matérialisait plus les convictions antimilitaristes que les prétentions pacifistes de Jacques Chirac, était en sous-titre, que l'Allemagne et la Russie ont réussi à décoder à l'envie, soucieux d'y donner du crédit. C'est simplement une allocation d'impuissance où tout le monde s'est gargarisé en se disant fier de ce discours qui affirmait que la force ne se justifiait pas. En fait, nous nous savions incapables d'intervenir, ni pour gagner les batailles, ni pour reconstruire la paix. Un modèle d'intoxication; qu'importe de dire des mensonges, le tout étant d'avoir un accent de vérité. Il est vrai que Monsieur Jacques Chirac, est Colonel de Réserve, par une magie de l'avancement, avec juste son expérience de sous-bite en Algérie... Cela n'aide pas dans la crédibilité.

*

Et si moi, je savais tout cela, mes Supérieurs hiérarchiques le savaient aussi, ce qui leur permettait d'user et d'abuser de mon asservissement et d'une soumission totale.

Ce qui explique qu'un Lieutenant Saint-Cyrien direct a une section en formation initiale avec un effectif réglementaire de cadres et de soldats, et qu'un ORSA doit se démener avec un effectif d'engagés, multiplié par trois, avec des caporaux-chefs engagés, peu expérimentés, pour occuper des postes de sergent, chef de groupe !

Je devais prendre sur moi tout en sachant qu'un sous-encadrement pour un sureffectif est incompatible et est catastrophique pour mobiliser l'apprentissage initial des engagés. Cela ne pouvant que générer une situation de crise du fait de ce déséquilibre. L'exigence de jeunesse et de dynamisme face à cet effectif nombreux n'était pas réalisée non plus avec un Sous-officier adjoint, pas de la première fraîcheur, mauvais pédagogue et alcoolique de surcroit…

J'avais une réflexion sur la formation initiale de ces Engagés Volontaires organisée au niveau des Régiments. Plutôt que d'avoir une 11ème Compagnie, dite d'instruction, faite de briques et de broques, je me disais que des Unités Spécialisées dans la formation initiale, commune à tous les engagés, bien rôdées, comme il y a des écoles d'officiers et de sous-officiers, avec un encadrement formé pour et des programmes d'instruction bien définis, serait la solution idoine.

Conclusion : il aurait été fort déplacé de ma part de tirer une sonnette d'alarme dénonçant mon sureffectif, inacceptable. Lorsque j'avais murmuré ce souci de petits cadres peu formés et d'engagés très nombreux, il m'avait été répondu que c'était à moi de former ces petits-gradés et de virer les mauvais éléments chez les jeunes engagés, en sachant que casser ces contrats serait une marque d'incompétence de ma part…

Il me fallait donc être au four et au moulin. Préparer les cours, aller sur le terrain pour faire des reconnaissances afin de définir les points d'ateliers, les lieux de cours de combat, de déplacements topographiques. Car de mes prédécesseurs Chefs de Section, point de dossiers existants et consultables. Il fallait donc y passer mes jours et mes nuits, sans compter. Evidemment, il fallait aussi admettre les contretemps, les ordres et les contre-ordres, sans parler des visites d'inspection précédées des ramassages des feuilles mortes afin de ne pas blesser la rétine de ces Grands Chefs.

Est-il utile de surligner que rien n'était facile et qu'au lieu de bénéficier de l'aide de mon Commandant d'Unité par une simple attitude bienveillante, je subissais son hostilité pourvoyeuse de stress à tous les niveaux.

Jusqu'au jour où mon Sous-officier Adjoint, plus 'bourré' que d'habitude, a fait sa crise d'*incommandabilité*, a quitté la section pour aller au Mess pour y faire esclandre et « péter les plombs ».

Il avait bien tout pourri, ne remplissant pas son rôle. Je le sermonnais sur ses ivrogneries et c'est quand j'ai parlé de le punir, il s'est mis Out of order.

Évidemment, cela m'a été reproché et celui qui devait rester mon allié, afin de justifier son état, n'a pas hésité à aller baver et démolir, détruire. Un véritable sabotage.

Ajoutez à cela un Capitaine adjoint, muté d'un régiment de parachutistes pour violence raciste, que j'ai dû entendre, en qualité d'Officier Rapporteur, pour racisme envers un Sous-officier de couleur, qui m'a accusé en catimini de « radio-bidasse » d'avoir fait un rapport orienté en sa défaveur, et la Carte de Visite est pleine pour un avenir tourmenté !

Le gros problème du commandement par un Chef qui croit savoir commander, c'est qu'il fait comme les trois petits singes, le premier ne voit rien, mais invente tout, le deuxième ne comprend rien, mais déforme tout, et enfin, le troisième, ne dit rien, mais juge tout. Le vrai et réel souci, c'est que beaucoup de chefs militaires ont ces trois en un et sont des nuisibles dangereux !...

Dangereux car ils ont, quand ils sont en temps de commandement, le pouvoir de vie et de mort de par la notation de leurs subordonnés. Le temps de commandement est un temps de pouvoir absolu, très monarchique.

Considérez qu'il y a, et aura toujours, avant tout, la Note de gueule. En partant du principe que l'on ne peut pas plaire à tout le monde, il y a du mouron à se faire, et c'est bien pour cela que l'on a affaire à tant de subordonnés incolores, inodores et sans saveur, par souci de sécurité. Osez ramener votre science, et l'on vous accusera de détenir la vérité, excitant ainsi une attente morbide de vous voir patauger dans l'erreur, histoire de prouver que vous êtes un *con*, qui se conjuguera de différentes manières : le *jeune con*, le *vrai con*, le *méchant con*, le *sale con*, et le pire, le *con inapte* qui deviendra par dérivation, un *pauvre type* !...

Ainsi donc, avec une section d'une centaine d'hommes, sous-encadrée en nombre et en qualité, je fus donc classé comme « esprit brouillon », volontiers cassant et détenteur de la vérité. Quand on a le verbe haut, que l'on renonce à l'hypocrisie, on est forcément cassant, impérieux, tranchant, brusque et autoritaire, alors qu'il est préférable de jouer à « tout va très bien, Madame la Marquise ».

En attendant, on m'avait alloué un nouveau S.O.A. Celui-là n'était pas ni ivrogne, ni alcoolique ; juste calme, impassible, voire immobile, peu rassurant car silencieux, mais pas du genre Bernardo de Zorro, mais de celui que l'on a envie de secouer pour le faire parler et savoir ce qu'il a dans la tête. Bref, avoir un adjoint qui met mal à l'aise n'était pas fait pour m'aider dans cet encadrement. Je me consolais en me disant que l'on a plus besoin d'un adjoint qui agisse que d'un collaborateur qui parle.

Je ne parlerai même pas du Caporal-chef, nul de chez nul, en retard tous les matins, qui allait se plaindre au Commandant de Compagnie parce-que je menaçais de le punir !... et qui avait gain de cause par ce Capitaine qui acceptait volontiers que l'on s'affranchisse de la voie hiérarchique.

En ces cas là, je me sentais perdu dans ma solitude et le doute, en me dopant avec cet acquis de mes Anciens :

Si tu ralentis : ils s'arrêtent;
Si tu faiblis : ils flanchent;
Si tu stoppes : ils tombent;
Si tu t'assieds : ils se couchent;
Si tu doutes : ils désespèrent;
Si tu hésites : ils reculent;
Si tu te trompes : ils se perdent;
Si tu critiques : ils démolissent;
Si tu marches devant : ils te dépassent;
Si tu es solide et leur fais confiance : ils vivront;
Si tu crois : ils seront des apôtres;
Si tu pries : ils deviendront des Saints;
Si tu donnes la main : alors ils donneront leur peau.

Souviens-toi, Chef.

Mais le Chef, il était fatigué, épuisé, ne dormant plus.

Non, je ne regrettais pas de ne plus avoir à subir l'autorité parentale et d'avoir choisi comme destin l'armée.

Non, je ne regrettais pas d'avoir été durement formaté par ces chefs qui ont toujours raison.

Non, je ne remettais pas en question le fait que les chefs, mes chefs, étaient des Héros, des Dieux, des exemples. Pourtant j'en ai croisé des chefs... des queutards toujours le sexe à portée de voix ou de main, des rois fainéants, buveurs, râleurs, présents quand on n'a pas besoin d'eux, absents quand ils sont nécessaires, injustes, emmerdeurs, querelleurs, imbus de leur personne, de leur grade, de leur autorité ou de celle qu'ils auraient voulu avoir, chasseurs de compliments, de décorations, de promotions, de mutations privilégiées ou de non-mutations, souvent malades ou empêchés, corruptibles ou inconvenants. Rares ont été ceux qui ne revendiquaient pas du mérite pour une chose qu'un de leurs subordonnés avait fait tout seul... ou qui ne vous lâchaient pas pour ne pas vous laisser abandonné face à un mauvais destin.

A propos, savez-vous pourquoi personne ne vous aide dans la vie, une fois que vous vous êtes fait baiser ?... simplement, parce qu'après l'amour, chacun se rhabille seul de son côté, même si avant de copuler chacun a aidé l'autre à se déshabiller...

Exceptionnels, voire insolites ont été ceux qui sont des vendeurs d'espérance, car c'est dans les rêves que commence la responsabilité. Les Chefs se moquent bien de l'empathie qu'ils n'ont pas. Ils sont comme les hommes politiques : personne ne leur reprochera d'avoir le pouvoir. Leur formalisme militaire leur permet de faire croire en la sagesse, tout en poussant les importuns au désespoir, d'un claquement de talons afin de montrer que l'on est féroce, convaincu, utilitaire, militaire et catholique. Leur despotisme est jugulé par leur naturel craintif, car ils sont obéissants, prêts à perdre les batailles en mettant la faute sur les autres, leur ambition faisant préférer une défaite s'ils préservent leur renommée. Car, finalement, le véritable danger, c'est la hiérarchie militaire et non pas l'adversaire !

Des Chefs qui savent dire de fermer vos gueules aux hommes, car ils ont besoin d'un chef, car ils savent que le Chef a besoin des hommes. Tout en sado-maso.

Et moi ;

Petit, moyen Chef, aspirant grand-chef, baignant dans les emmerdes, et SEUL, dans une solitude où l'on souffre en silence, avec la peur de ne pas réussir, quitte à faire voler en éclats le culte du chef, mais de prendre tout en charge en montrant ma force et dissimuler mes points faibles. Bref, devenir un chef-d'œuvre.

En attendant, j'étais juste un vacataire, un contractuel, un supplétif, un surnuméraire, un apprenti intérimaire transitoire, permettant aux titulaires et Saint-Cyriens directs de garder leur poste et fonctions, confortablement installés dans le discriminatoire. A 19 ans, fort de la spécialité attendue, pour remplir ma passion du Service de Renseignement, je me moquais bien du Statut et du Carriérisme. De tout cela, il ne restait rien… « *A bientôt sous le béret rouge* », c'est tout ce qu'il y avait à retenir des courriers que je recevais lorsque je me préparais à cet avenir vocationnel et non vacataire !...

Moralement et physiquement, j'étais épuisé. Pas psychologiquement et j'ignorais tout du Doliprane. Mais ces ordres, ceux des Chefs, mes grands chefs, il fallait les exécuter, sans état d'âme, mais avec la peur, la trouille au ventre de mal faire. La peur au ventre, c'est cette appréhension que j'avais, qui me tordait les boyaux quand, même, je n'avais appris ma leçon et que j'allais sûrement être interrogé… Crainte et anxiété de ne pas être à la hauteur de l'attente de mes chefs, trouille et angoisse de ne pas être au sommet des désirs et souhaits de mes subordonnés, car j'étais, AVANT TOUT, responsable.

Que de la gueule, car il faut être fier de ses rangers et tenir debout dedans, quoiqu'il arrive. Digne, le menton levé en cachant ses peurs et ses sentiments, en faisant semblant d'être un dur, en gueulant mes ordres, car j'ai été dressé par des gueulants qui m'ont appris à gueuler à force de me marcher sur les pieds en m'estampant l'image du Chef, valeureux, exemplaire et humain. Mais l'humanisme du militaire, du soldat, je m'apercevais chaque jour que c'était une légende, car si l'on perdait un percuteur d'AA52, on compromettait son avenir…

Seul face à cette troupe dont certains ne savaient ni lire, d'autres ni écrire, parfois les deux. Donc cela compliquait l'instruction à apporter, il fallait adapter, s'adapter, expliquer les ordres, les interpréter, voire les conjurer, les esquiver, les dévier, histoire que tout le monde soit content d'avaler la pilule et se sentir des élus. Cela s'appelle « être humain ». Mais il faut le faire avec tact, histoire d'être indulgent politiquement correct, car les Grands Chefs, ceux des hautes branches, qu'ils redoutent branlantes, n'aiment pas trop le paternalisme-tantrisme, car le bienveillant, la crânerie est une faiblesse, qu'ils ne supportent pas que l'on pourrait le leur piquer…

On reste donc seul avec ses responsabilités qui ne doivent pas être des culpabilités ! Solitaire, face à son avenir, face à ses chefs, face à sa troupe, c'est vertigineux, pour en devenir ravageur, à la moindre dérivation d'appréciation. Le tout étant de ne pas se laisser dépasser par ses limites, surtout si elles sont mal estimées. Le terrain n'est pas un grand pré traversé par un fleuve tranquille, cela se révèle être boueux ou poussiéreux jusqu'à pouvoir tourner à l'holocauste, et personne ne vous tendra la main, ou alors le poing tendu. Personne ne comprendra ni votre effort, ni vos craintes ni vos anxiétés, voire votre désarroi et vos tourments.

Ces grands moments de solitude et de doute s'appellent l'expérience, ce purgatoire entre Enfer et Paradis. Car il n'y a pas plus merveilleux que de remplir son engagement envers la parole donnée à sa Patrie en prouvant chaque jour, chaque nuit, sa fidélité et son attachement profond du devoir avec une affection indéfectible pour la FRANCE.

Sonnez clairons, couinez violons, car la réalité a la particularité d'être glauque.

Il n'est pas question de faire du « pathos », ni souffrance, ni passion. Mais le devoir de mémoire exige qu'une simple marche de nuit, qui a fini fort tard, avec un retour au Camp au lever du jour, donne l'occasion à ce sacré Capitaine Brisefair [*] de me mettre Out of order. Je dois être très CON, mais aujourd'hui encore je n'ai toujours pas compris où était la faute professionnelle pour me retirer le commandement de ma section. Certes, je ne baignais pas dans le Meilleur des Mondes, mais cette nuit de marche topo n'a rien eu d'extraordinaire bien que ponctuée de merdouillages, qui nous ont fait rentrer au camp à la bourre. Non, c'était l'occasion qui faisait le larron, et c'est sans doute parce-que ce Capitaine « était humain » qu'il considérait ce cafouillage dans cette marche pour considérer que j'avais mis en danger la vie de mes subordonnés. Pas d'enquête, pas de recherches du renseignement sur le pourquoi du comment et du parce-que. Non, juste une convocation au bureau : « *je vous vire ! Je vous retire votre section…*». Pas de demande de punition, pas de blâme, pas d'avertissement, pas de mise en garde, d'avertissement, de semonce, de remontrance, de procès. Non, juste le coup du marteau pilon, catégorique, définitif. Le coup de feu en plein cœur.

Avez-vous un jour tremblé sur vos jambes ?... Était-ce parce-que j'étais mort physiquement, éreinté, épuisé, las ?... Non, c'était juste l'émotion qui me terrassait. Pour un peu, je me serais écroulé, à terre, dans ce bureau, face au sol, paralysé d'épuisement intense, d'impuissance. [*Certains appellent cela du « burn out », mot savant et moderne pour qualifier l'épuisement professionnel, qui n'existait ni à l'époque des faits, ni de cet entretien.* Note de l'auteur.] Je n'avais pas été capable de faire face à cet important travail d'encadrement dans des conditions ultra difficiles où se plaindre était inutile face à des sourdes-oreilles. Je m'en disais capable, m'en persuadais, quitte à sauter systématiquement les pauses déjeûner, à rester tard, très tard, voire les nuits au bureau, pour préparer mes dossiers. Le résultat est que j'étais devenu, à mon insu, un autre, irritable, ne supportant plus rien. Je m'usais physiquement, à petit feu. Il n'y avait rien de psychologique, je restais clair dans ma tête, mais physiologique, corporel, organique. Certes le stress était important et répété, dans l'urgence de mon mode de vie où je restais sur le qui-vive 24 heures sur 24 pour arriver à cette fatigue de fond.

J'insiste sur ce problème appelé "burn out" que des mauvais plaisants du milieu médical appellent "*dépression nerveuse*", - en tant que Casier judiciaire de l'esprit - eux qui ne savent pas réparer un genou par une science exacte et qui prétendent dépanner un esprit par une psychiatrie qui est tout sauf un savoir-faire exact. Dans l'Armée Française, ces médecins se servent d'un souci de stress d'un militaire, pour assimiler ce genre de mal dépisté à la recherche d'un honneur perdu, qui donnerait lieu à une méthode d'Hara-kiri !... Tout ceci en se basant que cela est une cause de mortalité où le suicide sévit dans le monde du travail, car, même dans l'armée, se tuer à la tâche n'est pas qu'une expression mais la cause du surmenage au travail, qu'ils connaissent sous le nom de "karoshi"...

Cet épisode de fin de commandement terrible me mettait finalement en doute sur mes compétences, mes qualités. Il y avait un épuisement émotionnel qui s'ajoutait à mon épuisement physique à cause de ce rythme effréné où je ne tenais plus compte de mes limites.

Non, je revendique que je n'étais ni nul ni incompétent, mais pas à l'abri d'avoir été manipulé et bousculé. Le défaut a été d'être très engagé dans mon travail, trop même, en aimant le job et l'Institution en voulant en être un pilier. Sans doute trop en quête de reconnaissance, trop dévoué, trop zélé mais désintéressé, mais trop perfectionniste, ce qui fait que je ne comptais ni les heures, ni mon énergie. Ce résultat a été que j'étais, face à des chefs inhumains, impitoyables et implacables, tout à fait vulnérable car trop idéaliste. A force de ne pas broncher on me demandait toujours plus de rigueur et d'en faire toujours plus. Cet épuisement devait fatalement arriver du fait de l'absence de reconnaissance de mon travail, et cela me coupait les jambes, mais pas la tête, même si à un moment j'ai perdu le sens de la valeur travail, avec un manque d'autonomie et de reconnaissance au moment où l'on me demandait encore plus d'hyperactivité. Je dénonce n'avoir pas été évalué sur de bon critères où l'on me demandait de faire mille choses à la fois et d'aller le plus vite possible, toujours être contraint de répondre dans les 5 minutes. De cette section à former, avec cet effectif et ces cadres trop moyens, il fallait en faire une troupe d'élite en faisant semblant d'exécuter un travail de qualité, comme si le superficiel était possible et compatible.

Bref, je savais mon Commandant de Compagnie se reposer entièrement sur moi dans l'objectif, tout dans un jugement sanction, en faisant de cette situation qu'il se crée chez moi un sentiment d'impuissance, de fatigue et d'engourdissement. Ma pile électrique se retrouvait calaminée et l'énergie évaporée. J'étais dans une mission d'usure et je constatais que les conditions de travail étaient impossibles à faire évoluer. J'aurais dû être plus paisible et l'accepter, mais je savais que cela me serait autrement fatal. Pourtant je rêvais de ne plus terminer une journée de travail complètement épuisé et pouvoir m'investir dans ma vie privée.

C'est là que j'ai appris, avec la fatigue, à devenir cassant, voire agressif, en perdant ma concentration. Dieu merci, ma santé était intacte même si j'avais mal à l'estomac par le trac. J'étais debout nuits et jours, sans repos véritable. Il me fallait être partout à la fois pour tirer une locomotive trop lourde sur du gravier. Pour résumer, finalement j'arrivais à l'overdose, au surbooking, à la fatigue physique extrême, à l'épuisement professionnel, donc aux « emmerdes » liés à une pression due au travail. Je n'étais aucunement ni dépressif, ni suicidaire, ni à la dévalorisation de mon moi. Non, simplement crevé, harassé.

J'ignorais ou le voulais ainsi, que cela puisse faire de gros dégâts, comme cela l'avait fait avec mon Sergent-chef Adjoint qui avait pété les plombs, malgré l'aide de la picole... Il avait tout envoyé promener ; avec recul, je le comprends, face à cette mission impossible. Finalement, il ne restait plus que d'attendre que le fruit soit mûr et qu'il tombât.

Donc, relevé de mes fonctions, je pouvais enfin rentrer chez moi, à cheval sur ma mobylette 49,9 cm3...

Je pris l'ascenseur négligeant cette fois l'escalier, et la rencontre, avec celle qui allait devenir mon Épouse, fut apocalyptique, du fait qu'enfin je pouvais me vider de tout ce qui s'était accumulé en moi. Bref, j'étais épuisé, terrassé, dégoûté, dépité, déshonoré. Avec ce même état essoufflé d'une fin de marathon où les derniers kilomètres ont été courus en dératé. Simplement, juste la force de m'entretenir dans une engueulade qui fit peur à ma compagne.

Elle était désespérée par mon état, car elle me savait épuisé, et depuis bien des jours elle avait conscience de fréquenter un lémure anéanti et découragé. Elle me cria de me reposer, je lui rugissais que je ne pouvais pas. Et là, c'est le drame : elle téléphona à mon Régiment en dramatisant la situation « pour qu'on vienne me chercher et me forcer au repos ».

Moi, dépité par cette marche de nuit qui avait trop duré et une sanction disproportionnelle, je m'exaspérais et me révoltait en disant que s'il y avait faute de commandement, c'était mon Pitaine qui l'a faisait et non pas moi en me disant victime d'une situation que je ne pouvais plus accepter, ni cette discrimination trop pesante.

Finalement, j'avais besoin de dormir. En fait, je n'avais besoin que de cela. Des infirmiers militaires arrivèrent, me rassurant que j'allais pouvoir me reposer. Je les suivais en protestant mollement car j'y voyais un secours comme d'autres prennent un Doliprane pour passer un mal de tête.

Puis, je me suis endormi ;

Ensuite, je me suis réveillé, sans savoir, ni réaliser où j'étais.

*

Je fus reçu par un jeune que j'identifiais comme l'Aspirant toubib de service. Nous nous sommes entretenus, en tête à tête, où il remplissait un questionnaire. Je pus lui raconter ce que vous venez de lire sur les causes de cette situation. Je me souviens de tout ceci comme si c'était hier. Et de sa conclusion, où il me dit : « *oui, j'ai bien compris, vous êtes perfectionniste* ».

Il me dit : « Bon, vous allez pouvoir vous reposer » et je le suivis dans une pièce, une chambre. Il m'abandonna. Je constatais alors que les murs étaient capitonnés !!! Comme chez les fadingues dangereux qui se jettent contre les murs !...
Je constatais alors que j'étais chez les fadingues. Je voulus sortir : la porte était fermée. J'étais étonné et fus même amusé par cette situation que finalement je trouvais cocasse même si elle était bizarre. Je me couchais donc, en pensant à mon inspection au Pavillon 13 de chez les burlesques de l'Hôpital des Armées Jean-Baptiste Lucien [*] à Bourgade [*], et aux discussions que j'avais eu avec des patients...

Je me dis que la nuit porte conseil, que demain on réglerait tout cela, qu'il y avait méprise, que je ne pouvais pas être dans un hôpital contre mon gré, puis je m'endormis, crevé, en pensant au Commissaire San Antonio, qui avait, lui aussi, connu une épreuve similaire.

Ce n'est que le lendemain que j'ai pris conscience que j'étais tombé dans le piège. On me mit dans une chambre, seul, et une infirmière me rassura en me disant que l'on allait s'occuper de moi, en me donnant un cachet de je ne sais quoi.

Ma future Épouse vint me rendre visite. Ce ne fut que mes seules occupations pendant une dizaine de jours, car j'étais là, à ne rien faire, sauf lire et me reposer. Je ne vis qu'une seule fois un Commandant Médecin qui me reçu « pour la forme ». Il n'avait rien à me dire et moi, rien à lui répondre. Je voulais retourner bosser, c'est tout et commençais à m'ennuyer.

Finalement, je rejoignais ma Garnison et c'est en faisant ma visite médicale d'aptitude à reprendre le service que je constatais que mon SYGICOP, habituellement de 1 partout, se terminait par un 3, au « P » de Psychique ! Je protestais et il me fut répondu de voir avec le toubib de l'Hôpital... Que je contactais par téléphone... et qui me répondis : « *je ne vais pas vous donner une consultation par téléphone* » !...

J'avais été piégé. J'étais fichu. Je me renseignais à droite et à gauche sur ce micmac. Je ne compris alors qu'une seule chose : mon contrat ne serait pas renouvelé et je serai mis à la porte. TOUT ÇA POUR ÇA !...

Je croisais mon ancien Capitaine dans une pissotière de l'Unité : ce fut la première fois que je le voyais me sourire et il me tendit même la main, comme si rien ne s'était passé. Plus tard, je le revis, quelque part à Bangui : il me regarda sans me voir et je le vis sans le regarder. Nous n'avions été que des épisodes.

*

Je fus affecté au B.O.I., Bureau Organisation de l'Instruction, gentil placard doré où je bossais avec un Commandant qui n'avait qu'à se louer de mon travail et de mes services… Ce n'était pas la « belle vie », simplement une « vie normale »…

Quant à ma méga-section, elle avait été scindée en deux, dont l'une dirigée par un Adjudant, bien sous tous rapports, dont la fonction initiale était celle des Relations Publiques et du SIRPA ! (cherchez l'erreur…)

Une vocation, c'est être un grand naïf. J'étais opérationnel et irréprochable et fis donc ma demande de renouvellement de contrat… dont la réponse fut négative. Ainsi donc, j'allais me marier la veille de me retrouver au chômage !

Persuadé de mon bon droit et d'avoir été victime de discrimination, voire de machination, j'entrepris les démarches auprès d'anciens de mes Chefs, où je pus expliquer mes mésaventures. Je servais donc tous les Week-ends et périodes bloquées, dans un Centre d'Instruction de Préparation Militaire en encadrement de futurs Élèves Officiers de Réserve et de futurs parachutistes.

Je me présentais aussi au Centre de Sélection de Condate [*] et demandais à passer une visite médicale complète d'aptitude par un Médecin-Chef. Je fus examiné par un Lieutenant-colonel, et le verdict fut 1111111. APTE à servir en tous temps, tous lieux et sans restriction. J'étais reconnu à nouveau NORMAL. J'avais été classé 1 dans toutes les catégories, par un Médecin Colonel habilité à signer 1 pour le psychisme (*ce qui est exceptionnel : en effet, tous les militaires sont classés « 2 », considérant que s'ils ont choisi le métier des armes, c'est qu'ils ont forcément « un grain »… Et la mention '0' est inscrite quand le profil psychique est indéterminé.* Authentique !).

A Paris, à la Direction du Personnel Militaire de l'Armée de Terre, on me proposa un retour à la case départ du début de mes soucis : une affectation à École du Matériel, à l'E.S.M.C.L.É.P.L.A.T. [*] à Bourgade [*]. Inutile de préciser que je n'ai pas pété de joie, mais bon, tout compte fait, après cette année de mésaventures, j'acceptais.

Finalement, j'ai pu découvrir que mes soucis venaient bien de Cadres de cette École. J'apprenais par le Colonel Blonde [*] de la Direction parisienne que ma venue en ces lieux était refusée, et en « toute confidentialité » j'appris qu'il y avait là-bas un « ami qui me voulait du bien » et qui s'étonnait que *je sois toujours vivant* (sic). Blonde me rassura en disant qu'il allait *« faire du ménage »* et qu'il avait compris et appris que *« quelqu'un »* voulait ma peau, car je *« dérangeais »*. (Sic et resic)

Il me fut proposé de rejoindre un Groupement au sein de la 11ème Division Parachutiste, le 425ème Bataillon Parachutiste à Derme, dont vous commandez aujourd'hui une Unité qui en découle. Enfin, j'ai pu faire preuve de mes qualités professionnelles et participer à des OPEX. J'ai su déceler qu'il y avait de la méfiance à mon égard en fonction d'actions sous-terraines de désinformation dont vous êtes victime aujourd'hui et que vous gobez avec plaisir sous prétexte de discipline intellectuelle, parce-qu'importe si cela me nuit, le principal étant que cela arrange le commandement que vous couvrez.

Un soir, le Lieutenant Fayot [*] qui a servi ici, m'a dit la chose suivante, un soir où il était ivre : *« Je n'ai qu'un mot à dire au Capitaine Lay [*],* (qui a servi ici, lui aussi)*, et demain tu fais ta valise, car tu es sous surveillance. On te tolère car tu as un piston quelque part, mais il y a des gens bien placés qui attendent une occasion de te faire sauter. »* Eh, oui, *Bonum Vinum*, l'alcool aide les gens à se révéler et oublier les secrets…

Trouvez-vous normal, alors que j'étais votre adjoint et ayant accès aux pièces essentielles, que je découvre que je n'étais plus habilité au Confidentiel Défense ?… Je me suis entretenu avec le Chef de Corps à ce sujet et il est resté évasif en me disant que peut-être que j'avais été « interdit bancaire », ce qui justifiait cette interdiction provisoire !… Car vous comme lui étaient au courant de cette restriction, mais personne n'en faisait cas, car cela arrangeait tout le monde que je fasse bien mon travail. Mais c'est dégueulasse que ce soit à moi de découvrir cela.

Et ce n'est pas tout !

Un jour, mon Épouse me rejoignit afin de passer quelques jours au Liban et en Israël. Un homme a demandé à changer sa place pour se mettre à ses côtés. Pour finalement, sans lui lire les lignes de la main, l'avertir que j'allais quitter l'armée et que pendant 30 ans j'aurais une vie de merde avec des démêlés militaro-judicaires. Naïve, mon Épouse me relata la chose en me disant qu'il était voyant… C'était "Monsieur Horoscope".

Mais, ce n'est pas tout !

Un soir, dans un restaurant à Caylus, je faisais un repas de cohésion avec ma section. L'ambiance était au top, et soudain, une femme, qui jouait à la Gitane, entra dans la salle et vint vers moi, en disant : « Toi, tu es le Chef, mais tu vas quitter l'armée dans le déshonneur, qui te suivra pendant 30 ans, mais tu mourras riche ! ». Elle était voyante, elle aussi ?... C'était "Madame Horoscope".

Quand je l'ai prise à part, j'ai vu qu'elle était gitane comme moi je suis Rabbin, elle était très gênée et soudainement muette. Je n'ai pas voulu faire d'esclandre et l'ai laissée partir. Elle, qui copinait avec mes gars, a subitement disparu... comme une vraie pro du Renseignement.

J'en profite pour rappeler ce que disait Denis Diderot : " *Nous croyons conduire le destin ; mais c'est toujours lui qui nous mène.*" Et bien malin sera celui qui vous dessine votre destin, sans vous connaître, sans même vous avoir vu, en temps, en heure et en détail ! Cependant c'est une méthode utilisée pour polluer les esprits de façon négative, en utilisant l'inverse de la méthode Coué, basée sur le positif. Il est prouvé que l'on peut téléguider un esprit par une hypnose subconsciente. Serinez *untel* en le persuadant tous les jours qu'il est le dernier des cons, et il le deviendra assurément.

Le destin ne doit pas être synonyme de déception, ce serait sous-entendre qu'il y a fatalité, et ainsi l'inclure dans son crédo. Il y aura toujours des mort-nés et des centenaires, aussi, il est sot de faire l'éloge du destin et du fatalisme car rien n'est écrit à l'avance. Nous restons responsables de nos actes et de nos décisions qui changent le cours des choses qui pourraient être certaines, ancrées. N'accomplissons pas ce qui pourrait être dessiné par avance de peur d'avoir à déguiser un volontarisme déçu.

Pour terminer dans l'apothéose, je vais aussi vous relater l'affaire d'un Adjudant-chef de la D.P.S.D. qui était un fidèle de la Popote d'ici, qui copinait avec des cadres, dont l'Adjudant-chef Pigeot, qui a servi ici. Un jour, je l'ai trouvé dans les toilettes de l'étage, dans un coma éthylique, se vomissant dessus et se pissant partout, le pantalon sur les rangers. Il avait été simplement saoulé par Pigeot et sa clique, mais pas de façon innocente, car il y avait un but caché.

Je le découvris rapidement ce motif. Il fallait tout simplement que ce Cadre DPSD fasse un rapport sur moi pour maltraitance en évoquant que je martyrisais le Parachutiste Schmoller de coups de pieds au derrière ! Bref, il fallait me faire sauter…

J'ai pu me défendre, car le Parachutiste Schmoller a écrit à la Hiérarchie qu'il y avait eu une demande de ce Cadre pour qu'il se plaigne. Il était un peu limite innocent et manipulable, et Pigeot avait cru pouvoir profiter de la situation. J'ai aussi fait remarquer au Commandement que l'Adjudant-chef de la DPSD était bourré comme un coing, le jour où il est venu chercher la plainte de ce parachutiste… Il n'empêche que lui, sera un jour Capitaine, continuera ses saloperies, et moi, j'aurai éternellement une épée de Damoclès sur la gorge car je dérange quelqu'un.

Qu'avez-vous à répliquer à tout cela, Mon Colonel ?...

Le lieutenant-colonel Sacristie [*] fit mauvaise mine, car il avait du mal à se dépêtrer des 36 vérités débitées clairement avec ma véhémence outrée.

- Je vous confirme de faire très attention à vous, conclut-il.

Dégoûté je le quittais et si demain, j'avais à le revoir, je lui confirmerais mon mépris pour les pisseux écouillés.

*
* *

10

NOTE SUR LES DÉRIVES MILITAIRES

Ce n'est que bien plus tard que j'ai appris que j'avais raison, découvrant que tous les Médecins-Chef des Unités militaires font un séjour de formation et d'information au Camp de Cercottes, à la D.G.S.E. , sur une formule simple du comment éliminer, voire écarter, tout militaire présentant un danger pour le Commandement et l'Institution. Quand un Capitaine Médecin vient se joindre à votre section lors d'un exercice, ce n'est pas pour « prendre l'air » mais pour noter celui qui a été remarqué par le Commandement. Et grâce au fameux Secret Médical il y a ensuite droit de vie ou de mort sur cet individu pour son avenir soldatesque.

Je n'invente rien. J'ai simplement lié amitié avec des toubibs-Chefs lors de mes séjours en Afrique et au Moyen-Orient. En fumant la clope et en dormant dans les mêmes « piaules », les confidences se font.

Ce n'est pas innocent de savoir que le sein du C.O.S., Commandement des Opérations Spéciales, est doté d'une Cellule « *Opérations Psychologiques* », placé sous les ordres du chef d'État-major des armées (CEMA) et sous l'autorité directe du président de la République française, contre notre ennemi extérieur et intérieur.

L'État sait très bien que le Fou est celui qui a tout perdu, sauf la raison. Il convient donc de savoir le diaboliser pour mieux l'éliminer.

La France est peut-être le Pays des Droits de l'Homme mais pas des Militaires dont le devoir essentiel est de se taire, sous peine.

Pour résumer, j'ai pu faire mes preuves, avec de hautes responsabilités et des commandements à la hauteur. J'ai pu vadrouiller à l'Etranger en OPEX. Hélas, je m'apercevais que je restais le vilain petit canard, du genre de celui qu'on oublie lorsqu'il y a remise de décorations. Même pour les notations annuelles, pour monter d'un barreau à l'échelle du Niveau Relatif, il a fallu que je proteste jusqu'à ce que mon Chef de Corps obtienne ce barreau auprès du Général Commandant la 11ème Division Parachutiste...

Mais cette situation devient rapidement désagréable et insupportable. Avec mon statut, je pouvais espérer effectuer 20 ans de service actif. Aussi, il me fallait être intégré dans le Corps des officiers d'active. Car vivre en saisonnier, de contrat annuel en contrat annuel, est éprouvant. Pendant 6 mois de l'année, il faut être l'élite pour prouver que l'on a eu raison de m'apporter la confiance et les autres 6 mois, il faut se déchirer pour mériter plus que jamais la bonne réputation afin d'obtenir le nouveau contrat.

*
* *

BIGEARD, VOUS AVEZ DIT : BIGEARD ?...

Démotivé par l'entretien avec le Lieutenant-colonel Sacristie [*], je rejoignais donc l'E.C.E.M.A.T.E. à Castelrouquin [*] où j'étais attendu de toute urgence, selon ce dernier.

Je fus reçu par le Colonel Mulhouse, Chef de Corps. Bien sûr, il ne m'attendait pas. Il su simplement me dire que les 3 points gagnés au Niveau Relatif de mes Notes, lors de l'Opération REGFrance Liban que je venais de vivre, ne serait pas prise en compte, nul et non avenu. Il se refusait au « copinage ». Ce serait à moi de faire mes preuves.

Je fus affecté à la 4ème Division d'Instruction. J'apprenais très vite que c'était la Division Poubelle de l'École qui était en fait l'unité qui s'occupait de l'Instruction École de Conduite.

Elle semblait être commandée par un Capitaine qui ressemblait au Sergent García ou à Bernard Mabille, bref un mec physiquement retaillé...

Puis il fut remplacé par son adjoint, un Capitaine qui ressemblait à *Bernard Mabille ou au Sergent García*, ou Pierre Ménès, selon votre choix, autre élément fortement retaillé...

En bref, les sous-officiers faisaient tourner cette Division au mieux de leurs possibilités, à raison de centaines de permis de conduire, du V.L. jusqu'au Super-lourd et Transport en commun.

Petit à petit, l'oiseau faisant son nid, j'ai pu devenir le Big Boss de cette 4ème Division et la remettre en état de marche ou plutôt de rouler, avec le regard bienveillant du Chef de Corps et du Directeur de l'Instruction. Bref, le métier qui rentre, ou plutôt la « diplomatie du fermage de gueule » qui permet de renoncer à s'envoyer des mollards sur la vitre quand on se rase.

Jusqu'au jour où l'on m'amena un soldat qu'il fallait « privilégier ». Il fallait qu'il puisse avoir tous ses permis. Il s'avéra que c'était un filleul du Général Marcel Bigeard... Tatati-Tatata, je mis l'homme en confiance en lui disant que je refusais le favoritisme et qu'il aurait ses permis s'il le méritait. En attendant, je lui demandais de faire signer en dédicace le portrait que j'avais fait du Général.

Ainsi soit-il. Durand eut ses permis, moi, la paix et la possibilité d'entretenir une correspondance avec le Général « Bruno ». Chacun ses fans. Comme Pierre Messmer, cet homme brave, celui qui avait permis aux Centurions du Président Giscard d'avoir une solde mensuelle digne et non miséreuse comme au para vent, pardon, auparavant, s'interrogeait du pourquoi « un tel homme se trouvait dans une telle unité... ».

. J'avais les fonctions de Commandant d'une Division Instruction Ecole de Conduite dans cette Ecole Militaire. Ce fut le début de longues correspondances où je profitais de cette opportunité pour relater le fait que je souhaitais qu'une chose : le retour dans une unité parachutiste de combat. Je souhaitais quitter cette Ecole du Matériel, car cette mentalité de « *fonctionnaires paisibles heureux de leur sort* » ne me convenait guère. Je savais que ma carrière se limiterait à une vingtaine d'années, que j'en avais effectué la moitié. Ma vocation du métier des Armes était motivée par la défense du Pays, donc les OPEX, et non pas de me dorloter dans des bases sans lendemains qui chantent.

Je ne suis pas un cas unique mais il devient atypique de croire vrai les paroles de l'Aspirant Zirnheld *(Parachutiste de la France Libre, Mort au Champ d'Honneur en 1942)* :

"Donnez-moi, mon Dieu, ce qui vous reste,
Donnez-moi ce qu'on ne vous demande jamais.
Je ne vous demande pas la richesse
Ni le succès, ni même la santé.
Tout ça, Mon Dieu, on vous le demande tellement
Que vous ne devez plus en avoir.
Donnez-moi, Mon Dieu, ce qui vous reste.
Donnez-moi ce qu'on vous refuse.
Je veux l'insécurité et l'inquiétude.
Je veux la tourmente et la bagarre,
Et que vous me les donniez, Mon Dieu, définitivement.
Que je sois sûr de les avoir toujours
Car je n'aurai pas toujours le courage
De vous le demander.
Donnez-moi, Mon Dieu, ce qui vous reste.
Donnez-moi ce dont les autres ne veulent pas.
Mais donnez-moi aussi le courage
Et la Force et la Foi."

En fait, les élèves Officiers chantent ces engagements durant leur formation en oubliant très vite leur sens, privilégiant plutôt leur avancement de carrière…

Personnellement, ce n'a jamais été mon cas, où sottement, j'ai toujours méprisé l'idée de carriérisme. Quand je vois aujourd'hui quelque uns de mes anciens chefs, qui s'avèrent grabataires, marchant à tâtons, avec ou sans médailles, le poids des ans les rend bossus et fantômes d'eux-mêmes… Ils sont bien loin de leur sacerdoce.

Jusqu'à un soir de tenue bleue où le Colonel Mulhouse me prit à part et me confia : « *Une très haute Autorité s'interroge sur votre présence ici. Il vous est proposé une mutation expresse dans une Unité de Combat dans votre arme d'origine, en outre-mer. Ne me répondez pas maintenant. Réfléchissez cette nuit et donnez-moi une réponse demain matin.* »

J'étais aux anges, trop beau pour être vrai. Effectivement rien ne se révéla vrai.

Je devais partir sous les 72 heures. En fait, le Colonel Mulhouse fut muté en Allemagne, très soudainement, allez savoir pourquoi. De ma mutation, plus de nouvelles. Le Directeur de l'Instruction, devenu Chef de Corps n'était au courant de rien. Bizarre. Je demandais à monter à Paris, au Bureau T.D.M. Idem, aux Troupes de Marine, on me parla de Droits Ouverts (mots magiques quand on n'a rien à dire), que le plan s'avérait impossible, etc. Je partis au Bureau du Matoche. Pareil, personne ne comprenait et ne parlait mon langage ; Je demandais à être reçu au Boulevard Mortier, siège de la D.G.S.E., histoire de rappeler à mon bon souvenir. « A bientôt, sans doute ». Oui, on vous enverra un pli…

Mais je me sentais quand-même béni des Dieux et comme un naze, j'aurais dû relancer le Général Bigeard, car, apparemment, cette mutation de réintégration dans mon Arme, venait de son intervention. Mais non, je ne voulais pas de favoritisme exagéré.

Aussi, penaud, je rentrais à l'École, retrouvais ma Division, qui était en voie d'être refilée à un Commandant, clefs en mains, par mes soins, car maintenant elle était digne d'être dirigée par un Officier Supérieur…

Je partis donc, sur mes droits à permissions, pendant un mois faire de l'encadrement de Préparation Militaire Parachutiste, à Orléans, histoire de ne pas perdre la main… et relançais, régulièrement, la Direction des Personnels en leur disant que je voulais être muté comme s'était prévu.

On me répondit, par téléphone : « On s'occupe de vous ! ».

Pour information, et par expérience, quand quelqu'un vous dit ces mots, attendez-vous à être fusillé très rapidement avec des balles rouillées…

En définitive, la grande et grossière erreur de ma part, c'était, toute honte bue, de relancer le Général Bigeard en lui expliquant qu'il y avait un « loup » et que l'on contrecarrait sa décision à mon encontre… mais quelque part, j'avais peur qu'il me répondît qu'il n'était au courant de rien…

Ah, orgueil, quand tu nous tiens…

Naïvement, je croyais toujours au miracle et dans mes Chefs. Nous sommes tous élevés ainsi : à peiné né, le devoir est de nous faire croire au Père Noël, puis à la petite souris, puis aux cloches de Pâques. Ensuite nous sommes fin prêts à croire en Dieu. Ensuite, quand le doute arrive, il est vital de croire en l'Etat, à la Patrie et ceux qui gouvernent.

Pour moi, le Général Bigeard était un héros et j'ai lu ses œuvres comme la Bible avec en trait d'union de Règlement de Discipline Générale dans les Armées…

Car nous devons tout savoir de nos devoirs, pour bien faire et se faire bénir. Car nos Chefs sont des Dieux. Nous les implorons que par des prières, par fait d'éducation. En s'interdisant de les juger, qu'ils gardent leur pied d'Estale avant que l'on découvre qu'au lieu de marbre dont on fait les statues, on constate qu'ils ne sont que de faïence dont on fait les bidets mettant leur virilité guerrière en courant les jupons.

Et puis, comme je croyais être dans les bonnes grâces, de l'Unité où je servais et de la Direction des Personnels Militaires, qui venait de m'accorder un renouvellement de Contrat de 3 ans, je laissais faire avec espoir.

Aussi, je me suis interdit de relancer ce Général, ni un aucun autre Officier Supérieur à Direction Centrale à Paris, qui, je le savais, m'aurait mis « tout ça » au clair.

*
* *

12

LE PIÈGE À CON

La mutation eut lieu en un éclair.

Renseignez-vous dans votre entourage : une affectation annoncée par voie de Gendarmerie avec un délai de 48 heures n'est pas commune ! J'avais compris qu'il y avait un coup fourré pour cette affectation lointaine dans un petit Régiment de Soutien, et ceci sans délai. Mais toujours naïf et confiant, je me suis exécuté et rendu sur les lieux.

J'arrivais un 01er août, reçu par le Commandant Beautrousseaux [*] au 91ème Régiment de Commandement et d'Appui [*] à Quinou en Côtes d'Émeraude.

Il se dit surpris de mon arrivée et qu'il avait eu des renseignements me concernant. En guise d'accueil, il me dit : « *je ne veux pas de vous. Un, parce-que je n'ai pas besoin de vous, dans un poste qui n'existe pas, deux, parce-que vous avez une Carte de visite grande comme un panneau publicitaire 4 par 3.* »

En guise d'accueil, on peut trouver mieux... Bien sûr, il ne put me répondre quant à ses sources qu'il prétendait hyper fiables. Je le mis à l'aise en lui répondant que j'étais prêt à repartir, car je n'avais surtout pas souhaité cette affectation.

L'entretien fut orageux mais je gagnais finalement en persuasion. J'avais des arguments comme ma notation qui venait d'être élevée, mon renouvellement de contrat, mes actions en OPEX, et la remise en musique d'un Division École, entre autres. S'il n'était pas convaincu, c'est simplement parce-que l'intoxication avait été bien ciblée et implacable, féroce et impitoyable. Bien sûr, je lui relatais ce que m'avait confié le Médecin-chef Sébastopol [*] de l'E.C.E.M.A.T.E. à Castelrouquin [*] d'où j'arrivais. Comme quoi il y avait eu des embrouilles et amalgames à mon sujet qui avaient été effacées car reconnues mensongères. Cela le rassura et je compris qu'il y avait bien un « ami » qui me voulait du bien et qui me pourchassait.

En bref, il me fallait mettre des feutres sous mes rangers et marcher en silence...

Ce fut facile ! Je fus employé à ne rien faire.

En bref, si j'ai été cru, il n'empêche que j'étais dans un emploi de placard où l'on devient un de ces invisibles du travail qui vivent leur enfer et luttent pour retrouver leur dignité, certains allant même jusqu'à sauter du haut de ce placard par la fenêtre ouverte, la discrimination étant insupportable, meurtrière. Mon Chef passait son temps à lire « l'Annuaire des Officiers », comme d'autres lisent des avis d'obsèques, en tempêtant devant l'avancement de ses Collègues de promo bénéficiant d'un meilleur avenir de carrière que lui...

Sa passion, c'était la collection de « pucelles » militaires où des centaines d'insignes recouvraient ses murs de bureau.

Ma mission la plus importante fut de trouver les fanions des Régiments composant la 9ème Division et de les mettre en place sous des cadres en verre. Mon bureau devint donc l'annexe de Monsieur Bricolage et de standardiste. Je tentais de prendre des responsabilités et d'apporter des nouveautés, mais mon Commandant me disait que les autres Capitaines étaient en « temps de Commandement » et qu'il fallait les laisser gérer. Par contre « j'aimerais que vous vous occupiez de redonner de l'éclat à la Salle d'Honneur »...

Bref, le cauchemar quotidien et la boule au ventre. D'autre part, cette Unité devant être transférée « ailleurs » du fait d'une énième recomposition des forces terrestres, je vivais donc, une nouvelle fois, en qualité de célibataire géographique, avec des aller-retour sur Tarente [*] toutes les 48 heures de fin de quinzaine. Quinou [*] étant ravitaillé par les corbeaux au niveau SNCF, j'achetais donc des voitures « ferraille » pour effectuer ces déplacements, avec pannes frais annexes et connexes.

Finalement, j'ai pu m'exprimer auprès de mon Chef de Corps et lui confier mon désarroi et ce sentiment profond de discrimination, avec en arrière-plan une destruction latente recherchée par un Cabinet Noir du Bureau du Matériel, en faisant attention de ne passer pour un persécuté. En effet, dans le milieu militaire, il est fortement déconseillé de passer pour un paranoïaque. Pour ma part, je n'ai jamais eu de surestimation particulière de moi-même, ni de méfiance extrême à l'égard des autres, bien au contraire ! Je suis susceptible, mais juste quand cela est discriminant et ne suis pas atteint de fausseté du jugement :

Il faut insister sur les dangers d'un comportement non-conformiste où l'on risque d'être considéré comme « inadapté social ». C'est le véritable danger de ces démocraties où se faire remarquer comme un être pensant réduit à l'élimination.

On se réjouit trop de la liberté d'expression en France où il règne la censure et l'autocensure qui devient de la dictature psychologique. Tout est contrôlé et ce qui dérange est interdit, tout ce qui est atypique est suspect, voire condamnable. **Un suspect est coupable**. La libre pensée n'est pas un droit, car nous sommes TOUS gouvernés par de petits Napoléon agités par le pouvoir et le vouloir. C'est particulièrement vrai dans l'Administration et entre autres, la Police, la Gendarmerie et l'Armée.

Tout le monde connaît l'axiome : « pas de vague ». C'est devenu un sacerdoce au sein de la Défense Nationale et gare aux intransigeants.

Aussi, il ne faut pas passer pour une personne atteinte du délire de la persécution ou de celui de la revendication. Voire même du délire de survalorisation. Seul un homme politique au pouvoir peut se prendre pour Dieu ou prétendre avoir communiqué avec... *Les « moutons dans la cour de la ferme » souriront d'un air entendu mais personne n'osera mettre en doute publiquement ces affirmations !*

Donc, dans mon cas, quand on se sent injustement inquiet, et même si c'est vrai, il ne faut surtout pas donner l'impression de sombrer dans la revendication qui passerait pour une dépression. Personnellement, j'avais mis du temps à comprendre que la situation était fausse. Il était anormal de se retrouver sur le haut du podium, adulé par mes Chefs d'hier, promis pour une mutation méritée, pour soudainement se retrouver dans une affectation de placard à tailler des bouts de bois pour encadrer des fanions...

Ma position militaire m'a permis de discuter longuement avec des Capitaines Médecins au cours d'OPEX et de découvrir ce que je raconte ci-avant avec comme précisions que les Médecins militaires, pour devenir médecins-Chef, suivent un stage à Cercottes au camp de la D.G.S.E., pour tout ce qui est de la psychologie, c'est-à-dire l'élimination des éléments gêneurs sous le sceau du Secret Médical. Ensuite, j'ai lié amitié avec le Commandant Médecin-Principal Sébastopol [*] de l'E.C.E.M.A.T.E. à Castelrouquin [*], ma dernière affectation. Il a su me confirmer tout ceci. En gros, il est repris des « idées » de la fameuse Stasi... (Que même le fait d'en parler, peut faire passer pour parano !...) Il m'a même confié qu'il y avait eu des « embrouilles » à mon sujet, mais que tout ceci avait été effacé, qu'en fait, la seule chose que l'on pouvait me reprocher c'est d'avoir une grande gueule pour masquer quelque manquement de confiance en soi, du simple fait de mon statut qui me mettait en rivalité avec les Officiers issus des Grandes Ecoles. Tout a été reconnu comme mensonger mais est classé « top-secret ». *« Personne ne vous en parlera »* m'assura-t-il.

Pourtant, j'insistais pour en savoir plus. Il me répondit finalement : *« C'est trop dégueulasse. Je ne peux pas vous en dire plus, cela vous ferait trop de mal. C'est au-delà de tout ce que vous pourriez imaginer, et finalement, tellement énorme, qu'ici, on a voulu en savoir plus pour finalement détruire ces saloperies sur votre compte. J'imagine que vous avez assez souffert comme cela, maintenant, il faut oublier et aller de l'avant. »*

En parodiant Coluche : *« C'est pas compliqué, dans l'armée, c'est comme en politique, il suffit d'avoir une bonne conscience, et pour ça il faut avoir une mauvaise mémoire ! »*. Il est donc conseiller d'oublier.

Cette discussion, je l'ai toujours en mémoire, à la virgule près, même si j'ai oublié le nom de cet Officier Supérieur du Service Santé. Il pourra certainement confirmer mes dires en lui demandant son témoignage, en souhaitant qu'il soit toujours vivant, car, de tous mes alliés, et protagonistes, c'est l'hécatombe...

- Général Marcel Bigeard, décédé (Mais Madame Bigeard était au courant de tout...),
- ? Général Gérard DELBAUFFE, Contrôle Général des Armées, disparu
- Colonel Blonde [*], décédé ;
- Vladimir Volkoff, décédé ;
- Jean Florin [*], décédé ;
- Général Lapaire [*], décédé ;
- Colonel Philippe Merguez [*], décédé ;
- Général de Corps d'Armée Georges Baffeleuf, décédé.

C'est donc à pas feutrés que je m'étais entretenu avec mon Chef de Corps, Philippe Merguez [*], en lui exprimant mes inquiétudes, sur le passé, le présent et l'avenir. Hélas, il était de ces chefs paternalistes auprès des appelés du Contingent devenus ingérables du fait qu'ils avaient compris être sous emprise démagogique, et qu'en définitive, les chefs, c'étaient eux... Trop d'Officiers Supérieurs, donc potentiellement généralisables, ont une qualité du dialogue qu'ils ont voulu franc et sincère, de leur capacité à entendre les préoccupations de leurs subordonnés et leur motivation à faire reculer les inégalités au sein de l'Arme. On leur octroie leur courage dans l'administration de dossiers toujours difficiles mais il est à regretter qu'ils aient finalement abandonné certaines de leurs convictions au profit d'une posture politique trop aisément décelable !

Ainsi, un officier ayant à se plaindre était le mal venu. Il ne pouvait être question de mon devoir et non de mes droits. Mais, finalement, j'ai réussi à me faire entendre. Cela m'a permis aussi d'enfin comprendre qu'un chef militaire c'est « que dalle », même et surtout pour un Chef de Corps qui n'est qu'un maillon, avec un pouvoir très relatif qui condamne à ne pas prendre de décisions inconsidérées, jouer le jeu, sauvegarder son roi, et faire durer jusqu'à la fin du Commandement de l'Unité en passant au maximum au travers des emmerdements sans se faire déchirer. C'est encore plus vrai dans un Régiment de temps de Paix, composé de soldats du contingent motivés exclusivement par une 'quille' à venir.

C'est cette ambiance que je détestais, préférant celle connue dans les Unités de fantassins en OPEX, tous Engagés et face à un ennemi réel. Ici, je ne voyais qu'un gouffre vers lequel l'armée de conscription se précipitait à force de laxisme et de démagogie.

A force, j'avais pu m'entretenir avec ce Colonel qui admettait que la situation du moment était le résultat d'une dizaine d'années d'abandon de la culture militaire et du relâchement de la discipline. Ce Colonel se révélait un manager, animateur avec pour mission de ne pas sanctionner les comportements déviants, mais de négocier et trouver des compromis. Apparemment, il me comprenait mais me considérait comme trop rigide face à un fort contrôle social au travers de la vie en caserne. Il ne fallait pas faire de vagues et m'adapter à mon service.

Ce qui me frappait, c'est qu'à force de tellement d'apprentissage de démagogie, il en avait adopté la tête, le masque, du « con heureux d'être satisfait », surtout dans ses paroles qui ne devenaient que des mondanités, le petit doigt levé ainsi que le cul, minaudant des paroles avec un sourire entendu de putasse qui te propose le 7ème ciel au 7ème étage sans ascenseur... Toujours cette même attitude, que ce soit à un vin d'honneur, ou toute autre cérémonie, sachant intervertir la coupe de champagne, avec le gobelet en plastique, voire, par accident, le quart en alu militaire.

Je comprenais enfin pourquoi tant de Cadres militaires, dépités, s'adonnaient à la boisson, pour oublier leur situation... pas de quoi s'étonner. Je ne me doutais pas, à l'époque, que 30 ans plus tard, la situation n'aurait fait que s'aggraver, chaque jour un peu plus, avec des suicides de plus en plus nombreux au sein de l'Institution ainsi que dans d'autres « super-entreprises » comme France-Telecom où l'inhumain, sous couvert de modernisation, a pollué totalement tous les différents échelons de commandement, en faisant illusion par une politique démagogique de concertation et de lutte contre toutes les discriminations qui a eu tout le contraire en résultat. Les inégalités, d'un côté et l'apparente volonté d'axiome visant à intégrer ceux issus de la diversité, n'a fait qu'aggraver la situation et déstabiliser les Cadres devenus désabusés, impuissants devant des situations anormales, devant à une hiérarchie sourde, aveugle, laissant les Cadres de contact face à des missions engluées dans des règles et des normes incompréhensibles, inapplicables à tous les échelons.

Ce malaise actuel dans les armées et autres administrations du genre ne sont que le résultat de 40 années de comportement manifestement contraires à toute éthique, avec des cadres de contact confrontés en permanence avec les hiérarchies montantes et descendantes, supérieures et subalternes. Tout le monde concerné sait bien aujourd'hui que l'État ne sait plus que faire face à des erreurs d'estimation dont il va falloir payer le prix. En effet, tous ces innombrables cadres fusillés au pied d'un mur et tous ces autres, jouant un mauvais jeu de dupes, au bénéfice de leur avancement, promotion et carrière ne peuvent plus perdurer.

Cette pseudo modernisation a pour résultat aujourd'hui que l'on ne peut plus rien dire à personne, sous prétexte de lutte contre les discriminations. Et depuis un certain temps le problème de la religion musulmane est venu se greffer à cette situation et pourra même être la source d'une implosion du système, de l'État français, jusqu'à une guerre civile ou un renversement de gouvernement. La cerise sur le gâteau est que le sentiment national et la foi patriotique ont complètement disparu. Ce qu'on oublie c'est que ce n'est pas à la France de faire une place aux musulmans, mais aux musulmans d'essayer de s'y faire une place.

Gardons en mémoire que depuis 1973, l'invasion migratoire était préparée pour changer la population française et la faire disparaître. Le but étant de dissoudre complètement le peuple de France ainsi que ses racines judéo-chrétiennes. Il est recherché la mise en place d'une population docile, non contestataire ainsi que le christianisme intégriste de nos villes et nos campagnes. Ne nous leurrons pas ; j'ai entendu parler d'un mode de « vivre-ensemble ». Foutaise. Il ne s'agit tout bonnement d'une guerre contre la culture française. En sous-marin nos politiciens ont pour but de permettre à l'Islamisme de conquérir notre Pays pour en faire une colonie islamique. Il n'y a qu'à regarder nos derniers programmes scolaires où l'histoire nationale se dissout en gommant nos personnages historiques, simplement pour détruire, anéantir, notre pensée populaire. Nous serons les futurs juifs de France de 39-45 et nous serons arrêtés, internés, massacrés. L'ennemi montre son visage de plus en plus évident : le Qatar et l'Arabie Saoudite, protégés par notre pouvoir politique. Réagissons !

Pour en revenir à la vie dans les Unités militaires, les Cadres ont choisi l'option du confort, ce qui découle du « pas de vagues » et du « commencer à réfléchir, c'est commencer à désobéir ». Résultat : il ne reste plus que le bonjour quotidien où tout le monde se salue militairement, en s'envoyant des « Mes respects, Mon… ». Un respect du grade, un respect de l'Institution mais sans aucune qualité relationnelle, franche et humaine. Ceux qui baignent dans le confort, sont ceux qui ont « le profil de carrière » de bien dessiné, qui ont énormément confiance en eux et s'interdisent le droit à l'émotion. Face à ces gens-là la nécessité vitale est d'avoir le dos rond quand on a un contrat à durée déterminée avec impossibilité d'être ferme et de dire NON à ces personnes toxiques qui pensent détenir la vérité par l'autorité que leur grade et fonctions leur confèrent. Gare donc aux critiques toxiques, aux messages de culpabilisation, aux menaces, au chantage et bien sûr au dédain manifesté par une indifférence verbale. Un Chef devient très vite irritable, voire méchant s'il ne peut plus rester sourd à vos remarques ou doléances. Il s'en sort un rejet masqué par une rigidité, dite militaire. Dans ces conditions il n'est plus possible d'avoir confiance en soi et de s'estimer.

Un soldat est donc considéré uniquement sur son Quotient Intellectuel et jamais sur son Quotient Émotionnel. S'il a de l'émotion, et pire, de sentiment, c'est signe de faiblesse. Suspect, voire inapte.

Personnellement, j'ai été très blessé par la réflexion d'un Capitaine à qui j'avais eu l'outrecuidance de lui répondre « d'accord » à une instruction donnée, qui m'avait répondu : « je ne vous demande pas d'être d'accord, mais d'obéir à mes ordres ! ». Pourtant, je n'étais pas Soldat de deuxième Classe mais Lieutenant, en réunion de travail.

Cela peut passer pour antithèse par rapport à ce que j'ai expliqué ci-avant sur le fait que je prétendais que les Chefs négociaient et trouvaient des compromis avec leur subordonnés. Je confirme, sauf que cela n'est pas valable pour certains Cadres de « la classe ouvrière », considérés comme « travailleurs saisonniers », donc jetables. Ces Cadres servent donc de tampon de choc entre la haute hiérarchie et « le reste ». (Sauf pour le Sous-officier le plus ancien dans le grade le plus élevé qui est classé 'Président des Sous-officiers' et, en fait, le Chef Syndicaliste, incontournable, véritable baromètre de l'ambiance de l'Unité, que l'on tapote régulièrement pour voir s'il baisse ou s'il annonce beau temps…)

Nous sommes tous très surveillés par le politiquement correct et la bien-pensance. Fatalement, vous devenez indiscipliné intellectuel, puis indigne, puis tricard. Et quand vous êtes remercié ou noté, cela ne s'écrit pas sur la feuille de licenciement, ni sur le feuillet annuel de notation. Il ne vous reste que des indices pour vous faire une opinion quant à cette disgrâce. Dans l'Armée, Grande Muette, fille du peuple, vous devez être dans la compassion automatique directe avec des mots à ne jamais prononcer, sinon, vous devenez immédiatement personne à vomir et l'on feint de s'évanouir quand vous parlez de ce que vous devez taire. Vous devenez soit sympathisant nazi, soit bolchévique, soit converti islamiste, soit totalement con et irresponsable. La bien-pensance vous accuse de penser de travers, car, elle, est droite, irréprochable, alors que vous, vous êtes un peu bizarre, vous parlez trop, en liberté de pensée. Et c'est le drame, le barrage, condamné par TOUS, car il vous sera impossible d'être reçu nulle part, à cause de votre odeur de souffre qui fait de vous un salopard, guillotinable moralement, vous, vos proches, ascendants, descendants, victimes de la dictature démocratique.

Le problème de l'officier, quand il entre dans cet univers militaire, c'est qu'il doit impérativement se calquer sur le moule dans lequel il arrive et il en perd sa personnalité. Il tombe dans la bien-pensance. Il est obligé, quand il va travailler dans une Unité, de se couler dans l'esprit de l'Institution. Sinon on va dire : « cet homme est atypique, donc différent ; puis s'il persiste, indésirable, pour risquer finalement d'être qualifié d'indigne ! ». C'est ce qui bouffe notre société. Moi je rêve qu'un jour des jeunes aspirants créent une nouvelle mentalité, façon Lafayette qui sort un peu de nos grands principes qui sont cornaqués par la politique ou qui sont étiquetés politiquement. Pour ma part, j'ai été très marqué par mon rôle de Cadre lors de la formation des Élèves Officiers Polytechniciens. Je leur ai apporté mon savoir ; en échange, leur côté anti conventionnel m'a beaucoup apporté en ouverture d'esprit.

Il était essentiel que je fasse cette digression avant de revenir à notre affaire, j'avais donc réussi à attirer l'attention de mon Chef de Corps sur cette mutation surprenante et insolite, sur mon accueil et sur mes missions confiées, c'est-à-dire, rien, avec, en perspective, la possibilité d'action concrète pour ne plus avoir ce sentiment d'inutilité destructeur, aucune nouvelle mutation n'étant apparemment pas possible.

Ainsi, au bout d'un certain temps, alors en permission chez moi, à Momères, j'ai reçu un appel téléphonique de ce Colonel me disant qu'il avait une mutation au TOGO pour moi, sous condition que je suive un Stage d'obtention du Diplôme d'Officier Mécanicien, à l'Ecole Supérieure d'Application du Matériel à Bourges. Je rétorquais que j'avais là-bas passé deux ans et que c'est là que j'avais dû me « faire un ami qui me voulait du mal ». Cependant, au garde-à-vous derrière mon téléphone, je lui annonçais mon volontariat massif et franc, en prévenant, toutefois, que j'allais me jeter dans la gueule du loup...

Ce stage faisant mutation, j'eus donc droit à un pot de départ avec cadeau et encouragements.

Mes espérances ne furent pas déçues : je ne fus pas le président de ma classe de stage bien que je sois le plus ancien dans le grade le plus élevé. Il fut profité de mon absence pour en désigner un autre. L'accueil, sans paranoïa aucune, fut glacial mais poli. Mais au bout de quelques semaines, je suis averti que mon départ pour le TOGO était annulé. Soi-disant pour notes non-conformes. J'ai donc tapé du pied en faisant remarquer que si j'avais été désigné pour suivre cette formation, c'est que cela avait été étudié auparavant, et bien sûr, sur dossier. Je me retrouvais donc à suivre 6 mois dans cette école pour obtenir un diplôme qui me serait inutile car j'étais prévu retourner dans mon affectation pour tailler des crayons. Aussi, je décidais me suivre, en parallèle, des cours par correspondance au CNED pour subir en juillet suivant le passage d'une unité de valeur pour la Faculté des Lettres et Sciences Humaines de Derme [*]. En effet, il m'était reproché un niveau scolaire trop bas préjudiciable à mon avenir militaire. Bon an, mal an, je suivais cette instruction de la « Royale Cambouis » le jour, et la nuit je faisais mes devoirs par correspondance pour ce titre de faculté de Derme [*]. La course des deux lièvres à la fois n'était pas aisée, avec forcément l'obligation de faire des impasses dans les deux domaines. Et comme j'ai toujours été un peu cancre face aux études, c'était dur d'être bi-élève…

*
* *

Finalement, j'ai eu ces deux diplômes : celui de la Faculté de Lettres de PAU et celui d'Officier Mécanicien des Corps de Troupes, qui permettait le Poste de Chef des Services Techniques Régimentaires, Stage de Spécialité qui permettait, en outre, l'intégration dans le Corps des officiers d'Active.

Le Colonel Philippe Merguez [*] n'a pu me donner aucune explication quant à mon retour à la case « taillage de crayons », bien que ce diplôme militaire obligeait mutation dans la fonction. J'ai donc repris mes responsabilités inexistantes. Le Commandant Parenthèse [*] devait prendre la suite du Commandant Beautrousseaux [*]. Je constatais rester dans les mêmes oubliettes que précédemment, sans mission définie.

Paternaliste, le Colonel Philippe Merguez [*], afin de contrer ce qui se tramait au bureau d'Arme du Matériel, dont il était finalement conscient, m'entraînait dans sa sphère privée afin de rompre mon isolement tant professionnel que privé. Avec, entre autre, pour mission de confiance de m'occuper des nombreux Bals du Régiment les Week End, ce qui me faisait participer à la vie régimentaire, fréquenter les familles des Officiers Supérieurs, ce qui m'obligeait de rompre avec ma famille. Le but étant de dorer mon blason en m'impliquant dans ce sérail avec pour but que je sois serein en acceptant ma situation, renonçant ainsi, à « faire des vagues ». En précisant cependant que la mise en place de ces bals concernait la décoration, le mobilier, les couverts, la sono, etc. sans autre main d'œuvre que celle des personnels du Piquet d'incendie, les bloqués du Week-end, avec les horaires atypiques, les dysfonctionnements, le manque de moyens et d'autonomie. Donc, une organisation tendue pour créer un miracle de résultat nickel-chrome où j'excellais à merveille ! A faire pâlir d'envie un Chef du Service Général.

C'est ainsi que Mademoiselle Michel Des Pafières [*], fille du Commandant en second, ami du Chef de Corps, s'est éprise de moi avec des attitudes provocantes. J'ai repoussé ses avances du fait que j'étais marié, père de famille et que cette demoiselle de dix ans ma cadette ne m'intéressait pas. Ce qui ne l'a pas empêché de me harceler quotidiennement et de se faire passer pour ma petite amie en me mettant dans des situations gênantes.

C'est à la suite de sa tentative de suicide en se tailladant le poignet, ceci en présence de la fille du Colonel Philippe Merguez [*], Chef de Corps, après lui avoir annoncé que rien ne pourrait advenir entre nous, que j'ai rendu compte de cette situation et de ce grave incident à ce Père du Régiment.

M'ayant répondu que : « *le divorce n'était pas fait pour les chiens* », j'ai établi dans la hâte, ma colère et mon dépit, sans véritable réflexion, une demande de démission. J'aurais dû y inscrire que le motif en était le harcèlement moral, d'une part, et sexuel, d'autre part, mais ces termes n'étant pas usités à l'époque, je me contentais d'impliquer des « raisons personnelles ».

Bien évidemment, cette demande, qui n'était qu'une provocation, avait pour but de faire réagir le Haut Commandement, mais surtout mon Chef de Corps qui était conscient de ces problèmes, mais qui laissait pourrir la situation.

Je voulais et savais que par cette opération « coup de poing », qu'une enquête de commandement aurait été déclenchée afin de régler tous ces problèmes latents qui pourrissaient ma vie.

Il n'était surtout pas de mon intention de vouloir quitter mon métier, véritable sacerdoce.

Il est essentiel d'avoir toujours en mémoire, que j'avais un statut professionnel précaire, qui m'obligeait à être en permanence sur une corde raide, étant perpétuellement en renouvellement de contrat, chaque année. L'Institution de la Défense Nationale se moque bien des lois en vigueur concernant les conditions de renouvellement d'un contrat de travail à durée déterminée (CDD), en masquant ceci par un statut d'Officier de Réserve en Situation d'Activité. Il n'empêche que ce genre de statut permet que le CDD ne soit renouvelable que deux fois et donne lieu, à l'issue, soit de non renouvellement, soit de l'accès en CDI, bref, l'intégration active pour les militaires. La refonte de ce statut bâtard a été revue en transformant le statut en OSC, Officier Sous Contrat, mais si techniquement, cela paraît différent, il n'empêche que les pauvres OSC sont toujours considérés comme des intrus incompétents, par les Officiers d'Active, *ces chefs qui manient tous le même langage, qui font des phrases interminables avec des mots clef qui vont bien, face auxquels personne n'ose rien dire de peur de passer pour un imbécile auprès des autres*, et surtout par les Sous-officiers qui font preuve d'une abrupte discrimination, voire de racisme. Car tous ces personnages veulent une carrière fulgurante et une ascension rapide dans les échelons, grâce à leurs beaux discours appris par cœur. Ils ne tolèrent donc pas, eux, les éléphants, ceux qu'ils considèrent comme une petite souris qui gratte la poussière, dans un nuage qu'ils décident intoxiquant. Comme les politiques, ils sont là, pour un prétexte de Patrie alors qu'ils ne songent qu'à leur carrière. *Malheur aux faibles !*

Aussi, cette demande de démission restant sans l'effet escompté, je m'empressais, le 2 décembre 1985, de rédiger une annulation de ma demande de démission qui devait être considérée comme nulle et non avenue. Envoyée, comme l'autre, par la voie hiérarchique. Il apparaît que toute trace de ce document ait disparu.

En parallèle, Monsieur Jean Florin [*], Secrétaire d'Etat à la Défense Nationale, averti de ma situation par le concours de mon Epouse, avait saisi le Ministre de la Défense, Monsieur Pascal Kivala [*], afin de mettre fin à ces harcèlements. Ce ministre devait écrire, par la suite, le 18 novembre 1985, que j'allais bien être muté, du fait que l'Unité à laquelle j'appartenais allait être transférée à Nantes.

Dans la vie, il est indispensable de connaître le véritable sens des mots. Un ministre, lors de consultation du dictionnaire des synonymes, étant assimilé à : *serviteur, domestique, valet, laquais, exécutant, interprète... jusqu'à vacher,* pour finalement, par extension *être considéré comme chef et dirigeant....*

Voyant que rien n'aboutissait au niveau de mes démarches, n'ayant eu aucune entrevue, ni au sujet de ma demande de démission, ni au sujet de ma rétractation, mon seul espoir résidait dans l'action personnelle de Messieurs Pascal Kivala [*], Ministre de la Défense et de Monsieur Jean Florin [*]. Je ne pouvais pas deviner que leur action aurait été court-circuitée, en les prenant de court, par des personnes sous influence pouvant agir sans leur accord direct.

Ainsi ma démission s'est retrouvée acceptée pour être effective à partir du 1er janvier 1986, ceci contre mon gré.

Je n'ai été averti que le 29 décembre par télégramme, étant en permission dans ma famille, afin de rejoindre mon Unité pour effectuer mon circuit de départ.

Il m'a été impossible d'avoir le concours de l'Assistante Sociale des Armées, qui, connaissant ma situation avait tout pouvoir et latitude pour faire arrêter cette décision qui me mettait fatalement à la rue, avec mon enfant de 6 ans et mon épouse enceinte, sans aucun moyen de subsistance, sans possibilité de reclassement, sans ouverture de droit aux ASSEDIC, et finalement, sans logement.

J'ai exprimé, en tête-à-tête avec mon Chef de Corps, le 31 décembre, le fait que l'on volait mon travail, que l'on volait ma vie et celle de ma famille, contre mon gré, en accusant ce Colonel de ne pas avoir fait son travail et d'avoir laissé la situation se dégrader. Je refusais, bien évidemment, de quitter l'enceinte militaire et mes fonctions et le Colonel Philippe Merguez [*] me menaça de **me faire expulser par la force** si besoin était.

Je contactais alors la permanence de Monsieur Jean Florin [*] qui me rassura en me disant qu'elle envoyait ce jour, une télécopie au Ministre de la Défense afin que cette demande de démission soit bien considérée conne nulle et non avenue.

C'était sans me douter que mon dossier n'aurait pas été suivi et que la cohabitation aidant, ces hauts personnages ont dû quitter leurs fonctions. Je me retrouvais sans appui. Plus jamais personne n'a pris en considération mon cas et les Officiers Supérieurs, m'ayant eu sous leurs ordres, désirant m'aider, qui ont accepté de plaider ma cause en Haut Lieu afin que je sois réintégré, n'ont plus jamais donné de leurs nouvelles.

Je n'ai appris, que plus de vingt ans plus tard, que mon dossier avait été trafiqué et qu'il faisait apparaître que j'étais un malade mental, avec internement en hôpital psychiatrique, pendant 6 mois du 1er octobre 1978 au 31 mars 1979. Ce qui est strictement faux et mensonger, car à cette période je servais au CIPM de Quimper et cette supposée maladie aurait été incompatible avec mes états de service depuis ces dates supposées, ainsi qu'à mes interventions en Opérations Extérieures (Liban-Afrique).

Ainsi, cela expliquait qu'avec un tel Curriculum vitae, je ne pouvais plus espérer, ni d'avenir dans le métier des armes, ni dans le secteur civil à qualification et grade équivalents.

Force m'était de constater que j'étais devenu indésirable.

Trop sûr de mon bon droit, je tentais toutes les procédures amiables et les demandes de réintégration, en me confrontant à un mur administratif et à de graves incidents visant à me déstabiliser.

Finalement, je devais avoir recours au Tribunal Administratif pour faire valoir mes Droits. Hélas, mal défendu, les questions posées, hors sujet, par un Avocat au rabais, ont desservi ma cause pour arriver à une procédure laissée en sommeil pendant 8 ans, pour qu'enfin le Tribunal se déclare « incompétent ».

Il ne me restait plus que la requête auprès du Conseil d' Etat.

Là encore, je me retrouvais avec l'aide d'un Avocat désigné d'office du fait de mon recours à l'Aide judiciaire.
Je me doutais que ce Conseil ne répondrait qu'aux mêmes questions posées devant le Tribunal Administratif ; aussi, sans possibilité d'aide, je décidais d'écrire un Mémoire afin de faire ressortir les injustices dont je suis victime :

1. Reconnaissance d'abus d'autorité et de délaissement de personne ;
2. Non assistance dans l'irrecevabilité d'une demande de démission ;
3. Reconnaissance du harcèlement moral, professionnel ;
4. Reconnaissance du harcèlement sexuel ;
5. Reconnaissance du faux en écriture dont je suis victime ;
6. Reconnaissance de propos calomnieux par diffusion écrite ;
7. Reconnaissance du non respect du Droit du travail.

Le Conseil d'Etat n'a pas suivi mes requêtes, sous l'influence des défenseurs du Ministère de la Défense, en s'appliquant à ne pas tenir compte de la genèse de l'affaire, c'est-à-dire la demande de démission, son irrecevabilité et la rétractation de cette résiliation de contrat.

Au lieu de cela, il s'est intéressé à mes déboires avec la Justice, postérieurs aux évènements en cause.

Il s'est appliqué aussi dans des démonstrations hermétiques faisant ressortir qu'une réintégration était impossible, en feignant d'oublier que ce rétablissement devait s'opérer après une démission devenue caduque.

Le Conseil d'Etat se contentant de qualifier l'irrecevabilité de mon rejet de demande de démission comme « *inopérant* », c'est-à-dire, « vain, stérile et inutile », mais pas de son INADMISSIBILITE de par le non respect de la procédure de démission par la hiérarchie militaire :

- non respect du mois de délai entre le jour de la demande et le jour de l'acceptation, (averti seulement le 29 décembre par télégramme) ;

- non respect de l'Article 7 du Chapitre II, des Devoirs et Responsabilités du Militaire, du Règlement de Discipline Générale dans les Armées ;

- non respect des trois mois de préavis ;

- impossibilité de rencontrer l'Assistante Sociale des Armées (Ce qui d'ailleurs, aurait dû avoir lieu, le jour même du dépôt de ma démission) ;

- non délivrance des documents administratifs obligatoires ;

- impossibilité d'offre de prendre option pour :

  - un détachement ;
  - une mise en disponibilité ;
  - un congé sans solde.

Tout ceci a été écrit dans mon Mémoire du 07 février 2010, ainsi que dans le dépôt de plainte à l'encontre du Ministre de la Défense Nationale, du 31 décembre 2010 :

- **Si cette demande de démission avait bien été déclarée irrecevable, comme de Droit, il n'y aurait jamais eu de demande de réintégration, ni de faits et de méfaits à me reprocher.**

- **L'Etat français se garde bien de reconnaître que par cet acte il me livrait à moi-même, sans espoir d'aucune réussite sociale ou autre.**

- **L'Etat français allant même jusqu'à écrire et dire mon aliénation mentale afin de pouvoir rejeter plus aisément mes demandes de retour en activité dans les armées et en compromettant fatalement tout parcours civil honorable.**

- **Cette demande de démission ne peut être jugée qu'irrecevable, de par l'absence de l'Assistante Sociale des Armées et du fait que le dossier était entre les mains du Ministre de la Défense par le pouvoir objectif du Secrétaire d'État aux Anciens Combattants. Un simple vice de procédure permet de relâcher un bandit, il est à exiger qu'il en soit de même dans le cas d'un départ forcé, où l'auteur de la demande ne voulait surtout pas quitter le service actif. L'État français n'a pas le droit d'être au-dessus des Lois de la République.**

*
* *

13

DÉRÉLICTION - DÉLAISSEMENT - ABANDON

Je pourrais m'entendre dire, dans le cadre d'une vraie démission, réelle et désirée :

- *"Mon Colonel, je vous présente ma démission".*

- *"Pardon, mon capitaine, ai-je bien entendu, vous voulez démissionner?"*

- *"C'est exact. Je démissionne".*

- *"Quelles sont les raisons de cette démission?"*

- « Oups ! » Merci de m'avoir posé l'interrogation. Car, ce jour là, aucune question ne m'a été posée, ayant déjà donné ma réponse avant la devinette : Je ne supportais plus le harcèlement moral, *espèce de terrorisme disciplinaire,* de ces années, fait sur ordre hiérarchique, qui venait de se compléter par Mademoiselle Michel Des Pafières [*], fille du Commandant en second, qui avait tenté de se suicider par entailles de ses veines de poignet, sous prétexte que je ne voulais pas d'elle et, par cela, garder mon couple de vie familiale intacte. J'avais donc demandé à ce Supérieur hiérarchique de régler ce souci grave dans cette « grande famille militaire ». J'arguais du fait de cette fragilité mentale et des agissements de cette demoiselle :

- je ne pouvais pas concevoir qu'elle entrât en cachette dans mon bureau, fouiller mes tiroirs et déchirer les photos représentant mon Épouse ;

- je ne pouvais admettre qu'elle se balade dans l'Unité militaire, comme chez elle, et qu'elle aille se planquer dans le coffre de ma voiture, à mon insu, pour en sortir comme un guignol qui sort du chapeau, en saluant des mains, une fois que je m'étais garé devant mon domicile, simplement pour m'imposer sa présence, et tenter de me convaincre de tout l'amour qu'elle avait pour moi...

- je ne pouvais admettre qu'elle continuât ce film, où elle faisait courir dans tout le Régiment, fille du Chef de Corps compris, qu'elle allait m'épouser et que cela allait faire évoluer ma carrière dans le bon sens, du fait de son nom célèbre grâce à ses ancêtres dont un, fameux homme militaire et politique, Général, Commandeur de la Légion d'Honneur.

- je ne pouvais me permettre de jouer ce jeu immonde, sous prétexte de gloire personnelle, en me laissant tourner la tête par cette fofolle, et lâcher une Épouse fidèle et aimante, qui supportait cette vie de célibataire géographique, du fait d'une Unité qui devait être remaniée et déménager, dans le cadre de la refonte de la 19ème B.I.M. [*] .

Aussi, après avoir exposé ces graves soucis, lorsque mon Chef de Corps me répondit : « Le divorce n'est pas fait pour les chiens et vous avez tout à y gagner », que l'on comprenne que ma réaction a été « chaud bouillant » en torchant, à la va-vite, une demande de démission.

Aurai-je donc dû répondre :

- *"Mon passé de soldat".*

- "Mais...euh...en quoi votre passé de soldat a-t-il pu être mis à mal ? Je ne connais aucun acte malveillant à votre endroit, aucun article de presse vous mettant gravement en cause, aucune fâcherie entre nous qui ait pu porter atteinte à vos états de service et justifier cette décision!!! Je refuse. D'ailleurs, notre déménagement d'Unité est programmé dans les mois à venir, et vous suivrez avec les honneurs dus aux services que vous rendez à la République."

- "Mon Colonel, je n'ai pas assisté la république. J'ai collaboré pour la France. Je l'aurais servie quel que soit le régime. Qu'elle soit républicaine, impériale, monarchique ou libre, la France seule mérite les sacrifices auxquels j'ai consenti tout au long de ma vie. La république, qu'elle soit parée de sa plus belle parure comme autrefois, ou en défroques comme actuellement, n'est qu'un simple régime politique qui ne suscite en moi aucune adoration. Or, j'aime la France. Elle est l'insatiable initiatrice que j'ai choisie."

- "Soit. Vous n'êtes pas le seul dans ce cas. Mais pourquoi cette démission? J'ai tout fait pour vous. Je vous ai maintenu, contre toute règle, en activité, du fait d'avis défavorables à votre encontre provenant de Paris. J'ai souvent donné la préférence à vos avis sur ceux de vos collègues. J'ai résisté à toutes les pressions de ceux qui voulaient votre départ. Certains prétendent même que vous m'auriez "charmé", ce qui est un peu vrai. J'ai compris vos opinions sur votre sort dans ce Groupement du Matériel où vous servez, sans de possibles lendemains qui chantent, façon placard où vous êtes enterré vivant...que pouvais-je faire de mieux? Cela me dépasse d'avoir appris, dès le début de votre stage d'officier Mécanicien des Corps de Troupe afin que cela fasse mutation au Togo, d'avoir appris que cela était incompatible avec votre notation, alors que c'est moi-même qui avais mis en place ce départ en stage, avec avis favorable, en fonction de vos aspirations… Quelqu'un est intervenu à mon insu, mais que pouvais-je faire de mieux ?..."

- "Rien. Je ne vous ai d'ailleurs jamais rien demandé. Les choix que je vous ai proposés étaient pour le bien du service et en conformité avec les intérêts de l'Institution qui, en ces circonstances, rejoignaient les vôtres. Je ne suis pas un indiscipliné, ni forte tête. J'ai fait mon devoir malgré des manœuvres sournoises et secrètes faites pour me déstabiliser, me dégoûter. L'avenir a démontré que j'ai des ennemis impitoyables qui ont accueilli comme une fête le fait que je puisse offrir ma démission sur un plateau.."

- "Mais enfin, me direz-vous pourquoi cette démission?"

- "Je démissionne parce que vous avez failli, et je veux que l'on sache que je n'ai participé en rien à la décision que vous avez prise et que je ne pouvais plus contester étant homme d'honneur."

- "J'aurais failli? Diable! Quelle décision? Je ne comprends pas."

- "Vous avez mis en position de démission un officier subalterne qui a déplu en disant simplement la vérité. Je vous ai fais part, à plusieurs reprises, que ma mutation, dans ce Régiment était bidon, savamment pensée, orchestrée afin de casser toutes mes prétentions d'avoir voulu retourner dans une armée de mêlée, au sein d'une véritable Arme, celle des Troupes de Marine... Quand vous avez finalement compris que j'avais raison, vous avez failli à votre devoir d'équité, de respect de la personne et de la fonction qu'elle exerce."

- "Vous voulez parler d'une action souterraine à votre encontre?"

- "En voyez-vous une autre?"

- "Le général 19ème B.I.M. s'est exprimé à votre encontre en évoquant le devoir de réserve auquel doit se conformer tout militaire en activité. La réprobation est sans doute justifiée."

- "Ce qui veut dire, Mon Colonel, qu'il faut taire la vérité pour ne pas déplaire. Il a acté sans même me connaître, juste sur une note écrite, sans serment. J'ignorais que c'était votre conception du service de l'Etat."

- "Euh...attendez... Non. Je reconnais à ce général son autorité. Mais quand soldats, policiers et gendarmes sont employés pour assurer la sécurité des français, il est normal que vous soyez soumis à votre situation. Sans doute ne vous êtes-vous pas fait que des amis, car je connais votre zèle."

- "C'est un point de vue. Pensez-vous qu'il soit du ressort d'un Officier Adjoint comme je suis, de n'être qu'un standard téléphonique entre vous et mon Chef, afin de tenter de vous expliquer qu'il n'est pas joignable et que je vais encore trouver des chaussures de plage et du sable dans la voiture de fonction qui lui est allouée, de m'occuper de la décoration et mises en place des bals militaires du Week-end et de faire Monsieur Bricolage pour encadrer des petits fanions d'Unités, sous verre et de les coller solidement dans une Salle d'Honneur qui n'est pas encore construite et qu'il faudra détruire dans quelques mois ?... Croyez-vous normal que la seule sortie terrain que j'ai pu faire, c'est de l'exécuter en lieu et place de mon Chef, où la seule mission qui m'a été confiée, c'est d'aller acheter des croissants pour l'État-major de la manœuvre ?... Ai-je, un jour, fui mes responsabilités? Mis en danger la vie de mes subordonnés? Non, et d'ailleurs, je ne le pouvais pas, mon seul vrai rôle étant de voir mon Commandant de Groupement lire le journal et faire les mots croisés ! Celui d'avant, il passait son temps à lire l'annuaire des Officiers, voir l'avancement de ses collègues, son non-avancement, comme on lit la rubrique nécrologie, et constater de le progrès de sa collection d'insignes de régiments !"

- "Je comprends vos arguments. Mais tout cela vaut-il votre démission?"

- "Non. Ce n'est pas Louis XVI qui a choisi de se faire couper la tête. Vous avez validé cette mesure sous la pression de vos supérieurs avides de sensations fortes, comme celle par exemple de se "payer" ma disgrâce, juste parce-que je suis différent avec mon statut qui n'en est pas un. Mon Colonel, accepter ma démission que vous m'infligez n'est pas seulement injuste et infondée. Elle est avant tout stupide. Mais je ne pouvais pas continuer à me priver de la parole, de mes réflexions, de mes idées, de mon intelligence et de mon expérience face aux hauts responsables militaires dont vous faites partie. Nous ne sommes plus au temps du putsch, mais dans ces années 1990 qui pointent, je ne constate qu'une France monotone, qui soutient, par l'intermédiaire de tous les députés et maires la destruction de notre armée de conscription par les affectations de complaisance, les dispenses d'effectuer le service national, la démagogie de tous les chefs militaires envers les soldats, jusqu'aux croissants du samedi au petit déjeûner. Quand je vois la réorganisation des divisions militaires transformées en Brigades, les déménagements de régiments et les futures dissolutions d'Unités, je sens que notre armée se détruit de jour en jour et que plus personne n'est motivé. Les Cadres sont contestés dans leur façon de commander si elle est trop stricte et les soldats vont directement pleurer auprès du Chef de Corps, en s'affranchissant de toute voie hiérarchique, en disant : « *le monsieur il me parle mal, il articule trop fort, il veut pas que je passe mon permis de conduire et que ma fiancée vienne me voir, il m'embête…* ».Finalement, la discipline ne s'applique qu'aux gens comme moi, pris en étau entre les supérieurs et les subordonnés.

Pour former un officier, il faut plusieurs années et ce n'est pas en École militaire que l'on apprend à commander, organiser, gérer, planifier, instruire, programmer et parfois combattre, mais sur le Terrain, dans les Corps de Troupe, ceci afin de parfaire des théories militaro-scolaires de classements de fins de stage. Pour en arriver là, il faut souffrir physiquement et supporter des sacrifices personnels et familiaux nombreux. Ceci nécessite un investissement coûteux, voire un endettement, surtout quand on vit en « célibataire géographique ». En retour, il faut servir avec loyauté et discipline dans le respect de l'éthique militaire, sans se plaindre. Vous venez de me jeter aux orties. Quelle erreur ! Cette mesure est inique.

Quand de surcroît il se vérifie que tout ce que j'ai dénoncé, tant au niveau du comportement de certains officiers et de leurs fautes, on ne trouve que la justification d'indiscipline intellectuelle pour juguler les quelques vaguelettes que j'ai créées, car finalement, je passe pour un emmerdeur, qui pose des questions dont je devrais connaître les réponses. Mais, finalement, qui est coupable ? Je suis solidaire des hommes droits et revendique quand ils ont des travers. Je n'admets pas être sacrifié sur l'autel de la vengeance, guillotine imposée aux soldats qui gênent.

Je revendique mon droit d'arracher ce bâillon qui va faire de moi un sous-citoyen, et de ne plus exister car, pour être civil, il en faut la mentalité. Ce n'est pas mon truc. Ma vocation ira jusqu'à son terme, dussé-je en crever. Si je refuse d'être un soldat sans voix, je refuse aussi de devenir un costume-cravate.

Mon Colonel, en voilà assez. J'ai créé un nouveau droit, celui de donner mon avis, en activité, sous l'uniforme, porteur de l'information ou de la contradiction faisant surgir la vérité. J'ai eu raison d'écrire dans mes Compte-rendu pour dire ce que je voyais. Pour dénoncer les travers de nos institutions. Finalement, pour vous aider, Mon Colonel, à prendre les bonnes décisions, quand il manque un armurier, parti en cachette, quand il manque une arme de poing, dans la réserve mobilisation. Mais vous préférez les adorateurs sans âmes, les obséquieux serviles, les inféodés obéissants aux idées creuses. C'est votre choix. La punition que vous m'infligez rejaillit avec force sur moi.

- " Je m'en vais aujourd'hui, mais pour revenir demain."
- " Vous ne reviendrez pas."
- " En ce cas, je refuse de partir."

- " Si vous ne partez pas, je **serai obligé d'employer la force**."
- " En ce cas, je refuse de partir."

Tel est le dialogue en surtension que je rapporte ici.

Tel est le tête-à-tête qui s'est déroulé ainsi dont ces cinq lignes de fin de conversation qui montrent à quel point un colonel, qui se doit être le Père du Régiment, n'hésite pas, sous l'égide de la corruption imposée par sa hiérarchie, à mettre à la rue un de ses fils, en ne songeant qu'à lui récupérer son Laissez-passer et sa carte d'Identité militaire, en espèce de fatalisme, serviteur du faux.

Comble du toupet, ou pour masquer sa gêne de n'avoir rien à dire, le brave homme, faute d'homme brave, se leva pour rejoindre son armoire forte, pour me donner mon « cadeau de départ » !!!

Offrande que je refusai en articulant : « vous *ne voulez pas que je vous dise 'merci', en plus ?!...* »

Je saluai donc le drapeau de l'Unité, fis demi-tour et partis pour mes mésaventures.

Et c'est bien beau de parodier le Commissaire Moulin bafoué, le Commissaire San-Antonio outragé, mais, en fait, je me retrouvais comme un CON, réalisant enfin que je n'avais pas de quoi nourrir mon gosse demain ni subvenir aux besoins de ma Famille.

Il y avait tout simplement **ABUS de FAIBLESSE, faute grave de Commandement**, et je n'en prenais pas conscience alors que ma vie et celle de ma Famille étaient en train de basculer dans un grand vide. Et que cela ne changerait rien dans le déroulement de carrière de ce Colonel, que j'avais appris à connaître minable, obsédé par la peur des vagues ou le caca nerveux d'un Appelé du Contingent. Oui, il sera Général, car il aura fait le job sans histoire ni encombrement. Il mourra de sa belle mort, sans même se souvenir qu'un jour il aura envoyé un de ses officiers, avec toute sa famille, à l'abattoir.

Au moment où je mets sous presse, je constate le décès du Colonel Merguez [*], Général quart de place. J'ai autant de compassion pour sa mort qu'il en a eu lorsqu'il m'a guillotiné. J'ai repris des frites.

*
* *

A titre d'information, merci de prendre connaissance des Annexes 1 et 2, en fin de cet ouvrage, ou je décris une nouvelle fois ce dialogue ou causerie que j'appelle :

ENTRETIEN PRÉALABLE À LICENCIEMENT
Ou DÉMISSION TRUQUÉE

[Dont une version drôle, ou parodie, calquée sur Omar & Fred, dans le "Renvoi"]

[Cf. Annexe3 – Pages 223- 224]

*
* *

Pourtant, malgré cette situation critique, je n'étais pas désespéré à ne plus en pouvoir d'espérer. Winston Churchill disait qu'il est meilleur d'être irresponsable et dans le Vrai que responsable et dans l'Erreur. Car je n'étais pas irresponsable et certain d'être dans le vrai, car cette situation de harcèlement ne pouvait plus durer. Je n'étais pas dans l'erreur, car il fallait que ça pète et que cela dise pourquoi. Hélas, le pétard est mouillé et rien n'a été dit, la guillotine est tombé sans bruit, dans une administration bien huilée.

Cela bourdonnait dans ma tête vide de tout bon sens.

Et que tous ceux qui virent une personne, confortablement installés sur le nuage de leur haute autorité, prennent bien note et comprennent par cœur ce paragraphe :

"Ma vie a basculé ce jour-là. Avec un sentiment de culpabilité que je porte en moi et que je porterai jusqu'à la fin de ma vie, alors que je suis victime et non pas coupable.

Ce fut comme un éclair ou tout a explosé autour de moi. J'étais dans un état second où l'on ne réagit pas. Tout autour de moi était complètement cassé, tout crépitait autour de moi, j'avais du sang dans les yeux et je ne savais plus où me réfugier, comme si j'avais été victime d'un tsunami ou d'une explosion. Je ne comprenais pas, je ne réagissais pas, mon cerveau ne réagissait plus.

J'étais dans un état second. Je devinais l'apocalypse de ma vie, l'horreur. Je ne m'appartenais plus, je marchais sans savoir où j'allais. Je n'étais plus maître de mon corps.

C'est une blessure psychologique béante dont on ne peut se remettre. Ma vie avait basculé, complètement bousillée. Je savais que quelqu'un - un ami - empêcherait mon retour et que je ne retrouverai plus ma place dans la Société.

Une situation perdue, que l'on veut retrouver, à la vie, à la mort. C'est un drame qui tue en soi. Précédemment, j'étais une personne tout à fait normale; il y a l'avant et l'après et je savais que si l'on ne reconnaissait pas ma démarche de défense, ce serait le vide de ma vie, où je ne vivrai qu'avec des séquelles et un traumatisme. J'aurai peur de tout, sachant que je raterai tout, comme un automate désarticulé.

C'est un choc que l'on garde à vie, pire qu'une blessure physique, car c'est gravé en moi. Je ne pourrai pas oublier, ce n'est pas possible. Je ne survivrai que pour ma compagne, mon fils, mon enfant à naître.

Je veux la vérité, connaître mes tourmenteurs, leur motivation et que l'Institution militaire reconnaisse sa totale responsabilité de ma situation. Même cela n'effacera pas tout ce que j'ai subi et vais subir dans les années à venir.

Je comprends maintenant, pourquoi les gens ne peuvent pas faire le deuil d'un disparu tant qu'ils n'ont pas revu, récupéré la dépouille. Mais si je dois subir, il faut que la Justice soit faite.

Soudainement, je comprenais que j'étais dans l'utopie, que l'on m'avait caché des choses et que l'on continuerait ainsi. Mais je ne suis que victime, sans savoir ni où, ni quand, ni pourquoi.

Je n'aurai jamais accès à des documents trop secrets pour être connus du principal concerné. Je ne pourrai fermer la boucle que lorsque l'on m'aura donné l'occasion d'un vrai cérémonial digne et solennel d'adieu aux armes sans pour cela me passer par celles-ci."

Ainsi, nombre de ces gens qui se disent des "Chefs", comprendront les dégâts humains qu'ils occasionnent livrant leur victime au suicide professionnel, moral et parfois physique de la vie.

Malheur aux tourmenteurs et leurs complices ! Qu'ils soient maudits comme les criminels qu'ils sont. Le sommeil de leur raison *totalitaire de surmoi freudien* engendre des monstres, des victimes qui ne pourront survivre que dans un esprit de réparation.

*

D'accord, j'avais, par un Collègue de travail de mon Épouse, contact avec le Ministre Des Anciens Combattants qui avait attiré l'attention du Ministre de la Défense, Pascal Kivala [*], de ma situation où j'exposais cette situation de harcèlement sexuel et de discrimination.

J'ai eu la chance, par téléphone, dans cet après-midi du 31 décembre, de joindre la secrétaire de Jean Florin [*], Ministre des Anciens Combattants, qui suivait mon dossier. Elle fut très surprise par cette décision du Ministère de la Défense, car elle me rappelait que ma situation était toujours en cours, étudiée et soumis au Ministre de la Défense. Elle me signifiait qu'elle me confirmerait par écrit que cette démission devait être considérée comme nulle et non avenue et qu'elle en informait le Ministère par télécopie. Je lui parlais de mon refus de partir et de rester sur place. Elle me le déconseilla, afin de ne pas faire de scandale et d'avoir confiance dans les ministres qui s'occupaient de ma situation.

Je venais de comprendre, sans vouloir l'admettre, que j'étais tombé dans un piège, soumis hypnotisé.

Sonné, groggy, il me fallait sortir de l'état de sidération, comme l'on peut l'être après avoir échappé à un attentat. Sauf, que là, rien ; pas de **cellule d'urgence médico-psychologique** de déployée, ces quelques heures avant le Réveillon de la Saint-Sylvestre…

Il s'agissait simplement d'un harcèlement moral, programmé, comme celui que j'avais déjà connu lors de mon séjour au 3ème R.I.C. de Tamise [*], avec des méthodes de commandement brutal, que l'on appellerait « management » aujourd'hui, pour faire moderne. De fait, j'étais bien un *"Untermensch"*, en français « sous-homme » ou O.R.S.A., de ce terme introduit par l'idéologie nazie, par opposition aux autres Cadres qui étaient des *Übermensch*. Ce brave Friedrich Nietzsche avait vu juste !

L'avantage est qu'un soldat ne peut se plaindre ou dénoncer l'augmentation de la souffrance au travail en ayant les boyaux de l'intestin noués, et créer ainsi une catastrophe sociale.

Dans l'armée, il n'y a pas d'observatoire du stress et des mobilités forcées.

Cela n'existe pas : « t'as signé, c'est pour en chier ».

Les Médecins-chefs des Unités, comme je l'ai déjà dénoncé, font tous un passage obligé dans l'École du Renseignement, et sont briffés sur ce malaise qu'il leur faut exploiter au mieux des intérêts de l'Institution, afin d'éliminer les éléments gênants, grâce au Dossier Médical qui sera fabriqué en conséquence, par une notation psychologique fatale.

Cela devient une arme, un truc de prestidigitateur qui expliquera, le moment venu, un comportement congénitalement suicidaire du soldat, qui aura pourtant déjoué les tests de sélection, réputés imparables du recrutement, ou qui aura mal vécu une situation familiale instable à cause d'une compagne malveillante ou méprisable.

Ainsi l'Institution ne sera jamais décrétée en faute, et il sera évité un maximum de suicides en éliminant en souplesse les « faibles moraux » ou décrétés fragiles, en évitant ainsi un drame communautaire.

Ainsi, cette mise en pratique de la politique militaire visant à déstabiliser les militaires en créant un climat anxiogène, ne pourra jamais être dénoncée.

Aujourd'hui, l'on a fabriqué un terme de vocabulaire, appelé « burn-out », mais sans véritablement lui donner une définition pour que cela ne soit jamais classable, dans les conditions de travail, dans la faiblesse de l'individu, mais que l'on racontera et élucidera comme une maladie psychiatrique, pour faire simple.

APTE « psychologiquement » médical voudra signifier : accepter sans broncher des pratiques de commandement inacceptables, donc un facteur complètement oublié. Un soldat qui doit pouvoir affronter le feu de l'ennemi doit être apte à surmonter une mécanique infernale. Grâce à l'abandon des « appelés du Contingent », cette pratique devient, encore plus facilement, une tactique et pouvoir de direction et d'administration.

Il est utile de se souvenir de la citation de Michel Colucci, dit 'Coluche' : « *Les psychiatres, c'est très efficace. Moi, avant, je pissais au lit, j'avais honte. Je suis allé voir un psychiatre, je suis guéri. Maintenant, je pisse au lit, mais j'en suis fier.* » Histoire de rappeler que la psychiatrie n'est pas encore une science exacte, mais que l'on sait s'en servir à des fins pratiques.

Cette politique managériale cynique a un simple but : se soumettre ou se démettre.

« Vous êtes tous des volontaires ! » *Si vous n'acceptez pas, partez, vivants ou morts, mais partez !...*

Ainsi, les environnements de travail, les changements et mutations, les réorganisations peuvent tranquillement mettre à rude épreuve le psychisme humain des militaires, car s'ils deviennent complètement déstabilisés, s'ils souffrent, s'ils sont très mal dans leur peau, c'est que l'on a affaire à des inaptes, des êtres vulnérables, qu'il devient devoir d'écarter.

L'armée française reste sur ses errements de la guerre 14-18. Le modernisme n'a pas été de supprimer la petite bouteille de gnôle, ni le paquet des clopes « Gauloises » de la boîte de ration, bien au contraire… La transformation de l'armée au niveau du commandement se fait sans tenir compte du facteur humain, bien que l'on vous persuade du contraire.

Les drames sont étouffés, cela évitant une prise de conscience. Les suicidés sont anonymes et les candidats à cet acte funeste sont virés pour une raison ou une autre ou démissionnés. On ne veut pas de « mec à problème » ou d'importun qui « *fasse des vagues* ». Interdit, Verboten !

Aussi, il y a honte à en parler, que l'on soit du fer ou de l'enclume, et il s'installe un silence complice de tout le monde militaire.

On joue adroitement sur le problème du prix de revient élevé de la Défense Nationale, donc de la réduction des effectifs indispensable.

C'est le travail des Chefs de Corps, assistés par les Médecins-chefs des Unités, qui se préoccupent de ces questions, agissant de façon démagogique, non par peur des conséquences juridiques et judicaires, car ils se savent inattaquables, intouchables, mais en fabriquant artificiellement un bien-être psychologique car un soldat bien dans sa peau est extrêmement productif. Un semblant de liberté, des permissions, des stages, des médailles permettent aux soldats de croire en leur propre valeur. C'est la face visible de l'iceberg qui permet au Chef de Corps de passer ses deux années de commandement sans troubles, en éliminant, sans aucun sens humain, un bon nombre de personnes qui craquent au boulot. L'argument étant que l'Unité aille plus loin dans l'amélioration stratégique, mais par forcément en se préoccupant du bien-être. L'ampleur du fameux burn-out ou du suicide au travail étant classé « confidentiel-Défense ».

Mais l'essentiel reste que la solution se trouve, non pas dans les Devoirs du Soldat, qui sont connus et appris par cœur, mais dans SES DROITS de soldat qu'il ne connaît absolument pas, et ceci qu'il soit soldat, sous-officier ou officier. Le militaire est un poisson confiné dans son aquarium, il s'y croit libre et pourtant il est pris comme dans un filet et ne connaît rien des requins qui tournent autour.

Le Lieutenant-colonel du Paty de Clam n'est pas mort et s'est réimplanté dans tant de Cadres manipulateurs…

Cet ouvrier diabolique de l'erreur judiciaire, conscient de ses magouilles et expert pour défendre ensuite son œuvre néfaste, par les machinations les plus saugrenues et les plus coupables, en se servant de la plume administrative, plus destructrice qu'une bombe. Ces Cadres, sur toutes les hautes marches de la hiérarchie, d'où on peut voir les trous du cul, se servent diaboliquement de cet esprit de corps qui fait des bureaux du Ministère de la Défense, cette arche sainte, inattaquable. Ils savent faire une enquête scélérate, de la plus monstrueuse partialité, pour en faire un impérissable monument de naïve audace destructrice. Ils connaissent tout du mensonge en mentant impunément de façon odieuse et cynique en restant persuadés qu'ils ne pourront jamais être convaincus du contraire.

« *Ils se cachent derrière sa légitime émotion, ils ferment les bouches en troublant les cœurs, en pervertissant les esprits. Je ne connais pas de plus grand crime civique.* », Disait Zola.

Finalement, il devient donc impossible de s'expliquer contre ces gens invisibles, de donner ses preuves morales et d'expliquer comment il y a erreur sur la personne, sa bonne moralité et sa vocation indéfectible pour un métier des armes qui est toute sa vie.

Je commençais donc à pousser un cri d'innocence, comme victime de manipulations, qui, aujourd'hui, toujours, reste strident et inextinguible tant que justice ne me sera pas rendue, face à cette chasse des « sales ORSA », officiers aux statuts précaires, assimilable à cette « *chasse aux sales juifs* », en plus que parfaite discrimination haineuse.

*
* *

Mais face à cela, comme tous les subalternes amoureux de leur métier, quand un malheur vous tombe dessus, vous avez la fâcheuse manie de vous blâmer en premier.

Évidemment, je me sentais fautif et devenais mon propre bourreau sans m'en rendre compte, en pleine immersion dans le rôle de culpabilité de la victime innocente.

J'avais bravé un interdit, celui du chantage à la démission, comme on commet une infraction, et je me sentais consciemment coupable. Sans comprendre que la culpabilité ne fonctionne pas « logiquement » et qu'elle va Toujours du côté de la victime, ce qui est contre tangible, clair et évident.

Certes, pour me consoler, je pouvais revenir à mon enfance et admettre cette responsabilité du souffre-douleur passif, avec ses conséquences graves, comme la perte de confiance en soi, le décrochage scolaire, où l'on se persuade que l'on est un moins que rien, à force de l'entendre.

Je l'ai déjà dit, ou écrit, ou pensé : quand j'étais môme, je me sentais tout puissant et immortel, dans un monde imaginaire où j'étais un héros avec des pensées qui constituaient un refuge.

Trop simple que d'accuser sa '*gossitude*', du temps d'avant qui fabrique la vie d'après. Bien qu'à cette époque de la vie on côtoie ces petites terreurs et bourreaux en herbe qui, s'ils sont de bons élèves, et assistent aux messes occasionnelles avec gaité, sont des prédateurs sous prétexte d'être élevés à « réussir dans la vie », bouffer ou se faire bouffer, en règle de vie, s'exerçant dans le rôle du harcèlement scolaire…

Finalement, je ne devenais que le Comte de Monte Cristo, sans conte, sans compte, sans Monte Cristo et sans trésor caché, mais arrêté injustement, pas aux arrêts, mais à l'arrêt, au final de carrière…

Condamné à être un homme périlleux, risqué, aventureux, peut-être tragique, pitoyable et ennuyeux.

Mais ce n'est pas moi qui ai voulu devenir cet homme-là ; moi il me suffisait d'être ce qui j'étais, comme le jeune officier Edmond Dantès de l'époque de son arrestation injustifiée et arbitraire. Je n'attendais rien d'autre de la vie que le service à mon Pays ; elle m'en a empêché, assistée par des *traquenardeurs'*.

Mais, En essayant de tuer le jeune officier que j'étais alors, qui ne demandait rien à personne, autre que loyauté, intégrité et épanouissement dans la satisfaction professionnelle, ces infâmes m'ont fait surgir un pacte indéfectible, un serment de vie.

Ils ont fait naître le vengeur qui vient demander réparation et des comptes… eh bien tant pis pour eux. Car mes adversaires sont en Échec et Mat, mais ils ne le savent pas encore… et c'est le moment le plus jubilatoire de cette partie, qui semblait sans fin.

Tout s'achète et tout se vend, même la vie d'un homme, et pas cher, quand il s'agit simplement de détruire préalablement son honneur et ses prétentions.

À force de paraître débonnaire de trop de démocratie, l'État français, Chef des Armées de par son Président, finalement, est cruel, comme sait l'être l'Institution militaire ne voulant pas être en reste. Elle sait pratiquer des supplices de grand raffinement, ayant aboli la torture, de pleines horreurs, moins violentes, mais d'autant plus atroces qu'elle peut les prolonger pendant des années, et cela, sans fin. On croit que vous êtes mort, mais elle s'acharne toujours. Comme la Vendetta, sans même plus s'en souvenir des causes mais créant l'omerta pour éviter d'affronter sa responsabilité morale.

*
*　*

Comme il est exigé de par le Règlement de Discipline Générale, avant cet ultime entretien avec ce Chef de Corps, j'avais effectué mon circuit de départ. Il s'agissait de réintégrer deux ou trois éléments de paquetage et de voir le Médecin-Chef pour un entretien poli et courtois qui me déclara « apte »… à rejoindre mon foyer. J'eus l'imprudence de lui confier, que dès le 02 janvier, je renouvellerai mon Contrat à servir, ce qui fut répété, assurément. Peut-être ai-je eu droit aussi à un passage aux Services Administratifs, mais je sais que tout ceci fut fort succinct, et par le fait que c'était pure formalité et qu'un jour de 31 décembre, l'Unité tournait au régime de somnolence… je n'ose dire : opérationnelle.

La seule chose dont je sois sûr et certain : du jour où j'avais fait suivre une lettre de demande de démission, jusqu'au jour de mon départ, jamais, je dis bien, JAMAIS, je n'ai eu affaire à l'Assistante Sociale des Armées. D'ailleurs, c'est une fonction que j'ignorais et qui, à mon sens, n'était réservée que pour les Appelés du Contingent.

*
*　*

Finalement, officiellement, j'avais demandé à partir. Je me souviens bien d'un document qui l'attestait où il était indiqué « sur sa demande » en caractères majuscules et en lettres grasses. Je m'étais fait la réflexion : « Comme *"ils"* ont dû jubiler en écrivant cela ! ». Je ne pouvais qu'en sourire, car pour ma part, je savais, sans en avoir la preuve, que cette demande était IRRECEVABLE. Au pays des Bisounours, je croyais ferment être protégé par le Ministre de la Défense qui était au courant de ma situation, qui m'avait écrit, et qui ne pouvait laisser tomber ainsi un de ses officiers, où, tout le monde savait, à quel point je tenais à mon job et mes fonctions, ne pouvant renier mon sacerdoce. En fait, le retour dans mon Arme d'origine des Troupes de Marine qui m'avait été promis avant cette mutation stupide, je la provoquais par ce départ peu protocolaire…

133

Intérieurement, je savais que cette démission était irrecevable mais je ne savais pas vraiment où se trouvait la faille, ne connaissant absolument pas mes droits… et personne d'ailleurs n'étant capable, autorisé, compétent ou dégourdi pour me le faire savoir. J'étais au bord d'un précipice, absorbé par le grand vide, et en fait, je ne voyais même pas les gens derrière moi qui se poussaient du coude en attendant que je saute.

Finalement, il y avait non assistance à personne en danger.

Le péril était déjà financier, car j'avais un mois de retard de solde sur mon compte bancaire courant, où chaque centime dépensé était capital.

*

Mes Parents vivant à quelques 200 kilomètres de ma garnison, je décidais de passer le réveillon en famille, femme, enfant et parents. Bien sûr, j'eus droit à une panne sèche à quelques kilomètres du but. C'est un automobiliste sympa qui me fournit l'essence manquante, gracieusement. Nous avons gardé un grand silence total sur ma situation, car cette difficulté n'était que provisoire et c'est avec le cadeau des étrennes faites à mon fils, par ses grands-parents, que j'ai pu acheter le carburant nécessaire à notre retour au domicile familial.

Nous n'avions pas un sou, la solde du mois étant déjà digérée dans notre endettement. Mon Épouse avait un job précaire qui ne rapportait rien à part des soucis, qu'elle perdit, du fait que son patron était *out of order*… Nous n'avions pas le centime nécessaire pour payer le loyer, ni ses retards. Bref, une situation de drame.

Immédiatement, je pris contact avec le Délégué Militaire Départemental afin de lui expliquer ma situation. Ce qui me permit de souscrire une demande de nouveau contrat. En attendant, il me mit en contact avec l'Assistante Sociale des Armées… qui nous a approvisionnés avec des boîtes de conserve.

A noter, pour les générations plus jeunes, qu'à cette époque, il n'existait pas de R.M.I. (revenu Minimum d'Insertion), ni de R.S.A. (Revenu Social de solidarité).

D'autre part, je n'avais droit à rien concernant et les droits au Chômage, ni aux ASSEDIC.

Que nos yeux pour pleurer.

Je savais que cette affaire est détestable. Elle relève du règlement de compte interne - voire de vengeance à la suite de jalousies mal vécues, dans une unité composée de fortes personnalités.

Hélas, je n'avais pas le trésor de Monte-Cristo, et je ne pouvais pas entamer une nouvelle vie. Car même si j'avais été riche et puissant, je serais resté déterminé à assouvir mon besoin de vérité et retrouver les coupables qui m'avaient mis dans cette situation plus qu'inconfortable, et les faire reconnaître leurs torts et persécutions.

Mais je savais que le système était verrouillé de par le monopole de l'Institution militaire.

Pourtant, je ne pouvais me résigner à vivre ainsi, à « vivre civil » sachant que quelqu'un me voulait, m'a voulu, me veut encore et toujours, du mal, voulant, pire que ma mort, ma destruction.

Il me fallait agir devant l'évidence.

Tout d'abord, il était essentiel que je conçoive que je ne subissais pas une forme de paranoïa, du genre « *personne ne m'aime* ». Je me suis déjà expliqué sur ce sentiment.

D'ailleurs, il n'y avait personne à qui demander « pardon ».

Dans ma situation nouvelle de chômeur, non demandeur d'emploi, mais voulant retrouver ma situation, j'étais armé psychologiquement et idéologiquement pour mener la bataille, même si je savais n'avoir aucun soutien de personne.

J'ai donc fait le serment de ma vie : « lutter pour ma réintégration, coûte que coûte, être et durer. »

Je voulais clamer mon innocence et trouver les coupables de cette ignominie latente qui visait à me miner la vie, ma vie, mais aussi, par conséquent, celle de mes proches.

Pour identifier les coupables, il suffit d'être taoïste, et de considérer que "*Si quelqu'un t'a offensé, ne cherche pas à te venger. Assieds-toi au bord de la rivière et bientôt tu verras passer son cadavre.*" C'est certain. Aujourd'hui, à l'heure où je mets sous presse, il y en a un paquet de dépouilles qui dégringolent le long des flots. Mais comme ils puent tous, il reste difficile de faire son choix !

Le vrai tombeau de ces morts reste malgré tout le mien, qui, survivant, dénonce qu'ils n'avaient déjà pas de cœur.

J'ai su, je savais, je sais les possibilités de magouilles au sein de la hiérarchie de l'Institution. Ce que l'on appelle le « copinage ». Il existe pour le meilleur et aussi pour le pire. Le piston fonctionne dans les deux sens. Mais j'avais peine à croire que les protagonistes de ces « arrangements » étaient [sont] des TUEURS.

Le coup de téléphone accompagné de la pointe de stylo bille, devenue clic d'ordinateur avec le modernisme, pouvant être plus terribles qu'une rafale d'AK47...

En bref, si on vous demande un service pour « agrémenter » tel ou untel et que vous refusez, vous êtes mort. De même, si vous devez déglinguer un quidam dérangeant. Car, il y a toujours le « retour de bâton » même s'il a l'apparence [appât rance] d'une carotte. « A charge de revanche »...

Gare lorsqu'on est confronté à ce sentiment de déchéance où l'on finit finalement, peu à peu, par sombrer dans la fatalité.

Ce jour de demande éclatant de pseudo-démission était sans doute mû par cette sorte de sentiment de fatalité où l'on n'a plus la force de se tenir debout et que l'on se couche pour mourir. Et pourtant, non. Je n'ai jamais eu ce sentiment car j'étais plutôt révolté. Même si j'étais conscient d'avoir été trop silencieux pour cause d'obéissance totale, j'étais inquiet, soucieux de mon avenir et conscient de mon passé, souvent désabusé, ne voyant à l'horizon pour faire faire machine arrière à ce train fou de carrière, ou tout du moins de le stopper, pour reprendre en main mon destin et rallier avec cette hiérarchie dangereuse, faite d'intérêts personnels et de méchanceté, finalement si limpide qu'elle en devenait l'ombre d'elle-même...

Il était donc hors question d'abdiquer car celui qui ne se rend pas aura toujours raison sur celui qui se rend. C'est ce que disait Charles PEGUY, mais la raison du plus fort reste quand même toujours la meilleure et il est dommage finalement d'avoir raison une fois allongé sur son lit de mort !...

Il allait donc me falloir à présent entrer en résistance active, une contre-attaque pour se défendre et s'opposer à cette pseudo-démission qui n'avait pas lieu d'être acceptée, ni par la hiérarchie, ni par moi-même. Ce combat est avant tout identitaire et dépend de ma volonté. Il me fallait inverser le cours funeste de cette situation. Même si cela devait prendre du temps, même si cela devait aller au-delà de ma vie. Simplement car j'étais certain que cette décision sortait de la légalité et était criminelle. La Direction du Personnel Militaire de l'Armée de Terre doit et devait respecter l'état de droit, en appliquant tout simplement la Loi.

Au pied du mur, comme un fusillé par les armes, je restais animé par l'amour de la France, attaché à la préservation de mon idéal mû par l'héritage spirituel et culturel. Je ne pouvais, je ne peux toujours pas, accepter l'intolérable et me refuse de me soumettre aux volontés lâches d'une hiérarchie pour qui la détermination est de détruire les Cadres qu'ils ont fichés comme indésirables.

Dire « Pschiiit » et aller vendre des frites était et reste inconcevable. Ce 31 décembre, j'étais comateux. J'avais simplement conscience d'avoir été victime d'un lavage de cerveau par des manipulations psychologiques habiles qui duraient depuis trop longtemps. Le supplice de la goutte d'eau, ou le goutte à goutte réussit à détruire toute volonté et tout raisonnement.

Certes, personne ne m'avait demandé ma démission (comme chez les ministres, lorsqu'ils sont soupçonnés de faute contre l'honneur et la probité), mais comment ceux qui nous commandent ne peuvent-ils pas comprendre qu'on ne peut pas « vivre ensemble » avec qui vous veut du mal, avec qui veut vous veut la mort et qu'il fallait donc agir devant l'évidence.

Le 01er Janvier, à 00 heure 00, d'une année au millésime dont je ne veux pas me souvenir, alors que l'on pouvait me considérer comme « civil », je n'ai pu que de nouveau déclarer mon amour pour mon métier et répéter qu'une vocation, par définition, est vouée à ne jamais être reniée. J'étais, je suis, je resterai capable d'expliquer mon métier ainsi que son utilité et d'être fier de l'exercer. Certes, en sachant que l'on ne peut être commandé par des saints, ni des gens irréprochables, mais continuer à vénérer l'Institution qui est une valeur inaliénable de la Nation.

Le seul côté négatif pouvant être la discrimination en fonction des échelles de grades et de statuts qui peuvent nuire dans le tissage de liens et de la parfaite intégration avec les collaborateurs. Mais cela se régule avec le temps, du moment où l'on a conscience que l'on mérite sa place professionnellement, ce qui enlève la boule au ventre du matin, avec le plaisir et l'envie de se lever pour une nouvelle journée dans le positivisme et la joie de vivre. Et cela, il m'est impossible de le renier

Je ne pouvais que m'en prendre qu'à ma « naïveté » où je continuais à croire que la Haute Autorité de l'Institution me protègerait dans le respect de son plus grand devoir : imposer la loi par le Règlement de Discipline Générale dans les Armées.

Mon système d'attaque, par ce chantage à la démission, était devenu un système de défense qui m'avait conduit dans l'impasse. J'avais voulu lutter contre un complot, sans savoir qu'une cabale ne peut jamais être prétendue, car c'est toujours qualifié de paranoïa et cela se retourne fatalement contre soi. Imaginez un Fillon qui parle de conspiration en 2017, quand il se présente aux Présidentielles, et qui persiste dans sa ligne de conduite, et tout le monde rigolera en énumérant les casseroles qui traînent derrière lui, alors qu'objectivement, il y a forcément un loup tant il y a du flou.

Je ne pouvais renier mon sacerdoce. Je n'ai jamais combattu pour de l'argent ou pour des raisons de prestige. Même si on devait me jeter en prison, me torturer, m'abêtir et d'usurper mon identité, je continuerai de croire et d'aimer mon Pays, sûr d'y avoir mon utilité par mes compétences et mon savoir ; même si je devais être humilié sous l'autorité de l'Institution, je continuerai d'aimer cette Défense Nationale et ces barres tricolores. Pourquoi ? Parce que ma parole donnée sur le Marchfeld de l'École Spéciale Militaire de Saint-Cyr ne pouvait se désavouer et me commande de le faire.

Hélas, j'étais confronté, depuis mes débuts, aux préjugés d'une corporation élitiste, on l'on m'attendait au tournant, et un jeune pilote considéré inhabile, tient souvent son volant dans des virages qui déconcertent ceux qui roulent "pépère".

*
* *

On peut rejeter mes propos en les qualifiant de fondamentalistes ou de fanatiques, mais ils ont le mérite d'être clairs, logiques et cohérents. N'en déplaise aux « mous du genou » et aux « pantouflards » qui s'en offusquent, eux qui savent profiter du Système. Mais ceux-ci n'ont-ils jamais cru en leur foi qu'ils n'ont connue qu'un jour de fierté et de supériorité ?...

Pouvais-je croire et m'imaginer devenir un jour un Colonel CHABERT, passé pour mort pour la République, devenu vieillard inutile alors que j'avais contribué au service de la Nation ?...

Suis-je déjà devenu ce vieil homme que l'on a jeté dans un fossé entre des cadavres et qui a survécu à ses blessures ?...

Pourtant c'est ainsi, pendant presque trente ans, je veux réclamer mon titre, faire valoir mes droits et vivre une fin de vie honorable avec ma femme, qui a tout accepté, sans divorcer.

Hélas, je resterai dégoûté par la corruption des hommes au risque de sombrer peu à peu dans la folie et la misanthropie, et il est plus que temps que ces procédures de résurrection aboutissent, afin de ne pas faire le jeu de ceux qui m'ont assassiné, au risque de finir misérablement ma vie dans un asile.

Il me faut donc venger mon honneur, de ceux qui ont voulu mon malheur, même si je ne cherche pas à punir ceux qui se sont désignés être mes ennemis, je laisse ce soin à la vie, je suis quand même passé par des aléas que l'on voudrait illégitimes. Je répète une fois de plus la devise de la DGSE que j'ai fait mienne : « ***Partout où nécessité fait loi*** ». Tous les coups sont permis mais il ne faut jamais se faire prendre.

Très vite je me suis aperçu qu'il y avait omerta et qu'il était inutile de poursuivre en Justice car tous les hommes de Loi me prendraient pour un fou ; car on vit avec les fous, les fous de pouvoir et de gratitude et de légitimation, pour une vie extérieure d'appât à rats [apparat], à laquelle ils tiennent plus que toute chose. Ce qui me fait me demander souvent une question qui me laisse perplexe : est-ce moi ou les autres qui sommes fous ?...

On arrive, quand trop de pureté étreint, avec le joug de l'injustice, à ne vouloir ne plus être soi ; pourtant on est là. Je croyais que l'on allait me tendre les bras, sinon la main. Mais j'allais me heurter à un aveuglement général. Non, il ne suffit pas de pousser une porte. Mais je me retrouvais dans la situation de défroques, et jugé défroqué, et en guenilles, Monsieur, on ne peut pousser une porte sans que jaillisse les chiens ou les gendarmes, et comment engager un procès sans déposer un paquet d'argent sur la table. Et à qui faire un procès ?... A l'Armée Française ?...

Assassiné, on m'a enterré sous des vivants, face à des papiers, des tampons que l'on me refuse, par un crime, dans le but de me rendre fou ou imbécile afin que cette administration de l'Institution puisse vivre en paix, contre laquelle la justice humaine est impuissante. Et la justice n'est que la justice, c'est pour cela que je devais transiger, composer, pactiser, quitte à reconnaître des torts pour lesquels j'avais raison. Tout en sachant qu'une paix feinte est plus nuisible qu'une guerre ouverte.

Mon histoire, mon malheur, je le ressasse, je le rumine, sans pouvoir vivre dignement en passant, au pire, pour un habile comédien de l'époque faisant croire que je réclame un dû indu.

Faire reconnaître les torts de l'Administration torpillée par quelque cadre misérable, c'était pour moi, la remise en selle, la réintégration assurée. Je ne voulais pas ni de juge, ni de procès, car je savais qu'il faudrait 5 ans, 10 ans, 15 ans, 20 ans, 30 ans, dans un lieu à tous vents où les secrets les mieux gardés sont proclamés, dévoilés.

Homme de cœur, je voulais donc transiger car c'était la solution de tout. Mais hélas, j'arrive au bout du bout. Au mieux, je gagnerai une retraite avec le grade de Général. Ce sera le prix à payer par l'Institution qui n'a jamais reculé devant ses méfaits secrets et volontaires visant à ma destitution totale. Peu importe comment vous êtes: conspirationniste ou *para no*, ce que le gouvernement fait est encore pire que ce que vous imaginez.

Simplement parce-que j'aurai gagné la bataille de la vie, de celles qui ne sont pas gagnées par les plus forts, ni par les plus rapides, mais par ceux qui n'abandonnent jamais. Même si je deviens un vieil homme, accablé de malheur et de misère que l'on a réduit à la mendicité.

Le danger est que l'on confonde avec la connerie de celle des cons qui n'abandonnent jamais, non plus ! Mais mon lecteur sait jusqu'où peuvent aller les manœuvres honteuses de nos gouvernants civils et militaires, descendre au plus bas dans l'ignominie, simplement parce-que mon nom est une menace, mon identité étant mon honneur que j'ai pu et dû illustrer. Non pas devenir une charge pour la Société, un fou incapable de gouverner ma vie sans assistance.

Nous sommes tous dans une invisible geôle. Une forteresse indéfendable.

Derrière les créneaux, la première des règles à respecter est d'être en bonne position.

Et même si l'on est sûr de son bon droit il est ardu de pousser l'Institution à la faute, car, dans la plupart du temps on n'obtient aucune réponse de cette partie adverse qui compte sur la lassitude, le temps qui passe et l'abandon de la procédure.

L'essentiel de cet ennemi invisible c'est que l'on se sente SEUL. Le temps passe, « ***ne répondons pas, disent-ils. Il va lâcher. Il va abandonner.*** »

Mais je suis de race bretonne, dur comme du granit. Je n'abandonne jamais, même si le temps travaille pour « eux » et contre moi. Je garde le luxe de mes sentiments et persiste en mon amour de la Patrie, et ma victoire est de ne plus avoir le mépris de personne. Car un homme, quand il en a entre les jambes, ça peut être détruit, mais pas vaincu, tant qu'il aura conscience d'avoir contribué à faire bouger les lignes à l'intérieur de la famille militaire et comprendre qu'il n'a été qu'un bouc émissaire pour satisfaire quelque déflation des effectifs.

Il faut toujours se rappeler que si la Gestapo avait les moyens de nous faire parler, l'Institution, administration totalitaire, a, elle, les moyens de nous faire taire. Mais pour cela, il faudra qu'elle me tue physiquement.

Mon orgueil balance entre le héros et l'anti-héros.

*
* *

14

FAUTE DE COMMANDEMENT – VICE DE FORME

Bouton rouge de mise à feu.

Vous en avez tous vu.

Quand on appuie dessus et que cela ne déclenche rien, c'est qu'il y a « *quelque chose qui cloche là-dedans* », dirait VIAN.

« *Le fil rouge sur le bouton rouge*», dirait le Capitaine DUMONT.

Ou bien, la fusée part et c'est la désintégration de la navette spatiale de la NASA Challenger.

Finalement, mon nom est Challenger !... J'ai explosé en vol, alors que le fil rouge n'était pas sur le bouton rouge. Ainsi, je n'aurais pas bougé. Je ne DEVAIS pas bouger.

Il y avait effectivement quelque chose qui clochait là-dedans.

L'Armée Française est bien faite quant à ses règlements. Elle a pensé à tout. Même à la position du majeur sur la couture du pantalon dans la position du « garde à vous »...

Malgré cela, il m'a fallu du temps pour constater la FAUTE. Car si le fil rouge était bien sur le bouton rouge, le fil vert n'était pas sur le bouton vert !...

Il n'y avait pas de fil du tout !...

Challenger ne pouvait pas décoller. Et pourtant tout le tour de la Check List avait été fait. On m'avait même fait faire 900 kilomètres pour y assister.

L'os dans le potage, que dis-je : LA FAUTE DE COMMANDEMENT ! **Le vice de forme.**

Brave Colonel Michel Merguez [*], faussement apitoyé derrière ses lunettes embuées. L'homme qui n'avait qu'une idée : me remettre mon colifichet de départ et récupérer mon Laissez Passer !... Il s'était bonnement gaufré en oubliant une chose essentielle dans mon circuit de départ...

Vais-je le dire maintenant, ou bien fais-je passer une pause de publicité ?...

Un Officier, que dis-je, un Homme, un être humain, marié à une femme sans emploi, enceinte de ce que l'on appelle dans « l'attente d'un heureux évènement », avec un compte bancaire débiteur, cela s'appelle comment ?...

Parlez plus fort : un mendiant ?... Oui, c'est bien cela ! Gagné. Un S.D.F., un clochard, un vagabond, un perdu, un aventurier, un gueux, un pauvre...

- Oui, mais il n'est pas « à la rue », il a un logement...
- Oui, mais il n'a pas une tune pour payer son loyer !...

Il n'a plus rien ! Ah, si : de l'espoir. Et l'espoir fait vivre, car il vit encore...
Pour que ma vie ressemble enfin à ce qu'elle aurait dû être.

Tout le temps, je songe à ce Chef de Corps, Père du Régiment et à son réveillon du 31 décembre...

Comment a-t-il pu faire cela ?... Il a souhaité la Bonne Année à sa Famille, puis dès le lendemain, à ses proches, ses subordonnés, ses supérieurs.

A-t-il eu seulement une pensée pour cet officier qu'il a mis à la rue ?...

Avec toupet, il me répondrait : « *c'est vous qui l'avez demandé !* »

Dont acte ! Si je lui avais demandé de me mettre une balle dans la tête, il aurait donc fait de même ?...

C'est simplement du non assistance à personne en danger. Et c'est même puni par la Loi. Il connaissait ma situation. Combien de militaires, de gendarmes, de policiers et autres fonctionnaires subordonnés (sans parler des Cadres de grandes Entreprises) ont mis fin à leur jour, suite à un accablement ou une lassitude dus à un environnement professionnel délétère ou malsain, voire irrespirable ?...

Une demande de démission par un Cadre militaire n'est pas anodine, surtout quand on sait qu'elle a été motivée par un acte de colère suite à des incohérences et gâchis du commandement supérieur.

Il ne s'est pas senti pourri et inapte au commandement de sa troupe ce Colonel ?...

« *Mademoiselle Michel Des Pafières [*] a tenté de se suicider et s'est taillé les veines, chez moi ! Cette situation ne peut plus durer ! Je suis très embêté par cette situation que je ne maîtrise pas…*

- Le divorce n'est pas fait pour les chiens !... »

CONNARD ! Colonel de mes deux ! Aujourd'hui, *t'es mouru* et je t'ai survécu ; c'est déjà mon début de revanche, récitant cette histoire, en bientôt 2017 !!! Tu as fait adieu à la vie, alors que moi, je n'ai toujours pas fait mon Adieu Aux Armes !!! (*Digression impolie et irrévérencieuse, colère déplacée, revanche de frustré, ok, mais cela fait du bien de pouvoir cracher sa haine et son mépris*)

De Profundis, quoiqu'étant un être sensible, cet homme qui aurait dû être un Chef, a laissé faire que je sois un bouc émissaire. Il DEVAIT, car il savait que ce que l'on me reprochait était illégal, réagir parce-que la Hiérarchie devait faire une enquête, comme je le lui avais demandé.

Il devait pouvoir prouver ma bonne foi, même s'il devait s'attendre à des réactions car il était trop délicat pour moi de vouloir et pouvoir prouver seul la malveillance, pouvant être accusé de m'en prendre à l'Institution comme souffre-douleur.

Lui, Chef, devait savoir que la propagation de la rumeur est un facteur de harcèlement moral tout en étant de la diffamation et de la calomnie. Dans l'Armée, il n'est pas possible de prendre un Avocat et il n'y a donc personne pour pouvoir se soutenir psychologiquement. Pourtant il est important de chercher à savoir pourquoi ce bruit a soulevé un traumatisme, car cela est forcément lié à une réactivation de ce que l'on a vécu dans le passé et non pas sur la façon de servir dans le présent.

L'article 7, du Règlement de Discipline Générale dans les Armées prévoit bien le rôle du Chef au sujet des préoccupations de ses subordonnés, et ce n'est pas réservé aux « *pious-pious* » du Contingent ! : «*Tout Chef doit se préoccuper des problèmes matériels et moraux de ses subordonnés.* » Je propose même qu'il soit rajouté à cet article que l'autorité militaire doit faire respecter une Charte de Bonne Conduite en rappelant que tout propos diffamatoire, harcèlement moral ou sexuel est illégal. La hiérarchie et le service des ressources humaines devant aussi veiller à ce que les conflits ne prennent pas une trop grande ampleur en intervenant pour faire retrouver la cohésion de groupe.

La rumeur, les rumeurs, sont destructrices et ne permettre les « bruits de couloir » qui permettent d'interpréter collectivement sur tel ou telle individu. Il est précieux de travailler la communication afin de montrer que l'on peut avoir confiance. «Même dans les situations où le silence est de rigueur, il faut tout de même maintenir la confiance en étant honnête». Il faut assurer les Cadres et tout le personnel subordonné qu'on les informera sans délai possible et évidemment s'y tenir, par une communication officielle afin de faire taire les racontars. Les rumeurs font partie intégrante de la Grande Muette qui ne doit pas bourdonner, et il ne faut pas permettre qu'elles puissent avoir des conséquences graves en provoquant des conflits ou en éloignant des militaires, par suicide, démission, dépression, etc.

Tel, hélas, n'a pas été le cas, et tant d'années passées n'effacent pas les blessures profondes sur la base de règlements militaires que le commandement interprète à sa guise sur un simple précepte que la destruction la vie humaine se fait par la soumission, *la discipline faisant la force principale des armées.*

Il en est, d'ailleurs, de même en ce qui concerne la Justice. Toutes ces Administrations sont autocratiques, gérées comme des sectes, sous la tutelle, dans l'ombre de Francs Maçons.

Les rumeurs ont le pouvoir de créer des réalités artificielles, qui n'ont, en définitive, aucune importance, car il n'y en a que la perception qui compte !

*

RÉVOLTE

Ni une, ni deux, je suis parti de son bureau pour rejoindre le mien, en avalant l'escalier quatre à quatre, de cette caserne de 1870, pour torcher une demande de démission, car ces paroles d'un patron m'encourageant à quitter mon Épouse au bénéfice d'une fofolle à la lame de rasoir sanguinaire, était la goutte de sang qui faisait déborder le képi.

Ce n'était pas un acte irréfléchi mais une volonté de faire comprendre à ce pseudo Patron que la conjoncture était devenue invivable et que je ne pouvais plus faire semblant d'accepter cette amitié trop collante, importune et intruse de cette fille du Commandant en Second.

Aurai-je dû lui dire que sa propre fille était présente sur les lieux de ce qui aurait pu être un drame ?...

Mais non, je ne suis pas une brimbale, être une balance, c'est un métier, cela ne s'improvise pas, et j'en avais marre de ces fausses culières.

Effectivement, j'aurais balancé que j'étais victime de harcèlement sexuel, que j'étais assez con pour avoir de l'empathie, de la sympathie pour cette fausse jouvencelle, victime d'une espèce de contagion émotionnelle, bref du syndrome de Stockholm, avec un cœur pris en otage, cela aurait remis les pendules à l'heure.

Diantre, oui, j'aurais dû lui relater que cette femme était entrée dans le coffre de ma voiture sur mon emplacement parking de l'Unité, pour savoir où j'habitais, puis en sortir à bon port pour me proposer de faire la cuisine et la vaisselle…

Oui, j'aurais dû lui dire que cette affolée était entrée dans mon bureau en mon absence, qu'elle avait fouillé mes tiroirs et déchiré les photos de mon Épouse, par jalousie arbitraire…

J'aurais dû lui dire qu'elle m'avait mis les mains aux [c-f-n-d]ouilles en exigeant un baiser et que j'ai dû la repousser avec violence…

J'aurais dû lui dire qu'elle m'imposait son amitié que sinon, elle dirait à son Père, à la fille du Colonel que j'étais *ceci* et *cela* et qu'elle pouvait me détruire par ses médisances, et que j'étais assez lâche pour accepter son chantage, parce-qu'il paraît que j'avais tout à y gagner du fait que « *j'étais sous surveillan*ce » qu'elle avait entendu dire…

J'aurais dû lui dire que finalement, cela m'arrangeait de voir qu'autour de moi, depuis cette fréquentation, ma situation pro se portait mieux et que tous les valets se baissaient sur mon passage, presque me baisant les rangers !...

J'aurais dû lui dire que mon Épouse, pas satisfaite de cette situation intenable, intolérable que je lui relatais, en avait parlé à un collègue de travail qui était « très pote » avec le Secrétaire d'État aux Anciens combattants, Jean Florin [*] qui agirait auprès du Ministre de la Défense Nationale, Pascal Kivala [*] pour que je sois muté sans délai…

Enfin, parmi toutes ces omissions, j'aurais dû lui dire aussi, que mon Épouse était enceinte de mon deuxième enfant, futur nourrisson fait par amour afin de contrer cette « *concurrence déloyale* ».

Oui. J'aurais dû lui relater tout cela, quitte à faire scandale dans les familles ; mais je savais que les dégâts collatéraux me réserveraient des désagréments et ennuis.

Et puis ?... M'aurait-on cru ?... Et comme je l'ai dit, la balance c'est un métier.

D'où ma révolte par démission.

« Le fil vert avec le bouton vert… »

*

Je ne peux que reprendre ce que j'ai écrit lors d'un recours près le Conseil d'État après une action au Tribunal Administratif, au temps où je croyais encore en la Justice qui n'est que fumisterie et mystification dirait Maître DERVILLE d'Honoré de Balzac, dans une Comédie Humaine qui rime avec Tragédie :

« Je suis un des derniers cons remarquables, mais j'y crois encore. Car les cons, ça ose tout. C'est même à ça qu'on les reconnaît... A la nuance, qu'un con, ça ne doute de rien, et comme à la guerre, c'est celui qui doute qui est perdu : on ne doit jamais douter, car accepter l'idée d'une défaite, c'est être vaincu. De gré, ou de force, je reviendrai. Ne me dites pas que ce problème est difficile. S'il n'était pas difficile, ce ne serait pas un problème, même si, quand on s'accroche trop à son passé, on risque de se condamner à ne plus avoir d'avenir.»

Mon chicot de cigare toujours rivé aux lèvres (L'homme fumerait moins s'il avait de l'espoir dans la vie, le tabac, c'est son autodestruction à petit feu."), je chantonne sur un air d'Aznavour :

« Mon cœur s'est aigri un peu, en prenant de l'âge,
Mais j'ai des idées, je connais mon métier et j'y crois encore.
On ne m'a pas aidé, je n'ai pas eu de veine,
Mais au fond de moi, je suis sûr au moins que j'ai du talent ;
On ne m'a jamais accordé ma chance,
Moi, j'étais trop pur ou trop en avance ;
Mais un jour viendra, je leur montrerai que j'ai du talent! »

Je n'ai jamais trahi, ni mon métier, ni ma parole.

Le jour où j'ai écrit démissionner, c'est comme l'a fait le commissaire Stan (*J.P. Belmondo dans le Solitaire*), **en jetant sa lettre de résiliation dans une corbeille à papiers, sous l'effet de la colère et de la consternation. C'était simplement une grotesque mise en scène pour hurler mon désaccord face à un comportement honteux de mon Chef de Corps.**

D'ailleurs, je le répète, si j'avais voulu vraiment partir, j'aurais fait une demande de Congés sans solde, qui statutairement, pouvait m'être accordée sans problème.

D'autre part, une vraie demande de démission est un acte grave, qui, comme une Demande de Réclamation, doit être établie en deux exemplaires, dont un doit être retourné à l'intéressé, à titre d'accusé de réception (*Instruction N° 2000/DEF/EMAT/EPI/EPO du 5 août 1975*). »

Mais tout ceci n'est que le fil rouge avec le bouton rouge...

*
* *

JE SUIS PLUS PUISSANT QUE JE LE CROYAIS !
ET L'INSTITUTION A PEUR DU JOUR
OÙ JE LE DÉCOUVRIRAI
Et pourrai le révéler.

Quant au fil vert... c'est celui qui est la SOLUTION, L'ABOUTISSEMENT, la RÉUSSITE et qui souligne la FAUTE de COMMANDEMENT quant à mon départ qui ne **POUVAIT AVOIR LIEU**, ni passer pour une inconséquence dramatique :

- Simplement parce que le circuit de départ a été incomplet, et que l'Assistante Sociale de l'A.S.A. [Devenue Action Sociale Défense] n'a pas été présente, ni convoquée, afin de vérifier si mon départ de l'activité pouvait être compatible et si j'avais prévu une quelconque mesure de reconversion ou bien de bénéficier d'un Congé sans solde, voire, au pire, d'un soutien psychologique, ne serait-ce que pour mon Épouse, femme enceinte, avec bientôt, même pas une étable pour accoucher !

- Aussi, cette démission, ou pseudo démission, ou encore démission fabriquée, n'a AUCUNE VALEUR et doit donc être considérée comme nulle et non à venue ! Que dis-je ! NON, mais EST considérée comme nulle et non à venue !

Ceci est valable pour tout militaire en activité, qu'il soit soldat, Caporal ou Général !...

Mais ceci reste inconnu des Cadres d'Active et assimilés. Il m'a fallu quelques années pour découvrir ceci par hasard, en rencontrant l'Assistante Sociale des Armées de la Garnison de Derme [*]. C'est elle qui m'a ouvert les yeux sur cette situation très grave à son sens, mais qui m'a fait promettre de ne pas révéler ni citer son nom d'ici son départ en retraite, car elle risquait très gros en m'apportant son aide !...

Couarde ?... Que non pas, mais …

Elle m'a assuré qu'elle devait uniquement se mêler de ce qui la regarde et de ne pouvoir exercer son métier jusqu'au bout, au risque de subir de sa hiérarchie au risque d'être licenciée. Elle m'assura qu'elle n'avait pas envie de passer en jugement afin d'être réintégrée…

« *Votre affaire en est la preuve* » me dit-elle. « *Toute la hiérarchie a bien conscience que votre démission a été arrachée et n'est pas légale, et elle se gardera de l'avouer. Déterrer cette affaire, c'est me condamner, et me faire noter " inadaptée au Ministère de la Défense" en me heurtant à toute l'Institution militaire qui fera bloc contre moi.*

En fait, que vous reproche-t-on ?... **votre seul tort est de ne s'être pas soumis à l'arbitraire et au despotisme.** »

Je lui répondis alors :

« *Mais nous sommes dans un État de Droit !* »

Et là, elle partit d'un grand éclat de rire…

Nota : Elle s'appelle Madame Martine CAMET-LASSALLE. Aujourd'hui, elle ne risque plus rien.

Elle m'a montré la voie possible de la résistance face à cette mission à laquelle nulle fatalité ne me contraint à me soumettre. Elle est l'honneur de la profession et je salue les Parachutistes de la Citadelle [*] qui n'en ont eu que de bons souvenirs.

Ainsi donc, je suis plus puissant que je ne le croyais, et l'Institution a peur du jour où je le découvrirai et le révèlerai.

Pour cela, il me faut réussir à contrer l'Omerta, briser la censure…

*
* *

15

LA STASI

...Mieux, contrer la STASI, made in France (Que d'autres appellent «la Tcheka». C'est la police politique Bolchevique, quand certains en font le parallèle, considérant notre gouvernement comme Socialo-Bolchevique.)

Pour cela, un rappel de cette méthode utilisée par les Services Spéciaux Français, dont la D.G.S.E. et la D.P.S.D. :

STASI, une technique éprouvée et adoptée.

Comment détruire un gêneur au sein de cette république ?...

Je vais vous l'expliquer, du fait de mon expérience vécue.

Nos gouvernants, depuis une grosse trentaine « damnée », s'embrouillent dans le distinguo nébuleux de la France en même temps que République, en la guidant vers la confusion et le désordre. Car la quintessence du politique c'est d'assurer la sécurité à l'extérieur et la concorde à l'intérieur, en s'entourant de techniciens qualifiés, comme les soldats, aux ordres. Ils devraient savoir qu'ils ne sont que les fondés de pouvoir d'un souverain qui s'appelle le Peuple. Et en France, la société reste souveraine. Alors, la tactique éprouvée et certaine de nos Chefs, du plus haut jusqu'au plus subalterne est de nous faire croire une telle chose, alors qu'elle contourne les problèmes posés, régit les manifestations, réprime les révoltes.

Dans certains cas, c'est une seule personne qui se révèle gênante, surtout quand c'est au sein d'une Administration sensible, cela peut aller d'un consortium, tel Orange, jusqu'à une Institution, comme la Défense Nationale.

Cette personne, c'est le « Scrupulus ». À l'origine, c'est le petit caillou qui se glissait entre la peau et la lanière de la sandale des légionnaires romains. C'est un petit objet qui dérange et empêche d'avancer comme on le souhaiterait. Ce scrupulum, petit caillou, par extension, peut être un être humain dérangeant, un fonctionnaire, un cadre...

Et cette personne, devenue cet intrus, sera éliminée, sans scrupule !

L'intrus tombera d'un 17ème étage ou se tuera avec son arme de service, sans véritable explication donnée. Au mieux, il sera dit qu'il avait des scrupules, c'est-à-dire un doute qui le taraudait, au pire, il sera accusé d'être dépressif, fragile et d'avoir des problèmes psychologiques. Pour beurrer la tartine et pour déculpabiliser la hiérarchie à coup sûr, il sera évident qu'il avait des problèmes familiaux, le cocufiage, la neurasthénie, voire de graves soucis financiers, peut-être même, un caillou dans sa chaussure ! Bien sûr, le mieux sera de fournir sa lettre avant suicide dont on aura guidé la main, qui prouvera qu'il était paranoïaque.

Un suicidé est donc victime de sa paranoïa et l'aboutissement d'un délire tout puissant d'une interprétation personnelle au détriment de la réalité. Cette désocialisation progressive se ressentait notamment au point de vue professionnel. C.Q.F.D.

Au mieux, on lui forcera la main afin qu'il quitte l'activité, surtout sans le renvoyer, mais juste qu'au lieu de se jeter sous le train, qu'il écrive sa lettre de démission d'une plume énervée.

Que l'on se rassure : ce trouble de la paranoïa ne touche, grosso-modo qu'un seul pour cent de la population. En bref, l'on compte une trentaine de suicidés par jour dans notre beau pays.... Et 600 tentatives.

Combien de scrupulus ?... Combien de démissionnés ?...

Pour en arriver là, je mets en cause une méthode « stasique » de nos services de renseignement dont certains s'appelaient, il y a quelque temps, la Sécurité Militaire et les Renseignements Généraux. Les noms changent mais les officines restent les mêmes.

La méthode est simpliste et amène la victime à :

- s'attendre systématiquement et sans raison à être exploité et trompé par autrui ;
- douter de manière injustifiée de la loyauté de ses chefs ou subordonnés ;
- ne jamais se confier à autrui en supposant par avance que ces confidences seront utilisées de manière malveillante ;
- discerner un sens caché, humiliant ou menaçant dans des commentaires ou événements anodins ;
- manifester une rancune tenace ;
- percevoir des attaques contre soi, sans aucun fondement, contre-attaquer ou réagir avec colère ;

À partir du moment où l'individu sera atteint de ces troubles (et c'est facile, car nous sommes tous prédisposés à être « parano-light »), l'Autorité fera de sorte que cela soit constaté par un médecin qui attestera. En sachant, bien sûr, que cela compromettra définitivement son avenir professionnel.

Ici, je me bornerai à un individu qui a une croyance extravagante en un préjudice subi, bardé d'exaltation, de jérémiades et, ou de brutalités. Il aura donc la conviction délirante d'être ou avoir été lésé, multipliant des recours en justice et des procédures contre ses tourmenteurs prétendus.

Bien sûr, comme cette personne est intelligente, elle aura un délire nettement organisé et aura les aspects du réalisme avec approbation et assentiment de ses témoins.

Finalement ses idées de persécution tournent à la théorie du complot et rallie tous les évènements de sa vie à son trouble. *La "théorie du complot" étant de la paranoïa, c'est connu.*

Hélas, si on a affaire à une personne sensible, victime d'échecs ou de déceptions, la mayonnaise prendre encore plus facilement, et le sujet sombrera vite dans une douleur silencieuse, la dépression. Et comme je l'ai écrit plus avant, *il est impossible de se sortir de cette situation, le système est verrouillé, ne laissant aucune place pour permettre de sortir de la peur et de la culpabilité, car le sordide implacable est de s'auto-persuader que l'on est coupable de tout, d'être nul, responsable de sa situation et de vivre avec. C'est le plus fort facteur d'encouragement à la criminalité, dans la mesure où l'on considère que l'on n'a plus rien à perdre, comme sous un effet hypnotique rongeur.*

Et quand j'écris toutes ces lignes, je me retrouve dans cette tare, car, je le répète, nous sommes tous enclins, par les temps et les évènements qui courent, à être plus ou moins paranos.

Sauf que je fais confiance à autrui, trop même ; je n'ai pas de blessure narcissique précoce et d'être né de cousin-cousine m'a permis de visiter mes grands-parents plus aisément du fait qu'ils habitaient non loin les uns des autres !

Comme je l'ai écrit dans mes précédentes lettres, les médecins-Chefs militaires ont un complément de formation sur la paranoïa au cours d'un stage à Cercottes, poumon actif de la D.G.S.E.

Le but est de faciliter au Commandement militaire la possibilité d'éliminer sans scrupule, des scrupules, avec un simple Certificat Médical d'inaptitude. Que l'on ne me traite pas de 'menteur' : j'ai assez fréquenté ces toubibs au cours d'Opex où les longues soirées permettaient bien des confidences.

Mais eux, le plus souvent, ne faisaient que « constater », sauf certains, qui pris au jeu et encouragés, entraient dans les rangs de la DGSE, à titre actif. J'ai bien connu quelques uns de ces « kakous » qui se faisaient une place au soleil, en soldats de l'ombre, les Chefs de Corps en fonction les craignant…

Mais les véritables acteurs sont ces sous-officiers de la D.P.S.D. (Protection Sécurité Défense, ex Sécurité Militaire, renommée, sous le règne Mitterrandiste, où il fallait, dès lors, appeler un *chat*, un *félin*, et aujourd'hui, sur la même provenance, *un milieu aquatique profond* désigne une *piscine*…).

La technique est la « décomposition ».

En préambule, il faut savoir que les armées, à ce niveau, travaillent, la main dans la main, avec les services de la Justice. La Justice Militaire, dite supprimée à l'époque Mitterrandienne, continue à exister par « entente cordiale », avec des 'sous-directions'. (Idem, je sais de quoi je parle, ayant eu deux amis, dont un très proche, Juge d'Instruction et Président de Tribunal, dont un, Officier de Réserve).

Parmi eux, il y avait le Juge Jean-Pierre Beaumaillet [*]. J'ai appris bien d'autres choses avec cet "ami", ancien Juge d'Instruction, Président de Tribunal. Repas copieux et alcool aidant, il m'a confié que le 21ème siècle serait sous la dictature des juges, "la République des Juges". Le citoyen ne pourra, même s'il a raison dans un procès et s'il est non-coupable, que se plier aux décisions de Justice. Il ne pourra jamais faire recours, ne serait-ce que parce qu'il n'en aura pas les moyens, car un Avocat auprès du Conseil d'État et de la Cour de Cassation, coûtera les deux bras, et qu'il devra se contenter de perdre en Appel. Ceci dans des arguments qui, partant de prémisses vraies, ou jugées telles, aboutit à une conclusion absurde et difficile à réfuter, où l'État de Droit est aussi véritable que les histoires racontées aux enfants pour les endormir. Il concluait avec un grand rire que toute personne ayant un Casier Judiciaire sera considérée morte à jamais. La liberté du Peuple, la démocratie, la Constitution française et ses fondamentaux, la Déclaration des Droits de l'Homme et du Citoyen de 1789, ne sont que des fables, car si le principe de toute Souveraineté réside essentiellement dans la Nation et que nul corps, nul individu ne peut exercer d'autorité qui n'en émane expressément, les juges n'en n'ont cure et ont décidé de marcher sur la Constitution, en despotes, en souverains absolutistes, car un Juge ne peut que penser juste et décider du bonheur ou du malheur de l'Humanité, qu'une nouvelle constitution juridique sera celle des juges et qu'elle remplacera la Constitution française, car on peut limiter les libertés de quiconque à partir du moment où on justifie qu'il y a une raison de le faire. Ce sera l'État du droit des juges dans l'État de Droit. Les vrais lieux du pouvoir à Paris, noyaux décisionnaires ne sont plus à l'Elysée, à Matignon ou au ministère de l'Intérieur mais dans les palais de Justice, car maintenant les juges décident de tout, en fonction de LEUR politiquement correct. Bien loin de la démocratie telle qu'on peut l'entendre, les procureurs et les juges décident de tout, des lois et des décisions administratives. Personne n'ose opposer son hostilité, à des gens qui bâtissent des "murs des cons", où il n'y a aucune transparence judiciaire, hormis les fuites volontaires en complicité avec la Presse, pour détruire les intérêts de Paul, Jacques ou François, qui pourraient gêner, soit de par leur action, voire même simplement de leur existence… Et cette dérive concerne la fameuse Cour Européenne des Droits de l'Homme dont le but est de favoriser les uns au détriment des autres, ces indisciplinés intellectuels qui souhaitaient, par le biais de la Justice, retrouver leur liberté d'expression, ces sots qui ne savaient pas, ou voulaient l'ignorer, que la République est en fait, la République des Juges. Il est bien loin Montesquieu qui voulait la démarcation intraitable du Pouvoir !... [*J'ai même appris par courriel de mon avocat du Conseil d'État que la Cour de Strasbourg ne pouvait être saisie car elle ne peut -soi disant- ordonner à l'État français de me réintégrer dans l'active du fait qu'elle ne peut donner des injonctions où l'État jouit d'une grande liberté quant au recrutement militaire. Ce qui explique pourquoi le Conseil d'État s'est basé sur ma demande comme un simple recrutement et non pas le discrédit de ma fausse démission.*]

J'ai appris dans ma naïveté à l'écoute de cet homme, une phrase célèbre qui dit qu'un innocent, c'est un coupable qui a échappé à la Justice, car nous sommes TOUS condamnables, comme nous sommes tous mortels.

Et quand j'entends un Homme Politique, mouillé à fond dans quelque affaire bien pourrie et glauque, mais considéré sous présomption d'innocence, donc forcément coupable, dire : "*Je crois en la Justice de mon Pays*", j'éclate de rire, de cette esclaffe nerveuse qui nous échappe quand on veille un mort.

Et, la Justice, si elle se trompe, doit produire des explications, sauf qu'elle est censée ne jamais dissimuler ou frauder. Ce n'est pas faire injure de l'exiger aux magistrats. Ce n'est qu'avec cette contrainte que les français reprendront croyance. Quant à ce qui s'étale dans la presse au détriment d'un seul homme, sans vérification et sans qu'il puisse intercéder, c'est une salissure républicaine.

D'accord, il n'est pas indispensable de comparer ce qui n'est pas comparable et en la conjoncture la France, à l'ex-RDA. Mais, les dangers sont réels. Il faut être attentif.

Personne n'est exempt d'aucun reproche, d'aucun abus. Le Juge d'Instruction décide et n'est contrôlé par personne ; cela est un véritable danger et peut être constaté dans beaucoup d'affaires connues. En France, il n'y a aucune garantie pour les individus soupçonnés coupables.

Nos gouvernements jurent que les écoutes téléphoniques, sans disposition légale, sont un mensonge (Pourtant je suis cité dans les « Écoutes de l'Élysée, *Les Oreilles du Président…Simplement parce-que j'avais été rue de Bièvre, remettre mes protestations écrites quant à mon triste sort, chez François Mitterrand, Chef des Armées*).

Nous sommes épiés, manipulés et désinformés, comme à l'époque de la Stasi. C'est l'arme essentielle de nos services spéciaux.

Certes, nous ne sommes pas, physiquement, torturés. C'est inutile et trop visible, avec risque de retournement de situation.

La mission est de dissoudre psychologiquement le Scrupulus, le briser, lui essorer l'esprit, le casser avant qu'il ne contrarie.

Il y a des méthodes simples : faire perdre son emploi à son épouse, ou la faire accepter un boulot dévalorisant, faire échouer les études des enfants. Une simple désinformation de la direction de l'École et des professeurs suffit à cela.

Toutes ces actions paraissent anodines. Vous vous apercevez que votre logement a été sommairement fouillé, vous ne recevez plus certains courriers ou magazines. Votre adhésion à un Parti ou une Association périclite. On ne vous vire pas, on se contente de vous oublier, dans les invitations, les affectations, etc.

Des gens peu recommandables deviennent vos amis et prennent de l'influence sur vous. Progressivement, vous devenez changé, isolé de certains, rejeté par d'autres. Vous vous retrouvez en contradiction avec vous-même.

Finalement, il y a dégradation méthodique de votre réputation, de votre image, de votre attirance. Cela se fait sur des données réelles, vérifiables et méprisables, voire scandaleuses, dans une fange où vous vous retrouvez à l'insu de votre plein gré. Cela se crée aussi sur des fables, invraisemblables, irréfutables mais toujours avilissantes.

Vous vous retrouvez face à un agencement organisé d'échecs professionnels, voire sociaux, pour détruire votre confiance en soi.

Rajoutez à cela des contrôles fiscaux ou administratifs, des perquisitions et des gens qui vous définissent votre avenir, avec chute prévue que vous ne pouvez éviter. L'on vous met le doute, puis la méfiance, puis le soupçon. Vous vous retrouvez entravé par des liens invisibles. C'est comme l'histoire de la blonde qui voit une peau de banane et qui dit : « je vais tomber ».

Ces actions discrètes et secrètes se font à votre insu, et vous devenez paranoïaque. La boucle est bouclée.

Le summum de votre décomposition sera vraisemblablement l'incarcération, la honte de la garde-à-vue, les menottes. Car, finalement, le chemin est tracé, vous y arrivez.

La décomposition a lieu avant, après ou à la place de l'arrestation. Le but n'est pas, finalement, que vous soyez en détention ; ce n'est pas assez pratique car il n'y a plus de possibilité du harcèlement décidé. L'idéal s'est que vous soyez VOTRE prisonnier. Vous êtes devenu un jouet avec des actions chirurgicales, ayant pour but, de récolter des preuves à charge contre vous afin que vous ne puissiez pas éviter des poursuites, quand la procédure judicaire est bienvenue avec un but suprême, définitif, à perpétuité car, quoique vous fassiez, il n'y aura jamais prescription. Comme dans le Jeu de l'Oie, la case Prison est assortie du fameux Casier Judiciaire, qui vous condamnera à vie dans toute recherche d'emploi, par exemple.

La décomposition est un travail de méthode et de dossiers. Forcément vous avez un « profil » et celui-ci va être exploité à votre désavantage : un personnage vit fatalement avec des défauts ou tares. Ces détails de votre vie vont être amplifiés à votre désavantage. Malheur à l'arrogant, au père fouettard, au trop bon vivant qui aime l'homosexualité ou le porno, au fadingue du tiercé ou du casino, au coureur de jupons, au sympathisant d'un Parti ou Association... Nous avons tous un petit pourcentage de cela dans nos gènes, hélas, personne n'est parfait. Et, à votre grande surprise, vous apprendrez qu'il courre des rumeurs à votre encontre, et vous vous cacherez par l'ignominie et le déshonneur qui vous détruiront. Car vous culpabiliserez. Votre « *c'est pas vrai* » à haute voix s'étranglera vite dans un borborygme sanglotant. Apparemment, vous ne trouverez jamais l'ennemi qui vous veut du mal, bien trop malin et discret. Tout semblera toujours calme, mais, en fait, vous êtes surveillé sur vos lignes téléphoniques, vos messages écrits électroniques, vos recherches Internet... Jusqu'à fliquer votre suivi médical, vos médicaments, votre nourriture, vos tickets de caisse... TOUT.

Votre vie sera difficile : votre chien mourra bizarrement, alors que l'avant-veille, il frétillait de la queue ; votre Famille recevra des lettres anonymes, ou des appels téléphoniques vous concernant. Vous aurez des contacts bizarres ; toujours des gens « bien-intentionnés », voire des femmes, maîtresses en puissance... Votre Épouse entendra le pire sur vous, vos enfants aussi. Tout ceci dans un but d'isolement, ou de conflit. Bref, vous serez rongé, divorcerez et serez abandonné par tous, constatant que vous n'êtes plus entourés que par les malsains, ceux qui vous diront : « j'ai entendu dire... »

Ainsi, vous comprendrez enfin que vous êtes une noisette, prise en tenaille, prête à être brisée et à être bouffée. Vous êtes entré sous les drapeaux, sans comprendre que les temps avaient changé, que les méthodes dérangeantes, que le travail – du point de vue de la hiérarchie – se fait dans les marques, le doigt sur la couture du pantalon, et que si tu sors des repères, il n'y aura personne pour te couvrir, mais toute une hiérarchie pour te détruire. Là-haut, tout le monde a baissé son froc, et plutôt que de reconnaître son erreur, elle réagira comme une vieille fille qui prétend qu'on a voulu la prendre en levrette, et elle, qu'elle n'aime pas ça. Contester une magouille ou faute de commandement de la hiérarchie, c'est s'attaquer à elle et remettre en cause le SYSTÈME. On n'a pas voulu me laisser faire. J'ai donc signé mon arrêt de mort lente, car si la défense, c'est l'attaque, quand on est le gibier, il est impossible d'être le chasseur.

A quoi bon citer Zola, qui accuse :

« *Mais une pièce intéressant la défense nationale, qu'on ne saurait produire sans que la guerre fût déclarée demain, non, non ! C'est un mensonge ! Et cela est d'autant plus odieux et cynique qu'ils mentent impunément sans qu'on puisse les en convaincre. Ils ameutent la France, ils se cachent derrière sa légitime émotion, ils ferment les bouches en troublant les cœurs, en pervertissant les esprits. Je ne connais pas de plus grand crime civique. Voilà donc, monsieur le Président, les faits qui expliquent comment une erreur judiciaire a pu être commise ; et les preuves morales, la situation de fortune de Dreyfus, l'absence de motifs, son continuel cri d'innocence, achèvent de le montrer comme une victime des extraordinaires imaginations du commandant du Paty de Clam, du milieu clérical où il se trouvait, de la chasse aux « sales juifs », qui déshonore notre époque.* »

Car le Commandant du Paty de Clam, existe toujours. Il est à la base de toute cette infortune. Mais la Hiérarchie ne cherchera jamais à savoir, son nom actuel, ses motivations, de jalousie, de perversion et de méchanceté face à un « sale ORSA », cette sous-race d'officiers qui déshonore notre armée.

Il est essentiel de bien comprendre le côté vicieux de cette stratégie inspirée de la Stasi : Il est IMPOSSIBLE de s'en défendre, en arguant par exemple, que vous êtes victime de manipulation ; fatalement vous tenterez d'expliquer et il sera perçu par des incrédules que vous êtes « gravement atteint »... la stratégie essentielle de ce Stasisme a un atout majeur, incessible, celui de vous aliéner en vous faisant passer pour un paranoïaque, donc indigne de toute foi. (Un ancien Président de la République a essayé cette théorie de la victimisation stasique... il a vite fait machine arrière. Primo, il s'est fait taper sur les doigts, car il révélait une technique secrète. Secundo, la Presse s'est déchaînée et a fait le travail de la Stasi : le faire passer pour une branque !...)

Dans ce processus démoniaque qui peut laisser le lecteur incrédule, il faut souligner que la victime peut toujours déposer des plaintes en Justice ou tenter de saisir la Presse. Je rappellerai, comme écrit plus avant, que personne n'accordera d'attention à ce qui passera toujours pour une « conviction délirante ». De même, des courriers, comme celui-ci, n'auront jamais aucun impact, comme s'ils n'avaient jamais été écrits, donc jamais lus. Les tourmenteurs initiés savent qu'ils sont gagnants grâce à la politique de l'usure sachant que la victime, à force de vieillir, se fatiguera. C'est la loi du plus fort et malheur aux faibles qui paieront de leur vie leur conviction au sein d'une autarcie dirigiste.

En conclusion, il faut bien comprendre que la stratégie stasique est une arme redoutablement efficace, indestructible et d'une simplicité implacable. Il est naturellement impossible de se défendre, quand on est visé, car l'atout majeur et essentiel est de vous faire passer pour un paranoïaque, voire un caractériel, donc indigne de loyauté. Ce sera à vie, sans prescription, souvent sans procès, mais de toute façon, le résultat est que vous deviendrez indigne aux yeux de tous, car on vous supposera malade de la tête, une erreur, un taré, un déséquilibré, voire même, un mythomane. L'Administration se chargera du reste et votre avenir sera derrière vous, définitivement, sans espoir. Il faut retenir une chose : dans ce jeu du chat et de la souris, il ne s'agit bien que d'un jeu ; un jeu de con de chasse à l'homme, destructeur, inhumain, sans scrupule.

*

ÊTRE DIFFÉRENT

Quand, arbitrairement, il est déterminé qu'un individu sera le plus « à risque » pour la Société, pour l'État, tout doit être fait pour l'en empêcher... Ce n'est pas nouveau et a déjà fait l'objet d'expériences comme l'étude du "King's College" de Londres sur un millier d'individus.

C'est une dérivation du politiquement correct où il est devenu un devoir de société d'éloigner les emmerdeurs, gêneurs, nuisibles. Tout est à craindre dans des déviations incontrôlables.

Pour cela il suffit de prédire, voire, de définir, qu'untel va mener une *vie "troublée"*.

Ce qui se passe dans l'armée française est d'une simplicité inouïe : un élément est évalué sur son intelligence, son expression orale, ses compétences motrices, ses niveaux de tolérance, d'impulsivité, d'agitation, de frustration. S'il est considéré "à risque", il est un devoir de l'éliminer pour le bénéfice de l'Institution. Et cela ne fera qu'empirer dans un contrôle social accru avec un encadrement hyper-directif, afin de rejeter les fardeaux, les trop petits, trop vieux, sans compassion, aucune, le pragmatisme étant la norme. La discrimination est active mais se doit de rester invisible, sans jamais être nommée ainsi.

La méthode est aussi éhontée que celle des nouveaux bancs installés dans les métros. La originalité est l'installation de bancs inclinés qui ne permettent à peine de rester assis et rendent impossible de s'allonger. Ce sont des bancs, avant tout, anti-SDF. Le prétexte invoqué est celui du nettoyage pour parler poli. En fait, ce nettoyage veut dire épuration. Il faut purger l'espace public des corps de ceux qui vivent, dorment, mangent et meurent dans la rue et le métro. C'est perfide et redoutable, comme jadis le savant nazi avec son rictus sarcastique avant de faire le bourreau. La disposition intelligente et satanique de ces bancs ne permet pas que l'on puisse s'allonger dessus, ni à côté. C'est la façon de traiter les indésirables, les SDF, en les considérant comme des fakirs avec ces mises en place d'accoudoirs incommodes, de pics, de pierres taillées, de barres, de grilles. Sous prétexte de propreté et de se protéger de maladies éventuelles, on veut simplement se cacher de la pauvreté et du syndrome qu'est le SDF, politiquement incorrect. Le but inavoué est d'être efficace pour fracasser les gens, de leur briser le dos s'ils veulent s'allonger ou de les empaler sournoisement lorsqu'ils s'assoient sur les pics installés. On se moque bien des corps martyrisés, brisés par des entortillages, dans des contorsions accablantes, afin de trouver le sommeil et un peu de repos du corps et de l'âme. Il faut cacher ces SDF, pour cela, il faut les casser, pour les chasser ; c'est la façon d'organiser l'invisibilité sociale. Personne ne conteste devant ces pierres anti-pauvres disposées de façon artistique dans un look que l'on voudrait joli et moderne. En bref, cette discrimination par la dissimulation de ces SDF, c'est se cacher l'idée que l'on fait de soi-même, soutenant même la honte que doivent éprouver ces spécialistes du look-art en s'adonnant à cette barbarie légale. Nous acceptons volontiers toute l'horreur de ces dispositifs répugnants à vocation de ville propre. Mais c'est ainsi, même si intérieurement, chacun est conscient que c'est dégueulasse de faire cela, on conçoit sans gêne que l'on puisse traiter des êtres humains comme de déjections et des souillures en se contritionnant par l'affirmation que c'est du travail d'artiste ! On commence ainsi, puis on fait des rafles, puis on extermine moralement et physiquement.

Il en est ainsi de tous les gêneurs, et cette métaphore en est une illustration.

Ce n'est, ni plus ni moins, que de l'apartheid, la séparation des réputés bons et des considérés cons. A l'époque où tous peuvent sauter sur leur chaise, comme un cabri, quand on parle de « race », la ségrégation est institutionnelle mais secrète. Nelson Mandela vit parmi nous, banc, gris ou noir : s'il dérange par des qualités qui deviennent des anomalies et des défauts trop vertueux, il sera condamné à vie dans une prison sans barreau, et personne ne songera à protester, car un mouton ne s'oppose pas.

L'apartheid, c'est le racisme, le racisme, c'est la discrimination qui est donc l'apartheid.

*
* *

La bonne foi devant la calomnie est impuissante, surtout quand la calomnie est anonyme.

Et si, par extraordinaire, vous réussissez à déclencher une enquête à décharge, les investigations, au mieux, définiront que vous n'avez rien compris, pas dans le « deal », hors de la plaque, et que la hiérarchie n'aura, éventuellement, fait que quelque maladresse de vocabulaire, voire regrettera un jugement favorable immérité, pour *un fumiste qui a trompé son monde*. Par contre, et immanquablement, il sera pointé sur vous une propension à l'affabulation et à la mise en scène.

Quant à la théorie du complot comme argument de défense, il ne faut même pas y compter. L'ennemi est très finaud et ne connaît que trop cette parade. Pour simplifier, je vais noter ici le cas de I.S.K. (Ignace Strouss Klein) [*]. Timidement, certains ont osé parler de complot, parce-que cet homme, réputé pour être un tombeur de jupons, a été pris la main dans le slip, sur une employée d'un Palace de New York, alors qu'il souhaitait être candidat à la Présidence de la République française. Bref, il faisait de l'ombre, car favori. Il a nié les accusations et a plaidé non-coupable. D'une seule voix, il ne pouvait être certain que cela ne pouvait pas être un complot, car « si ON » avait voulu faire tomber I.S.K., on l'aurait cueilli à l'issue de l'élection prévue. De gauche à droite, I.S.K. ne manquait pas d'ennemis qui ne voulaient pas se faire souffler la place !... Et le considérer pénalement indigne aurait été bien simple, trop même, une fois I.S.K lancé dans la course présidentielle ; mais son fan-club, sur la brèche, aurait vite fait de calmer le jeu par la parade du complot, sans risquer de passer pour des défiants paranoïaques.

En agissant ainsi, dans le coup de l'affaire Sofitel, c'était finement joué en jouant sur le « trop tôt ». PERSONNE n'a pu arguer la cabale ou conspiration, au risque de passer pour ridicule. Bref, le seul argument en faveur du complot était que la femme de chambre était tellement laide, que, même après 6 mois de cachot à Fleury Merogis, on n'a pas forcément envie de lui *déglutiner le velcro* (selon Jacques Mailhot) ! Comme cet excellent Mabille, qui a tenté l'expérience, à 60 et quelques années, de sortir de la douche, le matin, le haricot masqué par une panse tombante, en projetant une débandade sexuelle et lubrique… Échec total pour une partie de sexualité, restée illusoire, face à une femelle *con sentante*, tentante, sinon tentatrice (la sienne).

Il en est de même pour tant et tant d'affaires, où le coup du complot ne tient pas, tellement cela a été bien étudié. Ça n'a pas la couleur du complot, le goût du complot, mais s'en est. (…*et de la poire, y'en a aussi*, comme chez les Tontons Flingueurs.)

On nous dit, on nous rabat les oreilles, en nous persuadant que « tout a changé », que la vie change.

NON !

Rien n'a bougé. L'être humain reste inhumain et se déshumanise numériquement, ce qui fait qu'il n'y a QUE la communication qui ait vraiment changé.

On ressort les vinyles, on écoute les tubes des années 80, Zorro passe toujours sur les écrans TV. Comme on est infoutu de faire du neuf qui réjouisse, on remet à la mode les meubles formicas des années 60. Rien n'a vraiment changé, hormis le temps perdu en futilités imposées par les aliénages du modernisme digital.

Ainsi, les tueurs, chasseurs de primes, auteurs de lynchage psychologique, même partis en retraite, ont laissé leurs écrits indélébiles, qui restent en héritage. Les successeurs cliquent les dossiers, fouillent les placards pour justifier et pétrifier la cible, sans savoir pourquoi, juste perpétuer une vengeance dont la genèse les désintéresse. Le tout étant de faire un carton en s'excitant sur la qualité du H + L.

C'est ainsi qu'un certain Alain JUPPÉ, Candidat à la Présidence de la République, passera toujours et jusqu'à la fin de sa vie, pour un bandit, car il a été, un jour, condamné. Il y aura toujours des connards pour le qualifier de « *repris de Justice* » pour une affaire dans laquelle ils ne comprennent rien, alors qu'il a sacrifié son honneur pour couvrir son Chef, dans des magouilles présidentielles. Il pourra toujours monter à pied sur la Lune, qu'il sera toujours entaché, en se frappant la poitrine, martelant qu'il s'est exonéré de tout enrichissement personnel. Peine perdue pour une peine à vie. Car, hélas, c'est ainsi en Francerie, il a bien, malgré tout, livré son honneur et la paix de sa famille en pâture, aux démolisseurs de réputation…

Quand une condamnation est effacée, c'est gommé, supprimé, oublié. C'est la Loi. Sinon, c'est permettre le Passeport Jaune. N'oublions pas le calvaire de Jean VALJEAN et arrêtons de créer des misérables par d'impossibles réhabilitations !

Par contre, un autre homme politique, que tout le monde sait qualifier d'ordure et d'opportuniste, avec toute une droguerie brinquebalant au derrière, composée de fautes professionnelles et déontologiques, s'en sortira toujours, car il n'aura pu être condamné.

Coluche disait : « *il y a ceux qui ont un avocat qui connaît bien la Loi, et ceux qui ont un avocat qui connaît bien le Juge !* »

ZOLA où es-tu ?... Reviens !

*
* *

Pour en revenir à ce 01er Janvier, à 00 heure 00, d'une année au millésime dont je ne veux pas me souvenir, où, brutalement je me retrouvais seul, avec mon épouse, mon garçonnet et une grossesse, il fallait, coûte que coûte réussir à faire valoir mes Droits et reprendre l'activité de service.

Comme déjà dit, j'ai souscrit immédiatement un nouveau contrat parti avec avis du Délégué Militaire Départemental. Positif ou défavorable, je ne le saurai jamais. Sans doute s'était-il perdu…

Notre propriétaire réclamait ses loyers.

Nous n'avions que quelques boîtes de conserve, chichement allouées par l'Assistante Sociale Militaire et des boîtes de ration individuelles de ma collection personnelle.

Mon Épouse n'avait plus de travail. Elle bossait dans une espèce de groupe de placements financiers, où le peu qu'elle a gagné, elle l'a dépensé en taxes, impôts et frais.

Moi, je ne voyais que la reprise de mon activité de service. Il n'était pas question de trouver un job dans le civil, plutôt crever la gueule ouverte. J'attendais que l'on me confirme l'invalidation de cette démission irrecevable.

Pourquoi ?...

*
* *

Je vous ai seriné 1000 fois dans ces lignes que j'ai choisi le métier des armes en sacerdoce.

Mon seul véritable tort est celui du culte du Chef. Ce qui se traduit par une sorte de blocage intellectuel m'incitant à agir préférentiellement contre mes propres intérêts au profit de ceux qui m'exploitent. Je dénonce le fait que cela pourrait être un syndrome de larbin transformé en vocation de celui qui aime ses Chefs parce-qu'il en est le serviteur domestiqué.

Certes, jusqu'alors j'avais cautionné tous les sacrifices dont j'avais été l'objet, même si mes Chefs se gardaient de m'offrir la perspective d'améliorer ma condition. Un consommable est jetable, qu'importe la couleur de poubelle.

Pour moi, l'avancement, les décorations, les honneurs, les points retraite, c'était pour les autres, mes CHEFS.

D'accord, il semble que le dernier de mes ancêtres connu était un bébé abandonné devant la Mairie de Saint-Michel [*], cité des Corsaires, avec, dans son panier un petit drapeau français. Mais de là à me considérer comme le produit d'un soumis par ses maîtres, cela voudrait dire avoir conscience de ma médiocrité de condition sociale, en m'identifiant à mes Chefs et m'imaginer appartenir au corps de l'Institution militaire qui m'exploite !

Sans doute mon coup de colère démissionnaire voulait contrer l'idée que je passais pour un simple larbin, exploitable à merci, mais que je ne voulais pas passer pour un paillasson, un suceur de pipes ou un courbeur de bananes.

Car, si j'acceptais tous les désintéressements et humilités dans l'intérêt de ceux qui m'exploitent, je ne pouvais faire n'importe quoi pour m'attirer leur bienveillance !

En faisant mon autocritique, le seul reproche que je pouvais me faire c'est d'avoir été prêt à faire l'impensable pour que mes Chefs s'intéressent à ma situation préoccupante à force d'actes discriminatoires qui duraient depuis trop longtemps.

*
* *

Simplement parce-que je SAVAIS que quelque-chose ne collait pas, que ma situation était inhumaine. J'en avais touché deux mots à cette Assistante Sociale de Garnison, mais je comprenais très vite que nous n'étions pas son souci, hormis sa recherche en boîtes de conserve.

J'ai tenté de joindre le Colonel Blonde [*] que je connaissais et qui était à la Direction du Personnel, dans les « hautes sphères ». Injoignable, intouchable, malade, voire en Arabie Séoudite. Par téléphone, j'ai tout eu comme prétexte pour ne pas pouvoir me connecter en direct.

Je recontactais les services de Jean Florin [*], Ministre des Anciens Combattants, qui suivait mon dossier et qui était intervenu auprès de Pascal Kivala [*], Ministre de la Défense. Mais je me heurtais à ce fameux souci de la Cohabitation où la Droite avait viré la Gauche. Les puissants d'hier n'étaient plus rien au niveau décisionnaire. Le Ministre-Valet était redevenu Valet sans ministère.

*
* *

J'avais comme une sensation d'avoir été condamné à mort et d'avoir aidé en montrant le nœud à défaire de ce qui bloquait la lame de la guillotine.

Aujourd'hui, je pense à ce prisonnier syrien en combinaison orange, ligoté, pieds nus, qui marche vers un char d'assaut qui s'avance vers lui. Il jette un regard mêlé d'affolement et de résignation vers ses gardes en armes, puis, sans mot dire, sans maudire, se laisse happer par les chenilles du blindé. Steak tartare… (*Halal ?...*)

Mourir n'est, sans doute pas, la pire des choses qui puisse arriver à un homme.

Cela permet peut-être de retrouver la paix.

Car ils sont nombreux ceux qui veulent trancher le fil de votre vie.

Moi, j'aime le risque, c'est ma façon de me sentir vivant.

Le piège est de ne jamais éviter une complication au risque de s'en inventer une.

A cette époque, j'ai joué gros avec ce chantage à la démission car beaucoup savaient que je suis quelqu'un et qu'il fallait m'éliminer pour que je ne sois plus personne.

Peut-être jusqu'à me mettre dans la tête de rentrer dans l'Histoire, pour une victoire finale, et surtout pour que ma mésaventure administrative serve de leçon aux militaires, présent et à venir, qui croient trop dans leur hiérarchie et en la pureté de l'âme et de la soi-disant fraternité.

Je reste un grand sentimental, pensant qu'aussi facilement on détruit quelqu'un, aussi vite, on peut lui redonner la vie.

Je savais que j'allais encombrer des gens qui feraient leur maximum pour m'éviter, afin de ne pas avoir à prendre leurs responsabilités.

Mais j'ai besoin de croire en quelque-chose. La Famille, je n'y crois plus guère, du fait de parents égoïstes qui m'ont élevé par obligation, pas par amour ; Dieu, je n'y crois plus, quand je vois les atrocités et les injustices. Il me reste mes racines, mon Pays qui enfante une descendance qui sera happée à son tour par l'espérance et les illusions *désillusoires*.

Mais le Pays se développe, change en robotisant les hommes, avec la technologie qui prend le pas sur notre humanité et j'ai du mal à le reconnaître du haut des années 68 qui faisaient rêver.

Je m'efforce de ne pas lui être étranger dans ce monde où même la violence a changé, elle s'est organisée et la couardise des petits suceurs ne suffit plus à rétablir les choses.

Toujours, je pense à ce petit oiseau tombé sur le sol de froid et de fatigue que la vache a recouvert de merde, afin qu'il puisse se tenir au chaud, comme par acte bienveillant.

La chaleur lui donna un nouveau regain de vie.

Hélas, le renard l'en a sorti et croqué, car le moineau, heureux, gazouillait et chantait.

La morale est que ceux qui nous mettent dans la merde ne le font pas toujours pour notre malheur.

…Et ce qui t'en sortent ne le font pas toujours pour ton bonheur.

Ce 21ème siècle sera donc bien comme tous les autres :

- Quand on est dans la merde, il faut se taire, même si les duels sont truqués.

Il ne faut jamais se fatiguer, afin de ne pas devenir vieillard, car on n'en sera pas un sage pour autant.

Il faut rester jeune et c'est la révolte qui permet de s'y maintenir.

Lutter contre l'injustice est une noble cause.

Pour cela, je veux rencontrer un être de ceux que l'on ne rencontre jamais.

Hélas sans doute ne resterai-je que le roi des fumistes et des emmerdeurs comme on m'en a affublé du costume ?...

*
* *

16

L'ÉTAT de DROIT

En conclusion, je raisonnais intimement persuadé que mes CHEFS corrigeraient cette faute de commandement, sans imaginer que ce fut pure spéculation.

Pourquoi, je vais vous le dire :

Je ne savais qu'une SEULE chose de fondamental dans notre République :

- **l'État de Droit**.

Cet état de droit dont on nous bassine à toutes les occasions, toutes les sauces, toutes les circonstances.

Bon, ok. Mais, mettons-nous du côté de la hiérarchie :

- " Il était fier d'avoir décroché ce job et aimait son travail. Puis nous l'avons installé dans la routine forcée : le placard avec peu de réussites à espérer et beaucoup de frustrations à subir, afin qu'il ait un quotidien taciturne, qu'il tourne en rond, qu'il ne trouve plus de sens dans ce qu'il fait. Ainsi, il ne songera plus à faire évoluer son poste, il râlera tout le temps ; rien n'avancera comme il le souhaite. En faisant de sorte de lui mettre la pression, qu'il s'ennuie dans des tâches ingrates, qu'il s'y ennuie, et en faisant semblant de ne pas le comprendre, qu'il pense qu'il est entouré par des irresponsables, le fruit sera mûr et il tombera tout seul. La mise au placard est tout bonnement le « *Pouvoir de révocation délétère inavoué* », un crime autorisé, sans nom, juste murmuré dans un copinage complice.

Qu'il dise, demande, réclame, qu'on le tienne en haleine sans relâche, et ce sera le signe d'un management douteux insupportable qui l'éloignera de toute proche victoire, en ignorant tout de ses requêtes persistantes. Il traînera les pieds et ce malaise interne sera le harcèlera moral qui le forcera à partir. C'est un piège grossier mais bien orchestré, terriblement habile, qui fait ses preuves dans les démissions et les suicides !

Il sera Dreyfus que l'on déshonore sur la place d'armes en le dépouillant de ses insignes et de ses illusions.

Lui mettre entre les pattes cette écervelée, brûlante de la chaufferette, ne sera que la cerise sur le gâteau…

Il faut TOUT lui prendre : son patriotisme à la con aux trois couleurs, ses illusions, ses économies, ses valeurs, ses idées de démocrate, son amour militaire et guerrier, LA Justice, bref, SON identité, pire,

SA DIGNITÉ.

Il sera dans l'impasse, un long tunnel sans fin, insonorisé où il pourra toujours nous demander de débrouiller les complications que nous aurons créées : il ne pourra pas compter sur nous !

Albert EINSTEIN l'a très bien défini : « *Il ne faut pas compter sur ceux qui ont créé les problèmes pour les résoudre* ».

Il ne pourra jamais parler de complot car il passera pour un paranoïaque !...

Il sera SEUL et ne pourra jamais assurer sa légitimité dans la révolte. L'écœurement préfabriqué par les discrets gradés bureaucrates feront qu'il ne pourra plus attendre quoique ce soit, des autorités civiles et militaires, et ne pourra jamais se plaindre au monde abreuvé par toute une propagande commerciale et politique défendant tous la même idéologie : la désinformation (*chère à Vladimir Volkoff [note de l'auteur]*).

Il ne sera plus qu'un particulier à tendance contestataire, donc il n'aura plus sa place et n'existera plus, ne comptera plus.

S'il bouge, il tombera sur les cordes tendues, et cela provoquera des rumeurs qui se propageront bien vite autour de lui sans que ses informations ne puissent jamais être vérifiées. En utilisant l'émotion il ne pourra échapper à la raccaillophilie qui sera fatalement son univers.

Finalement, s'il devait faire éclore le scandale, il sera aisé de démontrer qu'il souffrait d'une pathologie psychiatrique compulsive, ancienne et lourde..."

* *
*

...Donc, l'État de Droit n'existe pas dans la pratique du moment qu'il est combiné, bricolé, arrangé, manigancé !

Faites le point parmi tous les chômeurs, familièrement nommés « demandeurs d'emploi », et vous constaterez tant et tant de personnes qui se sont retrouvés dans une situation similaire. Beaucoup de malheureux ont même fini Sans Domicile Fixe ou suicidés ; je ne parlerai pas des divorces, des familles éclatées.

Et tout ceci, malgré un Service des Prud'hommes, inaccessible, précisons-le, aux militaires de la République, personnes de devoirs, mais sans droit, hormis celui de fermer leur gueule !

Malheur aux « Scrupulus », surtout s'ils sont des chiens fidèles.

Mais toute déconfiture est avant tout défaite psychologique.

Dans toute notre éducation comportementale, nous sommes gérés par l'obéissance, comme l'a démontré l'expérience du Professeur Milgram (soit un kilo), et par le conformisme et le pouvoir de ce conservatisme, ou traditionalisme, sur les décisions au sein d'un groupe, comme établi par l'expérience d'Asch.

Ce qui amène à conclure que sachant être victime d'un acharnement, ce n'est qu'une fois, au fond du trou, que l'on comprend finalement qu'il convient d'accuser son Chef, donc offensif, car directif, d'être responsable de mon comportement. C'est ce qui nous différencie de l'animal, de par notre statut social imposé.

Mais, comme Clébard, je me suis laissé trancher toutes les pattes, jusqu'à n'être plus qu'un tas de viande, et la fidélité liée à l'obéissance m'obligeaient à dire « merci », asphyxié par la douleur, ne bougeant plus, avec juste la tête où les yeux imploraient.

Seul, face à mes responsabilités, je constatais mon impotence.

- Plus de boulot ;
- Plus d'argent ;
- Plus de logement ;
- Plus aucun moyen financier pour faire survivre une Épouse, enceinte et un gamin à l'âge de raison.

Au pied du mur, il me fallait trouver un job « alimentaire ».

Je fus donc chercheur à l'ANPE.

Je fus accueilli comme un extra-terrestre car mon profil ne correspondait « à rien ». Car, c'est connu : un polyvalent ne sait rien faire. Le Capitaine Baril ne pouvait pas devenir représentant en aspirateurs...

Personne ne veut de moi puisque je n'ai rien. Abandonné, j'étais devenu un SDF de la République française.

Que l'on ne se trompe pas : la France de ce jour et celle d'il y a trente ans, est la même. Il n'y a pas de travail, hormis celui de *manouvrier* sous payé.

J'envoyais alors des lettres avec C.V. J'en attends encore les réponses... Simplement, parce-que ma situation était intimement comprise comme celle d'un homme indigne viré de l'armée.

Un jour, même, un homme me héla sur le trottoir près de l'Agence ANPE. Il me dit être Directeur de cette boutique de l'Emploi, qu'il n'avait rien pour moi, que je n'avais droit à rien et qu'il me déconseillait de revenir en ces lieux mais de trouver un emploi par moi-même. Surprenant, avec le recul... Mais quand on est livré à soi-même on oublie les éléments majeurs de la réussite : la volonté, l'autorité et la dignité. Les priorités deviennent floues, faire autorité devient

153

un comportement inadapté, et prendre de la hauteur par rapport aux évènements quotidiens devient figé. Je ne protestais même pas. J'étais déjà préparé à me faire happer par les chenilles de ce T54. L'on s'aperçoit vite que l'anonyme n'est plus respectable et ne mérite ni intérêt ni sollicitude.

Nager dans l'océan, sans rien à l'horizon, n'avait que le risque de se faire bouffer par un requin.

Un jour, je reçus un courrier prospectus. Un Député m'invitait à lui soumettre mes idées sur son programme électoral. Pierre Forgeron [*] me demanda mes préoccupations. Il me fit penser à un Colonel en retraite reconverti qui tenait à me refiler une assurance vie. J'en ai connu un comme cela : il gueulait et me donna même le coup de pied au cul, pour manque de rapidité, et quand je l'ai retrouvé dans quelque Mess, j'étais devenu son « *cher Ami, Frère d'arme, Compagnon…* ». Là, pareil : Il était le meilleur ami de John Cranery [*], Chef de Cabinet du Président de la République, qu'il connaissait bien Jean Florin [*] et que mes soucis allaient se régler sans délai…

Je n'étais plus perdu dans l'océan : il était devenu, j'avais trouvé, ma bouée.

Plein d'espoir mais à la veille d'être expulsé de ma maison, j'entrepris le montage de dossier de financement auprès de ma banque qui ignorait tout de ma situation.

En mémoire, j'avais l'exemple qu'un milliardaire, qui, apprenant sa banqueroute financière, acheta un nouveau Jet, une propriété somptueuse et une voiture de luxe. Car, on ne prête qu'aux riches !

Pour moi, c'était soit le banc public, soit le système démerde. Le choix fut vite fait : j'achetais un terrain et fis bâtir une maison. Le but étant de tenir, coûte que coûte, en attendant ma réintégration.

Je me servais donc des appels de fonds, pour payer mes dettes et nourrir ma Famille.

En parallèle, je trouvais un boulot ou je devins par magie, un « *inspecteur en art plastique sous égide de l'UNESCO* ». En fait, j'étais devenu un vendeur de faux tableaux, véritables répliques, où il fallait faire des expositions dans des halls d'administrations diverses… Payé à la commission. Ma première vente, que je concrétisais chez un Particulier, vers 23 heures, pour un chèque dont il faudrait attendre le pourcentage, plus tard, me donna un goût de vomi dans la bouche. J'ai pleuré. Pas comme une ex-pucelle émue d'être déflorée, mais plutôt comme celui qui s'est fait déchirer analement. J'étais tombé vraiment bien bas et je m'en confirmais cet avis quand je découvris que la collection de tableaux encadrées que j'avais en prêt, n'étaient que des reproductions collées sur toiles et recouvertes de vernis vieillisseurs et craqueleurs. En fait, il n'y avait que les cadres qui étaient authentiques dans des assemblages donnant confiance aux acheteurs. Les fameuses œuvres, soi-disant reproduites par de véritables peintres, n'étaient que du toc. J'avais mis la main, le bras, dans la malhonnêteté. Je vendais donc, à prix d'or, du vent. Cela m'était intolérable mais je me voilais la face en espérant qu'ignorer une réalité la rendrait plus soutenable.

En parallèle, point de nouvelles de mon fameux député que je relançais et qui me disait de patienter.

Je contactais aussi quelques Généraux que je connaissais et une bonne douzaine de Colonels avec qui j'entretenais de bonnes relations.

Ils m'assuraient tous de leur concours et qu'ils allaient voir le problème.

J'eus même le Général Bigeard qui me certifia qu'il allait contacter le Général Maurice Schmitt, qui avait été mon Patron et qui m'avait attribué un « barreau » à titre exceptionnel, sur demande de mon Chef de Corps.

Bref, tout allait se passer pour le mieux dans le meilleur des mondes…

Sauf que, les jours et les mois passaient, sans concrétisation.

Ma petite fille est née. Elle vivait avec nous, à quatre dans le garage d'une maison inachevée. Mon Épouse avait trouvé du travail en tant que vendeuse en vêtements de cuir, pour des gens peu recommandables, qui la payaient quand ils en avaient le temps et les moyens. La marmite ne bouillait pas tous les jours.

Je renonçais à mon aventure de faux tableaux. Mon Épouse avait trouvé un travail chez un fabriquant de vêtements en cuir.

Je fus embauché à mon tour par ce négociant.

J'étais donc sur les routes, en cherchant des clients pour des collections d'habits. Dormant dans une voiture, qui faisait du 14 litres aux 100, sur les parkings, la situation devenait intenable, car le Patron ne payait pas, ni mon Épouse, ni moi, malgré les Bons de Commande.

Il fallait jongler.

Mon véhicule devenant trop coûteux, je repris mon raisonnement du milliardaire qui donnait confiance en jouant au riche, et changeais de voiture pour une bien plus économique.

La poursuite de la construction de la maison devenait impossible, les appels de fonds servant à notre survie. Il fallait payer le constructeur et les remboursements de prêt à 14,75 % !!! Oui, c'était le taux à cette époque.

Finalement, nous avons joué le tout pour le tout en nous improvisant commerçants en vêtements de cuir, le tout en autofinancement, dans un local dans une Galerie Marchande d'Hyper-marché.

Le système démerde était devenu notre loi.

A force de ténacité, nous avons été jusqu'à créer trois magasins de vêtements et chaussures, avec jusqu'à une demi-douzaine d'employés !

Bref, nous réussissions, tant bien que mal à faire illusion. Mais que l'on comprenne bien que la crise économique d'aujourd'hui était la même à l'époque. J'ai vu ne pas entrer un centime de franc dans la journée avec trois magasins bien achalandés, avec des frais énormes à gérer malgré des journées à peau de balle.

Je ne m'étais toujours pas fait une raison quant à ma situation militaire. Cette survie actuelle n'était « qu'alimentaire ». Je travaillais sans passion. J'étais même arrivé à acheter les murs commerciaux de l'une de mes boutiques.

Conjointement, je faisais, dès que je pouvais, et au moins les samedis et dimanches, mes activités en tant qu'Officier de Réserve. Je participais à quelques manœuvres du style « Castors juniors » et aux séances et concours de tir.

Je fus même élu, avec 100% de bas levés, dans l'organe directeur des Officiers de Réserve de la Garnison de Derme [*].

Sur ma lancée, je décidais même de mon inscription aux cours des ORSEM (officiers des réserves spécialistes d'état-major). Comme je signais mes propositions annuelles d'avancement au grade de Commandant avec visites médicales annuelles d'aptitude, c'était pour moi, la logique, et me servirait lorsque de ma réintégration serait effective. Je suivais assidument ces cours avec enthousiasme, mais étonnement au sujet d'une armée soviétique prête à nous envahir. Mais je savais que tout problème comporte au minimum deux solutions : la bonne et celle de l'Ecole de Guerre. Donc, je ne formalisais pas, me contentant d'apprendre mes cours avec discipline.

Mais je ne comprenais pas le silence qui entourait ma situation. Tous les hauts gradés auprès de qui j'avais demandé assistance, restaient silencieux et devenus injoignables.

*

Une opportunité me permit de me lancer dans quelques aventures africaines du genre Paris-Dakar, sans assistance. Il s'agissait d'acheter une misère une Peugeot en bon état de marche et d'aller la revendre au Benin. Ce fut ce genre de péripéties qui me passionnait en confirmant mon goût du risque et de l'aventure. Cela me permettait de retrouver cette Afrique tant aimée.

Ces escapades n'étaient pas financièrement enrichissantes, car une partie des bénéfices servaient à se payer le billet d'avion retour. Mais, basta, tout le monde ne connaît pas Bidon-V, célèbre refuge de quelques bouts de tôle que le Lieutenant Maurice Cortier aurait du mal à reconnaître, ni la Compagnie Générale Transsaharienne !

Tout cela permettait de connaître ces Pays auxquels nous avons donné les bases, de traverser des frontières, comme celle de l'Algérie, en alliant les bouteilles de Ricard et les revues légères afin d'édulcorer les handicaps de passeport.

Bref, toutes ces expériences ont fait que le poisson rouge dont on avait cassé l'aquarium avait appris à nager comme une anguille de la Mer des Sargasses, sans se faire bouffer par les requins. D'accord, la médiocrité de ma situation faisait que je ne croisais que des gens peu recommandables. Quand on s'improvise commerçant, avec des rumeurs de militaire défroqué, comme une fosse sceptique attire la merde, sans doute a-t-on une odeur qui plaît aux oiseaux de proie et aux corbeaux qui veulent du fromage. J'ai compris qu'il y avait le monde édulcoré et aseptisé de l'armée, qui est un État dans l'État Nation, sans être la Nation ; qu'il y avait le monde des nantis-dirigeants et le monde des démunis parmi lesquels il fallait démasquer les faux nantis, les dirigeants inventés, fictifs , faussaires et les vrais truands ; sans parler des vrais cons et des sales cons qui, eux, se trouvaient aussi chez les nantis-dirigeants !...

Mais le véritable ennemi était, est et reste l'ennemi intérieur, celui qui devrait avoir un autocollant avec la lettre 'A', celle de l'Administration. Car si on croit réussir à repérer le flic ou le militaire en civil, le vrai pourri au service de l'administration civile ou militaire a réussi à revêtir l'uniforme du caméléon.

Je me souviendrai toujours, alors que j'étais en bavardage avec un militaire à l'entrée de la Gendarmerie Mobile de Tarente [*], avoir vu une voiture entrer en trombe au Poste de Sécurité, avec un passager tendant le bras par la vitre montrant un porte-cartes et gueulant : « DPSD ! ». Cela rappelait, trait pour trait ces films où l'on voyait les chapeaux mous en Traction avant noire, vociférer : « GESTAPO ! »... Il ne manquait que la poussière soulevée par des pneus malmenés d'une auto trop pressée.

Car ceux sont bien là ces sous-marins qui nous épient, périscope à fleur d'eau, dans de véritables chasse à l'homme, sans comprendre qu'un jour ils seront vieux, retraités, alimentés à la bouillie, avec uniquement leurs souvenirs lointains de saloperies qui leur auront permis de faire illusion en gagnant quelque médaille et témoignage de satisfaction en fabriquant des coupables de circonstance... la chasse à l'homme a de commun la chasse aux cons qui est un safari sans espoir.

J'en ai connu un de ceux-là, que j'ai démasqué lorsque je suivais ce fameux stage d'officier Mécanicien à la Royale Cambouis de la ville de Bourgade [*]. Client dans le « *bar d'en face* », j'avais repéré ce Quidam qui tournait autour de moi comme une mouche à merde, se posant ici, redécollant de là. A force d'à force, cela s'est terminé par une longue conversation dans son véhicule, où j'ai pu lui exiger sa carte professionnelle. Il me sortit des fadaises sur un pseudo suspect de faux légionnaire distribuant de fausses cartes d'adhérents. Mais je comprenais bien vite que sa proie, c'était moi. C'était bien un de ces Chasseurs de Prime qui en savait plus sur moi que moi-même. Lui ayant finalement fait tomber son jeu, j'apprenais, non sans émoi, que ma carrière était finie et que, quoi que je fasse, je tomberai ; C'était la règle du collimateur, le jeu de cons dans la chasse aux cons.

Qu'avais-je fait ?... J'ai bien compris qu'il essayait de passer entre les gouttes quand je lui posais un certain nombre de questions, sur ma situation, mes péchés par action, par omission, mes tares. Rien. Il était là pour me « surveiller ».

Ironiquement, je l'envoyais se faire traire, avec politesse. Sa réponse a été que j'allais vite m'apercevoir de ce qui m'attendait...

En bref, ma seule faute était qu'il fallait m'abattre.

*
* *

Je repense sans cesse à cet incident.

Je comprenais qu'il y avait un loup, et tout ceci était énormément flou. Forcément, il y avait erreur, méprise, divagation, délire, aveuglement, fourvoiement, fausseté, ou une perche tendue afin que je me casse la gueule, mais comment le prouver ?... J'étais simplement dans les rouages d'une usine à gaz, où l'on attendait que je sois Ravaillac pour m'écarteler les membres jusqu'à ce que l'on entende craquer les os.

Le lendemain, je croisais mon Directeur de Stage, un gros patapouf où il faut deux ceinturons pour en faire le tour. J'en avais entendu parler. Tous m'avaient confirmé que c'était une « grosse salope » qu'il fallait éviter à tout prix.

Il me demanda : « *Que faisiez-vous à l'extérieur de l'École hier soir ?... *». Sans attendre ma réponse dont il se moquait, il me lâcha : « *Vous êtes indigne d'être Officier !... *». Et continua son chemin.

Fermez le ban.

Cette situation étant intolérable, j'écrivais alors à mon Chef de Corps, le fumeux, pardon, le fameux Colonel Philippe Merguez [*] et au COMMAT, le Lieutenant-colonel Scriptexact [*] avec qui j'entretenais d'excellentes relations, depuis l'époque où il était Capitaine, dont je dépendais, afin d'exposer ma situation, ces embrouilles et demander des explications.

- Le premier me dit : « *Vous avez choisi de courir deux lièvres à la fois : votre Stage et votre degré d'aptitude en FAC de Lettres. Vous risquez de ne rien attraper (...) et si vous ne partez pas au Togo, c'est à cause de notes non-conformes.* » A noter et souligner que ce Colonel Michel Merguez [*] était à l'ORIGINE de ce stage, qu'il avait trouvé pour moi pour valider ce départ en mutation au Togo, et qu'il était **mon noteur** !...

- Le second me répondit : « *Tout va très bien Madame la Marquise. Vous ne partez pas au Togo parce-qu'un autre a pris votre place, simplement, vous êtes encore trop jeune ! (...) Oui, vous reprendrez vos fonctions dans votre ancienne Unité et le nouveau Commandant Parenthèse [*] ne vous veut aucun mal, ne soyez pas inquiet...* »

Bal de faux culs.

Cela sentait le Monsieur Bricolage à plein nez.

*
* *

Alain Peyrefitte contrôlait la Presse écrite, radio diffusée et télévisée.

Tous se gargarisent en s'en offusquant. Point de détournement de l'information, pourtant. Cela permettait seulement de canaliser et éviter bien des déviations.

C'est François Mitterrand qui a permis un joyeux bordel avec les radios libres, ouvrant la voie à la débâcle inconsidérée de l'information, ou considérée telle, permettant à Monsieur Le Peuple de croire qu'il avait le Pouvoir.

Écoutez vos radios : le nouveau mot à la mode est « *convulsif* ». On parle obligatoirement d'un paranoïaque *convulsif*, d'un criminel *convulsif*. (*Moi-même, je l'ai employé un peu plus haut, et personne ne s'en sera contrarié, sans même le remarquer.*)

Ainsi l'État de Droit se perd dans les méandres et y perd son latin.

Toute l'information est permise et surtout la désinformation. On peut tout dire : Un *Montebourg* disait en public, quand *Ségolène Royal* se voulait Présidente de la République : « *son seul défaut, c'est son compagnon.* ». Cela n'a pas empêché ce « *maritenaire* », une fois Président, 5 ans plus tard, de choisir ce *Montebourg* comme Ministre !...

Mitterrand était finaud : sous prétexte d'une information libre, il veillait à ce qui le dérangeait soit tu. La méthode en était simple : Les dossiers compromettants (écoutes téléphoniques [*dont j'ai été victime, rappelons-le*], etc.), du simple cocufiage en passant pour le conflit d'intérêt.

Soit on fermait sa gueule, soit on était viré, soit on se suicidait (*suicide d'État : François de Grossouvre*).

Les Renseignements Généraux étaient à pied d'œuvre, dans un rôle de « police politique ».

Aujourd'hui, l'État de Droit est minimisé jusqu'à disparaître dans les faits, sous la domination de deux principaux services spéciaux, dits « secrets », que l'on veut sympathiser par des reportages gentils et simplets, désigner pour de gentils services existant que pour la bonne sécurité du citoyen...

Mais, en fait, tout est mis sous contrôle, dont le fameux Internet, sous couvert - officiellement - de la lutte contre le terrorisme, la pédophilie et le piratage. Le système de surveillance de la DGSE et de la DGSI n'ont jamais été soumis à un contrôle administratif du Parlement, ni à un contrôle de la commission nationale de l'informatique et des libertés. Le tout dans une illégalité choquante, car il faudrait en justifier le système, expliquer quel et le but recherché. Aucun Parlementaire ne peut prétendre y exercer un contrôle sur ces activités. Il n'y a pas de examen démocratique au nom des libertés publiques, de la protection du citoyen et de ses données privées. Ce qui se passe sur internet n'est pas hors la loi. Tout ce qui s'applique dans le monde réel s'applique sur internet. Et donc l'activité de la DGSE et DGSI doit être conforme à la loi. Ce qui n'est pas le cas [Rappel devise DGSE : *Nécessité fait Loi*]. Et c'est valable pour tout moyen de renseignement, de l'enquête de proximité, la filature, etc. On peut raisonnablement dire que les droits des citoyens sont bafoués. Les données récoltées par le système de la DGSE et DGSI sont aussi utilisées par la police judiciaire. Elles entrent alors dans la procédure judiciaire sous la forme de « renseignements anonymes ». Pour piocher dans les secrets de la DGSE, ce n'est pas une mince affaire, car ils sont si nombreux et de toutes sortes. Onze kilomètres linéaires d'archives papier et environ quinze millions de documents électroniques sommeillent dans les archives de ce service si particulier. Au minimum, il faut attendre cinquante ans pour qu'ils soient déclassifiés.

Logiquement, un français a des droits même lorsqu'il est sous le coup d'une enquête de police. La police a des pouvoirs mais qui sont encadrés par la loi. Ce n'est qu'une fois que l'enquête commence que les informations sont récoltées. Pas avant ! Chaque résidant sur notre sol a le droit de ne pas être considéré comme un criminel. De fait, la France est un État totalitaire sous des apparences de liberté consenti.

Sous prétexte de lutte contre terrorisme ou autre crime équivalent en gravité, les libertés fondamentales n'existent plus. L'État français joue en permanence un double jeu, celui du Docteur Jekyll et Mister Hyde. Et tout ceci date de 1981, après la disparition de Monsieur Valéry Giscard d'Estaing. Aujourd'hui, on veut rivaliser avec la N.S.A., dans la cour des méchants petits. Le vrai visage du renseignement français est devenu une vulgaire caricature.

Comme je l'ai exposé, le but final recherché est d'éloigner les gêneurs, avec des origines déjà anciennes, nées après la victoire de 1945. Il s'agit du projet « Iron Moutain », dirigé par notre Fantômas. Si Georges Pompidou a refusé de se plier, Valéry Giscard d'Estaing a été plus coopératif sous l'égide de Madame Simone Veil et la férule de Serge Stoléru et de Bernard Stasi (qui porte bien son nom !). Bref, si s'agit de dénationaliser les États, petit à petit, en favorisant la colonisation de ses peuples, avec la complicité active des partis politiques en place qu'ils soient de Gauche ou de Droite. Les uns, collaborent avec l'Arabie Saoudite, les autres, avec le Qatar.

Je me souviens d'il y a 30 ans déjà, je discutais avec un Officier Élève Qatari, lors de mon stage à la Royale Cambouis. (*Inutile de préciser qu'ils étaient logés dans le meilleur hôtel de la ville et que tous les frais de leur stage étaient à la charge du contribuable français...*). Celui-ci me dit, en terme à notre entretien légèrement houleux, méprisant comme ils se doivent l'être, avec un rire moqueur et perfide : « *Dans 30 ans, vous n'existerez plus, nous serons les Maîtres* [sic] »

La conquête passe aussi par l'islamisation progressive des esprits. Et quand je constate que le Qatar est l'actionnaire principal du groupe Lagardère avec 13% des parts en 2012, je frémis. Quand Larousse appartiendra à ces gens, la boucle sera bouclée et nous ne pourrons plus que la fermer, murés dans notre aveuglement... Tout cela sur la base d'une Loi de 1905 non concernée par le culte musulman qui n'est pas une religion mais une IDOLÂTRIE, un simple fétichisme !

Je suis un gêneur car je n'ai jamais pensé ni à ma carrière, ni à ma retraite, mais au bon avenir de la France, naviguant sur les bases saines instituées par la politique du Président Charles de Gaulle. Les autres, les « collègues », au début, ils se crachent sur leur miroir quand ils se rasent, puis boivent leur honte et privilégient leur avenir dans un *garde-à-vous*, en soignant leur *garde-à-soi*... la mer est calme, le ciel est bleu. Ils sont comme les « radios libres » et la presse du même nom, en adoptant une ligne politique ultra-conformiste en se soumettant impitoyablement à la censure de la bien-pensance, rejetant toute idée un tant soit peu déviante. Cela n'étonne plus personne et tout autre, refusant intellectuellement la collaboration, devient alors, un insoumis, un raciste, un xénophobe, un INDIGNE.

C'est là, une situation de solitude, ce grave choix d'être à contre-courant de la pensée unique, juste bon à être fusillé contre le *Mur des Cons* !

Nota : Je ne prétends pas détenir la vérité ni sombrer dans des fantasmes, mais la rencontre à Iron Moutain est indéniable et mes histoires du Géant financier Fantômas méritent un certain intérêt.

Le socialiste Yaqov Jargon [*], pédophile reconnu et célèbre par ces méfaits au Maroc, entre autres, simplement condamné à être Ministre, milite depuis plusieurs années pour que la langue arabe soit enseignée dans les écoles françaises, au même titre que l'anglais. Notre identité est menacée, surtout quand on sait que la procréation par les français de souche est dramatiquement inférieure par rapport aux résidants de culture musulmane. Je ne fais que de m'inspirer de ce que disait en 1991, Michel Poniatowski dans « Que survive la France ».

Mon meilleur Capitaine s'appelait Ali, car il était d'origine maghrébine, a francisé son prénom en Alain et supprimé le tréma sur le 'i' de son nom. Mes respects à ce Harki, amoureux de la France ! A mon sens l'intégration doit se faire dans ce sens, et non pas l'inverse.

*
* *

17

SAGA d'UNE MORT PROGRAMMÉE

Mis à la rue, avec femme et enfant, par l'autorité militaire, de par une démission irrecevable légalement, donc contestée, car contestable et non pas « inopérante », enseveli dans les dettes, sans aucun moyen de survie, finalement, nous avons réussi à surnager, mon Épouse et moi-même.

Ce n'est pas grâce aux 10 boîtes de conserves délivrées par l'Assistante Sociale des armées de Tarente [*], ni le secours financier de l'Aide Para, ni le ridicule pécule (initialement prévu pour la Retraite) que cette même Assistante Sociale m'a forcé à obtenir, que nous avons survécu. Ceci a juste permis de faire patienter nos créanciers dont l'État réclamant l'impôt.

Ce n'est pas les ASSEDIC ni les Allocations Chômage qui nous ont fait subsister, car nous n'y avions pas droit, je le rappelle.

Ce n'est pas grâce à nos amis, non plus. Dans une telle situation, les faux amis disparaissent... Un Adjudant-chef de Tarente [*], à qui j'avais prêté il y a longtemps, de l'argent, a même trouvé saugrenu que je lui réclame mon dû et j'ai été obligé de m'adresser à sa hiérarchie pour être dédommagé.

Tous deux avons été incapables de trouver du travail rémunéré, juste du palliatif de misère qui nous endettait toujours un peu plus.

Ce n'est que grâce à cette idée de passer pour riche, auprès de la Banque, en faisant créditer la construction d'une maison, que nous avons pu manger et nourrir nos enfants, en vivant dans le garage en pleins courants d'air, avec l'eau à 50 mètres et pour W.C. un trou dans le sol. Car, c'est avec les « appels de fonds » pour la construction que nous pouvions gérer notre avenir précaire.

Bon an, mal an, comme le dit la définition du Larousse, nous avons creusé notre sillon. Jusqu'à ces trois magasins que nous avons créés nous-mêmes, en auto-financement, à raison de 60 heures par semaine. Bref, nous avions l'apparence de la prospérité, où chaque jour se levait pour nous inviter à payer nos dettes. C'était une gestion de château de cartes où tout pouvait s'écrouler du jour au lendemain.

Avec toujours un simple but, durant cet emploi que je considérais comme alimentaire : mon retour à l'activité dans les armées.

En parallèle, je servais dans mes débuts de réserviste, quand nous n'avions que peu à croûter, au Centre d'Instruction des Réserves de Celtibère [*] où j'eus un très bon accueil jusqu'au jour où une Autorité m'informa que « je n'étais pas en odeur de sainteté », Là-Haut... Eh, oui, que de chemin parcouru depuis l'époque Bigeard, où j'étais dans les « *bonnes grâces* » de la DPMAT...

Je fus choqué, désemparé. Je m'étais simplement lié avec un Colonel de Réserve de Celtibère où je pus lui confier ma situation d'attente et qui me promis d'intervenir « à Paris ». Il avait confié à cette Autorité, que j'étais donc pestilentiel, pestiféré, fétide, pernicieux, corrupteur, malsain, puant, putride, nuisible, indigne et que j'étais « à éviter ». Les ennemis d'Edmond Dantès avaient frappé un grand coup...

Je participais néanmoins aux activités d'entraînement, concours de tir et rallyes Castor Junior. Je gagnais même une coupe, mais comme je trouvais qu'elle était loin des lèvres qui médisaient, je la leur laissait, ne supportant plus une ambiance préfabriquée, artificiellement aimable, avec des gueules de conspirateurs à l'air entendu.

J'étais dans ce bled pour raisons professionnelles où j'avais trouvé, avant de créer ces commerces cités plus avant, un job tordu et non rémunérateur. J'y avais un ami, le Président du Tribunal, Jean-Pierre Beaumaillet [*] que je fréquentais auparavant quand il était Juge d'Instruction, car l'armée, par mon intermédiaire lui avait rendu quelque service de reconstitution d'un accident ferroviaire. D'autre part, il profitait de notre car pour faire prendre l'air de la montagne à ses enfants et du ski au frais de l'État. En échange, il faisait sauter des dizaines de PV de ces épouses de sous-officiers, conduisant tête en l'air... Un brave homme qui faisait la route en profitant de mon véhicule pour les trajets boulot-domicile de Tarente [*] vers Celtibère [*]. C'est avec lui que j'ai appris à brûler les feux tricolores et prendre les sens interdits, avec, à ma charge, d'offrir une bouteille de whisky quand on se faisait prendre... Et quand je lui demandais : « *que faites-vous quand vous êtes arrêté pour infraction ?...* », il me répondait paisiblement : « *ils me présentent leurs excuses !* ». Bref, un homme hautement recommandable, ce magistrat, qui avait refusé une affectation africaine sur mes conseils, pour choisir le pôle Nord d'Aubérac [*]. Ce même mâle en rut permanent, en instance de divorce, qui m'avouait abuser de la situation envers des femmes désespérées, grâce à sa situation de haut niveau. Incorrigible, je le traitais « d'ordure conjugale »... ce qui jeta un froid dans nos relations... C'est un supplétif qui explique ici que si j'avais appris à fermer ma grande gueule, j'aurais eu moins de soucis. Le pire étant que maintenant, je les écris ces trucs qui me bloquaient la gorge... ;-)

Cette parenthèse pour dire que dans ma vie j'ai eu à fréquenter deux Présidents de Tribunaux, dont l'un, Officier de Réserve. Assurément, je témoigne, sur l'honneur que l'on voudra bien m'accorder, que c'étaient deux pourritures et que je me fais une idée de la justice, comme de l'armée, comme de la politique, que tant que les hommes gouverneront avec le pouvoir d'avoir leur pouvoir, il ne sera jamais possible d'accorder confiance. L'intégrité est une qualité que j'ai trouvée chez peu de gens dans leurs actes de commandement, parfaits reflets de leurs vies privées dont je ne voudrais pas pour parcourir mon fessier lors de nettoyage merdeux.

*

Notre conversion dans le commerce de détail fonctionnant, je réussissais, tant bien que mal, à terminer ma maison, abandonnée par les constructeurs au niveau du hors d'eau, financer notre stock et payer nos employées. J'avais même choisi de placer mes enfants en école religieuse privée.

Et, assidument, je participais toutes les semaines et dimanches au Centre d'Instruction des Réserves de Derme [*], en m'illustrant dans des concours de tir et exercices de terrain. Jusqu'au jour où je m'inscrivis aux ORSEM.

Le tout dans des sensations désagréables :

- Un jour, la Directrice de l'École Primaire, avec qui j'avais sympathisé, me conseilla, de façon apeurée, inquiète et embarrassée, d'enlever mes enfants de cette école avant qu'il nous arrive malheur. (*Elle doit être en retraite et pourra témoigner maintenant*). « *Je ne peux pas vous en dire plus, je ne peux pas, je n'en ai pas le droit. J'espère que vous comprendrez.* »

Bien sûr, je ne comprenais pas, interloqué par cette confidence.

Je n'étais qu'un Officier de Réserve qui tentait de faire valoir mes Droits, avec un métier honorable de commerçant. Personne ne pouvait contester notre honnêteté. A part des retards de paiement de mes factures, je n'avais rien à me reprocher.

Ma fille travaillait bien. Mon fils, traumatisé par notre situation, car il avait subi notre misère, surnageait dans ses études. Il se plaignait parfois de ségrégation, ce que je mettais sur le compte de sa fainéantise apparente en lui conseillant de bosser pour faire partie des meilleurs. Il fréquentait le fils du Commandant Alfred [*] en se battant pour la dernière place... Le Chef de Bataillon Alfred [*] avait quitté l'activité dans des conditions bizarres, car apparenté non-conformiste. Le fils se suicida avec le pistolet de son Père... ce qui est étrange, à l'âge de seulement 14 ans.

Comme quoi la situation des Parents influe sur les enfants qui absorbent tant qu'ils peuvent.

*

La guerre de Bosnie-Herzégovine faisait rage. Les armées françaises y étant mêlées, j'eux l'opportunité d'être reçu par le Général de Corps d'Armée Georges Baffeleuf (*Décédé - Je laisse ici son vrai nom, il ne m'en fera pas procès*). Je lui racontais mon histoire, mes démêlés, mon vœu d'être réintégré et mon souhait de pouvoir partir en Bosnie. Tout ceci l'intéressait. Le contact qui m'avait mis en rapport me conseillait de lui remettre une somme de 50.000 Francs, en « dédommagement ». Comme je n'avais pas pareille somme, je me contentais de ma sincérité. Hélas, dans son bureau parisien, il y avait un Général brigadier, qui s'absenta, puis revint un peu plus tard, pour souffler quelques mots confidentiels à l'oreille de mon invitant.

Je ne compris, qu'une fois écarté de ce bureau, avec politesse de non recevoir, que ce Brigadier avait diffusé les informations qui tuent... L'intérêt manifesté de ce CGA s'était subitement transformé en indifférence.

Encore une balade parisienne pour rien. Ce n'était ni la première ni la dernière.

*

Un jour, je reçus un avis d'affectation dans la Réserve, dans une Unité, en temps de commandement.

Le lendemain je reçus un courrier m'informant de nullité et de non avenu de cette affectation.

Il devrait y avoir toujours un métro de retard dans les décisions à mon égard.

*

CENTRE D'ENTRAÎNEMENT DES RÉSERVES PARACHUTISTES

Il y a ceux qui gagnent au Loto et qui sont fous de joie. La même que l'on éprouve quand on réussit un examen. Planer dans la l'exultation jubilatoire est bien rare dans une vie humaine.

C'est ce qui m'arriva, au retour d'une escapade africaine où je reçus un courrier du Centre d'Entraînement des Réserves Parachutistes où un certain Constantin me convoquait au 08 rue Saint-Dominique. Une grande porte vert écaillé que l'on ouvre uniquement sur Rendez-vous. Pour un accès à un bureau au rez-de-chaussée à droite en entrant.

A ne pas confondre avec le 10 rue Saint-Dominique, l'Entrée des Artistes avec son défilé constant d'allers-retours.

Au cours de ma dernière grève de la faim, où je tournais en rond autour de cet Hôtel de Brienne, j'étais mi-révolté, mi-amusé, mi-catastrophé, de constater que les Gendarmes Mobiles qui assuraient la sécurité et la protection du Ministère avaient été remplacés par une Société d'Entretien, métamorphosée en Agence de protection-gardiennage, avec pour personnels des émigrés « de souche »… Sans racisme aucun, je notais qu'il n'y avait que des musulmans et des « gens de couleur ». Dès que la température baissait, je voyais les plantons engoncés dans des gros manteaux, la tête dans le menton, sans se préoccuper que de leur peau à retiédir et se désintéressant de l'environnement. Sûr qu'ils n'allaient pas « faire la circulation » en donnant la priorité aux véhicules militaires cherchant à sortir pour rentrer dans le flot circulatoire de la rue Saint-Dominique ! Cela c'est pour le portail du 10. Quant à la porte, de la même adresse, je repérais que le « vigile » ne regardait même pas les laisser-passer présentés à la va-vite par les Cadres entrants. Pendant plusieurs jours, j'observais ce train-train, en notant les effectifs de cette société, ainsi que leur professionnalisme. Finalement, n'y tenant plus, je me suis offert le toupet de rentrer au 10. J'ai exhibé une carte vaguement tricolore et suis monté sans « décombres » dirait Bérurier, jusqu'au 1er étage… pour en redescendre aussitôt, déçu par autant de facilité inutile…

Pour en revenir au fameux 8 de chez Saint-Dominique, là où aucun numéro n'est inscrit ce fut un entretien Keep cool de recrutement de volontaires et « anciens » parachutistes, physiquement et intellectuellement aptes à servir les intérêts de la France, sans véritable définition du rôle qui pourrait être tenu, assurément dans un de ces services parallèles de la DGSE. Assurément, pas G.I. Joe, ni Terminator, ni Francis Coplan, ni Hubert Bonisseur de la Bath, ni Langelot Agent Secret ; non, cela sentait l'exploitation de compétences extra-professionnelles utilisables à bon escient afin de faire le « Gentil Informateur », « l'Honorable Correspondant » Local, la Boîtes à lettres. Bref, un mec sûr et de discrétion exemplaire, citoyen caméléon.

Ce fut le cursus suivi par le Capitaine Filembert Dieumerci [*], Aspirant, Officier de parachutistes pendant son Service National, devenu petit reporter, animateur de télévision dans une émission qui était en vogue, la « Chasse au Phénix » [*]. Accessoirement, il rendait de menus services en profitant de sa situation professionnelle qui lui permettait de naviguer en terres étrangères. Quoi de plus pratique qu'un homme connu médiatiquement, en vue, pour en faire un correspondant secret ?... Je reparlerai de lui, plus loin, du fait de mon implication dans l'aventure de sa mort.

Je fus accueilli chaleureusement. Il me fallait subir un test d'épreuves en montagne pyrénéenne, dans les mois à venir, le genre de parcours avec ateliers (armement sur Uzi, topo, etc.).

Un matin du jour J, dans la nuit non levée, un motard a surgi pour m'accoster au point prévu sur un plan, près de la gare de Derme [*]. Il dit mon nom avec interrogation, puis me remis des documents : ma mission. C'était le top départ de la mission où il fallait choper un train pour se rendre à la bonne destination du premier point de phase relais.

Cela me mena, étape par étape, jusqu'en haut de la montagne où je retrouvais des Cadres Gentils Organisateurs. L'un parut étonné quand je lui fis remarquer qu'il était aussi à l'aise en montagne qu'en moto… En cours de parcours, le tranquille Monsieur Constantin [*] sorti de la brume montagnarde, pour nous rejoindre. Le « vieux » fouilla mon sac, mes affaires, et nous continuâmes notre chemin jusqu'à nous séparer de nos deux G.O. A se moment, le « motard » cria : « Eh, Constantin, il m'a reconnu sur la moto ! »… Bon point pour moi, mais je vis que Constantin n'était plus l'affable personne que je ressentais jusqu'alors. Je sentais la déchirure, et j'en avais pris l'habitude de ce genre d'ambiance.

Bref, le deal se passa très correctement, la boucle se bouclait jusqu'à un point de chute final : une chambre d'un grand hôtel de Derme [*], pour le débriefing, pensais-je.

Dans cette chambre aménagée en bureau, se trouvait l'un des protagonistes du 08 rue saint-Dominique que je nommais Colonel de par ce que j'en déduisais.

Lui aussi était devenu austère. Je pigeais que c'était un débriefing « pour la forme » et que les carottes étaient déjà trop cuites.

Je fus sidéré par les propos : Comme d'habitude, non, je n'étais pas le Roi des Cons, mais l'officier s'excusait de ne pouvoir me proposer ce qu'il pensait que je souhaitais entendre ou vouloir ou vouloir entendre… « Ce que nous proposons ne correspond pas à ce que vous attendez de nous. Vous, vous souhaitez de l'action, alors que nous ne pouvons vous offrir que de la conformité conventionnelle… » Un peu à la mode américaine, où l'on vous reçoit avec des grands rires et des « Hi ! Old Man ». You are the better peut-être, mais sans concrétisation de rien, avec un sentiment confus qui préserve l'ego, de ne pas être un connard, en se consolant d'être sans doute le meilleur avec ces impossibles patrons qui ne peuvent vous embaucher car ils ne peuvent se mettre à la hauteur de vos prétentions… Trop B-on, trop C-on !

Ouaip ! Ok, prenez-moi pour un tocard. On fait mumuse avec des Uzi dans la campagne montagneuse béarnaise, uniquement pour jouer aux billes…

Bref, c'était une façon polie de me brosser dans le sens du poil en s'excusant auprès de moi d'être trop minables pour pouvoir m'engager à leurs côtés. « Honorable Étranger, excusez ma misérable demeure indigne de vous recevoir », dirait Lao Tseu !... ou plutôt : « Celui qui excelle à employer les hommes se met au-dessous d'eux."

Cet officier, trop sage voulait me montrer son doigt alors que je persistais à regarder la lune… J'avais simplement compris, là encore, que mes amis avaient encore un métro de retard… Jamais je n'aurais dû être invité à participer à cette promenade pyrénéenne, mais les instructions sont encore arrivées trop tard. Et on tenait à ce que j'oublie ces « messieurs les hommes » facilement et sans amertume ni rancœur, que cela reste pour moi un songe de nuits d'été, sans lendemains qui chantent…

C'était sans connaître que j'avais déjà connu tout cela à Orléans à 19 ans et que l'on n'oublie jamais… des figures de héros comme le sous-lieutenant Filembert Dieumerci [*], et des crapules immondes, habiles profiteur du système, comme le Capitaine Joseph Tessali [*] (Qui vint chez moi, me croyant absent, et n'eut comme dialogue en tête-à-tête, verre contre verre, de confier à Victoire [*] mon Épouse : « Votre Mari, il va mourir, il a fait un mauvais choix… ». Il avait juste fait un crochet de 380 kilomètres pour passer, par hasard, chez moi, pour se fendre de ces confidences…)

Peut-être est-ce pour cela que l'on tient tant à me tuer ?...

*

En attendant, je dois faire face à mon « Bureau des Légendes » actuel…

Et, Commerçant n'étant pas mon truc, l'argent pour l'argent n'étant pas et n'ayant jamais été ma soif de vivre, je décidais de passer le concours de Gardiens de Prison.

Inutile de préciser, que malgré mon manque d'enthousiasme dans les épreuves, je fus accepté.

Puis, je reçus un papier me disant que j'avais dépassé la limite d'âge… Ce qui était erroné, comme le fait que l'on ne prenait pas en compte les états de services militaires… Ce succédané me permettant de raccrocher à la Fonction Publique s'effaçait.

Déjà viré avant même d'être embauché… Qui a murmuré à l'oreille, avec toujours ce satané temps de retard ?

*

Un 2 ou 3 janvier de je ne sais plus quand, je fus convoqué par le Général commandant Les T.A.P.E.S. à Derme [*] et accessoirement Délégué Militaire Départemental, pour « affaire me concernant ».

« Chic », me dis-je. Cela concerne ma réintégration.

Je fus informé que je « ne suivais plus à compter de ce jour, les cours ORSEM »…

« Pourquoi ?...
- Je ne sais pas ; je viens juste d'en être informé, sans détail. Mais je vous le ferai savoir… »

J'attends encore. Et Dieu sait que j'ai effectué les démarches nécessaires.

Nota : J'ai gardé les dossiers d'instruction. Il était question de l'invasion de la France par l'U.R.S.S. et de notre tactique… Quelques mois après, le mur de Berlin tombait ainsi que l'U.R.S.S. communiste un peu plus tard, tout ceci sous la surprise de la D.G.S.E. [Mais pas que]. (Comme quoi il y a la bonne stratégie et celle de l'École de Guerre. Le Général Vanuxen n'avait pas tort !)

Il faudra que je consulte ces documents avec Vladimir Poutine, histoire de rigoler un peu, entre deux verres de Vodka !

*

LA VISITE MÉDICALE

Hormis les avis annuels de mon avancement possible au grade de Commandant de réserve qui m'obligeaient à fournir un Certificat Médical d'aptitude et les visites réalisées dans le cadre de la demande de renouvellement de contrat [caduque, je le rappelle une nouvelle fois, du fait que le dernier en cours ne pouvait pas être rompu, la démission étant inacceptable], je savais que j'étais apte.

Lors d'une nouvelle demande, j'eus la démarche de faire cette visite au Camp des T.A.P.E.S. à Derme [*], histoire de changer de médecin de Garnison. C'était peu après l'éviction des cours ORSEM.

Sans doute n'avais-je pas averti que c'était juste pour une aptitude de service pour tous temps, tous lieux, et sans restriction, et non pas une compétence pour devenir Marsonaute, car, de ma vie, je n'ai jamais subi de tels contrôles. Ce fut une visite du genre zélé, jusqu'à la couleur de mes lunules… Finalement, le Médecin-Chef me fit écouter sa montre et me demanda si j'entendais bien le tic-tac. Je fus confus de lui répondre par la négative. Il n'avait pas de montre…

Il n'empêche que j'ai eu un SYGICOP catastrophique où j'étais reconnu à la limite de l'aptitude. Bref, c'était un Certificat de mauvaise-complaisance. En effet, je me connais très bien et à l'époque j'étais toujours un pur-sang souple et félin, bon pied, bon œil, et surtout un habitué de ces visites médicales régulières. Je masquais mon désarroi, car il est mal venu de contester l'autorité militaire et médicale.

Je pensais au Commandant-Médecin Bouffon [*]. Je l'appelle ainsi, sans pouvoir me rappeler sa véritable identité et ne peux ainsi, pas lui adjoindre l'astérisque [*]. Juste avant ma visite médicale où il m'avait été demandé d'attendre le Médecin-Chef de l'Unité, j'avais vu 'mon' Bouffon, sur la 250 Honda de service, attendre à l'extérieur de l'Infirmerie, puis s'entretenir avec ce Médecin-Chef, tout en me regardant de coin, avant qu'il exerce cette visite médicale du genre bizutage.

C'était comme le Général brigadier à l'oreille du CGA : la confidence qui tue, du genre « *démerde-toi, mais il faut qu'il soit inapte au service* »...

Bouffon était aussi un officier DGSE. Je l'avais fréquenté au Moyen-Orient et savait, par le Colonel Michael Zestenleir [*], Chef de Corps du 8ème R.P.I.C. et de notre Bataillon RegFrance au Liban, son pédigrée. Je me doutais même que c'était un vrai connard, car, même, Zestenleir [*], tout patron qu'il fut, balisait devant lui, surtout quand il s'excitait. Et c'est bien vrai qu'il avait une gueule de méchant con, avec un problème à la lèvre qui lui donnait un air niais, voire nigaud... [Hem... tout le monde l'aura reconnu !... à moins qu'il soit mort, lui aussi ! *Note de l'auteur*]

*

ACCIDENT non ACCIDENTEL

Un samedi soir, après l'entraînement au tir, je fus surpris d'un pot au pied du stand lourd. A la question du pourquoi du comment, il me fut répondu : « juste la soif ».

Ce n'était pas pour me surprendre, les militaires n'ayant pas la réputation de gosiers secs. Le Commandant de l'équipe, Clanderme [*], était un « Mabille », rougeaud, vieux de la veille et super-ivrogne au teint violacé. Une bonne reconversion, de la Guerre d'Algérie, aux archives militaires... Il n'y avait eau ni jus de fruit mais que des alcools forts. Je pense l'avoir déjà dit, mais je ne « tiens » pas l'alcool, aussi je buvais avec parcimonie. Il y avait là, le Lieutenant-colonel Médecin Lacrampette, réserviste et toubib ostéopathe, en fait, officier à la D.G.S.E., ces fameux toubibs de « l'ombre »... [Tiens, décédé, lui aussi. Comme quoi, tous les protagonistes de cette histoire sont morts !]

Ce Lieutenant-colonel Médecin Lacrampette m'avait fait l'honneur de s'infliger 80 kilomètres, aller-retour, pour venir essayer un *blouson de vol de Pilote* dans mes magasins. Il fit les 3 boutiques, testa plusieurs blousons similaires, en plusieurs tailles. Bien sûr, tout lui allait bien mais rien ne lui allait. Ainsi, il ne m'acheta rien. En fait, accompagné d'un ami, il venait simplement visiter, comme rapporteur.

En partant, le Commandant Clanderme [*], en rigolant me dit : « *Soyez prudent, ce serait dommage d'abîmer votre jolie voiture...* »

19 heures 30, la Nationale était belle, sèche, déserte, et roulais tranquillement. Tout à coup, à 1 kilomètre de chez moi, une voiture m'aveugla, pleins phares, par derrière, dans les rétroviseurs. Je n'eus pas le temps de comprendre, je me sentis poussé et soulevé.

Quelques instants plus tard, je me relevais, ensanglanté. Ma voiture était dans le sens inverse de la route en U, contre un poteau, couchée sur le côté. J'appelais alors mon Épouse afin de lui dire ma situation et d'appeler des secours. Les pompiers sont arrivés, mais bien après l'estafette de Gendarmerie, qui fut là presque instantanément. Leur seul souci, ce n'était pas mon état de santé, mais l'ouverture de mon coffre qui contenait, d'après eux, des armes de guerre...

Puis, quand je fus enfin sur une civière, je fus rudoyé par ces gendarmes, soi-disant de mon Canton mais que je ne connaissais pas, afin que je souffle dans le ballon. Ne pouvant respirer du fait de côtes cassées ou fêlées, il fut procédé à une prise de sang.

Il n'y eut jamais une ligne dans les faits divers.

Le lundi, le Commandant Clanderme [*] me téléphona. Au lieu de me demander d'abord mon état de santé, il me dit : « *l'alcotest était positif, mais en dessous de ce qui est permis.* » A regret ?...

A l'époque, j'étais encore zozo, naïf, et ne pouvais imaginer que l'on avait tenté de me saouler afin que je me tue en voiture, en m'aidant en « poussette »... La peur de passer pour paranoïaque, certainement.

Je signais une décharge et quittais l'hôpital, ayant autre chose à faire que d'être impotent.

J'eus droit cependant, à un arrêt de travail '*en service*' avec une date limite pour subir une visite médicale d'aptitude au service. Encore une...

A la date prescrite, je pris contact avec l'infirmerie de Garnison de Tarente [*], par téléphone, pour demander Rendez-vous au Médecin-chef du 1er Cuirassier Aéro Transporté (1er C.A.T.) [*]. Une surprise m'attendait :

« *Oh, Putain, c'est Lebol, au téléphone, qu'est-ce qu'on fait ?...* »

Finalement, un Aspirant toubib me répondit que le Médecin-chef n'était pas là, mais au Camp de Jar [*]. Qu'importe, j'irai donc au Camp de Jar. Cela m'arrangeait d'ailleurs, résidant tout à côté.

Accompagné de mon Épouse, je me rendis à l'entrée du Camp.

Une sentinelle me barra la route, Famas en travers. « *Vous ne passez pas ! Faites demi-tour !* » Scanda ce soldat.

Je me présentais donc à nouveau et donnais le motif de ma démarche.

« *Justement, j'ai ordre de ne pas vous laisser-passer, vous, précisément.* » dit-il, m'appelant par mon grade.

Mais c'était mal me connaître. Je demandais à ce que le Chef du Service Général du Camp soit appelé.

Finalement, nous avons été admis. L'Adjudant-chef tombait des nues m'avouant que je ne faisais pas partie des *personae non grata* et qu'il ne maîtrisait pas la situation.

Un Capitaine Médecin vint, après une longue attente. Il tirait une sale tronche et fut à peine poli. Mais il fut obligé de reconnaître, par écrit, et par certificat, mon aptitude au service.

Ainsi, je pouvais rejoindre à nouveau les rangs du Centre d'Instruction des Réserves…

*

Je fis effectuer une expertise sur mon véhicule accidenté. Il était sain, à l'état neuf, et non saboté. Cependant il manquait le pare-choc arrière, qui, malgré mes recherches ne fut jamais retrouvé…

*
* *

FANTASIA CHEZ LES PLOUCS

Pseudo rixe, passage à tabac, lapidation

Chaque année, en fin juin, se terminaient les séances d'entraînement du Centre d'Entraînement des réserves et donnaient lieu à un repas de cohésion, ce qui justifiait une cotisation annuelle. Cette année là, j'avais prévenu le Commandant Clanderme [*] que je viendrai bien avec ma famille, mais que j'arriverai au Mess de Garnison de Derme, lieu des ripailles, avec du retard, vu mon éloignement géographique et du fait que nos commerces sont obligatoirement fermés à 20 heures 30.

Je fus désagréablement surpris de l'accueil. Certes, le brouhaha qui était de mise, stoppa net à notre arrivée. Nous ne sommes pas des sauvages et ce n'est qu'assez timidement que nous avons salué les convives. ON nous a indiqué un bout de table où nous avons pu nous restaurer, mon Épouse, mon garçonnet et ma toute petite fille. Je tentais de m'intéresser à mes voisins en leur adressant la parole. Face à leur ignorance de notre présence, trop occupés à boire, manger, éructer, vociférer, rigoler, nous nous sommes contentés de vider nos assiettes. Finalement, la troupe s'est levée, le dessert terminé pour envahir le bar pour les cafés et digestifs. Mon Épouse me conseilla de terminer ce repas très vite car elle ne se sentait pas à son meilleur aise et de rentrer au plus tôt. Je lui répondis que je devais voir Clanderme [*] pour lui régler ma cotisation.

Je quittais donc ma famille attablée, pour rejoindre le bar. Clanderme [*] était maintenu par le comptoir, en pleine conversation, une liasse de papiers près du coude. Je lui tapotais l'épaule pour lui demander combien je devais pour la quote-part. Il me fit un signe d'attente dans un rot de soubresaut. Je connaissais le lascar et savais qu'à ce stade, il était bourré et ses flots de paroles en libre cours. J'attendais donc. Fumeur, en cette époque où cela n'était pas interdit, je tripotais mon briquet, dans un sens, puis dans l'autre, l'allumant de temps à autre, de façon machinale, avec un certain agacement, me disant *« que si j'avais su, je n'aurions point venu »*.

A ce moment, ma voisine de droite, une femme, du type échevelée, le ton vif et gaillard, avec une voix criarde, hurla : « *Attention, Clanderme ! Y'a Lebol qu'est en train de brûler tes papiers !* »

Je n'eus que le temps de discerner le visage déformé par quelque laideur naturelle et de trop d'alcool ingéré, qu'elle m'attrapait la cravate, tirant dessus violemment et m'étranglant.

Surpris, asphyxié, je suivais le mouvement car elle me traînait. Tout d'un coup ce fut un geyser de cris, de bousculades. J'entendis un abruti que je connaissais comme ancien Capitaine, qui gueula : « *Pas étonnant qu'il ait été viré, ce connard ! On va le crever !* » Joignant le geste à la parole, il sorti un couteau. Je me retrouvais happé par une quinzaine de personnes, gueulant, postillonnant, m'enserrant, me tapant. *Cogné à coups de poings, coups de pieds.*

Plus tard, quand j'ai visionné l'exécution de Colonel Mouammar Kadhafi, je n'ai pu m'empêcher de me remémorer mon lynchage dans ce Cercle Mess de Garnison.

Il y avait ce même tumulte ou les mêmes cris, injures et imprécations étaient incompréhensibles. Il y avait cette semblable haine avinée ou vénéneuse, la méchanceté ayant toujours besoin d'un déclencheur pour s'affirmer ouvertement.

« *Il faut le tuer !* » répétait ce Capitaine assoiffé de sang, repus d'alcool, son couteau à la main, l'air encore plus stupide qu'à l'accoutumée.

J'avertis que je gardais les mains volontairement aux poches, et subissais stoïquement les coups de pieds sur tout le corps, alors que j'étais à terre, pendant des minutes qui semblaient des heures, dans un brouillard confus, dans lequel je vis et entendais les pleurs de mes enfants et les cris de protestation de mon épouse.

Je pris des gnons sur le visage, des coups de pieds dans l'aine, ne songeant même pas à me recroqueviller du fait que j'étais maintenu par des dizaines de mains, ni à me défendre, connaissant la règle. Se battre, même pour se défendre, c'est être accusé assurément de ne pas savoir contrôler sa force ni retenir ses coups, avec des conséquences lourdes sur le boulot, avec des menaces de passer en Justice avec un Casier à la clef. Je me devais de jouer le jeu de me laisser mettre hors jeu, pour le pire sans le meilleur.

Je n'étais pas à Syrte, sur un capot d'engin blindé, mais quelque part sur le carrelage d'un Mess Officiers.

D'abord étranglé à l'aide de ma cravate, par une femme totalement inconnue par moi, vitupérant d'agressivité, puis traîné par une dizaine de personnes, pour finalement être lynché au sol, je n'ai encore rien compris, à ce jour, de cette abomination, ni d'une lettre reçue peu après, du Général Délégué Militaire Départemental, m'accusant d'être « *protagoniste d'une rixe* », sans tenir compte de mon dépôt de plainte à la Gendarmerie, dès le lendemain, et d'un constat médical bâclé par un Aspirant médecin de service du dimanche, ni de m'avoir jamais entendu !!!

Là où il était inutile d'implorer une clémence illusoire face aux coups, je reste encore à ce jour, hébété par cette barbarie et charcuterie. Même si j'avais été l'ennemi public N°1, je ne pouvais mériter avoir affaire à des charognards, lâches et barbares, débridés par l'alcool. Rien ne méritait ces coups et blessures.

Je ne pus donc que passer la main sur ma tête afin de constater de façon ahurie du sang sur mes doigts.

Plus tard, las d'uriner du sang, j'ai effectué des radios. Je dois être opéré. Je le ferai, mais quand j'aurai fait reconnaître ces méfaits et cette déchirure qui me rend à moitié impuissant depuis et me gêne lors de mes courses à pied où je persiste à effectuer mes 50 kilomètres hebdomadaires afin de garder mon physique et mon moral au meilleur.

Jusqu'à ma fin de vie, j'aurai en mémoire cette lapidation injuste où la plus grave déchirure restera celle de mon âme.

Je n'ai pas démissionné. En validant cette démission « *à l'insu de mon plein gré* », le Ministère de la Défense m'a achevé par l'euthanasie.

Ce passage à tabac, a été pour moi une seconde mort.

Quand de tels faits sont admis et reconnus par nos gouvernants, il ne devient plus possible de croire en la Liberté, à l'Egalité, à la Fraternité. L'on devient forcé de renier tout Dieu et tout Maître qui crachent sur la Loi.

Fatalement ces exégèses laissent admettre que notre Nation, par de tels comportements de nos Chefs, créent une délinquance du fait que les petits, pauvres et sans grade ne peuvent plus admettre d'être dirigés par des gens qui ne donnent pas l'exemple.

Finalement, mes tourmenteurs m'ont abandonné comme on oublie un tas de merde. Fuir : jamais. Je suis resté et ai demandé des explications à certains qui étaient restés en spectateurs.

J'appris que ces Messieurs-Dames m'en voulaient à mort, car lors de la dernière séance de tir, un concours nous opposant au C.E.P.R. de la Citadelle [*], ils avaient perdu à cause de moi. En effet, ils m'avaient refilé dans l'équipe adverse, avec pour mission de merder mes tirs afin qu'ils remportent la coupe. Rien que cela !

Évidemment, je m'étais appliqué, faisant d'excellents résultats… La Citadelle a gagné au grand dam de ceux de Derme [*]. J'avais été vendu contre mon gré, pour que les équipes soient égales en nombre et je ne voyais pas pourquoi j'aurais trahi ceux de la Citadelle. Je me souviens qu'ils m'avaient apprécié, remercié, dans des relations post-concours très amicales. Je me rappelle, effectivement, que les loubards de Derme [*] faisaient la gueule. Ainsi, cette vengeance dans ce Mess, était quasi programmée, avec la goutte d'alcool qui fait déborder tout sens humain.

Finalement, nous avons dû partir. Le Gérant du Mess nous a chassés, figurez-vous ! Mais le sum Um, qui devait liquéfier mon Épouse à jamais, a été de se faire virer sous les cris de ces Messieurs-Mesdames avec les mots chaleureux suivants : « *Casse-toi avec ta pute* !… ». Sympas, ils ont épargné mes enfants sans les traiter d'enfants de putain…

Comment voulez-vous que je puisse expliquer cela à mes rejetons qui ont vu leur Père, ce héros, se faire démolir par un groupe de femmes et d'hommes ?… J'aurais réagi avec mes poings, la situation aurait été pire, et de "protagoniste d'une rixe", j'en serais devenu le *coupable principal* !…

Le Général Pierre Burkandwald [*], vous savez, celui qui ressemble tant à *Philippe Leroy-Baulieu*, alias *Grossman* dans *Nikita*, celui que j'avais plaisir à croiser quand il était Colonel et qui clignait de l'œil quand je le saluais, fit sa magouille interne. Il clignait de l'œil : simplement parce-que cela lui évitait de répondre au salut militaire ou de serrer la main… Finalement, je l'ai appris à mes dépends : son clin d'œil voulait dire : "je vous ai à l'œil et quand je vous aurai dans le nez, vous l'aurez dans le cul !…"

Il fit son affaire de cette bavure du Mess et il n'y eu jamais de suite donnée à mon dépôt de plainte en tant que victime, ni de celle de mon Épouse.

Jamais d'aboutissement ni de suivi officiels. J'appris que le Commandant Clanderme [*] avait eu quelque souci, que le Capitaine 'Taré', l'homme au couteau, eu, lui aussi, quelques comptes à rendre.   Cependant, le principal coupable c'était moi, et quand je rencontrais des cadres de Réserve qui n'étaient même pas présents, ce soir-là, ils n'avaient que critiques et reproches à mon égard.

Je fus puni et c'est là le comble ! Ce soir là, l'armée française, représentée par ces énergumènes ivres d'alcool et de méchanceté, ont bafoué le **respect de la personne humaine**, ce qui est un acte répréhensible et puni par la Loi, ne serait-ce que pour les conséquences psychologiques des victimes :

- Passer à tabac, un homme sans défense, les mains aux poches ;
- Insulter son Épouse en la traitant de putain en public ;
- Lapider le Père d'enfants, devant eux, dans un spectacle intolérable.

Tout ceci aurait dû être objet de la Justice française suite à nos deux dépôts de plainte et non pas « bricolés » en catimini par un simple Délégué Militaire Départemental, fut-il Général !

Je fus interdit d'exercer les activités militaires de réserve pendant une durée de 1 année !!!…

Quand j'affirme que cela était une nouvelle mort, cela a été fondé. En effet, la vengeance était totale. Mon Curriculum provoquait des remous, ces agitations et tournoiements allaient me liquider, car ils ne faisaient que provoquer ce genre d'animosité vécue dans ce Mess.

Depuis ce jour, je n'ai plus jamais mis les pieds dans un Cercle de Garnison, dégoûté à jamais.

Depuis ce jour, je n'ai plus jamais consulté un médecin militaire, ni civil.

Sauf pour faire constater par radiographie que j'avais quelque chose de pété à l'aine suite à ces coups de pieds. Il apparaît qu'il faudrait m'opérer, cela m'éviterait de pisser du sang lors de gros efforts.

J'ai depuis un rein qui me fait souffrir en permanence, le bras gauche qui est ankylosé depuis, avec le petit doigt toujours engourdi. Je ne dois cela qu'à ces coups d'une violence inouïe, et Dieu sait comme le corps se souvient des coups reçus au cours de la vie.

Cela fait des dizaines d'années que je me soigne à l'aspirine quand j'ai mal quelque part, sans jamais consulter. Personnellement, mon médecin de Famille, c'est le *toubib des armées* et je ne veux avoir à faire à personne d'autre, ma déontologie militaire l'exige. Ma destruction a été voulue : que cela aille donc jusqu'au bout.

Le seul truc qui m'embête, c'est d'avoir la vue qui commence à déconner grave, avec seulement des lunettes à deux balles que j'achète dans des Foire-fouilles, qui pètent très vite, car c'est la norme de la consommation. Mais je tire toujours très bien... comme mon Paternel, qui a 80 balais et des brouettes, à moitié miraud, tue à coup sûr, chaque bécasse qui se hasarde dans sa ligne de mire.

J'ai vu un docteur civil lors de ma première grève de la faim de 60 jours. Elle m'a été imposée par le Chef de Cabinet civil du Ministre de la Défense, soi-disant, avant que je puisse avoir l'entretien que je souhaitais, mais cela, nous en parlerons plus loin.

J'ai vu aussi un dentiste civil, avant ma deuxième grève de la faim de 57 jours. Ceci afin de ne pas être victime de soucis dentaires en cours d'action, car je venais de perde deux dents. Je fus horrifié de constater que ma prise en charge gratuite s'est faite dans le fauteuil dentaire, en conciliabule entre le praticien et sa secrétaire afin de définir jusqu'à quel montant on pouvait me soigner. Finalement, il m'a abîmé une dent qui avait une carie morte, qui branle maintenant dans ma bouche. Un patient titulaire de la carte C.M.U. est indésirable. Je ne suis jamais retourné, conscient d'être un « *sans-dents* »...

La *Couverture Maladie Universelle* a ce point commun avec *l'Aide Judiciaire*, c'est le mépris de celui qui en use, et un minimum vital qui en est odieux, indigne, qui ne reste qu'un vernis craquelé sur une situation de précarité.

A titre d'information, si je suis titulaire de cette carte, c'est qu'elle m'a été imposée lorsque ma fille est entrée en Lycée militaire, car mineure et sous ma responsabilité.

Je fus passé à tabac devant ma femme et mes gosses, c'est tout ce dont je me réfère. Cette humiliation, je la supporterai jusqu'à ma mort et mes proches s'en souviendront toujours, même dans leur inconscient. Cette boucherie m'a été fatale, ne serait-ce que pour pouvoir élever mes enfants dans la dignité. Quelle autorité peut avoir un Père dans de telles conditions ?... Je n'ai plus que l'indignité, que je conteste, avec, en surcharge, la honte, qui me dégouline dessus.

Mais qui s'en soucie ?... Personne. Les bourreaux, eux, oublient leurs forfaits.

*

Je pense au petit Grégory, enfant mort noyé, qui ne savait pas nager !...

*
* *

PRÉSENTEZ, ARMES !...

Père de Famille est une noble mission. Élever des enfants est tout un art dont les Parents sont la base. L'École n'intervient qu'en complément de l'éducation et des apprentissages. Idem pour la formation religieuse. L'armée n'intervient que plus tard pour qu'enfin, le garçon devienne un Homme, mais, ça, c'était avant que la conscription soit ajournée.

La mission fondamentale des parents c'est d'apprendre à nos chérubins la notion de respect et le désir d'apprendre.

Je prétends qu'un gosse a besoin d'une Mère, maternelle et d'un Père, paternel. Il a besoin des deux qui ont leur importance capitale pour cette mise en place des racines dans un bon terreau afin que la tige puisse pousser bien droite, bien charnue. L'arbre prend son essor s'il a un bon jardinier qui arrose comme il le faut, quand il le faut, assouplissant le sol sans qu'il soit fragile, ni spongieux. Ensuite, il pourra y faire des greffons pour que les fruits soient beaux. Un pépiniériste ne peut faire pousser son arbre à coups de pelle, en déchirant l'écorce si fragile quand il n'est qu'arbrisseau.

Il ne reste que peu de temps paisible pour regarder l'arbre pousser, souvent à cause de conditions climatiques, où le vent, la grêle, le gel, l'inondation, la tempête, la sécheresse font tant de dégâts et de traumatismes. Un arbuste dont on s'occupe bien, grandit bien. Si on le laisse sans soins, il dépérit, se tord, rampe, se retrouve couvert d'épines et d'orties. L'arbuste doit se sentir en confiance car il sait être et respecter la nature.

Un enfant c'est pareil.

Le jardinier s'appelle Maman, Papa.

*

Les Parents, quand ils mettent des enfants au monde, ne pensent qu'au bonheur présent et avenir de leur progéniture. Sauf que la vie a son lot de mauvaises surprises, de heurts et malheurs.

Je repense à mon fiston, tout petit, qui eut l'air de me découvrir, lors d'un retour de 6 mois d'OPEX. A table, un midi, nous avions eu l'occasion d'une discussion avec des envolées lyriques. Le gamin, choqué par le ton de ma voix, me prit par la main en descendant de sa chaise. Amusé, intrigué, je le suivis. Il ouvrit la porte extérieure en disant : « *Le Monsieur, dehors !* ».

Les enfants sont des éponges et réagissent en fonction du comportement des Parents. Eux aussi, ne veulent que notre bonheur. Mon souvenir de gamin en témoigne : quand mes géniteurs étaient heureux, je l'étais aussi et vivais les drames familiaux en plus profond de moi-même. Nous sommes au maximum de notre sensibilité. Leurs matches de catch me marquaient plus cruellement que les fessées reçues.

Enfant battu, je n'ai jamais voulu exploiter ce modèle. Dans un couple équilibré il n'y a pas de difficulté à dominer un gamin dans son éducation, ne serait-ce que pour conjurer un sentiment de peur, le dialogue, voire les conseils ou le sermon, les coups de martinet sont inutiles. Mais si un bateau navigue bien sur une mer d'huile, dans l'ouragan et la tourmente, quand le navire prend l'eau, il convient d'écoper afin d'éviter le naufrage.

Mon gamin eut donc sa première fessée vers 8 ans, car nous étions dans notre merde noire du sans emploi et des lendemains qui pleurent. Il avait volé un billet de 500 francs à sa Mère. C'était toute notre fortune qu'il avait utilisée pour aller s'acheter des bonbons ! C'est à force de recherches et à la vue de l'enfant « mal dans ses baskets » que nous avons découvert le larcin et son auteur. « Tu ne voleras pas ! », ce huitième commandement du Christ fut sanctionné par une fessée.

Plus tard, je fus amené à récidiver car mon Picasso signait à ma place son Carnet de Notes scolaires. La tromperie détruit la confiance et que ce gosse s'éloigne d'un bon chemin de vie, a déclenché cette punition.

J'ai toujours eu conscience que ces fessées étaient une sanction d'autorité parentale mais qu'elles se devaient d'être, avant tout, pédagogiques, avec une explication avant, sans colère, ni penchant méchant, où chaque coup me rappelait mon enfance et mes douleurs, freinant ainsi mes élans.

*

Ma situation militaire n'avait pas évolué. Pour l'alimentaire, nous avions donc créé ces trois magasins de prêt-à-porter, vêtements et chaussures, ce qui permettait de survivre et de continuer à construire nous-mêmes notre maison, le tout en zone orange des remboursements d'endettement. Mais nous faisions illusion, vaille que vaille. J'avais donc décidé de placer mes deux enfants en École Privée, à Notre-Dame des Cèdres [*]. Ma *Pitchoune* était en classe de maternelle sous la férule d'une adorable sœur « comme on n'en fait plus ». Mon *'Début d'Ado'*, casquette en visière de travers, façon « Chicago Bulls », se laissait poursuivre par les études. J'étais heureux de les savoir entre de bonnes mains dans cette Institution, nous rassurant quand à ce bon départ pour leur avenir.

*

Je ne vais pas revenir sur le sort de ma fille, qui, si elle a pu naître dans de bonnes conditions médicales, a été élevée avec pour lit une caisse en carton dans notre garage, et était dans les bras de sa Mère quand elle a trouvé un travail de vendeuse démarcheuse en vêtements cuir, pour la nourrir au sein. Je n'insisterai pas sur le fait que nous n'avons jamais pu avoir accès à une Garderie et je ne rappellerai pas que, n'ayant pu payer mes mensualités de la Caisse de Mutuelle Militaire, nous n'avons eu le droit qu'à une année de Sécurité Sociale.

Je vais me pencher sur mon fils, qui a compris bien vite que Papa n'était plus le militaire qu'il avait connu et que ses parents vivaient dans la difficulté embarrassée. Un gosse, ça devine tout et ressent le malaise environnant. Et surtout, surtout, il se compare aux autres, comprenant qu'il n'a pas la même vie que les copains. Bref, ma situation lui a été fortement traumatisante, même s'il n'en parlait pas. Et bien sûr, cela se ressentait dans ses résultats scolaires.

Quant la Directrice de l'École Primaire, avec qui j'avais souvent l'occasion de parler, me rappela à nouveau de « fuir » cette École, je lui demandais si c'était à cause des résultats de mes enfants. Elle me rassura, me disant que ma fille suivait bien et que mon fils donnait l'impression de se laisse vivre, mais « qu'il n'était pas bête » et qu'avec quelque effort, il pourrait être parmi les meilleurs. Mais, quant à ses révélations, elle se cloisonna, malgré mon insistance, dans le silence, disant simplement qu'elle avait « peur pour nous, les enfants, les parents, d'un malheur. »

Certes, j'étais inquiet, mais de l'inquiétude optimiste de celui qui n'a rien à se reprocher, que la Défense Nationale, à force de mes interventions, demandes et déplacements parisiens, comprendrait qu'elle avait fauté et devait me RENDRE ma place.

Je déplorais qu'il n'y avait pas de Carnet de correspondance ni de bilan mensuel. Ce qui fait que les Parents se retrouvaient devant le fait accompli en fin de trimestre au niveau des résultats scolaires. J'avais donc mis en place, avec l'accord du professeur principal de Tucdual [*], mon gamin, un carnet de notes, par matières, qui devait m'être montré à chaque fin de semaine, afin que je puisse suivre l'évolution de l'instruction reçue. Cette mise en place fut prometteuse pour un bon départ dans une nouvelle année scolaire et j'étais ainsi au courant de toutes les notations reçues, ce qui obligeait mon garnement à faire des efforts, et à ne pas se faire enguirlander par ses parents. Nous avions mis au point un pacte : celui de la fessée en cas de tromperie, dans le genre de qui aime bien châtie bien.

*
* *

TRAVAIL AU NOIR

Une de mes employées était en fin de contrat que je ne renouvelais pas du fait que je pouvais plus bénéficier d'aide à l'emploi pour ce qui la concerne. Elle se retrouvait donc, avec un enfant à charge, sans aucun moyen de subsistance, du fait, rappelons-le, qu'il n'existait à l'époque aucune aide du genre du Revenu Minimum d'Insertion.

Elle vint et revint me voir, pleine d'espoir afin que je revois ma décision.

Suivant les cours ORSEM, j'avais fait la connaissance d'un Lieutenant de réserve, comptable, commissaire aux Comptes, dans le civil, qui avait réussi ce concours. Il était devenu l'économe de mon Entreprise. Il me conseilla d'embaucher cette jeune femme en tant que « vacataire » de vente. Ainsi fut fait, et je la payais pour un nombre d'heures, par chèque et bulletin de salaire.

Je ne pouvais faire autrement, face à sa détresse. Je ne pouvais qu'avoir en mémoire, que moi-même, il y a encore peu de temps, je m'étais retrouvé à la rue, totalement démuni.

Mystérieusement, un Inspecteur du Travail, averti de cette pratique, m'a traîné devant le Tribunal Correctionnel, pour me faire entendre raison, d'une rémunération de travail clandestin…

Ce devait être le début de mon parcours judiciaire.

Je savais qu'un Casier Judiciaire était la lame de Guillotin pour couper tout espoir de retour dans la Fonction Publique. Grand naïf devant l'Éternel, je pensais pouvoir faire valoir mon bon droit et me contentais d'une Aide Judicaire pour assurer ma Défense. Mon « Lieutenant Commissaire aux Comptes », que je payais grassement, m'assura que les « conseilleurs ne sont pas les payeurs » et qu'il n'était pas responsable de ces paiements en Vacation.

Bref, je fus condamné et demandais que cette punition ne soit pas inscrite à mon Casier.

Puis, j'eus la surprise de constater que le Parquet faisait appel de cette décision. J'entrais donc dans le tourbillon, la spirale. En appel, je fus condamné encore plus sévèrement, et mon Casier Judicaire entaché…

Je comprenais enfin que pour détruire un homme il suffisait de peu de chose. Personne ne s'est préoccupé des tenants et aboutissants de ma situation. Bon gré, mal gré, j'étais placé sur un terrain miné, et la première cluster-bomb me pétait à la gueule. Je découvrais un milieu ignoble.

Les Chefs ne cherchent pas à comprendre les réponses mais cherchent à connaître les questions, contraire à Confucius. Ils sautent les étapes, vont directement à l'information sans chercher à comprendre le pourquoi.

Ainsi, il suffisait qu'un pantouflard au Ministère de la Défense lance une fatwa sur un de ses Cadres, qu'un processus de discrimination se mette en place, pour détruire, sinon l'Officier, mais l'HOMME. J'avais gêné, je gênais, et on me le faisait payer.

Ainsi donc, payer une personne pour un travail de vendeuse occasionnelle, par chèque et bulletin de paye était du « Travail clandestin ». Certes, un féru de Justice, exploitant l'article X, et le sous-alinéa Y, trouvera toutes les interprétations et herméneutiques afin de me faire passer pour un coupable !

Mais personne ne se souciera de faire valoir qu'une demande démission dans un certain contexte n'est pas recevable !

Voilà ce que j'écrivais dans mon mémoire pour le **Conseil d'État** qui devait statuer sur mon avenir :

« Certainement, vous vous souvenez de cette histoire vraie, stupéfiante, sur la survie, pendant plus de deux mois, d'un groupe de sud-américains, après le crash de leur avion dans les Andes. On ne peut que rester bouche bée devant leur courage et leur détermination à survivre, dans ces montagnes. Ils en sont arrivés à « manger de l'homme », croquer leurs camarades morts, afin de survivre. Dire que certains journalistes ont osé prononcer les mots de cannibalisme, alors qu'il ne s'agissait que de survie ! Cela montre bien le manque d'humanité de ces observateurs. C'est honteux. Ces 16 survivants ont été amenés au cannibalisme. Ils ont vécu l'enfer. Seule leur fois en Dieu et leur courage les ont sauvés. C'est ainsi : dans des conditions extrêmes, des hommes sont contraints à recourir à l'anthropophagie. C'est par cette décision qu'ils durent leur survie. »

Qui donc a été le responsable de cette férocité ?...

- La faim ?
- L'envie de bouffer de l'homme ?
- Le vice ?
- La folie ?
- La température trop glaciale ?
- Les perturbations atmosphériques qui ont fait dérouter l'avion ?
- Une déficience mécanique ?
- Le vent violent au cours du vol ?
- Une faute du pilote ?
- Le constructeur de l'avion ?

On comprendra aisément que je pousse un peu trop loin en parlant de la conception de l'aéroplane. Cependant, il est indiscutable que si le pilote avait mieux appréhendé sa descente du fait d'une mauvaise navigation à l'estime, il n'y aurait pas eu de crash, donc finalement pas d'atrocité. Les autres théories énumérées ne sont que secondaires.

De même, l'Autorité Militaire, confortablement assise dans un bureau parisien, se doute-t-elle que sa signature griffonnée sans doute sans trop de réflexion, sans peser le pour et le contre, va tuer un homme, sa famille, avec des conséquences prévisibles, voire inéluctables ?...

COMMANDER   C'EST   PREVOIR. »

En bref, nous sommes dans un milieu de requins et d'ententes cordiales où l'on décide de définir comme prédateur nuisible celui que l'on soupçonne d'être plus bandits qu'eux !

*

CONSEIL D'ENQUÊTE

A mon grand étonnement, que dis-je, ahurissement, j'appris que dans le cadre de l'amnistie présidentielle, je bénéficiais de cette grâce qui concernait un supposé Conseil d'Enquête, dont je n'avais JAMAIS entendu parler. Je n'ai JAMAIS été averti de cette procédure par aucun moyen que ce soit, ni aucune Autorité civile ou militaire.

J'avais un Casier Judiciaire vierge, je participais assidument aux activités militaires en tant qu'Officier de Réserve, et n'avais strictement rien à me reprocher, travaillant en totale honnêteté. Donc, au lieu d'être "heureux" quant à cette amnistie, je me perdais en songes et questionnements : qui – quand – où – pourquoi ?...

*

A force de me triturer la pensarde, je me rappelais un petit accident de voiture, un accrochage, où une conductrice m'avait embouti l'arrière de mon véhicule en traversée d'une agglomération, oubliant de freiner. Afin de ne pas gêner la circulation, suite au choc, je m'étais garée dans la cour d'une Entreprise, suivie de ma pourfendrice. Je me contentais de constater les dégâts et d'un échange d'identités afin que nous puissions établir un Constat Amiable, plus tard, en toute tranquillité à mon domicile.

Mais c'était sans compter une huitaine de personnes, à l'aspect bourru de conducteurs de chantiers qui se sont avancés vers nous dont un ou deux lascars nous ont harangués à haute voix pour nous faire dégager les lieux. Dans le genre : « *vous n'êtes pas en pays conquis, vous n'avez rien à foutre là, c'est pas parce-que t'es bidasse que t'es partout chez toi !...* » Cela sentait la sortie "d'apéritif partie", et fut même accusé d'avoir chassé des gravillons du sol avec ma voiture ;

Bref, assis derrière mon volant, ceinture de sécurité attachée, je me pris un bourre-pif qui me fit voir quelques étoiles. Bref, ces gens peu entrains au dialogue, je pris la fuite, précédée par la chauffarde qui avait déjà déguerpi, très décontenancée par ces évènements.

Et là, l'erreur, *the mistake*, la *konnerie* : Je suis allé déposer plainte au Commissariat de Tarente [*], sûr de mon bon droit, et que l'on n'avait pas à frapper une personne, sans raison, sous le seul vrai prétexte que j'étais militaire et en tenue. Je fus très bien accueilli par une fonctionnaire de Police, déposant, sans en changer une virgule, sur les faits, et pensais que cette affaire, banale en somme était classée, sans avoir de suites défavorables me concernant.

Il était normal que je ne me laisse pas impressionner en engageant une procédure contre ces gourgandins primaires. On ne peut accepter la violence ; la tolérer c'est admettre que l'autorité bascule et c'est intolérable surtout si l'on accepte que l'on frappe impunément un militaire en tenue.

C'était sans connaître les rouages de quelque perfidie. En effet, plusieurs mois après, cela donnait l'occasion à deux gendarmes de venir me chercher, en plein stage de la Royale Cambouis à École du Matériel, à l'E.S.M.C.L.É.P.L.A.T. [*] à Bourgade [*]. Inutile de préciser que ce genre de visite est désagréable et néfaste pour un stagiaire, ceci juste pour me convoquer pour répéter à nouveau par Procès Verbal, ce que j'avais déjà déposé auparavant.

Sans comprendre, je sentais qu'il y avait un loup. Une goutte en plus à ce harcèlement que je déchiffrais inéluctable, où l'on se sent gibier à abattre.

Mais de là à déclencher un Conseil d'Enquête …

Un prétexte, sans doute ?...

*

Tant d'années après ces faits, le traumatisme n'est pas éteint, et je repense sans cesse à cette descente aux enfers. L'on retourne tout, dans un sens, puis dans l'autre. On laisse reposer, se disant que finalement cela n'a pas, plus, d'importance. Puis on relance ce tout, de haut en bas, de bas en haut.

Se faire lapider comme un vulgaire valet du seigneur, sans raison, devant ses mômes et son Épouse, quelle infamie ;

Se retrouver à la rue du jour au lendemain, une nuit de réveillon, avec son gosse et une conjointe enceinte, quelle ignominie.

Mais qu'ai-je donc fait pour mériter cela ?...

Croyant, Enfant de Chœur, Patriote, Républicain, Militaire… fallait-il donc que je renie toutes ces qualités, sous prétexte que je ne plaisais pas à quelqu'un ?...

Oui, j'étais profondément déstabilisé et ma vie n'avait plus de sens. Je comprenais tous ces gens qui un jour se pendaient, se jetaient par la fenêtre, s'empoisonnaient ou se mettaient une balle, suite à un mal-être devenu trop insoutenable.

"Il met bas son fagot, il songe à son malheur.
Quel plaisir a-t-il eu depuis qu'il est au monde ?
En est-il un plus pauvre en la machine ronde ?
Point de pain quelquefois, et jamais de repos.
Sa femme, ses enfants, les soldats, les impôts,
Le créancier, et la corvée
Lui font d'un malheureux la peinture achevée.
Il appelle la mort, elle vient sans tarder,
Lui demande ce qu'il faut faire
C'est, dit-il, afin de m'aider
A recharger ce bois ; tu ne tarderas guère.
Le trépas vient tout guérir ;
Mais ne bougeons d'où nous sommes.
Plutôt souffrir que mourir,
C'est la devise des hommes."

Heureusement, mes instits m'ont fait apprendre La Fontaine, et ces morales évitent bien des bêtises de la vie.

Ainsi, il reste la FOI.

*

En attendant de déplacer les montagnes, elle oblige à veiller sur ses proches, et l'urgence est ce galopin de fiston qui n'en fout pas large à l'école... Il se tait, car il sait, et je sais qu'il sait. Mon humiliation à me laisser tabasser dans ce Mess de Garnison sous ses yeux, l'a humilié, lui aussi. C'est évident. J'aurais vu mon Père dans cette situation, je l'aurais méprisé à vie.

Un soir, j'ai retrouvé le Carnet de Notes en récupérant mon sacripant à la sortie de l'école. Depuis un certain temps, il n'avait pas de notes disait-il. En fait, j'eus droit à découvrir, à l'encre rouge toute une rafale de chiffres avoisinant le zéro, où le 9/20 tenait du miracle.

Malheureux au plus profond, je lui dis : « tu sais le contrat passé ?... »

Et il eut la fessée méritée, à l'aide d'une vieille ceinture. Si je dis avoir ressenti tous les coups donnés, cela va faire marrer, et pourtant. Une fessée froide, sans colère, une sanction par un bourreau appliqué.

*

Noël arriva. Noël des enfants.
Ils furent gâtés. Nous leur voulions une vraie fête.

Le lendemain matin, je fus appelé par la Gendarmerie de la Commune pour une histoire de papier à signer.
Je m'y rendis.

...Et fus placé en Garde à vue pour violence enfant.

Je passe tous les enchaînements qui vont avec ce genre de mésaventure.

Car je ne redoutais rien pour une simple fessée, la troisième en 11 ans d'existence. Moi qui en prenais une similaire, au moins une fois par semaine me plaçait au hit challenger !

Je ne savais qu'une seule chose, c'est que la perquisition (une perquisition pour une fessée ?...) de mon domicile allait être juteuse.

En effet, mon succédané de Valeur Militaire que mon Colonel du 8ème R.P.I.C. [*], promise mais oubliée et remplacée par ce don en A.L.I. armes Légères d'Infanterie, placées dans des cadres d'exposition, allait certainement faire fureur...

Car, si ces mêmes gendarmes et leurs collègues venaient chez moi prendre l'apéritif, au bon temps d'avant, et participaient à des salades d'armes (à titre d'information pour néophyte, c'est le démontage de toutes les pièces, mélangées, et remontées, les yeux bandés, avec coup de sécurité final), en débarquant de façon officielle, ils ne pouvaient que tout saisir. Et même, totalement idiot, j'en rajoutais en donnant des pièces détenues autorisées, persuadé de pouvoir récupérer l'ensemble une fois avoir persuadé de ma bonne foi. Con et naïf jusqu'au bout !

Ce qui me déchirait c'était voir mes enfants mêlés à tout cela. Après la honte et l'humiliation de ma lapidation où j'avais été écharpé, cogné, ils avaient le spectacle d'un bandit sous séquestre !

Je passais une nuit en cellule en chantant tous les airs appris dans ma vie de soldat. Le lendemain, je fus averti qu'aucune charge n'était retenue contre moi et l'on me ramena discrètement à distance de mon magasin.

Les deux sous-officiers supérieurs qui avaient participé à cette aventure vinrent le soir, à la maison prendre l'apéritif. Ils avaient accepté cette invitation car ils comprenaient ma démarche vis-à-vis de mes Enfants, comme quoi je tenais à donner une bonne image de la Gendarmerie et que mes relations avec elle n'en n'étaient aucunement affectées.

Au cours de cette soirée, je pus apprendre, sous la confidence, qu'il y avait des faits pas « très clairs » dans cette procédure qui avait été investie. En définitive, il apparaissait que j'étais une cible, sans aucun doute parce-que j'avais mené quelques combats qui dérangeaient la haute hiérarchie et qu'il fallait empêcher que je puisse gagner mon retour dans les activités dans les armées. Des bruits de couloir leur avaient laissé entendre que j'étais trop authentique dans un monde militaire aseptisé et que j'avais fait des vagues. En gros, « ce n'est pas parce que l'on a quelque-chose à dire qu'il faut ouvrir sa gueule »… Ces Adjudants-chefs me conseillaient la plus grande prudence, car manifestement, j'allais m'exposer à de graves emmerdes. L'un d'eux, qui me manifestait quelque sympathie, m'avoua que sans son rapport en toute neutralité et objectivité, mais en ma faveur, il avait empêché de retenir les charges de violence sur enfant, et qu'il n'y avait qu'une banale fessée en cause ; mes enfants étant plutôt gâtés que malmenés. Ils me conseillèrent aussi de m'inscrire à la Fédération Française de Tir afin que je puisse faire valoir la possibilité de détention d'arme.

*

* *

Sauf que plusieurs mois plus tard, à notre grande surprise, nous avons été convoqués chez le Juge pour Enfants, et que l'on m'a retiré la garde mon fils en le mettant dans une espèce de Centre. Mon fils fut changé d'école, mis dans un établissement public. Un inspecteur social enquêta dans l'École privée et me révéla, plus tard, qu'il s'était heurté à un mur du silence.

A ma sortie du Palais de Justice, je croisais l'Adjudant-chef de Gendarmerie, qui tomba des nues quand je lui appris que l'on m'enlevait mon Fils. Il me répondit : « *C'est impossible ou alors c'est bien une machination* ».

Le brillant résultat est que Tucdual [*], de 10 de moyenne, descendit à 4/20, commença à prendre modèle sur ses congénères du Centre avec des attitudes de « petit voyou » ; bref, que du bonheur.

Nous avons couru tous les bureaux se rapprochant de près ou de loin, à l'Assistance Sociale, à l'Aide à l'Enfance, afin de protester sur cette situation. Soit, personne n'était au courant, soit on me prenait pour Joseph Goebbels et Heinrich Himmler réunis, affichant des mines glacées, austères, pleines de reproches. Bref, nous avons subi l'intimidation et le mépris de l'être humain sur la stèle de l'Administration.

Mon enfant exprimant sa détresse, mon Épouse a décidé, un bon matin, de taper du poing sur la table du Juge. Ce fut épique, surtout quand il a reçu un appel téléphonique, devant nous, où j'ai pu entendre que cela nous concernait, qu'il fallait « *ne pas nous rendre l'enfant* ». Le Juge répondit : « *Je ne peux pas, oui, je comprends, mais je ne peux pas, oui, je sais, je sais cela, oui, mais je ne peux pas* ».

Comprenant qu'il y avait trame, j'en murmurai deux mots à l'oreille de mon Épouse, qui se leva, envoya promener, tout ce qu'il y avait sur le bureau de ce juge bizarre. Victoire partit, après avoir insisté, dans une colère calme et froide : « *Rendez-moi mon fils, sur le champ !* ».

La décision fut prise et acceptée : nous avons récupéré notre fils dans l'heure suivante ! Comme quoi, il y avait bien un coup fourré, et que tout ceci se faisait en parfaite illégalité, sous couvert de la Justice…

*

Quand on met un doigt dans la maçonnerie judiciaire, on se fait broyer le bras, puis le corps, jusqu'à son âme.

C'est un cauchemar qui ne finit jamais. Et les problèmes s'enchaînent les uns aux autres. Je reçus un avocat, dans la foulée de cette mésaventure pour en subir une autre. Il m'apprit que « *j'avais un Casier et que dedans figurait une condamnation à 6 mois de prison avec sursis, par contumace, pour détention illégale d'armes !...* »

Bien sûr, je le découvrais. Je n'avais JAMAIS été convoqué, jamais informé, ni par courrier, ni par huissier de justice. Au contraire, j'avais même envoyé un courrier au Procureur en lui expliquant les faits, en lui demandant mansuétude et compréhension. Par cette lettre, je demandais à pourvoir récupérer ces armes en précisant que je les ferai démilitariser. Eh, oui, j'étais encore dans un monde de Bisounours sans imaginer que j'étais dans un stand de casse-pipes.

*

FAILLITE

En parallèle, en toile de fond, j'avais été convoqué par le Directeur de la Société Générale, qui finançait les murs d'un magasin dont j'étais propriétaire ainsi qu'un découvert commercial autorisé.

Bon an, mal an, nous nous en sortions avec nos trois boutiques. D'accord, de quasi SDF, si j'avais réussi à monter ces commerces, cela tenait du miracle mais surtout de la détermination et du professionnalisme de mon Épouse. Nous réussissions, péniblement, mais vaillamment, à rembourser nos échéances, nos loyers, le financement des murs d'un magasin et de notre maison. Bien sûr, je faisais patienter les fournisseurs, les créanciers. Gymkhana et yoyo quotidiens.

Monsieur mon banquier me dit simplement que j'avais un avoir en banque autorisé de 400 mille francs soit aujourd'hui 60.000 €uros. Il s'étonnait que cette somme ne baisse pas et me mettait en demeure de solder cette créance sous huitaine. Il m'avertissait qu'il cesserait tout paiement passé ce délai.

Que la fête continue !

Je fus mis en situation de Redressement Judiciaire. Évidemment, monde de Bisounours dans mon cerveau, je pensais pouvoir faire face à cette situation. Mais ces consultations hermétiques de conciliabules entre personnes entendues et non concernées, au Palais de Justice, Tribunal de Commerce, mon deuxième chez moi, en sommes, n'aboutissaient que pour me faire entendre et comprendre qu'il fallait déposer le bilan. J'étais dans le couloir de la mort avec comme prêtre des derniers sacrements un mandataire judiciaire, habillé en Ted Lapidus et roulant voiture de sport…

Mon Épouse était enceinte. Nous attendions notre troisième enfant. Grâce à Madame Simone Veil, nous avons pu le tuer légalement. Par un avortement *flash* car l'emploi du temps ne permettait pas de répit. Personne n'en a rien su. C'était juste notre deuil à nous deux.

*

A moins que l'on soit totalement débile ou irresponsable, il convient de se poser la question :

SUIS-JE VRAIMENT INAPTE ?... Mauvais homme, mauvais Père, mauvais Mari, mauvais Officier, mauvais Commerçant ?...

Je prenais le temps de me regarder dans la glace et parlais au mec face à moi. Désolant. Hélas, je n'étais pas Talleyrand, et petit à petit, je ne pouvais plus me consoler en me comparant aux autres qui tenaient les raquettes, moi qui n'étais plus qu'une balle de ping-pong rebondissant entre chaque frappe, le pushing-Ball, le pigeon d'argile, la cible.

Je pense, évidemment, que je n'étais pas fiable. Je ne l'ai pas été pour servir la DGSE, je ne l'ai pas été dans d'autres affaires.

Et je ne l'ai même pas été pour ma famille. Je ne reste qu'une fuite en avant pour éviter de me regarder en face.

Je suis très fort, et suis probablement un homme d'exception, un agent remarquable, un officier émérite. C'est pour cela que l'on pense que je suis extrêmement dangereux, car un atypique n'a pas de limite. Celui qui ose remettre en cause le P.M.G., *Processus des Missions Globales*, considérant que le *Procédé de la Main dans la Gueule* est plus efficace dans la formation militaire initiale, ne peut être que trop audacieux car risqué.

J'ai une obsession de la maîtrise qui m'a fait perdre le sens de la mesure.

Mais il n'est venu à personne l'esprit que je suis amoureux de mon Pays et beaucoup trop même. Comme celui qui bande mou devant une femme trop belle, tellement il est ému. J'avais des sentiments et je n'ai pas voulu que ça s'arrête malgré les règles et les consignes qui nous veulent incolores, inodores et sans saveur.

J'ai fait une erreur, une seule et depuis je n'arrête pas d'essayer de la réparer.

Ce n'est pas une fuite en avant pour éviter de me regarder en face, non.

Parce que je me regarde et je me vois. Par Dieu, je n'aime pas ce que je vois.

Mais j'ai tout fait et fais tout pour essayer de réparer mon erreur, qui a stoppé ma vie un 31 décembre.

Je reste toujours et encore, fasciné par la puissance du déni. Car, finalement, je crois que c'est par amour que je suis dans cette situation, pour me raconter une belle histoire.

Non. J'ai toujours voulu être là pour pouvoir retourner en mission, pour pouvoir de nouveau porter un masque, celui de Zorro, de la rigueur et de la droiture. En fait, j'ai toujours besoin de la duplicité, toujours besoin d'une façade, afin de cacher mes tares de naissance civile et de statut militaire.

C'est pour ça que je suis dangereux, parce-que ce besoin est insatiable.

Je voudrais tant retourner à mon job d'antan où je suscitais l'admiration de mes Chefs, par mon côté atypique. Quelque part, j'étais une star, là-bas, dans mes débuts, avant que je ne fréquente ces maudits du Matériel qui ne comprendront jamais rien à rien du côté patriotique, eux qui ne pensent que monnaie et avancement peinard. Je voulais trop devenir quelqu'un d'important afin de justifier le mépris que je leur portais.

J'étais même devenu « *le Célèbre* », comme me surnommait le Capitaine Ali Taïche [*], un de mes anciens patrons, un pur, un dur, qui avait bien gagné ses médailles en le Djebel pendant la Guerre d'Algérie, et qui, au feu, connaissait la vraie valeur des hommes.

Et tournait en boucle cette maudite grève, qui du fait que c'est interdit dans l'armée, je l'avais transformée en cette fausse demande de démission, que je savais irrecevable, que j'avais faite suite à des harcèlements inexplicables et inexpliqués. Cette bouderie d'enfant gâté se voulait un électrochoc pour le haut commandement qui a manqué volontairement de discernement, bien au contraire, en insistant en lettres grasses d'imprimerie les mots : "SUR SA DEMANDE". Car, franchement, tout venait de là. Jeté à la rue comme un kleenex usagé, que pouvais-je espérer d'autre ?... Même si j'avais décidé de faire un bras d'honneur à l'Institution et me reconvertir, façon Capitaine Baril, dans quelque aventure para-africo-militaire, en jouant au mercenaire ou vendeur de mines-et pièges pour quelques dictateur africain, qu'en aurai-je bénéficié ?... D'ailleurs, même comme vigile pour parking d'hyper-marchés, j'ai été refusé !

On se remémore des trucs :

- Une soirée beuverie-dansante au Groupement du 4ème R.P.C.A. à Tarente, avec un Maréchal-des-Logis qui frottait un peu trop mon Épouse dans une danse appliquée de corps-à-corps. Victoire [*], mon Épouse me jetait des regards implorants tout en gardant un sourire de façade. Je séparais donc ce couple et le sous-off ne put réprimer sa colère : « *Vous ne savez pas d'où je viens et dans quel service je servais. On vous brisera, on aura votre peau, faites-moi confiance, on s'occupe de vous !* [Sic] ». A l'époque, je me contentais de sourire, insensible à des menaces de jalousie machiste, d'un *sous-off* du *Matoche*... Victoire [*] me confia : « *Après ce qui s'est passé avec le Général Lapaire [*], je danse, mais c'est en service commandé. Oui, il me draguait, mais en disant que je devais te quitter, avant qu'il m'arrive malheur...* ». Encore un horoscope, comme le Capitaine Joseph Tessali d'Orléans, vous vous souvenez, qui venait chez moi, en absence, voir mon Épouse, pour mon bien...

L'ennemi, c'était qui ?... Un Ami ?... Une vengeance personnelle, à la vie, à la mort ?... d'origine purement personnelle, d'un pantouflard dérangé du Matoche, ou plutôt celle d'un Service, disons, "secret" ?...

- Avant cette mutation à l'École du Matériel, à l'E.S.M.C.L.É.P.L.A.T. [*] de Bourgade [*], un Commandant en civil, se disant du Service, prit la place du Capitaine Ali Taïche [*] dans son bureau, en me confiant une mission de renseignement concernant une cible. Ce devait être ce Capitaine Félix Cep [*] où il fallait que je prouve, par mes rapports, que c'était un indélicat et malhonnête, donc indésirable. Si je menais ma mission à bien, je serais muté très vite en fonction de mon choix... Ça a tellement bien marché que ça a été le vrai début de mes emmerdes. Et on sait ce qu'il en a été de ma mutation ; de plus, ce vil connard de Cep [*] a continué à tromper son monde et finir Commandant de Réserve !...   Ai-je été vendu, démasqué ou ai-je merdé ?...

Faillite bidouillée ?... Car, rien ne justifiait que l'on me coupe les ponts financiers du jour au lendemain. Le banquier ne savait qu'une chose : qu'en cas de faillite, il récupérait les murs du magasin et ma maison, en priorité sur d'autres créanciers.

Avec juste cette phrase qui tue, lors de notre premier e dernier entretien : « *J'ai entendu que aviez des problèmes avec la Justice* », avec un point d'interrogation, très affirmatif, voire exclamatif...

Ok, la branche était sciée, la messe était dite. Parano ?... pensez-vous. *Just a little, but...*

Comme déjà dit, j'avais débuté ces commerces en auto-financement et bien que les zones de chalandises n'étaient pas merveilleuses, nous réussissions à faire face, payer les loyers, les charges, les fournisseurs, les salaires. Certes, je faisais de sorte de gagner du temps en me faisant tirer l'oreille pour les règlements, mais c'est de bonne guerre et d'usage courant chez les commerçants écroulés sous les impôts de toutes sortes et l'URSAFF véritable vorace.

En Redressement Judiciaire, il m'a été conseillé de jeter l'ancre sans tenter de lutter pour un combat inutile. D'accord, j'avais des boutiques pleines de marchandises, d'accord, il arrivait de ne pas faire un centime de revenu dans la journée. D'accord, la maison France fait que le pouvoir d'achat est en baisse constante. Mais je ne rencontrais que les difficultés de la plupart des commerçants en nom propre, appelés à disparaître au profit des enseignes nationales.

Oui, sans doute. Au même titre qu'on "dégraissait" dans l'armée, sans doute fallait-il aussi éliminer les détaillants pas assez performants.

Il n'y a pas de miracle. Parti dans la vie civile avec un handicap évident de S.D.F., c'était déjà miraculeux d'avoir réussi à ne pas sombrer et d'avoir créé cette entreprise.

Et maintenant, que vais-je faire ?...

*

Victoire [*], fidèle épouse, craqua et fut accusatrice, non plus en accusant la situation mais en m'affirmant responsable de toute cette merde. Elle ne croyait plus en moi, ni en mes démarches qui n'aboutissaient pas. Ce fut donc l'ultimatum : « Je me barre, j'en ai marre ! Ou alors, tu me suis ; je prends la direction de notre avenir. Si tu n'es pas d'accord, on se quitte ! »

Mais après les requins, les crocodiles, il ne restait plus que les vautours. Et il y en avait kyrielle et ribambelle ! Car quand on vit dans cette espèce de situation de fragilité et d'incertitude, on ne prend pas vraiment conscience que l'on est entouré d'encore plus tocards que soi.

Une espèce de marchand de biens, qui se faisait appeler Bernard Tapie mais qui, en fait dirigeait des Boîtes de Nuit, planait au-dessus de nos têtes. Par erreur, nous lui avons confié nos malheurs. Bref, pour faire court, mon Épouse s'est retrouvée Manager d'une boîte de *tarlouzes*. En gros, des gens d'un même sexe qui aiment remuer au son de musiques fortes en se mirant devant des glaces.

Embauchée, sans contrat, sans salaire, sans initiative. Juste responsable de la boîte, du disc-jockey, de la Barmaid et des approvisionnements. Ce n'était ni Michou, ni Régine, juste une animatrice de discothèque où elle servait de beau meuble, afin, soi-disant, de redonner un autre style. En fait, elle servait à boire. Et moi, là-dedans, je faisais office de portier... Je creusais sans trouver le fonds.

Je restais amère au sujet de cet étrange dépôt de bilan pour une affaire qui tournait moyen-moyen mais qui se redressait lentement. Je ne comprenais pas ce coup de frein brutal, sans préavis. Pour réduire les frais, je suis passé de trois boutiques, à deux, puis de deux à une, remerciant le personnel devenu inutile.

Sauf une qui refusa de partir et qui m'assigna aux Prud'hommes. Procès que je pus gagner facilement du fait de la situation de dépôt de bilan.

J'avais en tête une idée : J'étais passionné par le modernisme qu'offrait le Minitel, persuadé que l'avenir permettrait de vendre des vêtements et chaussures par ce biais. Les ordinateurs commençaient à apparaître, encore bien timides, juste entre les mains de spécialistes. J'étais certain qu'il y avait de l'argent à gagner par cette évolution technologique. Je fis des recherches qui m'amenèrent à me renseigner sur Sophia Antipolis, dans le sud-est du pays. Finalement je suis tombé sur une annonce de fournisseurs de sites informatiques à Nice.

Nous nous y sommes rendus. Nous avons rencontré un couple de business men, qui, au passage, pour le montage d'une société qui n'a jamais eu lieu, nous ont escroqué 20.000 francs français, histoire que nous nous lapidions un peu plus.

Finalement, nous nous sommes retrouvés au service d'un site dont nous faisions les modérateurs, jours et nuits, à partir de notre ligne téléphonique, avec tous les frais ainsi que la publicité par voie de presse !... En bref, ce site était un fourre-tout qui, s'il proposait des ventes et locations mobilières, était surtout une messagerie rose, composée à 100% de mâles cherchant femelles.

Le Directeur, Marcello Zombichianti [*] a été une fine ordure qui ne m'a rétribué qu'avec des Traites en Banque toujours impayées, avec l'assurance persuasive que son Collègue associé Catalena [*] nous présentait ses excuses et que dès qu'il le pourrait nous rembourserait nos vingt mille balles… Bref, de gentils brigands qui nous ont aidés à creuser un peu plus.

Ce sinistre personnage a même poussé le vice jusqu'à s'inviter chez nous, et embaucher un commercial pour dénicher des annonceurs sur notre site. Ce commercial, avec un contrat fumeux, a juste trouvé un annonceur qui a versé des arrhes qui m'ont été rétrocédés. Et comme l'annonceur s'est désisté, et voulu se faire rembourser, je l'ai encouragé à s'adresser à Marcello Zombichianti qui était aux abonnés absents. Je n'ai pas remboursé les arrhes car, payé avec des traites impayées, j'étais fauché.

Donc, j'ai été poursuivi, puis condamné pour abus de confiance ! Finalement, l'escroc, c'était moi.

Bien sûr, j'ai déposé plainte contre ces deux zigotos, sans foi, ni Loi, car je n'ai jamais plus eu de nouvelles les concernant…

*

Ma vendeuse récalcitrante au départ, a fait appel, au-delà du délai légal, du procès aux Prud'hommes. Mon mandataire judiciaire m'a conseillé de « laisser-aller ». Ce que j'ai fait. Finalement, c'est moi qui aie été condamné !

Y'a quelque chose qui cloche là-dedans, j'y retourne immédiatement ! Cette bombe atomique était imparfaite, comme dans du Boris Vian, mais elle faisait quand même des dégâts.

*

La spirale râle et nous engloutit peu à peu, assurément, nous enterrant dans des sables mouvants, où dès qu'on lève un pied, on pousse l'autre.

Une Assistante Sociale est venu chez nous nous intimant de quitter notre maison sur le champ, nous assurant qu'elle pourrait nous trouver un studio ou un F1 et qu'elle mettrait nos enfants à l'Assistance Publique afin de nous épargner des frais…

Avant de lui promettre de la jeter par la fenêtre, je lui ai rappelé mes aventures avec « mes » Assistantes sociales des Armées. Ma colère blanche fut suffisante pour qu'elle comprenne qu'elle avait mieux à faire ailleurs, et elle avait bien compris que la faute était très grave à ses origines. Elle nous témoigna qu'elle était venue sur ordre et qu'en fonction des éléments que je lui fournissais, elle allait rendre compte pour suite à donner.

*

Il n'y eu jamais de suite de cette assistance sociale.

Par contre, cela ne faisait que quelques dizaines de jours que mon dépôt de bilan était acté, qu'il y avait un acheteur pour ma maison, pour trois francs, six sous.

Je fus mis en demeure de départ de mon domicile. L'idée sotte et grenue me vint de faire appel à ce fameux marchand de biens qui exploitait mon épouse dans cette boîte sordide. Ce fameux Claudio Léautardi [*], toujours à l'affût d'affaires se montra rassurant : il fallait faire une contre-enchère à cette vente et cela stopperait tout.

Quand vous êtes asphyxié et que l'oxygène arrive, vous ne cherchez pas d'où il vient.

J'acceptais cette idée. Il se chargeait de tout, en tant que Marchand de Biens. Sauf que…

Il me demandait un chèque de ce montant supérieur à celui de l'acheteur ; qui bien sûr, m'assurait-il, ne serait jamais encaissé.

Bon, au point où on en est. Je fis le chèque.

J'ai vendu mon âme au Diable.

A partir de ce jour-là, nous étions à sa merci. Il exigeait tout de nous.

Il n'eut pas de mal à nous convaincre.

« *L'État était hors-la-loi en me mettant dans la situation où j'étais.* » Il connaissait notre affaire de pseudo-démission et avec ses réseaux, il avait appris que toute cette tragédie avait été voulue uniquement par souci de détruire. Mais qui ?... Il me relata une histoire d'un Général que Victoire [*] aurait renvoyé dans ses buts, l'humiliant devant tous ses officiers…

En résumé, il n'était pas illégal d'être illégal du fait que l'État était dans l'illégalité nous concernant. "*Bouffer ou se faire bouffer*", il nous proposait ce choix.

Par les faits, il avait raison. De guerre lasse, nous nous laissions convertir. Notre avenir était surtout celui de nos enfants et nous étions prêts à tout sacrifier, du moment qu'ils aient une vie normale et qu'ils puissent poursuivre leurs études.

Je lui exposais mes réserves quand à cette boîte de nuit où nous ne gagnons pas un sou. Il nous rassura en disant qu'il pensait à autre chose.

*
* *

COUPS DE FEU

Ainsi va la vie. Commerçant, une simple peluche vendue 15 francs était déclarée au fisc, tant à l'achat qu'à la revente. Je tenais à une intégrité totale du fait de mon éducation mais aussi que la vie m'avait toujours inculquée la notion du bien et du mal.

Pour en revenir au cannibalisme des passagers du crash aérien dans les Andes, j'étais tourmenté par les tenants et les aboutissants. Si j'étais mis plus bas que terre, au mépris de la Loi française qui n'aurait jamais dû tolérer la situation dans laquelle elle m'avait mis, pourquoi, de mon côté, continuer à être un saint et prendre des coups sans pouvoir réagir ?... Tous pourris ?... Alors, pourquoi pas moi ?...

Je redonne une chance à une vendeuse, à qui je ne devais rien, de se relancer dans la vie sociale en lui donnant la possibilité de retravailler dans mes boutiques, et je me fais massacrer, sous les conseils avisés d'un Comptable, Commissaires aux Comptes, Lieutenant de Réserve, diplômé ORSEM...

Alors, marre.

Dans ma boutique restante, j'écoulais tout mon stock, ou du moins tout ce qui était au top de la mode, et me mis les résultats de mes ventes en lieu sûr. Il s'agissait de rester à flots, coûte que coûte, pour ma femme et mes gosses, et je définissais que ce n'était que loyauté à leur faire.

D'autre part, j'avais fait ce chèque « en bois » à ce marchand de biens, propriétaire de restaurants et discothèques. Je savais que c'était un pourri, non recommandable, mais il me fallait rester dans sa main, ne serait-ce que pour ne pas nous retrouver à la rue. Ce tourmenteur me filait depuis comme une ombre et s'imposait dans notre vie. Je lui narrais nos soucis, en confident. La boîte de nuit qui ne marchait pas, notre site Minitel qui nous coûtait de l'argent, où nous n'étions pas rémunérés, cet annonceur qui s'était désisté et qui me poursuivait...

Il me dit que cette annonceur était une femme qui faisait des massages, avec pignon sur rue et qu'elle gagnait super bien sa vie. Moi, je débarquais, toujours naïf, et suivait son raisonnement comme quoi Victoire [*] avait tout intérêt à se reconvertir et que cette branche pouvait être rentable.

Ce fut fait. Elle trouva un local, s'installa et fit de la publicité. Immédiatement, ce fut le rush. Elle choisit le domaine de la relaxation, et travaillait de concert avec un hypnotiseur qui prenait ses rendez-vous chez elle, pour la lutte contre le tabac par hypnothérapie.

Tout fonctionnait bien. Elle dans son nouveau job, moi, dans ma boutique avec mes ventes au rabais.

Sans doute, cela se voyait-il que nous n'étions pas morts...

*

Un soir, en rentrant chez nous, en voiture, lors de la montée d'une côte, j'entendis un grand bruit du côté droit du véhicule, comme un éclat.

Il était 20h 15. J'eus peur d'avoir renversé un cycliste. Après avoir ralenti, au pas, nous n'avons rien constaté d'anormal. Nous avons repris notre route, et avons oublié cet incident.

Ce n'est que le lendemain matin, emmenant ma fille à l'école, qu'en revenant à ma voiture, que je constatais qu'il y avait un impact de balle dans l'aile avant droit...

J'ai suffisamment l'habitude des armes et des chocs de projectile, pour identifier ce fait peu banal.

Le soir, en rentrant chez nous, à 10 minutes plus tard que la veille, en montant la côte, en riant, je dis à Victoire [*] de baisser la tête, au cas où. Que n'avais-je pas dit ?!... A ce moment, deux impacts touchèrent la voiture, dont l'un, sur le montant de la vitre passager. Il n'y avait plus de doute, mes amis étaient là, à l'affût.

Je montais la côté pour m'y arrêter à hauteur, pour constater les dégâts. J'appelais la Gendarmerie de Tarente [*] par téléphone. Mes amis d'hier, collègues militaires, étaient bien devenus mes ennemis, car il me fut impossible de pouvoir être crédible quant aux évènements. Par chance, deux personnes qui discutaient non loin, approchèrent car l'un me connaissait et s'enquirent de mes soucis. Il y avait là, un homme qui se déclara ancien gendarme et prit le téléphone. Il affirma qu'il y avait bien des impacts de balle.

Après coup, il me dit : « *ils arrivent. Les collègues me disent que vous tenez une boîte de nuit et que vous êtes connu ?... Ça veut dire quoi ?... Nous on vous connaît comme Officier. Vous étiez même à Tarente à une époque* ».

Je le remerciais et tentais de le rassurer en lui disant que je vivais depuis quelque temps des évènements qui me dépassaient et que j'étais la cible de magouilles pas catholiques. Je redescendis la côte pour attendre le secours promis. Finalement, deux gendarmes arrivèrent dans la nuit. Quand ils descendirent du véhicule, ce fut pour m'appeler « Monsieur », histoire de bien me remettre à ma place, oubliant le respect militaire dû à mon grade, même si mes fonctions sont en sommeil. Je leur racontais les faits de ces dernières 24 heures, avec ces nouveau x coups de feu tout en nous portant à hauteur où les chocs avaient eut lieu. Ils étaient dubitatifs et donnaient de vagues coups de lampe dans les bois. Finalement, de colère froide, je pris la lampe d'autorité et la dirigeais vers la lumière d'un catadioptre qui brillait. Sans attendre, je bondissais dans le bois, en montant la pente, dans les taillis et les ronces. Finalement, j'arrivais à une moto, près d'un arbre et d'un affût. Quand je fus rejoint, nous avons pu constater la présence de deux masques de carnaval, dans une niche qui servait d'affût, et d'un reste de baguette de pain. Les fonctionnaires m'engueulèrent parce-que j'étais arrivé avant eux et que ce n'était pas prudent. Ma réponse fut claire : « *Je sais que je dérange, au moins, maintenant, j'en ai une nouvelle preuve, et par ce guet-apens et par votre attitude agressive et tracassière*». Ils me répondirent de rentrer chez moi, qu'ils appelaient les renforts pour l'enquête et de me tenir à leur disposition « si on avait besoin de moi [sic].

Je me suis refusé à déposer plainte, car chaque fois que j'en déposais une, cela restait sans effet, ni suite, ni rien. Mon Épouse, elle, croyant encore au Père Noël, en déposât une.

Plus tard, elle fut appelée devant une Cour de Justice. En attente, sur un banc, un adolescent vint s'asseoir auprès de moi. Il me dit : « *La moto c'est la mienne, mais je n'y suis pour rien. Je n'ai pas le droit de rien vous dire, vous ne pourrez rien prouver, d'ailleurs. Cherchez pas. [Sic]* ».

L'Avocat de ma Compagnie d'Assurances me confia : « *il n'y a pas eu de mort et personne ne veut rien savoir. Il ya comme des zones d'ombre, et le dossier que j'ai est vide.* »

Ce fut tout.

Le gamin fut condamné pour dégradation de matériel, et nous avons eu un chèque de 50 Francs, par l'intermédiaire de son assistante sociale, à titre de dédommagement…

*

Adhérent à la Fédération Française de Tir, tous les samedis j'allais, régulièrement, au stand de tir couvert de les T.A.P.E.S. à Derme [*]. Le tout sous la direction d'un Capitaine « sur le tard », avec qui je sympathisais.

Jusqu'au jour où il me dit qu'il ne faudra plus revenir car le Stand va être fermé car trop vétuste, que l'entraînement ne pourrait plus avoir lieu… Oui, oui, c'est immédiat et définitif.

Un mois après, je repassais devant ce stand, et j'entendais des coups de feu…

J'avais donc été « écarté », là aussi, avec politesse.

*

RELAXATION

Notre mentor Claudio Léautardi [*] se révélait un ogre financier. Il promettait de racheter notre maison aux enchères publiques, mais il avait besoin d'argent. Il restaurait un complexe restaurant-discothèque dans la ville de Lavoir [*]. En bref, il nous saignait. Tout l'argent de mon commerce était entre ses mains, soi-disant à ma disposition, dans un coffre, et tout ce que gagnait mon Épouse atterrissait entre ses mains.

Victoire, elle, n'avait qu'un but : amasser suffisamment d'argent pour qu'elle puisse missionner un « vrai » avocat pour prouver la faute de la Défense Nationale pour que je puisse faire valoir mes droits et être enfin réintégré.

De mon côté, étant en situation de Liquidation Judiciaire, le Mandataire Judiciaire m'ayant affirmé que je ne pouvais travailler qu'à la condition de devenir salarié, je m'étais aménagé un petit bureau dans le Cabinet paramédical de mon Épouse, afin de pouvoir me conférer une identité et gérer les affaires courantes inhérentes à ma cessation d'activité. Je m'intéressais à l'avenir informatique et la Vente Par Correspondance. Je me plongeais aussi dans la parapsychologie et les phénomènes de l'hypnose. Bref, rien d'enthousiasmant pour quelqu'un qui était menacé de devenir glandeur professionnel.

Je continuais à rencontrer *Paul, Jacques* et *Philippe*, tous ces gens qui pourraient m'apporter l'aide à faire valoir mes droits à mon retour en mes fonctions dans les armées, et à démontrer, voire démonter cette cabale dont j'étais la cible. Je cabotais du côté Préfecture, Députés, Maires, politiques de droite et de gauche. Je repérais d'anciens militaires, dont d'anciens cadres de la D.P.S.D. En bref, je comprenais qu'une personne qui dérange, si elle n'a pas de cadavre dans son placard, on en fabrique, quitte à en devenir l'auteur ; que j'avais été manipulé et que je m'en sortirai jamais, à moins de rencontrer un couillu ayant l'écoute en Très Haut Lieu.

Finalement, le maire de mon village a réussi à convaincre un de ses anciens potes d'école, avocat, à traiter mon dossier. Mais finalement, il se révéla nul, au-dessous de zéro. Il avait saisi le Tribunal Administratif, mais en se plantant totalement dans ses réclamations. Il m'a reçu pendant 10 minutes, le temps que je lui confie un dossier conséquent et complet, sur une démission techniquement irrecevable, qui d'ailleurs avait été reniée par le demandeur. La plaisanterie a duré finalement pendant 8 ans d'attente. Même si la Justice est débordée, il est inconcevable qu'une affaire dorme pendant huit années avant d'être traitée et finalement décidée, à la Cour du Tribunal Administratif, d'incompétence !!!

Ce pseudo avocaillon me conseilla, entre deux pare-chocs de voiture, alors de refaire une nouvelle demande de réintégration et de saisir le Conseil d'État.

*

Entre temps, ma situation allait encore se pourrir. A noter, que chaque fois que je faisais une demande de renouvellement de Contrat, il m'arrivait une tuile, comme si le fait de remuer, gênait quelques uns.

*

Quand on vit dans un sentiment de danger, on devine les faits bizarres et insolites. Une vieille Renault pourrie qui attend notre arrivée au Centre de Relaxologie et qui démarre peu après, deux flics qui m'arrêtent juste pour un contrôle de papiers du véhicule, trop polis pour être honnêtes, que je devine être à l'affût de mon passage, sont des éléments déclencheurs de danger. D'autre part, Claudio Léautardi [*] nous avait averti que nous étions sous surveillance. J'étais au stade où cela ne m'importait plus, comme quelqu'un qui a le cancer incurable et qui sait qu'il va crever.

Un beau matin, à l'arrivée au Cabinet, nous avons été arrêtés, perquisitionnés, embarqués.

Il était reproché à Victoire [*] d'effectuer le travail des "ouvrières manipulatrices de dindons", par ipsation.

En quoi consiste cette particularité ?... Dans les élevages de dindes, les mâles sont si gras qu'ils ne peuvent se reproduire naturellement. Les dindons les plus forts en chair et qui sont supposés mourir prématurément sont donc sélectionnés pour devenir des "dindons reproducteurs". Il s'agit donc de récupérer le sperme des animaux pendant la saison des amours. Ils sont sélectionnés en fonction de leur poids et deviennent trop gros pour monter sur les femelles car ils pourraient se blesser. Les ouvrières portent un habit vert car cette couleur plaît aux dindons et possèdent un tabouret. Quelques câlins, secousses du poignet, on récolte et au suivant. Pour les ouvrières expérimentées, l'opération prend trente secondes. Cette pratique chiromanique peut également provoquer une sorte de traumatisme sur l'ouvrière et mène fatalement à un manque de libido.

Cette méthode bio avait été fortement conseillée et préconisée par Claudio Léautardi [*] qui avait envoyé des "taupes" dans la clientèle de Victoire [*] afin de l'encourager dans cette méthode, fortement réclamée par ailleurs par beaucoup d'autres clients. Le pauvre homme avait besoin d'argent et promettait de racheter notre maison qu'à la condition qu'il ne soit pas forcé de payer de sa poche ! Pour me convaincre de sa bonne volonté à notre égard, il m'avait mis une voiture luxueuse à ma disposition du fait que la mienne avait été saisie. Ah, le brave homme ! Avec bien sûr l'assurance de notre part de ne jamais le trahir.

Victoire [*] vit en plein traumatisme de cette chienne de vie où elle ne connaît que misère sur misère depuis un certain 31 décembre où nous nous sommes retrouvés à la rue, démunis de tout. Le paroxysme a été atteint lors du meurtre de son bébé par l'avortement subi du fait que notre liquidation judiciaire ne permettrait pas d'élever un nouvel enfant dans la famille. Mais Victoire [*] était une sorte de Sainte Mère Teresa *de Calcutta*. Elle apprit toutes les réelles techniques de massage et se familiarisa avec les points de digitopuncture et l'ouverture des chakras. Bientôt elle éberluait tous et toutes avec son savoir et ses connaissances en réflexologie plantaire où elle mettait en évidence les maux dont souffraient ses patient(e)s. De plus, elle s'était spécialisée dans les techniques d'esthéticienne, et suivi des stages comme la formation d'hygiène et salubrité, dermopigmentation, épilation orientale. Finalement, elle considérait et comprenait que dans sa clientèle masculine, elle avait affaire à des personnes dans une certaine désespérance. Si elle concevait être glamour, elle sut prendre du recul et considérer que c'est le ressenti avec ses patients qui est essentiel : le sexuel restant ce qui est considéré comme sexuel par les participants de la situation. La désexualisation de ces actes s'acquiert avec l'expérience et le sérieux, autorisant une plus grande proximité avec le patient. L'érotisation considérée de cette manière facilite la relation, allégeant la charge de travail pour donner une part d'humanité supplémentaire à cette version de soins. Bien sûr et évidemment, elle se devait de respecter la condition que certaines limites ne soient pas franchies et que l'esthéticienne, considérée comme soignante, conserve un recul professionnel avec un regard clinique.

Mais la Loi reste la loi et si elle ne tombait pas sous le coup de celle-ci, moi, étant son mari, uni en communauté des biens acquis, j'étais punissable de par les textes. Inutile de s'évertuer à prétendre que nous étions un couple modèle et qu'il n'y avait jamais eu aucune tromperie relationnelle, avec une fidélité à toute épreuve, c'était perte de temps. Superflu aussi d'accuser Claudio Léautardi [*] d'être responsable de la situation : je n'étais pas une balance et tenais à ne pas perdre le toit pour mes enfants en compromettant tout.

Je pus juste avoir la sympathie du fonctionnaire chargé de l'enquête, en lui narrant notre drame. Mais il me fit comprendre que personne ne m'écouterait et que les "tenants et les aboutissants", tout le monde s'en moquait et ne voudrait rien savoir. Il avouait même que tout était à la base d'une Lettre Anonyme et de recommandations données au Procureur, pour que l'affaire soit l'affaire, par le Préfet. Il me relata aussi que si nous avions été mis sous écoute téléphonique, c'était pour avoir des preuves et voir si j'étais bien à un réseau. Nous avons partagé quelques verres de whisky avant de retourner en cellule de garde-à-vue, et l'alcool aidant, mon policier me confia que des « gens » s'intéressaient à nous avec un souci destructeur recherché…. Pensez-vous ?...

*

Quand je passais devant le Juge d'Instruction, il reçu un appel téléphonique… il se mit à rire et mit l'amplificateur. Dans toute la pièce on entendit une femme en train de crier toute sa jouissance. Cette mise en scène était révoltante et indigne d'un Magistrat. Je me levais alors en m'exclamant : « je ne mange pas de ce pain là ! ». Les deux gardiens de la paix accompagnateurs et le greffier étaient très gênés, sauf le Juge qui se régalait dans l'humiliation qu'il provoquait, sous un faux prétexte d'avoir à défendre un athéisme pur avec la vertu comme valeur suprême…

*

Je fus reçu plus tard par ce même Juge, en présence de mon avocat. Banalités et mises à charge. A la fin, l'audition terminée, le Juge me dit : « *je ne vous aime pas !* ». Ce qui était purement déplacé et contraire à toute éthique. Sans doute se prenait-il pour Saint-Just ou Robespierre. Pour un résultat de la *Terreur* mais surtout de dégoût de la Justice. Comme quoi un Juge d'Instruction qui instruit « *à charge et à décharge* », c'est de la romance !

A la sortie, l'avocat me confia : « *Je ne peux rien pour vous, cette affaire n'est qu'un prétexte. Vous avez vu son attitude, au Juge. Il travaille sous ordres, j'ai eu des informations. Vous allez être démoli. Partez ! Quittez le pays, c'est ce que vous avez de mieux à faire. N'attendez pas ! Partez ! Vous n'êtes pas sous contrôle judiciaire, profitez-en, partez vite !* »

J'écris ici encore, des paroles gravées dans ma mémoire et n'y enlève pas une virgule.

J'ai peur. Je me dis que rien ne peut arrêter un système clos, qui semble avoir tous les pouvoirs. C'est pourquoi j'acceptais cette idée de fuite. Certes, tous les juges ne sont peut-être pas comme ça. Cependant, à la grande échelle que représente un homme, qui garde sa carte d'Officier, donc Cadre militaire, et même cadre supérieur au sens de l'Association Pour l'Emploi des Cadres [APEC], qui est un cadre "A" de la Fonction Publique, ayant des responsabilités de Cadre Supérieur, subséquemment d'expérience et de valeur, un juge me semble pouvoir tout faire, sans se préoccuper, dans sa fonction de "à décharge", de ce qui a pu conduire cette personne devant lui, sans le considérer, avec un a priori, comme un malpropre.

L'indépendance des juges est-elle si bonne que cela ? Cette liberté ne peut-elle pas laisser libre cours à des abus ? Il faudrait que le peuple puisse demander des comptes aux juges. La justice doit être indépendante du pouvoir, mais ne peut l'être du peuple. Je suis choqué lorsque je lis, sur les actes de justice, le terme : « au nom du peuple français ». Cela me consterne car ce n'est pas le peuple Français qui me juge mais un individu que je soupçonne de ne travailler qu'à charge avec des motivations pour se faire valoir et non pas en son âme et conscience. C'est grave, car dans certains pays totalitaires, on passe directement sa gorge sous la lame d'une hache, par des procès définitifs qui ne s'inquiètent pas des tenants et aboutissants.

Claudio Léautardi [*] entreprit mon exfiltration. Je partais au Liban, à Beyrouth, où je m'étais créé des amis lors de mes séjours de guerre, en passant par Lisbonne, puis Madrid.

DÉROUTE À BEYROUTH

J'assistais à une Capitale en reconstruction, avec toujours des quartiers ravagés encore en ruine. Je constatais que mes amis d'antan, s'ils m'ont tendu la main, c'était pour demander de la monnaie. Ici, comme ailleurs, l'on ne prête qu'aux riches. Un Libanais reste avant tout un commerçant, descendant de Phéniciens. Mais c'était suffisant pour prendre des contacts, sans trop savoir à quoi j'allais faire de ma vie. J'économisais mes derniers dollars, étant parti avec juste de quoi payer le voyage. Je pris une chambre d'hôtel et me privais de nourriture, à raison d'un repas sur huit, consommant ces délicieux fafafels, bourratifs repas de pauvres. Hélas, je fis l'erreur de boire de l'eau du robinet et cela, mélangé à une sous-nutrition eut pour résultat des affreuses douleurs, à me traîner par-terre. Je souffrais le martyre et une nuit, l'hôtelier me conduisit à l'hôpital. Comme je n'avais pas d'argent pour espérer des soins, le toubib alerta l'Ambassade de France. En fait, il ne s'agissait que d'un calcul rénal qui a disparu aussi rapidement qu'il était arrivé, calmé par de nombreuses séances de piqûres. Un attaché de l'Ambassade, trop propre pour être franc-jeu, ressemblant à un acteur faux-cul, toujours ayant un rôle de traître, ressemblant à Robert Ménard, me rendit visite à l'hôpital et m'appela comme s'il me connaissait depuis toujours, trop faussement enjoué pour être honnête. Je lui parlais de mon embarras financier pour payer l'hosto. Il me répondit qu'il se chargeait de tout. Je fus reçu par le Consul un peu plus tard et lui confiait mon histoire, comme quoi j'étais ici, du fait que j'étais l'objet d'attaques calomnieuses et orchestrées secrètement de façon très professionnalisée. Air connu, qui a été même repris, dernièrement, par un ancien Premier Ministre accusé d'avoir trop puisé dans la cagnotte de l'État pour payer des emplois fictifs… Comme quoi, je devrais demander des droits d'auteur ! Le Consul m'assura de son aide, le temps que j'organise ma vie libanaise.

Je fus logé à l'ancienne chancellerie de l'Ambassade France dans la partie Ouest de Beirut, Rue Clemenceau, dernier bien du patrimoine français. Cet ancien hôpital allemand, remis à la France à titre de dommage de guerre en 1918, était maintenant le Consulat de France pour la partie ouest. C'est un groupe de plusieurs bâtiments dans un parc. La seule véritable curiosité consiste en la 604 Peugeot de l'Ambassadeur Delamarre, criblée de balles. Certains bâtiments sont inutilisés et de ce fait minés et piégés. Un mur d'enceinte entoure le site, à l'intérieur de ce mur un réseau barbelé et miné assure la protection. Un Peloton est chargé de la sécurité de ce domaine.

Je vivais et prenais mes repas avec ces membres de Gendarmerie Mobile, faisant mon sport avec eux. Je liais entente camarade avec les deux Lieutenants en charge de cette mission. Un jour, un de ces officiers me confia : « Je ne devrais pas vous le dire, mais on vient vous chercher… ». Je pris mon sac et pris la sortie. Le Gendarme en sentinelle me braqua de son Famas, m'interdisant toute sotie. Je décidais de passer par-dessus le mur d'enceinte, mais je remarquais vite les fils piège et les mines. Je revins alors sur mes pas pour attendre mon destin.

"*Robert Ménard*" arriva bientôt avec un véhicule et un garde du corps. Ils m'embarquèrent ainsi qu'un lit picot pour nous rendre dans un bâtiment en ruines, non loin de l'ambassade de Russie. Il y avait là un appartement, dont seule la porte d'entrée tenait debout. Ni eau, ni électricité et que des gravats. "*Robert Ménard*", contrairement à ce que je lui dis, m'assura que j'étais dans un lieu placé sous la protection de l'Ambassade, et que j'étais libre, voici la clef. Je lui reprochais mon départ honteux avec des collègues militaires qui m'avaient tenu en joue, avec un enlèvement pas très catholique, ce qui était néfaste pour mon avenir à Beyrouth. Il me ramena à l'ambassade de Clémenceau où je pus rassurer les Gendarmes comme quoi je n'étais pas persona non grata.

Je passais la nuit dans mes ruines. Le lendemain, j'allais chercher mon Passeport qui était en validation de visa pour trois mois supplémentaires. Horreur : je constatais que si la date avait bien été validée, elle avait ensuite été recouverte au *Blanco*. J'étais donc en situation illégale dans le Pays. Un ami libanais m'avoua sa surprise en me disant que c'était la première fois qu'un visa était refusé à un Français et que cela ne venait pas des autorités libanaises…

C'était très gênant car j'avais déjà posé des jalons pour un projet professionnel et mon Épouse allait arriver avec quelques poignées de dollars pour la mise en place. Énervé par cette situation je fus reçu par un Chef de réseau du hezbollah, grâce à mes contacts. Il était dans un immeuble gardé et blindé, au-dessus d'une discothèque de Jounieh, sa couverture officielle. Marre de la France et de ces magouilles destructrices, je passais de « l'autre côté ». Il téléphona à ses contacts et me confirma que c'était bien l'Ambassade de France qui avait fait invalider mon Passeport. J'eus droit au démontage-remontage, yeux bandés d'un pistolet automatique GP 35 Herstal 9mm. C'est l'arme de poing très mode au Liban, et je le connais par cœur. Mon test fut donc concluant. Nous avons pu discuter au sujet de mon « retournement », assurant que j'étais prêt à servir leur cause.

Comme quoi, il suffit de peu de choses pour qu'un ami devienne ennemi, ou qu'un homme honnête puisse devenir truand : la plupart du temps, ce n'est pas de sa faute, ni par vice, mais simplement le résultat de discrimination et de faute du côté de nos dirigeants. Car, ne nous trompons pas : beaucoup de chefs français, par leur incompétence de direction et de commandement, poussent à la faute. Le résultat peut être irréversible. Nos gouvernants, quand ils liront ces lignes, comprendront peut-être pourquoi il y a tant de gens dans nos prisons. L'amour du Pays doit être réciproque avec de la déférence positive pour les gens qui sombrent dans la faute, sans idée du vice, simplement dégoûtés par la déconsidération et la discrimination.

Sauf que dans mon cas, finalement, je ne pus que me rappeler que lorsque j'ai posé un genou à terre sur le Marchfeld de Saint-Cyr Coëtquidan pour m'en relever Officier, que j'ai fait mon vœu, que je suis marié à la plus belle femme du Monde, avec d'adorables enfants, et que, Bon Dieu ! Je suis FRANÇAIS, pour le meilleur et pour le pire.

Je rejetais donc cette offre de trahison, ne pouvant admettre d'avoir à tirer un jour sur des français et alliés. Après une descente sur le Sud-Liban, en s'affranchissant de laissez-passer par la débrouillardise, et retrouver des amis libanais à Tyr, de mon ancienne vie active, finalement, je décidais d'un retour en France française, et advienne que pourra.

Je n'ai pu regagner la France que grâce à mes amis libanais, n'ayant plus de papiers en règle, j'étais devenu, à mon insu, un clandestin, de par l'intervention secrète et discrète de l'Ambassade de France... Écœuré de cette situation et pour éviter une probable arrestation et emprisonnement, mes amis ont tout fait pour intervenir et me laisser repartir en métropole, dans l'honneur et la dignité. Merci la France !... Encore une fois, la preuve que l'on peut fabriquer un bandit quand on veut, comme on veut... et sans passer par le Bureau des Légendes !

*

DÉSHONNEURS

L'avenir de cette histoire fut d'une banalité affligeante. Je fus condamné et fis appel. J'étais malade ce jour-là de voir Victoire [*] remettre une liasse de billets de 6.000 Francs français, à un Avocat, qui disparurent comme dans un tour de prestidigitation, choisi par ce bon Claudio Léautardi [*], qui fit une défense *minablilissime* en oubliant même de produire et de s'inspirer de documents que je produisais pour ma défense, qui expliquaient ma déchéance forcée, à partir d'un 31 décembre jusqu'à une manipulation de notre couple qui mettait en cause pas mal de monde, en compromettant des vrais coupables. Mais cet avocat, ténor du barreau de Tolosates [*], ne tenait pas à risquer Claudio Léautardi [*], qui était un bon client...

Il ne me restait plus qu'à être assimilé à un bandit de grands chemins, avec six mois de prison avec sursis et la perte de mes droits civiques.

Mon Épouse eut à subir un Contrôle fiscal. Comme elle n'avait plus un centime de disponible pour ces gens, qui, investis de tous pouvoirs, ont tendance à en abuser, elle préféra déposer son bilan et se mettre volontairement en Liquidation Judiciaire, sans attendre. Cette initiative déplut beaucoup...

[*Extrait de l'annexe 1, en page 222 :*

Mon Epouse a subi trois contrôles fiscaux où l'aberrance était le mot clef :

- En 1999, elle a été arrêtée par la Brigade Financière, emprisonnée, sous prétexte de détournement d'argent ; à l'issue, après une réclamation de 1.800.000, 00 Francs (180 briques ou 2.744.000,00 €uros), avec des pénalités de 80 % de retards de paiements, elle a demandé sa mise en liquidation Judiciaire. Finalement, elle a été condamnée à 10 ans d'interdiction d'exercer en nom propre. Elle s'est vue, contrainte, pour survivre, à délocaliser son entreprise à l'Étranger.

- En 2004, sur sa Société à l'Étranger, il lui a été réclamé 21.000,00 €uros (près de 140.000,00 Francs français ou 14 boules) de T.V.A. Ne pouvant régler cette somme faramineuse, l'affaire a été classée sans suite !...

- En 2007, redevenue en fiscalité française, mon Épouse a été accusée de travail clandestin. D'où garde-à- vue, Brigade Financière, etc, pour un jugement qui l'a condamnée à 6 mois de prison, avec sursis, sans redressement fiscal, avec juste une amende de 90 €uros qu'elle n'a jamais payée et qui ne lui a jamais été réclamée !...

Elle tient bon, rien n'a jamais pu lui être reproché sur des pseudos activités non avouables. Et à ce jour, elle travaille toujours dans le même local depuis 25 années, avec tant d'annuités de retraite perdues du fait de sa délocalisation pour cause de survie... jusqu'à de nouvelles aventures procédurières.

En s'attaquant à mon Épouse et en la mêlant à ma légende, nos amis de la Stasi ne veulent qu'une chose, celle de faire de nous le Couple Thénardier, voire le Couple Fillon.

« *Le petit Grégory est mort assassiné, et non noyé parce-qu'il ne savait pas nager.* » ...]

* *
*

La maison fut vendue aux enchères publiques. Claudio Léautardi [*] fut l'acheteur mais oublia de payer, ayant *dépensé notre argent dans ses autres programmes et combinaisons. Pourtant, il continuait à demander de l'argent, encore et toujours. Jusqu'au jour où je lui mis le canon d'un fusil dans la bouche, ce qui calma ses ardeurs. Il continua à exiger "son" pognon, en fait, l'argent de ma Femme, pour racheter la propriété, qui est, de fait, SA maison !*

*

Un jour j'appris, après 8 ans de mise en Liquidation Judiciaire, que j'étais condamné à 10 ans d'interdiction d'exercer. Soit 8 + 10 = 18 ans d'interdiction de travailler à mon compte suite à un Redressement Judiciaire tout à fait injustifié.

Un autre jour, j'appris que la procédure devant le Tribunal Administratif quant à ma situation Militaire allait passer en Jugement, soit 8 ans après avoir déposé le dossier.

Des plaisantins qui ont fait l'école du rire, m'ont assuré que c'était dû au fait de la lenteur de la Justice... J'en rigole encore !

Marcello Zombichianti [*] m'avait sorti une carte d'identité de la Franc-maçonnerie Française. Il se prétendait aussi Commandant de Réserve. (C'est fou tous ces gens que je croise dans ma vie qui sont officiers supérieurs dans la réserve, et qui n'ont jamais mis une paire de rangers deux jours de suite.) Certes, comme j'attendais de lui mon avenir informatique dans le secteur de la V.P.C., à l'époque, je me montrais bon élève en feignant de la croire. Cependant, quand je lui avais relaté mes histoires, il me promit de se renseigner, comme tous ces autres qui n'ont plus jamais donné de nouvelles depuis leur appel à leur aide.

Lui, par contre, après m'avoir escroqué les 20.000 balles pour un contrat d'exclusivité fumeux et nous avoir rincé avec son site que nous gérions à nos frais, avec comme paiement des traites impayées, me téléphona en me disant : « *Je me suis renseigné : tu as de bons amis à Paris. Ceux que tu aimes te le font payer en retour ! Ils auront ta peau. Quoique tu fasses et où que tu ailles, ils te feront subir. Je ne sais pas ce que tu leur as fait, mais ils t'en veulent. Qui exactement ?... Je ne peux pas te le dire, mais ils te feront tomber, quitte à ce que tu finisses en prison s'il le faut, si tu continues à insister. Moi, je te conseille le gaz pour en finir. Alors, tu sais, l'argent que je te dois, tu comprendras que tu peux t'asseoir dessus. Porter plainte ? Mais vas-y, aucune de tes plaintes n'aboutira, ni contre moi, ni contre personne d'autre. Tu es fini, t'es mort.* » [Sic]

L'avenir devra lui donner raison. Tout c'est bien passé ainsi.

J'ai déposé plainte à son encontre, suite au souci que j'avais rencontré avec ce commercial qui avait fait un contrat publicitaire avorté, qu'il me fallait rembourser. Quand j'étais passé en Justice à ce sujet, le Juge m'avait assuré qu'il m'appartenait bien de me retourner contre Marcello Zombichianti [*] et Catalena [*], et que je pourrai ainsi faire valoir mon droit. Mes ces deux escrocs courent toujours et n'ont jamais répondu à ma plainte restée sans lendemains...

*
* *

NE PLUS SUBIR

Une fois de plus, je décidais un périple parisien afin de trouver une oreille attentive, honnête, qui pourrait enfin comprendre que je suis une victime et non pas un coupable et que si j'ai pu être fautif de faits reprochables, ce n'a jamais été par vice, mais dans un cadre de survie. Comme je l'ai déjà dit, c'est comme si on accusait le petit Grégory d'être mort noyé parce-qu'il ne savait pas nager alors qu'il a été victime d'un meurtre !

Je voulais donc rencontrer le Médiateur de la République.

Mission utopique car rencontrer cet homme débordé de la rue Florentin est quasi impossible du fait des barrages multiples et divers (téléphone-écrire-rendez-vous, etc.). J'avais déjà vécu ce genre de truc avec le Préfet de ma ville, où je l'avais coincé à l'issue d'une quelconque cérémonie, pour être finalement reçu deux mois plus tard par une insignifiante collaboratrice déjà briefée par l'Autorité militaire. Sachant lire les feuillets posés à l'envers sur son bureau, je voyais vite que le travail à charge avait déjà été fait.

Finalement, à force d'errance, je pus rencontrer un adéquat de Médiateur de la République, rue du Bardinet dans le 14ème, pour un entretien chaleureux, donc inutile. En effet, tous ces gens que j'ai pu rencontrer, dans les hautes sphères des Conseils Généraux, députations et autres, où l'on m'a offert du café, étudiant avec intérêt et empressement, n'avaient qu'une idée, celle que la ciguë vireuse dans ma tasse fasse son effet en m'endormissant. Cela leur permettait de justifier leur emploi du temps non bousculé et de classer sans suite ma démarche.

Cependant cet homme, homonyme d'un célèbre avocat de la "terreur", avait dans ses tiroirs le nom d'un *Général de Corps d'Armée, Contrôleur Général des Armées, Chargé du droit des personnes, Président de la Commission des recours des militaires.*

Jésus existait donc !

Introduit par ce Médiateur, je lui téléphonais. Il me dit « *ne pas être un Général comme les autres* ». J'étais conquis.

Le Général Gérald Lebeauf [*] me demanda un rapport sur ma situation et ce qui m'y avait amené. Il confia au Médiateur, par téléphone, que c'était impensable, une telle situation, surtout deux ou trois ans avant de pouvoir bénéficier de droits à une retraite.

*

Je crus en cet homme et qu'il allait rétablir la vérité. Mais il bifurqua vers des explications oiseuses, stériles et fumeuses où il sut m'imposer les faits sur d'obscures lois à changer qu'il faudrait soumettre devant l'Assemblée Nationale et que cela ne pourrait avoir lieu pour la cause d'un seul homme ; c'est ce qui lui restait du temps où il était délégué général à la disposition du Médiateur de la République : comment noyer un poisson.

Je lui rétorquais que l'Affaire Dreyfus était basée uniquement sur un fait de racisme et de vengeance et que, pour mon cas, il s'agissait de discrimination et de représailles. Ce qui est pareil au même, sauf que le déshonneur de la prison du Cherche-Midi, le Conseil de Guerre, la dégradation et la déportation au bagne, modernisme oblige et économie, ont été remplacés par une simple action destructrice, beaucoup plus économique et diablement plus efficace, en mêlant la Justice française, ce qui est l'atout capital pour infliger le déshonneur. Il n'y a pas si loin le temps où Clémenceau se vantait d'avoir infligé la peine de mort à un jeune soldat jugé insolent en vertu du Code de Justice militaire ! Je lui faisais poliment remarquer que le point commun entre Dreyfus et moi-même était le Deuxième Bureau qui s'est réincarné en DGSE, avec les mêmes maladies du panier de crabe. Il consentit aussi à comprendre que dans une armée où on applique scrupuleusement la Loi *des doigts sur la couture du pantalon*, on ne peut admettre qu'une démission soit confirmée en mettant toute une famille à la rue sans avoir pu bénéficier de l'arrêt de la procédure par l'Assistance Sociale des Armées qui avait ce pouvoir. D'autre part, j'insistais sur le fait d'être revenu sur ma décision par écrit et que mon dossier était alors à l'étude de Monsieur Pascal Kivala [*] du fait de l'intervention de Jean Florin [*], secrétaire d'État aux Anciens Combattants, qui savait que j'étais victime de harcèlement discriminatoire. Je menais la charge en évoquant qu'une réelle demande de démission est un acte grave, qui, comme une Demande de Réclamation, doit être établie en deux exemplaires, dont un doit être retourné à l'intéressé, à titre d'accusé de réception (Instruction N° 2000/DEF/EMAT/EPI/EPO du 5 août 1975). Je marquais des points par mes écrits en ce sens et de longues conversations téléphoniques. Évidemment, il était incontestable qu'il y avait non respect du droit du travail, quant à la mise en place d'une procédure de démission et de mon impossibilité de faire valoir ma rétractation. Oui, je sais, c'est chiant comme du Zola, mais il faut bien insister sur des faits concrets, effacés par des volontés d'oubli des guillotins et consorts, qui n'en n'ont plus rien à foutre.

Finalement, ce « *Général pas comme les autres* », malgré son haut grade et qu'il soit au "Who's Who", était surtout bien aux ordres d'une oligarchie, obéissant de consort à ce gouvernement-bis ultrasecret où une caste, du genre franc-maçonnerie, un sérail de grenouilleux du Pouvoir, qui forment une classe dominante, sans justice, décidant de vie ou de mort, d'honneurs ou de bannissements en fonction des petits bonheurs du moment. Cela se passe au niveau National chez les Grands Chefs, comme cela se passe en modèle réduit à la tête d'Administrations ou d'Entreprises, dans les autres hiérarchies, ce que l'on appelle le "copinage".

Ils savent se barder d'honneurs et en distribuer aux plus suceurs, ce qui n'a pas de conséquences dramatiques, mais cette Cour du Roi sait aussi utiliser, à grands coups de faux, silencieux, l'épandage de la calomnie pour détruire les non-méritants de la caste. Un poison sans antidote, qu'ils versent, juste une fois, d'un simple geste méprisant, sachant qu'il continuera d'agir, quoi qu'on fasse, dans le cerveau des indifférents, des "hommes de la rue", comme dans le cœur de la victime. Et si par malheur, elle continuait de vivre, il suffira juste de saupoudrer un peu plus, en s'aidant des petits copains, trop contents de faire plaisir.

En bref, ce Grand Général, adepte des bureaux confortables, se forge une identité qui se veut éternelle, dans la continuité tranquille des règles établies et le "Souvenir Français", histoire de justifier nos soldats morts pour la France et garder intactes leurs tombes, afin de pouvoir transmettre plus facilement la mémoire de leur sacrifice auprès des jeunes générations, en organisant des quêtes nationales, car l'argent n'a pas d'odeur et ne pousse pas au pied de ces tombes. Le fric est le nerf de la guerre. C'est un grand Général, un technicien, un expert, un organisateur, un contrôleur, un *"réglementeur"*, un déontologue, un professeur, un administrateur, et aussi, bien sûr, un auditeur de l'Institut des hautes études de la Défense Nationale, car c'est grâce à toutes ces « *hautes études* » que l'armée française est en berne au niveau de ses effectifs et de ses équipements… Mais, je me vois rassuré d'être commandé par des *"cerveaux musclés"*, car depuis 40 années, on baigne dans la merde, mais en plus, maintenant on sait y nager, bien heureusement, car on n'a plus pied.

Bref, pour ce qui me concerne, le tout qui était possible, voire logique, s'est terminé dans un roulage dans la farine. Il est vrai que dans mon long rapport concernant mon éviction, j'avais omis de lui raconter les malheurs judiciaires arrivés. ERREUR ! Car, j'avais honte de tout ce qui était arrivé, alors que ce n'était que les conséquences d'amis qui me veulent du bien. Contrairement à ce que l'on aurait pu penser, nous avons réussi à vivre et, comme je suis effronté, avec un charisme qui gêne, tout ceci n'a fait qu'exciter l'ennemi stasique qui avait juré notre perte, recouvrant et truellant de ciment prompt chacun de nos mouvements afin de les paralyser.

Car, comment lutter contre une apparente vérité, une rumeur ? En se taisant ou en la mettant sur la place publique ?...

On lutte très mal par le silence. La rumeur ne s'épuise pas quand on la délaisse, au contraire, elle prospère sur l'indifférence feinte, et dont personne ne vous parle ouvertement. *"Tout ce que je sais, c'est que je ne sais rien, tandis que l'autre croit savoir ce qu'il ne sait pas. Et s'il veut savoir, c'est qu'il ne sait pas si je sais, et s'il ne sait pas, c'est qu'il n'a pas le droit d'en connaître. Ou, il sait, et sait faire comme s'il ne savait pas"*. Celui qui se réfugie dans le silence quand il considère que ces rumeurs sont fausses et qu'elles ne le concernent pas, prend le risque de les voir enfler jusqu'à tenir lieu de vérité, quitte même à les fabriquer, quasiment à son insu (*La blonde qui voit une peau de banane et qui dit qu'elle va tomber, vous vous souvenez ?*). On devient immédiatement suspect par rapport aux autres qui sont "normaux", incolores, inodores, sans risques. **Un suspect est coupable**. *[Bis repetita]*

Ainsi sans que l'on ne fasse quoique ce soit, on devient aux yeux des autres, insolent, poseur, donc pédéraste, donc maquereau, donc antipatriote, voire cocaïnomane, et certainement contraint d'être un traître et coupable de crimes très graves.

Alors, qu'en résumé, à part avoir une sale gueule, je n'ai rien à me reprocher.

Dans ce cas de rumeurs, j'aurais dû prendre les devants, et expliquer que le petit Grégory est mort assassiné, et non noyé parce-qu'il ne savait pas nager. Mais cela n'aurait servi à rien non plus, car une rumeur que l'on affronte est une rumeur que l'on nomme et donc, de cette manière, on conforte aussi l'existence de cette rumeur avérée par des faits et méfaits préfabriqués. Et si je devais dénoncer la rumeur de mes histoires présumées, cela aurait donné le sentiment à tous ceux qui l'ignoraient que ces histoires ne peuvent qu'exister. Alors, soit je voulais ignorer ces rumeurs et elles prospéraient, soit je la combattais, et elles ne faisaient que grossir.

J'étais devant un problème insoluble et irracontable à un Général soin-soin, bardé d'étoiles et de force tranquille.

Ma situation était donc devenue une nasse qui se nourrit dans le déni et des coups que l'on lui porte. Le silence ne peut que la conforter, et la combattre ne peut que l'accréditer. Je ne pouvais rien contre cette situation, parce-que l'ennemi est sans visage et d'ailleurs tout le monde se moque de savoir si la rumeur est réelle, le tout étant qu'elle devienne vraie, son devenir étant généré par le bouche à oreille, et le plaisir qui en découle avec la gloire de celui qui dénigre, qui colporte, chaque pouce tourné vers le bas attisant les hourrahs d'une foule en délire dans des holàs immondes. Et le milieu fermé de l'armée n'est que les spectateurs assis sur les bancs de l'arène, dans l'attente d'un coup fatal. Les brouhahas à l'extérieur, entendus par *le passant qui passe*, lui laissant toute son imagination pour aller, à son tour, raconter ce qu'il n'a pas vu, mais juste entendu...

C'est sans risque pour ces adeptes de la Stasi qui répandent leurs immondices fabriqués patiemment, sachant qu'ils ne rencontreront que la haine des hommes et de leur bêtise vite convaincue. Les motifs de la destruction viennent tout seul et la post vérité, si un jour, réussit à percer, ne sera plus qu'une évidence banale dont il sera inutile d'en faire un fromage. Jean Carmet, dans la série du *Grand Blond*, en deviendra complètement gaga, ne sachant plus s'il est cocu et si son meilleur ami est en fait un dangereux agent secret, double, triple, ou pas. C'est tout l'art de travestir la vérité en en faisant un blockhaüs de mensonges... Que l'on se rassure : il en est de même pour ce que l'on fabrique pour en faire des héros ! C'est le même système, mais plus simple, car il suffit de médailles distribuées.

Il faut cerner ces agents "secrets" : Ils sont des patriotes et si le "Service" leur demandait de surveiller leur propre Mère, ils obéiraient. Ce qui leur arrive, arrive à plein de gens, partout où des gens comme vous croisent des gens comme eux. Si vous étiez à leur place, vous sauriez qu'ils doivent être capables de faire n'importe quoi pour leur agent, leur contact ou leur cible; passer des heures entières avec lui, des nuits, des jours, des semaines complètes, sans jamais rentrer chez eux. Ils doivent connaître leur femme, leurs parents, le prénom de leurs gosses, la date de leur anniversaire. Ils doivent pouvoir renier leur vie pour cet Agent, ce contact ou cette cible. La seule chose qu'ils ne puissent pas faire, c'est de le considérer comme un être humain. Un agent n'est pas un être humain; c'est une arme, rien de plus. Il est seul et il finit seul.

Ah, c'est beau comme de l'Yves Duteil ! J'aurais dû être écrivain. Hélas, je n'ai pas autant de talent que Valérie Trierweiler, née Massonneau, ni Nabilla Benattia... et n'ai pas envie d'être disséqué sur Wikipédia.

*
* *

DESCENDANCE MILITAIRE

Tiffany s'en va en guerre

Ce Général fut mon rayon de lumière, l'espoir que la justice de ma situation soit rétablie. Non pas que j'avais confiance dans cette "Commission des recours des militaires". J'ai eu l'occasion de participer en tant que membre de ce genre d'assemblée. Dans le dictionnaire des synonymes, « commission » s'appelle aussi « pot-de-vin » ... et ce n'est pas un incident de langage. Avant de recevoir le demandeur, le Président de séance, nous faisait la « leçon », un bref curriculum à charge et nous dictait la réponse à formuler, celle jugée arbitrairement "sur dossier". En fait, nous étions là pour le paraphe de bienséance. Ici, je parle vrai, de ce que j'ai connu, et hélas, il en a du être de même pour faire brûler Jeanne d'Arc. Ces commissions sont d'autres tribunaux.

Cependant, je croyais en l'homme qui se disait, un "général pas comme les autres", en son honnêteté et compréhension sur les bien-fondés recevables de ma révolte polie. Je restais en contact avec lui en lui décrivant les heurts que ma vie de répudié rencontrait.

Et les aléas.

Le plus grave fut la grave maladie de ma fille Tiffany [*]. Subitement, elle fut atteinte d'anorexie. Je sais que l'on peut être Président de la République et avoir une fille atteinte de ce mal, donc dans le cadre d'une famille aisée, mais je m'accusais de cette souffrance car cela ne pouvait qu'être notre situation précaire pour être la cause suite à son traumatisme de vie, où les gosses sont comme les animaux familiers, ressentant les douleurs des proches en profondeur. Ma petite ancienne joufflue fondait à vue d'œil avec toutes les caractéristiques de cette déficience. Intérieurement, je savais que mes enfants n'étaient pas restés insensibles à cet odieux scandale de ma lapidation où je m'étais laissé ridiculiser, les mains dans les poches, en me faisant cogner dans une enceinte militaire par les femmes et des hommes vociférant et méchants dans leur soûlerie. Dans le brouillard des coups subis, je revois encore et toujours mon Épouse et mes enfants assistant, pétrifiés à un spectacle innommable. J'avais de longues discussions avec Tiffany, car dans ces cas là, la gifle ne sert à rien pour faire manger. Nous parlions de choses et d'autres, pendant des heures, dans un but didactique et pédagogique. J'étais impressionné par la maturité réfléchie de cette gosse de 10 années, et cette situation, où sans rien dans le ventre, elle excellait à l'école et était même devenue cuisinière ! Finalement, elle me confia que la situation dans cette École Privée ne lui convenait pas et que depuis longtemps, elle et son frère étaient la cible de tumultes cafouillards et de brimades, le tout dans un brouhaha de tripatouillage discriminatoire. Elle nota le suicide du fils du Commandant Alfred [*], le meilleur copain de Clotaire, notre fils. Je comprenais qu'ils étaient victimes d'une ambiance délétère créée par un milieu d'adultes. Si le gosse d'Alfred et mon gamin étaient devenus des cancres, ce n'était qu'une riposte à des malfaisances. Sauf, que l'un était mort... Et quand on est un mioche de 14 ans, on ne va pas au fond du jardin pour se faire sauter la tronche avec le révolver de son Père !...

Je ne pouvais donc que gérer au mieux cette situation. Nous eûmes l'idée d'inscrire nos enfants aux cours de karaté qui font appel à la coordination et l'équilibre psychiques et leur permettrait de développer des relations sociales.

Plus tard, ma fille, au cours de nos discussions me soumit le souhait d'entrer en école militaire pour poursuivre ses études. Je lui expliquais qu'il y avait un concours d'entrée et qu'elle était hors délais. J'en étais très embêté car, effectivement, cela pourrait lui être salutaire et pourrait être un électrochoc positif pour sa santé.

Je m'entretenais donc avec le Général Gérald Lebeauf [*] au sujet de ces préoccupations. Je lui expliquais que mon statut actuel ne me permettait pas, statutairement, de la faire entrer dans ce genre d'établissement militaire et que Tiffany ne pouvait pas passer le concours du fait de dates proscrites.

Je voulais, plus que tout, la réussite de cette enfant qui était une victime de notre situation. J'en arrivais à regretter sa naissance, celle de mon fils, mon mariage, tout. Tout les jours je visitais ma tombe que mes amis m'avaient creusée. J'arrivais à souhaiter le départ de mon Épouse afin qu'elle trouve un meilleur parti et que mes enfants trouvent un meilleur Père. J'avais juré mon sacerdoce, mon apostolat. J'irai jusqu'au bout, même si cela devait être le bout du bout, dans mon orgueil et ma lutte contre le complot. On m'avait dépouillé de mon boulot, seule raison de vivre, mais on ne pouvait me déposséder de mon idéal.

Le miracle arriva. Ma fille était acceptée en lycée militaire, sans concours d'entrée ! Le choix imposé fut celui de Saint-Cyr l'École Nationale Militaire [*]. Tiffany sauta de joie mais ne mangea pas plus.

Le Général "Pacom-les-autres" avait sacrément géré la situation. Pour un peu je serais allé allumer des cierges.

J'ai tremblé lors de son incorporation et la Visite Médicale avec la peur qu'il soit décelé cette anorexie. Il n'en a rien été. Tiffany s'est montrée enthousiaste de sa nouvelle situation avec ce coup de fouet au moral dans cette nouvelle communauté. Auparavant, elle avait déjà fait son stage en entreprise dans un Régiment d'Artillerie Parachutiste, et lors de son rapport de stage, j'avais pu constater « que rien n'avait changé » dans la vie des Unités, tant au niveau des comportements que des mentalités. Elle savait donc où elle mettait les pieds. Tout se passa bien, du moins au mieux, jusqu'au jour où « la carotte et le bâton » se sont démasqués.

La carotte, c'était ce coup de piston majeur pour une entrée hors norme dans cette Institution scolaire d'exception. Avec ce miracle psychique de cette gamine qui avait repris une alimentation normale.

Le Général "Pacom-les-autres" n'est pas intervenu pour Tiffany, ni pour ses beaux yeux, ni pour son côté paternaliste. Simplement, IL SAVAIT que j'étais une vraie victime d'un système, et tout général de Corps d'Armée qu'il soit, ON lui avait interdit de me sortir de mon problème. Ce qui fait qu'il a mis toute son autorité à placer ma fille où elle le désirait, simplement par souci de diversion, que mes espoirs militaires soient reportés sur Tiffany. Il s'est affranchi de deux interdictions capitales barrant son entrée : l'absence du concours d'entrée et mon statut qui ne me le permettait pas d'avoir un enfant dans un tel établissement.

Le bâton : il arriva bien vite… Alors que ce Général m'avait promis que personne ne serait au courant au sein de l'École des conditions d'admission de Tiffany, un jour, une de ses camarades de classe, dont la mère était professeur dans ce prytanée, lui révéla qu'elle n'avait « pas le droit d'être là » ! Et très vite, tous ces gosses natifs de la cuisse de Jupiter lui ont fait une vie infernale, la traînant au sol par les cheveux et autres fantaisies humiliantes ou le bizutage n'était que méchanceté. Jusqu'au jour, où je reçus un appel de Parent d'Élève me demandant d'enlever ma fille de cette école car elle n'y "avait pas sa place !". Je lui demandais des précisions pour justifier sa position interférente, et il me répondit : « *elle est aguichante* » !!!… Elle, qui était devenue, après son anorexie, boulimique et très mal dans sa peau du fait qu'elle était rejetée. Elle n'était pas du tout ni tentante, ni affriolante, mais ressemblait à un animal blessé, avec les conséquences désastreuses de résultats scolaires qui devenaient insuffisants.

Je savais qu'elle luttait, mais cela n'arrange pas l'équilibre d'une adolescente qui peut être vacillant s'il n'y a pas d'écoute. Elle fit face, quand même malgré l'isolement où elle ne se sentait pas à son aise avec des gamines qui avaient des cierges allumés le soir sur leur table de nuit, avec des crucifix et des images pieuses. Ces filles se disaient être des saintes, adeptes de la messe et de la miséricorde, tout en bannissant celles qui avaient un esprit trop laïc.

Cependant, elle était fière de sa place dans cette école. Elle s'inscrivit pour le prochain stage parachutiste, opta pour la langue russe. Bref, elle était plein de bonne volonté. Jusqu'à sa visite dans son ancienne école religieuse Notre-Dame des Cèdres [*], arborant fièrement sa tenue de Saint-Cyr l'École Nationale Militaire [*]. Elle me demanda de l'accompagner pour cette visite pleine de dignité.

Ce fut la colossale erreur ! Les yeux ont des oreilles et cette tournée ne fut pas inaperçue par mes « amis », ceux qui avaient travaillé pour faire virer mes gosses de cette École, où la Directrice m'avait avertie qu'il y avait une trame de maudissement et d'exécution contre notre Famille. En effet, peu de temps après, la vie de Tiffany devint un enfer, où elle se faisait insulter copieusement, traiter d'Autiste et de Trisomique, fille de taré et de pute, sous-déchet des entrailles que la terre puisse avoir connu. Elle se faisait traîner par terre, tirée par les cheveux.

Elle était victime de discrimination. Son courage scolaire partit en lambeaux. Immédiatement, je pensais que c'était de ma faute à cause de ma « carte de visite », celle dont parlait le Commandant Beautrousseaux [*], lors de mon arrivée au 91ème Régiment de Commandement et d'Appui [*] à Quinou… Ainsi, je pris une fausse étiquette du *Bureau des Légendes*, pour me faire reconnaître avec un grade et un statut différents du mien, et j'allais "*à la pêche à la ligne de fond*", mon but étant de collecter le maximum d'informations. Le résultat fut probant et assez vite, je pus découvrir que les Cadres de l'École, les professeurs, jusqu'au restaurateur qui nous servait de gîte étape lors de nos visites, étaient informés que j'étais *personae non grata*.

Ainsi, Tiffany était indésirable dans cet établissement par le simple fait qu'elle était ma fille, et bien sûr de sa Mère. Pas qu'elle soit conne ou fainéante, non, juste une intruse par le simple fait d'exister. Et quand des adultes se permettent d'avoir des propos délétères sur une personne, faites confiance aux adolescents, avertis de bouche à oreille, pour terminer le travail de sape. Le harcèlement scolaire est une arme redoutable et l'on devient un souffre-douleur pour de simple motif futile, juste une différence, et l'hostilité durera, car la victime se renferme sur elle-même, prenant conscience que ce que l'on dit sur elle ne peut être que vrai. Souvenez-vous de ce que j'écris sur le « Scrupulus », ce petit caillou. C'est très grave, ce n'est pas de la paranoïa, et il est impossible de rester indifférent face aux moqueries et insultes, surtout dans un milieu para-militaire, où les parents sont absents, les professeurs indifférents et l'encadrement militaire complice affirmant (je l'ai entendu de vive voix, par des Cadres) que c'est la "sélection naturelle", dans l'enfer vécu qui terrifie l'élève qui supporte d'être humilié, insulté et frappé. Les conséquences sont dévastatrices et il est illusoire de pouvoir espérer un soutien nécessaire de la part de l'autorité militaire, où l'élève passera auprès des autres, comme une rapporteuse à 36 chandelles ! Les bourreaux sont à tous les échelons responsables du contrecoup imparable qui est le sentiment de culpabilité et des résultats scolaires déplorables. Moi-même j'étais responsable de cette situation, pensant en être le premier coupable, et me contentais de croiser les doigts en souhaitant que la situation évolue en mieux. Je ne voulais pas avoir à en rendre compte au Général Gérald Lebeauf [*] car je me serais heurté certainement à son indifférence, ou son incompréhension, voire un fantasme de ma part. Quelque part, comme ma fille, je suis rentré dans ma coquille. Minable.

Evidemment, Tiffany fut virée de façon politiquement correcte, c'est-à-dire qu'elle a été invitée à poursuivre ses études au Lycée Militaire de Foix-Lesquin [*]. Inutile de préciser que ce fut du pareil au même. L'ambiance générale était meilleure, même dans la population qui n'était pas coincée du cul comme dans la ville de La Vandoise [*], berceau du Saint-Cyr l'École Nationale Militaire [*]. L'ambiance était moins collet monté, moins catholique intégriste.

Je remarquais immédiatement, lors des formalités d'admission, que notre couple était regardé de façon entendue et attendue, dans le genre : « *Ah, ce sont eux.* ». Très vite, malgré sa grande volonté et opiniâtreté, Tiffany fut victimisée. Réagir de sa part, ne fut qu'attirer la haine. Elle avait pourtant confiance en elle et comprenait que ses camarades avaient juste besoin de se défouler sur la "nouvelle".

Elle fut dissuadée fermement de continuer son cursus en Classes préparatoires, sous prétexte qu'elle ne pouvait être tête de classe, avec un travail soutenu du fait de manque d'esprit de corps et d'excellente ambiance. Mais le prétexte était autre car ce Lycée Militaire accepte des candidats très moyens, qui ne sont pas les mieux notés. Elle voulait simplement bénéficier d'un enseignement de haut niveau, très encadré, afin de pouvoir accéder à ses rêves.

Fatiguée des embûches et de l'ennemi intérieur, encadrement militaire, professeurs qui jouaient aux *"trois petits singes de la sagesse"*, ne disant rien, ne voyant rien, n'entendant rien, elle mit à jour un réseau de trafic de drogue à l'intérieur de l'École, et comme personne ne savait toujours rien, elle déposa quelques dizaines de grammes de drogue à la Gendarmerie dont elle connaissait les caches…

Elle en profita pour passer les tests d'entrée en Gendarmerie qu'elle subit avec succès.

*

Elle eu son baccalauréat, sous étonnement général, du fait, que « cassée » comme elle l'était, elle ne pouvait qu'échouer.

Il convient de noter qu'en classe de troisième, elle fit son stage dans un Régiment de Parachutistes, qu'elle fit un rapport objectif, mais dérangeant. Elle a persisté, dans sa bonne foi, son volontarisme et une idée de la France, en faisant un Stage dans un Régiment d'Hélicoptères de Combat (ALAT), et une Préparation Militaire parachutiste.

Finalement, elle entra à l'École de Gendarmerie de Tulle, d'où elle démissionna, dégoûtée à jamais de la mentalité rencontrée dans l'Armée Française, y compris la Gendarmerie Nationale !

J'espère que mon lecteur comprendra le haut pouvoir de la discrimination dans un système opaque… à moins que Tiffany soit réellement autiste et trisomique !...

…car, elle reprit ses études, jusqu'à un BAC +5 et travaille maintenant dans un emploi de haute responsabilité dans l'environnement d'un maire d'une grande Ville qui a failli devenir notre Président de la République en 2017. Failli seulement, car il traîne un Casier Judicaire en boulet invisible mais qui fait son poids. Lui aussi, victime du « *système* ».

*

DESCENDANCE MILITAIRE – SUITE

Clotaire joue Père et perd

On pourrait croire au hasard, où bien que nos gosses furent terminés à l'urine, donc dotés d'une connerie congénitale due à de l'ADN incompatible, cet acide désoxyribonucléique, qui constitue la molécule support de l'information génétique héréditaire (Avenir de Demeurés Neuneus).

L'avenir de notre fils Clotaire, après les conséquences de la fameuse fessée a été compromis à jamais. Grâce à l'État et sa Justice, ce gamin qui tournait à 10 de moyenne sous autorité familiale, tomba à 3, du moment où il a été sous la coupe de pseudo éducateurs sociaux (qui ont été virés d'ailleurs quelques temps après). Le CES où il fut muté fit que son Principal cogna mon Fils d'une grande gifle, sûrement méritée.

Quand on avons pu, par la force persuasive de Victoire auprès de ce Juge des Enfants homo et boutonneux, Clotaire a été placé dans un établissement religieux du genre Bétharram, là où François Bayrou, mettait ses enfants, lui, Ministre de l'Éducation Nationale laïque...
Promesse m'avait été faite par cette Principale d'Établissement, genre nonne en civil, que j'aurais été informé du travail du fiston. Finalement, il a été livré à lui-même, faisant le mur pour aller jouer au baby-foot au bar d'à côté... Le mal était en lui et était devenu ingérable.

Évidemment le baccalauréat s'est passé de lui.

Il a demandé à faire les tests de sélection pour l'Armée de Terre pour un possible engagement. Il en est revenu avec un niveau reconnu de *yaourt nature* avoisinant les 3/20... Connaissant le gamin, objectivement, j'en restais pantois. Puis, j'appris par une confidence de sa mère qu'il avait été dit à Clotaire : « *Ton Père a eu des problèmes avec la Justice. On ne veut pas de toi ; tu ne seras jamais militaire.* »

Imaginez mon désarroi.

Clotaire avait fait son stage en entreprise des classes de 3ème dans la Police Nationale. Histoire qu'il puisse observer les détenus de Garde à Vue sur un écran de contrôle, sans me douter qu'un jour mon fiston aurait pu me voir filmé...

Il croyait, lui aussi, en la Nation et ses valeurs du fait de l'éducation donnée.

Nonobstant, son Q.I d'huître déterminé en Centre de Sélection, il se montra volontaire pour le stage de Préparation Militaire Parachutiste. Où il ne resta qu'un jour !

Sachant que cette Préparation Militaire est « commerciale » et que la quasi-totalité des candidats est admise, je comprenais inconcevable qu'il fut viré au bout d'un jour pour un problème de grimper de corde. Ma réaction fut de le réinscrire. Il fit, cette fois, le stage sans problème. Le barrage avait été forcé de sauter et mon fils m'a prouvé qu'il savait monter à la corde, juste avec les dents et que son éviction n'était que prétexte cogité par avance.

Dans son Internat, il eut affaire à des « retapeurs » pour la Marine Nationale. Il fut volontaire en cachant qu'il avait subi des tests psycho lamentables pour l'armée de Terre.

Bingo ! La DPSD n'était pas sur cette brèche.

Clotaire entra donc en École de Fusiliers Marins, sans subir de problème d'aérofreins. Au cour d'un Stage au Camp de Caylus, je pus le faire rentrer à son domicile pour qu'il repasse son baccalauréat en Candidat Libre.

Il devint bachelier.

Je sympathisais avec son Chef de stage, un sympathique et très compétent Lieutenant de Vaisseau, jusqu'à pouvoir le rencontrer. Il apparaissait que le fiston avait des insuffisances au niveau des performances physiques pour obtenir sa réussite. Je profitais donc d'une de ses permissions pour aménager mon terrain en Camp d'entraînement avec une corde à grimper, une tyrolienne et autres fantaisies de parcours du combattant, jusqu'aux barres parallèles. Je l'emmenais avec moi, en raid montagne, à grimper jusqu'aux neiges éternelles, pour un total aguerrissement.

Grâce à tous ces efforts, il réussit donc cette formation pour une affectation et un Contrat long.

Par contre, i me parlait d'ambiance délétère à son encontre et il n'en comprenait pas les motifs. Aussi, comme, je l'avais fait pour l'École Militaire de Tiffany, je fis appel au Bureau des légendes et lança une intoxication à mon sujet. Le résultat ne se fit pas attendre : du jour au lendemain, je perdis tout contact avec son Commandant d'Unité…

Ainsi, comme à l'accoutumé, la Stasi avait renoué les fils, avec toujours ce temps de retard.

Je fis la leçon à Clotaire, l'informant que « *nous n'avions pas que des amis* »… Il fit ce qu'il pût. Et bien évidemment, il se faisait virer en fin de contrat et le « Département d'État » ne lui donna plus jamais aucune nouvelle, malgré ses demandes. Il faisait partie du jetable, jeté et éparpillé.

Lui : tocard, autiste, trisomique ?… Non, pas plus qu'un autre, mais dans l'œilleton de snipers qui avaient devoir de l'éliminer, touts simplement, sans méchanceté, ni animosité. Juste une étiquette avec un nom, couleur fanée, à épaules, sur un planning aluminium, à enlever, remplacée pour une autre. Rien n'a changé, juste substituée par un sticker, puis un clic destructeur sur ordinateur, en vertu de la loi de la pyramide.

Comme Tiffany, ne lui parlez plus de la France, elle l'a laissé tomber. Homme dépité, en colère, ne l'appelez plus jamais "France", c'est sa dernière volonté. Il était un enfant de France. Qu'est-ce qu'il en reste ?… Un corps-mort pour les cormorans chiant sur la Marine Nationale, en un cri plaintif.

*

DESCENDANCE MILITAIRE – FIN

J'ai compris des choses essentielles de ces aventures :

- En Terre de France, on n'aime pas les riches ou ceux qui paraissent l'être. Ailleurs, on vous applaudit quand vous circulez à bord d'une belle voiture ; ici, on vous en raye la carrosserie !

- En Terre de France, aucun patron ni employeur ne cherchera à valoriser les compétences, mais il mettra en évidence les défauts. Ailleurs, on valorisera celui qui dépose son bilan en lui donnant la chance de « se refaire », du fait de son expérience vécue ; ici, on laminera la personne, jusqu'à lui saisir son dernier poil du fessier, en l'endettant à l'infini, et en lui enfonçant son honneur.

Qu'importe de savoir cerner son public et de savoir s'adapter en fonction des centres d'intérêt et des attentes ; qu'importe de se mettre à sa place et de cerner ses besoins. Même si on connaît son propre objectif et le faire savoir aux autres, avec un message clair, montrant où l'on va et comment on y va, sachant accorder autant d'importance sur la forme que sur le fond, avec une posture gaullienne, le sourire en plus, il faut être né de la cuisse à Jupiter. Avec, bien sûr la cuillère en argent, mais l'essentiel est, a été, et restera, avec ou sans diplôme, d'être le « *fils de* » ou la « *fille de* ».

Dans notre pseudo démocratie où les copinages sont rois, comme leurs gouvernants, les fils et filles de militaires qui ont le vent en poupe, réussissent dans le métier, quoique très cons souvent. Et s'ils ont une particule, une épouse moche à talons plats, fille d'un potentat à l'arbre généalogique montant à la monarchie, voire une guillotine républicaine révolutionnaire, et mère de 6 bambins à souliers à glands, alors, c'est l'apothéose pour un profil de carrière éclatant.

Par contre, s'ils sont les descendants de *traîneurs de casseroles*, de *salauds de pauvres*, rien ne leur sera possible dans la confrérie de la vraie-maçonnerie des francs tireurs, et de faux culs. L'ambition ne dépend pas que de soi, elle est portée, nourrie par l'entourage parental. Si ceux-ci sont déconsidérés aux yeux des autres, humiliés par lapidation dan un Mess Militaire et ses variations, les gosses dégringolent d'eux-mêmes, séparés entre le mépris pour leurs géniteurs et l'ambition qui est un formidable moteur pour réaliser ses rêves, choisir sa vie, et en un mot : être heureux. Cependant, si tout a été ourdi pour empêcher de donner confiance à ses enfants, car c'est cela qui donne tout le pouvoir aux rêves et de les réaliser, c'est tuer une génération.

Ainsi, je me suis décidé, pour ne plus faire de l'ombre professionnelle à mes gamins, de couper les ponts, qu'ils vivent leur vie et faisant une croix définitive sur leurs parents qui ne peuvent qu'être que des personnes indignes, comme il en a été décidé dans le Cabinet Noir du Haut Lieu.

L'EMMERDEUR est mort, vive l'emmerdeur !

Et, mystérieusement, depuis qu'ils nous ont effacés de leur carnet d'adresse, leur vie va beaucoup mieux !....

*
* *

18

DIEUMERCI TUÉ AU ZAÏRE
Opération Anaconda à la recherche de Godoké

Dieu existe, dit-on.

Pourtant personne ne l'a vu.

Mystérieusement, il serait mort, puis ressuscité, puis évaporé dans les Cieux.

On en a même fait une secte, devenue religion, car elle a réussi sa propagande.

En fait, tout est histoire d'étiquette et de renommée, sans trop se poser de vraies questions.

Car, Jésus serait juif. Donc, on lui a fait l'ablation d'un bout du *zguègue*. Peinard, il est reparti vers le Ciel, en abandonnant un bout de chair sur Terre. Morceau que l'on met précieusement dans un écrin, au pied d'un olivier.

Mystérieusement, personne n'a songé à rechercher ce boîtier, comme s'il ne pouvait exister.

Par contre, si l'on devait mettre bout à bout, tous les bouts de croix de la penderie qui a servi à crucifier Jésus, il y aurait de quoi reboiser toute la forêt équatoriale !

C'est à quoi me fait penser la disparition de notre pote le Capitaine Filembert Dieumerci [*], joyeux drille, animateur d'émission de télé-réalité, mais, en fait, agent des services de renseignements français, dans une clandestinité où lui-même ignorait qu'il fut un tel agent, et surtout pas sa famille.

Il a disparu, sans une plaque « Mort pour la France ». Moi, j'ai recherché son prépuce, par Idéal, et histoire de prouver l'ignominie de l'Institution Militaire qui efface tout ce qui dérange le *ronron* démocratique, égalitaire, populaire et apprécié.

*

Quand j'ai appris la disparition « mortelle », le 6 août 1985, du Capitaine Filembert Dieumerci [*], dévoré par des crocodiles au Zaïre, aujourd'hui République du Congo, je fus surpris.

Attristé aussi, car j'avais eu à le croiser à Orléans au cours d'entraînements et récréations diverses. Il avait un charisme et une beauté mâle indiscutables, et était de ces mecs auxquels on voudrait tous ressembler. Cool, paisible, souriant, efficace.

Je connaissais son cursus militaire et savais que son étiquette de reporter et d'animateur de l'émission télévisée "Chasse au Phénix" [*] était utilisée aux intérêts de nos services spéciaux.

Par contre, ce qui ne collait pas, c'est cette histoire grotesque de crocodiles. Certes, s'ils existent dans la hiérarchie militaire, ils n'existent pas dans le tumulte d'un fleuve en perpétuel rut, effervescence, utilisé pour alimenter ces deux barrages hydro-électriques zaïrois. Les crocodiles aiment les eaux saumâtres et peu profondes, ce qui est loin d'être le cas à Inga, où le fleuve Zaïre est dément à cet endroit.

La thèse foutaise des crocodiles a été mise en avant et officialisée tout simplement du fait que le sabotage du bateau de Greenpeace avait eu lieu 1 mois auparavant, le 10 juillet 1985. Au niveau des Services Spéciaux, la « jeune » DGSE qui succédait avec difficultés au S.D.E.C.E. (Sdèke), ces deux merdes successives faisaient tache au palmarès de la discrétion. Aussi, le Haut Commandement a souhaité que cette affaire soit considéré comme un simple accident de noyade de gens, sinon inexpérimentés, jugés imprudents et casse-cou.

La France, avec ses accords, disposait sur place d'un bataillon français de ce que l'on appelait « l'assistance technique ».

Des ordres ont été donnés à divers échelons afin de favoriser la thèse de l'accident, avec des pseudo-recherches, héliportées et autres, où l'on balança même, via hélico, des gros bidons dans le fleuve pour observer leur dérive. Ce n'était que du bidon bidonnage. Il fallait absolument masquer la bavure. Car s'en était une, tout bonnement.

Prononcez juste le mot "espion" là-bas, et vous êtes mis contre un mur d'exécution. Les congolais d'aujourd'hui sont les mêmes qu'hier, quand ils étaient sous le diktat de Mobutu. Ce sont de grands malades paranoïaques qui imaginent que tout le monde en veut à leurs richesses et leur indépendance.

La complicité française en ce sens existe toujours et les crabes français qui sont là-bas jouent le jeu, à fond, de la politique du Président en place, Joseph Kabila, sympathique descendant de la *gouvernemence mobutienne*…

J'ai fait équipe avec une gentille fêlée, trop adepte du *chichon*, et pseudo journaliste, en fait une pigiste, copie conforme de Géraldine Pailhas, Marie-Anne Aribak [*], qui voulait se donner des émotions, suite à son amour d'adolescente pour le fameux Filembert Dieumerci [*] qui faisait rêver bien des pucelles, et les futures vieilles filles…

Je voulais en avoir le cœur net de cette histoire, et je me suis investi pour cette balade aventureuse, sur place. Financièrement, j'y ai laissé ma peau et viens tout juste, ces derniers jours, de finir de payer le crédit que j'avais souscrit pour me payer le billet d'avion Paris-Bruxelles-Kinshasa, par voie d'huissier de justice. Je devais être dédommagé par cette Pigiste, quand elle aurait vendu son reportage prouvant qu'il y avait eu meurtre du Capitaine Filembert Dieumerci [*].

Hélas, Mademoiselle Aribak [*] a été manipulée dès son retour en France et le dernier message que j'ai eu d'elle était que j'étais « *indigne* », indigne d'être Officier… Et cela, elle ne l'a pas trouvé toute seule. La tactique du murmure à l'oreille fonctionnant à merveille. Bref, elle a été convoquée par une Ponte quelconque de la Chaîne *Canal Peluche*, qui lui a fait la leçon en lui précisant bien que « *je n'existais pas* » [sic. Aribak], que je n'avais jamais été officier et que j'avais été viré de l'armée…

Pourtant, nous avons fait très peur à l'Institution et certains échelons politiques. La liaison professionnelle avec mes services de cette pigiste gênait aux entournures. Tant et si bien, qu'il a été monté une mission parallèle à la notre, par trois pseudos-journalistes, dont le fils du défunt Dieumerci, un jeune merdeux tête à claques qui ressemblait autant à son Père que je m'apparente à Alain Delon jeune ! Quant au chef du trio, il avait tout du cadre du Service, avec un côté opérationnel et des moyens financiers.

En bref, alors que nous étions en pleine campagne présidentielle et que ce n'était surtout pas le moment d'aller fourrer le nez dans ce pays pour y mener une enquête dérangeante, *Canal Peluche* aurait missionné une équipe adverse pour nous contrer, nous mettre des bâtons dans les roues, et prouver que le Capitaine Filembert Dieumerci [*] était juste un civil un peu aventurier et imprudent, ne sachant pas nager… Bien sûr, c'est invraisemblable, et pourtant, à peine la rentrée de septembre arrivée, la leçon faite à Marie-Anne Aribak qu'elle avait tort sur toute la ligne et que j'étais infréquentable, qu'il était projeté sur les écrans de télévision un reportage juste bouclé, apportant des preuves d'un accident où des zodiaques ont été engloutis dans les flots du fleuve avec leurs équipements et personnels. Je résume, mais à quoi bon, tout relater ici.

Il n'empêche que grâce à ces Pieds Nickelés, qui étaient restés planqués derrière des bâtiments du Barrage d'Inga, où j'avais repéré leur 4x4, pour nous laisser filer devant, ce qui n'était pas leur habitude, nous avons eu droit à un « Car Jacking » à l'AK47. Des militaires nous ont arrêtés pour motif d'espionnage.

Tout le reste, c'est de la petite histoire. Aribak a profité des largesses d'un bienfaiteur afin de retourner s'enfermer dans une chambre de Kinshasa, seule, afin de récupérer des informations fantaisistes que l'on lui a apportées sur un plateau et que sa passion naïve a absorbées jusqu'à les diffuser dans la Presse française, toujours avide de rebondissement possible. Car, si elle n'a aucune preuve concrète de l'assassinat de Dieumerci, il ne subsiste que les informations que nous avons pu avoir. J'ai été en contact et ai repris mes liaisons avec des membres de l'A.N.R. (Agence Nationale de Renseignements), qui ont pu me confirmer mes affirmations.

Il a bien été le souci de l'État français de cacher la triste réalité de l'assassinat, pour les raisons que j'ai évoquées plus avant. Il s'agit d'une bavure des soldats zaïrois ayant péché par excès de zèle, afin de liquider des espions, car Dieumerci était fiché comme Agent Français et les « amis de ses amis » étaient donc, forcément, des espions. C'est notre Président de la République de l'époque qui a réglé lui-même le problème, directement avec le Président Mobutu, afin de « calmer le jeu » et faire taire définitivement la vérité sur cette histoire. Une somme d'argent très conséquente a été remise à la Veuve Dieumerci pour qu'elle accepte d'oublier que ce ne serait pas un accident. Il ne subsiste dans la famille que des Fils-officiers "de haut rang" qui hurlent leur désaccord, en sourdine, en menaçant de redéterrer cette histoire, mais, finalement, dissuadés par d'autres de la confrérie militaire. En gros, cela reste un Secret d'État qui s'éteindra dans les oubliettes de l'Histoire de France.

La seule chose qui m'importe aujourd'hui, dans ce chapitre est de montrer que là encore, des amis qui ne me veulent que du bien, ont inter agi afin de prouver à qui voulait le savoir que je n'étais qu'une personne « digne d'indignité ». Mais si on pouvait tout m'imposer, détruire ma dignité, jamais, ce qui m'imposait de terminer cette mission de renseignement, *"l'Opération Anaconda"* :

- Pour la petite histoire, celle de l'Histoire, j'avais gardé un contact là-bas, un homme exceptionnel, Jack, patron de Travaux Publics, très intégré, par le biais des amitiés, dans le réseau de l'A.N.R. (Agence Nationale de Renseignement), notre équivalent DGSE. Il m'avait promis de continuer à s'occuper de l'affaire après notre retour en France. Il était atteint d'un cancer irréparable. Ses jours étaient comptés, mais il voulait tenir parole en me fournissant les éléments réels de la disparition du Capitaine Filembert Dieumerci [*] et de son équipe. Filembert a bien été abattu de sang froid et son corps a été enterré, au sud de Matadi, dans le cimetière, près de l'église de Kinkanda. Puis déterré, plus tard, pour cause d'enquêtes, et les os jetés à tous les vents, disséminés.

« Nécessité oblige »

- Je pourrais écrire un livre sur cette aventure, enquête, avec moult détails. Cela ne servirait à rien. L'appareil d'État est là, ignore la prescription ; reste complice de la disparition et de l'omerta sur Capitaine Filembert Dieumerci [*], poussant même le vice jusqu'à convaincre son fils que son paternel ne savait pas nager, que des requins inexistants l'ont digéré et qu'il pouvait même aller s'en rendre compte sur place. Simple et imparable.

*
* *

PÉDOPHILIE dans l'ÉTAT

J'ai ainsi monté quelques missions d'information en Afrique, Moyen-Orient. Quand je bricolais sous une fausse identité, avec des papiers fantoches, tout se passait bien, à la barbe de tout le monde.

Quand je la jouais « officiel », c'est moi que voilà. Pan ! Indigne ! Circulez, il n'y a rien à voir.

J'ai des preuves, témoignages signés et photos de victimes d'un ancien Ministre de la République française qui s'adonnait à la pédophilie jusqu'à l'abject le plus profond. L'enquête fut relativement simple. D'ailleurs, sur place, tout le monde connaît l'affaire et les français n'ont jamais été dupes où une émission satirique avait mis ce ministre en figurine de chèvre... A noter que mon enquête révèle qu'il y a d'autres personnes impliquées dans ces affaires, dont certaines TRÈS connues et de grande influence politique !... et ces affaires ne se limitent pas à l'Afrique du Nord, mais aussi en métropole.

J'ai décidé cette investigation suite aux visites que me rendait une jeune femme, lorsque je suis resté assis durant 5 mois sur un banc, face à la caméra de surveillance du Ministère de la Défense Nationale, Place Jacques Bainville... Cette demoiselle m'a raconté les sévices subis par cet ancien Ministre, qu'elle qualifiait d'immonde ordure, ainsi que les chantages qu'elle subissait. Idem, je voulais en avoir le cœur net, comme pour Dieumerci, et le Zorro que je reste, a suivi le fil de ses récits, pour aller fouiller plus loin...

Ok. Mais si je décide de diffuser tout cela, soit je serai décimé médiatiquement, tout le monde, même les autres, sauront que je suis INDIGNE, soit il m'arrivera un accident mortel.

A l'origine, je voulais diffuser ces informations afin de prouver ce qu'est réellement l'INDIGNITÉ et les dépôts de plainte qui restent sans suite.

Aussi, mes preuves resteront cachées, là où personne ne pourra les trouver et cela restera "SECRET DÉFONCE".

La destruction de la vérité, c'est la soumission. La dernière preuve en est un ancien Ministre de l'Éducation Nationale qui a eu le malheur de dire qu'Untel *s'était fait pourrir* en se faisant prendre en flagrant délit de crimes pédophiles au Maroc. Oui, il a raison : ce ministre pédophile s'est bien fait exfiltrer et l'État français a bien étouffé l'affaire... se montrant ainsi, complice de crimes pédophiles, prêt à accuser de diffamation qui oserait parler...

Il est cocasse de noter que ce fameux ancien ministre, qui avait eu la langue trop longue, a présenté des excuses bafouillées, disant qu'il avait mal interprété des rumeurs...

L'État est coupable de muselage quand des intérêts sont en jeu et qu'il est dérangé ;

- Comme pour Dieumerci ;

- Comme pour moi...

Je conclurai tout ce sordide, avec la pirouette célèbre suivante :

« *Ce n'est pas parce-qu'on a des choses à dire, qu'il faut fermer sa gueule.* » qui devient la morale politique de ces histoires, quand on est forcé de cacher les preuves, de peur de grands malheurs et malédictions pour soi et pour ses proches. *Et ce n'est pas Tsilla Chelton qui dirait le contraire pour cette variante.*

*
* *

19

GRÈVES de la FAIM

*

PREMIÈRE GRÉVE - (J = 60)

*

Que je sois déclaré maudit par l'Institution militaire, je ne supportais plus qu'elle se serve de mon Épouse pour accentuer la misère.

Un beau matin, la Police est venue l'arrêter dans son Cabinet. Elle a subi garde-à vue de 48 heures pour de prétendues infractions quant à ses revenus. Bien sûr, étant son Époux, bien que séparés fiscalement, j'ai eu aussi à subir des désagréments, surtout que l'on souhaitait que mon Épouse fut accusée de tapin, alors cela aurait été la totale.

Hélas, rien de tout cela. Mais des consignes étaient données, ce que j'appris par un Brigadier-chef adjoint dans l'enquête. Pas cons, de toute façon, nous avions des indices qui nous permettaient de prévoir que quelque-chose du genre se tramait. Finalement, une mise en liquidation judiciaire volontaire qu'elle avait voulue, n'avait pas désamorcé le fait que l'on nous voulait « à la rue ». Qu'elle ait délocalisé son entreprise en Espagne n'a pas empêché un contrôle fiscal. Ce qui devait arriver, arriva : elle eut à subir un troisième contrôle fiscal et fut condamnée à 6 mois de prison avec sursis, malgré un avocat désigné la veille, en aide judiciaire, qui n'a pas fait bien sûr le job, rien n'étant préparé pour une défense.

Bref, sous le courroux, j'entrepris de vouloir monter à Paris, pour une grève de la faim au pied de l'Élysée, sur un banc près de la statue du Président Pompidou, Place Marcel Proust.

Je devais faire finalement une grève de 60 jours, où, au bout de 45 jours, le Chef de Cabinet Civil du Ministre de la Défense me faisait porter une lettre, par des gendarmes très spéciaux, en me proposant un entretien sous réserve que je passe une visite médicale, sans doute pour savoir si j'étais apte à un dialogue. Mon alter ego, le député Jamot Lapiècedufont [*], qui s'était fait remarquer par une grève de la faim médiatique, au chaud de son bureau de l'Assemblée Nationale, qui au bout de 39 jours, s'était fait hospitaliser d'urgence, m'a conseillé un toubib spécialisé dans ce domaine, qui l'avait suivi lors de son régime. Bref, après un contrôle d'urine, je fus apte à être entendu. L'on vint me chercher très poliment, trop sans doute, pour être embarqué dans une limousine de la République, avec escorte de Chef des tas. Je fus baladé jusqu'aux dehors de la Capitale, vers une destination inconnue qui était une sorte de Quartier militaire, où les fantaisies devaient être rares car je descendais de la voiture, presque sous les acclamations d'une foule de militaires badauds, mis au courant sans doute, qui respectaient mes nuits et jours sous pluie, vent et neige, sur un banc, sans manger, du fait de leur quiétude douillette étrangère à tout ce genre de supplice. Je prenais alors seulement conscience de mon chemin de croix, car, sur l'Allée Marcel Proust, à part la statue de Georges Pompidou, rares étaient ceux qui se montraient intéressés par le gréviste de la faim que j'étais... Effectivement, n'importe quel quidam qui s'adonne à ce genre de fantaisies sous alimentaire est la cible de la Presse et de la Télé. Tous les français de France, de Navarre et d'outre-mer savent qu'un farfelu ne mange plus car il a des soucis à faire partager ou découvrir. J'avais pris le parti que tout le monde s'en foutait et n'en avais cure. Je tenais simplement à ce que le Ministre de Tutelle s'occupe de ma situation de façon objective, neutre en appliquant simplement la Loi sur l'emploi des personnels.

D'accord, les gendarmes de faction, protégeant les abords du Palais élyséen, venaient la nuit enlever la neige de sur mon duvet ou me demandaient si j'étais mort. Les policiers aussi, gentiment, venaient me saluer. Une fliquette me tenait le train, en tentant de me persuader de quitter ma posture ; pas par gentillesse, mais sur ordre. Je lui faisais donc des séries de 40 pompes pour lui montrer que j'allais bien et que je savais durer... Plus tard, ce fut un détachement des Pompiers de Paris, tous gyrophares allumés qui vint me chercher, sous un prétexte de contrôle médical. J'eus la naïveté de leur faire confiance et grimpais dans un camion, juste au moment où j'ai eu la conscience d'un coup tordu et que j'allais me faire « embarquer » contre mon gré. D'une pirouette, je sautais de véhicule sous des regards gênés de personnels qui ne s'y attendaient pas, où il n'y avait d'ailleurs pas de médecin, et qui n'avaient pas eu de consigne pour m'empêcher de rester libre. Un pompier de Paris, c'est un militaire, donc respect. Un Capitaine de cette Unité vint aux renseignements et nous pûmes discuter. Très con, comme d'habitude, j'ai indiqué où je cachais mes équipements, sacs et duvets durant les journées, car un secret doit rester secret, nous le verrons d'ici peu.

L'entrevue dans cette fameuse Caserne eut lieu dans une salle de réunion, présidée par un Colonel de Légion, propre sur lui, Colgate aux dents blanches, impeccable sous ses galons, médailles et autres colifichets. J'eus le tort d'accepter un moka caféiné, car il ne faut jamais manger ni boire à la gamelle du diable, même si c'est avec une longue cuillère à café...

Car il n'y avait rien à attendre de cette entrevue à grand spectacle. Effectivement, Madame Cécile C et son mari, fort de leurs lauriers de professeurs *abrégés*, avaient tenu à me soutenir. Il y avait donc là, ces deux amis, le Colon, un zig se disant spécialiste du Droit, faisant meuble, une Assistance Sociale des Armées, le Lieutenant de Gendarmerie chargé de ma protection, donc de ma surveillance. Inutile d'aller loin ici dans le baratin car il n'y eut que cela. Quand le Colon à bout d'arguments face à mes récriminations, commença à étaler le listing de mon Casier Judiciaire, j'ai compris que c'était plié et qu'il était bien vain de lui souligner qu'il est plus facile de garder une bonne image de soi-même quand on voit encore plus de corruption autour de soi, et que, malgré moi, face à notre situation de détresse, ayant compris que j'étais entouré par des nantis qui basaient leurs normes sur l'autorisation de la corruption, je n'étais pas là, foncièrement SDF et sans JOB, pour m'attaquer aux institutions, mais pour exploiter d'éventuelles failles pour survivre. Pour notre cause, plus que jamais, il fallait considérer les tenants et les aboutissants. Ce Colon eut même le toupet de surcoter le fait que ma liquidation judiciaire commerciale était le fait d'incompétence et que dans mon dossier figurait, que suite à mon commerce de prêt-à-porter en auto-financement crédit fournisseurs, où le banquier avait subitement et sans préavis voulu rétablir mon compte créditeur, ce qui avait donné comme résultat la saisie de tous mes biens, par manque d'actif, j'avais été sanctionné dans mes notes militaires comme « **interdit de gérer des personnes physiques et morales** » !!!...

Elle n'est pas belle la vie ?...

Et l'Assistante Sociale de me proposer, comme un tapin propose à un client éventuel : « *100 balles la pipe, 200 l'amour ?...* », de l'argent, camouflé en quelque aide sociale. En bref, la conclusion était l'exécution capitale, pour être clair, « ***ma situation relevait exclusivement du domaine social et sanitaire*** » !!!

Au moment de remonter dans les véhicules, afin de regagner mon banc, le Colon, face à ma mine catastrophée, n'a pu s'empêcher, 'pour rattraper le coup', de me confier, en aparté, voix basse, qu'il me fallait trouver l'instigateur de toute cette mouscaille, et qu'il nécessitait de chercher autour de moi, dans ma région, dans ma ville... dans le genre : "*protégez-moi de mes amis, mes ennemis, je m'en charge.*"

J'avais bien conscience d'un coup monté, mais j'étais bouleversé, ébranlé, déstabilisé par cette entrevue à laquelle j'attachais tant d'importance.

Pas que je sois découragé, mais encore plus déterminé. N'importe qui aurait été se balancer dans la Seine. Assis sur mon banc, la tête entre les mains, dans la nuit froide arrivant, je songe à mon destin, je médite à mon malheur. Une passante, avec qui je discutais de temps à autre, qui avait son fils travaillant dans la Presse locale, et qui m'avait confié que l'ordre avait été donné par écrit de ne pas donner crédit à quelque motivation de ma présence, me salua. Nous avons discuté. Finalement, j'acceptais de la suivre pour laver mes presque 50 jours de crasse et dormir sur un canapé, jusqu'à accepter de boire un bouillon ! Un peu de repos, quoi.

Quand je revins le surlendemain, pedibus-jambus, sur ma banquette, je constatais que ma cache avait été violée et que mon précieux sac à dos contenant mes livres, affaires de toilettes, parka et duvet n'étaient plus là. Par contre, dans l'autre cachette, où j'avais planqué une couverture, rien n'avait été touché. Je n'avais pas montré cet endroit à ce Capitaine des Pompiers de Paris... Je comprenais que ce vol était signé Ministère de la Défense.

J'en eu une preuve supplémentaire :

Le soir tombant, je traînais sur le bas des Champs Élysées, non loin de mon banc, près des baraques à frites. Une foule dense déambulait comme à l'accoutumé. Un gamin d'une vingtaine d'années m'aborda :

« *Je vous reconnais. Vous étiez dans* le Parisien, *vous êtes bien celui qui fait la grève de la faim ?...* »

Effectivement, grâce à ce bon vieux député à béret basque, Jamot Lapiècedufont [*], j'avais eu droit à un article bidon et une photo où j'avais fait mon possible pour déformer ma gueule, pour ne pas être aisément reconnaissable, ni célèbre.

Et là, dans la nuit sous réverbères, un quidam prétendait me reconnaître et me proposait son aide ! Même à la Télévision dans un feuilleton kitsch, cela ne passerait pas. Je jouais le jeu, j'y avais mon intérêt, presque amusé.

Allongé sur mon banc, sous ma frêle couverture rescapée, je vis apparaître le 'bienfaiteur'. Il m'apportait un duvet *version été*, une musette avec un nécessaire vital de toilette. Tout cela puait l'intendance du Bureau des Légendes, ne serait-ce que la musette kaki, faussement militaire d'un ancien temps, mais neuve. Je donnais le change en échangeant des palabres dans ce que je voulais être un message dont le gamin rendrait compte.

Il s'agit bien d'un jeu de cons.

…Comme l'aide co-fraternelle d'un Général 2S, reconverti en planqué chez Suez, qui venait régulièrement me croiser, afin de m'apporter son aide voulue morale et rassurante, pour informer ensuite le brave Adolphe Peseta [*], Chef du Cabinet Civil de la Défense…

Je garde un bon souvenir d'un passant régulier avec qui je sympathisais. Je ne retenais qu'une chose : « Sur trois grues que vous voyez dans le ciel parisien, deux sont installées avec de l'argent sale », me disait-il en me consolant que « tous pourris » chez nos gouvernants, tous complices, tout pour le fric, les honneurs et gare au gêneur qui ne marche pas dans ce rang. Il m'encouragea à prendre contact avec un truand notoire, un certain Pablo Vertecchi [*], Député-maire de Le Vaudois Dupré. C'est un pote d'enfance du Président, et ils se couvrent mutuellement. *"Essayez de l'approcher"*…

Je l'ai tenté. Mais j'ai perdu mon temps à parler d'honneur à quelqu'un qui ne reconnaissait pas en moi le bandit qu'il souhaitait. Je n'étais qu'encombrant importun.

Le hit-parade de la saloperie fut lors de ces visites médicales périodiques, où Claude C., le Mari de Cécile C me conduisait bénévolement, par compassion, sinon amitié. Jamot Lapiècedufont [*], que je visitais à son bureau de l'Assemblée, commençait à me faire la gueule, soi-disant à cause de réprimandes de son entourage pour son aide apportée, mais surtout parce-que j'avais battu son record de grève de la faim et que je tenais le coup sans aucun souci. Au contraire, je me sentais léger, faible, mais aérien. Il me conseilla, par l'intermédiaire du toubib spécialisé dans les grèves de la faim de l'IRA, de trouver à me faire héberger tout en continuant mon combat, car il ne voulait pas me voir crever. En gros, je l'emmerdais et il était conseillé.

Je vis donc ce toubib pour faire pipi. Il était en liaison téléphonique régulièrement avec Adolphe Peseta [*], ce que j'appris sans étonnement. Je lui rapportais les conseils de Jamot Lapiècedufont [*], son ancien patient. Il me fit attendre « à côté ». Mon oreille exercée capta le mot *"Peseta"* à travers la cloison. Ainsi il parlait au représentant de Dieu. Quand, je revins, il me dit qu'il avait la solution. Il écrivit devant moi une lettre, mise sous enveloppe, pour un Collègue qui travaillait dans un hôpital, un « IFAS CSHA, 1 rue Canabis dans le 14ème… « *Vous lui remettez cette lettre et mon collègue s'occupera de vous loger* ».

Ébaudi en plein, comme à l'habitude, je remerciais chaleureusement et Claude C. me conduisit à l'adresse, par aide GPS. En arrière-pensée, je me demandais quel coup fourré était prévu. Arrivés sur place, je faisais remarquer à mon ami que sur cette ancienne entrée de caserne, il y avait écrit : « Sainte Anne ». *"Eh, c'est chez les fous ici ! Allez, on se barre* !" Mais non, qu'il dit mon pote, faut aller voir quand-même. A contrecœur, je le suivis. Je m'adressais à une nurse laide et en blouse blanche, en lui tendant l'enveloppe de recommandation. On nous pria d'attendre. L'infirme mère revint et me parla étrangement, de façon doucereuse, comme une litanie qui viendrait du fond d'ailleurs, de ce quoi on allait bien s'occuper de moi…La fête à neuneu, quoi….

Demi-tour, droite ! Je pris mon ami par la main qui m'emboîta le pas, et je pris la fuite, d'un pas rapide, vers d'autres lieux. Il fallait quitter ce piège, coûte que coûte.

La voiture démarrée, nous avons été harcelés par téléphone. *"ON voulait que je revienne, ON ne vous veut pas de mal"*.

Cécile C. prit la relève : soi-disant elle avait vu le Ministre et que tout allait s'arranger, juste un peu de patience.

FUME, fume ! Fume ! Après le coup des Sapeurs-Pompiers, l'entretien bidon, mes affaires volées… oui, on voulait m'incarcérer chez les *mous du bulbe* !... « ***Ma situation relevait exclusivement du domaine social et sanitaire*** » Bis repetita, pour une phrase me concernant, que j'ai lue plus tard, écrite et signée par Adolphe Peseta [*], maître des basses œuvres du MinDef… IGNOBLE !

Arrivé à 60 jours de grève de la faim, je demandais un entretien avec le Ministre de la Défense après une trêve, où je demandais à pouvoir rentrer chez moi pendant 48 heures, avec un billet de train Aller-retour. Mon Lieutenant de Gendarmerie, garde du corps, me promit de faire suivre le message. Connement, je confiais à un petit merdeux aux dents longues de politique, plus ou moins attaché parlementaire de Jamot Lapiècedufont [*], que j'allais avoir un billet SNCF au tarif militaire et que par conséquent, c'était bien la preuve de mon statut. Ne jamais faire confiance en personne, nous sommes entourés de traîtres.

Car, finalement le MINDEF m'a offert un billet SNCF retour, à tarif civil, sur le compte de l'U.P.F., Unité Parachutiste Française [*], j'avais accepté le deal de renter chez moi un week-end afin de pouvoir revenir pour avoir un entretien officiel avec l'Autorité militaire, que je puisse faire enfin valoir mes droits quant à une faute du Commandement. Le cocasse fut le lieutenant gendarme qui poinçonna lui-même le billet, pour me le remettre qu'à la montée dans le train, juste le temps de m'apercevoir que le « retour » n'était pas compris dans le billet...

En fait, je fus berné pour la seconde fois. L'entretien eut lieu dans une salle de réunion des Invalides, avec toujours le même apparat : le colonel de légion, tout beau dans ses galons et décorations, un inconnu qui était responsable Justice, une inconnue, qui se disait assistante sociale, deux vieillards de l'U.P.F. [*] sortis de derrière des toiles d'araignée, genre les deux vieux du Muppets Show. Seul contre tous dans un dialogue de sourds. On me parlait de formalité avant que je prenne le train et qu'il fallait dialoguer avant. Bref, le Colon, aux ordres, n'avait qu'un objectif : celui de me dissuader de revenir.

Bigre, toujours avec des véhicules officiels banalisés, une escorte, je prenais mon train en 1ère Classe pour rejoindre Derme où j'étais attendu par des membres de l'U.P.F. qui m'ont amené jusqu'à mon domicile. Un vrai jeu de cons (Billet payé par l'U.P.F. dont je suis apparemment radié, depuis je ne sais quand, par je ne sais qui, sans pouvoir jamais être réinscrit, dans cette association où je suis membre titulaire depuis 1974 ! Billet payé sur ordre de l'État !)

A Paris, j'ai eu le sentiment paisible de les voir s'étrangler quand, 48 heures plus tard, j'avais installé mon P.C, sur un banc, face à une caméra du MINDEF, Place Bainville, et ce d'avril à début août, de mémoire, j'ai passé 4 mois sur ce banc, me permettant des escapades balades les samedis et dimanches , du fait que Paris est désert à cet endroit en ces périodes.

J'avais toujours cette espèce de faux Comité de Soutien composé de ce couple de profs « agrégés » (je précise, car ils le précisaient à toute occasion), parents d'un petit gamin appelé Jules.

Comme j'avais entendu dire par le Député Jamot Lapiècedufont [*], qu'on lui avait dit au niveau Défense que j'étais Parano et Mytho, et que je me prenais pour Bébel, je ne résiste pas à l'envie de vous faire savourer le paragraphe ci-dessous, illustrant le fait que je ne suis pas Belmondo, non pas un acteur, mais un citoyen exigeant justice. :

Bébel, filme ô graphie

« Je ne suis ni Belmondo, ni *Molière*, même si j'ai un *cœur gros comma ça*, il y a *la Mer à boire*, avec des *dragées au poivre* et la *Peau de banane*. Sans avoir *Cent mille dollars au soleil*, je passe pour *Pierrot le fou*, sans être *le Démoniaque* que l'on souhaite. Pourtant je ne suis pas *Le Voleur*, ni même *Le Cerveau*, simplement *L'Animal* à la recherche du *Corps de mon ennemi*. Accusé d'être *Le Guignolo*, je ne suis que *Le Marginal* que l'on a *Désiré* quand j'étais avec *les Morfalous*, pour finalement me compter parmi *Les Misérables*, alors que je suis *L'inconnu dans la maison*, vivant en *Le Solitaire*, sans n'avoir jamais connu l'*Itinéraire d'un enfant gâté*. Même si j'ai été flingué par les *Balles de débutants*, je reste *Peut-être*, parmi *Les Acteurs* de ce que l'on accuse d'être *L'As des as* d'un quelconque *Hold-up* qui aurait eu lieu lors de *Joyeuses Pâques*, alors que je ne reste que *L'Incorrigible Borsalino*, un *Homme qui me plaît* avec *une chance sur deux* de jouer dans *Les Cent et Une Nuits de Simon Cinéma*, où beaucoup se demandent si je suis *Flic ou Voyou*, alors que je ne veux rester que *Le Professionnel* abîmé par *La Scoumoune* créé par le *Docteur Popaul*, pour qu'il puisse affirmer *T'es fou Marcel*. Je resterai *Le Magnifique* dussé-je mettre la *Peur sur la ville*, car j'ai un compte à régler avec *Léon Morin* quand il était sur *Le Mauvais Chemin* de La *Chasse aux vedettes* comme Ministre de la Défense, *À bout de souffle*, quand il dirigeait *Les Tricheurs* de la DPSD. Je connaissais *Les Distractions* de La *Chasse à l'homme* où *Le Jour le plus court* fut quand j'étais *Un singe en hiver*, en grève de la faim, avec l'aide de *Charlotte et son Jules*, cette *Mademoiselle Ange*, qui, par un *Drôle de dimanche* accepta de défendre ma cause dans une *Classe tous risques*, hélas fermée *À double tour*. En fait, j'aurais dû lui dire : *Sois belle et tais-toi*, *à pied, à cheval et en voiture*, car *les Copains du Dimanche*, pour *La Française et l'Amour*, ont tôt fait de lui recommander d'être *Moderato Cantabile*, car elle était *La Novice*. Mais *Une femme est une femme* et *L'Aîné des Ferchaux* sut la dissuader, que *L'Homme de Rio* était en fait *Le Démoniaque*, et qu'il avait *Cent mille dollars au soleil*, gagnés *Par un beau matin d'été* lors d'un *Week-end à Zuydcoote*. En fait de *Riviera-Story*, ce n'était que la Seine, près de l'Assemblée Nationale que je considérais comme *Casino Royale*, gardée par des gendarmes, plus beaux que *Les Don Juan de la Côte d'Azur*. Brave prof de dessin, elle rêvait à *Les Amours célèbres*, alors qu'elle n'était que *La Ciociara*, mariée à *Un nommé La Rocca*, et tous deux avaient décidé d'aider *Le Doulos* que je passe être, ne méritant même pas la *Cartouche* pour me fusiller.
Mais, elle me croyait un *Tendre Voyou*, et, si *Dieu a choisi Paris*, elle, *La Sirène du Mississippi*, ne se posant pas la question sur *Paris brûle-t-il ?*, avait finalement décidé que *Les Tribulations d'un Chinois en Chine*, ne pouvaient me révéler comme étant *L'Alpagueur*, et pour elle, je resterais *Stavisky...*, même si je devais me révéler *L'Héritier*, faisant de l'*Échappement libre* et auteur de méfaits divers, comme *Le Casse* de l'oncle Tom, refusant tout de même que *Les Mariés de l'an II* soient unis pour le meilleur et pour rire. *Ho !* Mais qu'est-ce donc là ?... Rien, finalement, je ne suis qu'*Un homme et son chien* Clébard, et serai finalement, en vente sur *Amazone* !... »

On est comme on est, on est comme on naît, on naît comme on est. Secrètement, nous voulons tous être Apollon avec le Q.I. d'Einstein, Zorro alors que l'on est Bernardo, San Antonio alors que l'on est Béru, une huître alors que l'on est François Hollande, Napoléon alors que l'on est que Sarkozy. C'est logique d'avoir un référent, un modèle de type et de vie. La Terre alors que l'on est que la Lune… Mais, sans la Lune, la Terre n'est plus rien. Pour les Hommes, c'est pareil.

Je voulais être Moi alors que je ne suis que Nelson Mandela, dans l'Apartheid, avec une politique militaire dite de "développement séparé" affectant des officiers selon des critères de statut, avec une ségrégation automatique, où la discrimination est le racisme… 30 ans de prison en résidence surveillée.

Pendant ces quatre mois, j'ai tout fait : assis, debout, couché. Nettoyé les feuilles mortes, courir autour du Ministère, marcher avec une pancarte dans le dos : « *Frappé d'Indignité Nationale* », etc.

Finalement, les réunions Tupper Wear avec le Colon issu Légion, devint Cyrard qu'absent, et je crus être oublié de tous. Lapiècedufont [*] ne répondait plus au téléphone et ne vint jamais me voir. Mon couple de profs se faisait rare. J'avais imprimé des petits prospectus que je distribuais. Le numéro de téléphone de mon Comité de soutien était celui de LA Prof. En cachette, elle fit disparaître ma liasse de papiers, car elle ne souhaitait pas être dérangée par téléphone, ni être mouillée. Quand on a de tels amis, pas besoin d'adversaires… quand ils se font retourner. J'ai appris qu'il y avait eu des manœuvres discrètes en ce sens.

Son Mari vint me voir le 14 juillet, avec un appareil photo, car je lui avais laissé penser quelque action de ma part ce jour. Il fut déçu car je restais à mon Poste, dans un square désert, n'ayant pas l'intention de scandale, avec seulement la boule au ventre de ne pouvoir assister à ce défilé national, pour une fois que j'étais parisien à cette date !

Le but était pour tous, du MINDEF jusqu'à ces « amis » est que j'abandonne, dégoûté. La seule visite que j'avais régulièrement était cette jeune femme qui avait été martyrisée par l'ancien Ministre Yaqov Jargon [*]. Je l'écoutais avec méfiance, *parfaisant* mon opinion. Elle me donnait beaucoup de détails censés, dénonçant des crimes rituels perpétrés sur des enfants au sein de cercles mêlant financiers, jet-set, politiciens, francs-maçons et satanistes. A voir.

Finalement, j'eus la visite très polie et affable de policiers m'indiquant qu'ils étaient prêts à recueillir ma plainte pour faire valoir mes Droits. Rendez-vous fut pris. Je déposais à l'encontre du Ministre de la Défense du moment (je *cite son nom dans Bébel, ci-avant*).

C'était une manœuvre habile afin qu'une fois ma plainte déposée, qui n'aurait JAMAIS aucune suite, je puisse rentrer chez moi et plus faire encombrer de ma présence en ces lieux.

Août arrivé, Paris Libéré et désert, mes Parents souhaitant me voir en urgence, je décidais finalement de lever le camp avec un mot écrit au feutre noir sur le banc, un slogan : « *Je reviendrai !* ». Mais n'est pas mac Arthur qui veut…

*

DEUXIÈME GRÉVE (J=57)

Le 31 décembre, je revins sur place, pour reprendre ma grève de la faim, décidé à *"vaincre ou mourir"*. Cette citation est celle du 37ème Régiment d'Infanterie de Ligne, ex Régiment de Turenne, (*Régiment des Vosges*), puis du 1er Régiment de Chasseurs Parachutistes, n'en est qu'une parmi tant d'autres, que j'ai fait miennes, car elles sont le reflet d'un état d'âme impérissable. Je crois en *qui ose gagne*, car *ne pas subir*, est la règle. Il faut *être et durer*, car c'est le reflet de *croire et oser*, qui motive que l'on soit *"Volontaire"* et *"Au paquet"*.

Toutes ces devises militaires sont des aphorismes que l'on récite sans y penser, sans en penser le poids des mots. Aujourd'hui, j'en connais le sens, après tant de misères vécues, pour finalement n'en mettre qu'une en valeur de mon cœur : *"Savoir vouloir, c'est pouvoir"*, de Marie Félicie Élisabeth Marvingt, fiancée du danger et pionnière de l'aviation française, qui est un modèle d'opiniâtreté. Mais finalement, la devise la plus censée est de "Vivre pour Vaincre".

Mais ces mots ne signifient rien, car les amis, et les amis de mes amis, préfèrent noter et graver la petite phrase ou la vanne de mauvais goût lancée à la légère. Ainsi, je pense être victime de rumeurs et d'être accusé de pires méfaits à cause d'une Grande Gueule qui a trop tendance à se prendre pour Coluche ou Jean-Jacques Péroni, car toute vérité n'est pas bonne à dire.

Ensuite, il est la logique même de tomber dans la spirale des malentendus et des médisances. Pire, résister, c'est se transformer en coupable accusé par tous, avec des gens, a priori, aimables, qui deviennent des accusateurs sanguinaires. Dans le milieu militaire, on ne sait pas apaiser au lieu d'éradiquer le fanatisme de la pensée. Dans cette Petite Famille, où tout le monde se connaît, pas une Grande Gueule ne doit dépasser des rangs, à moins qu'il soit défini comme un héros de guerre, et là, ses phrases, même connes, deviendront des légendes à graver dans le marbre.

Voilà à quoi je pense en installant mon duvet sur un banc de la Place du Président Édouard Herriot, pile-poil entre le Ministère de la Défense et l'Assemblée Nationale. Tout un symbole.

Encore une grève bien pathétique et inutile, où l'on se caille dans le Paris humide et froid.

Drapeau, pancarte et quelques écrits, toujours les mêmes, car ma revendication ne change pas. Je ne voulais plus subir, être reconnu digne et la dernière entourloupe vécue méritait que je réagisse :

Chez moi, mes habitudes sportives sont connues, voire tracées. En cross, mes itinéraires sont immuables. C'est mon chemin de croix de 20 kilomètres, où je compte 7 calvaires, faisant demi-tour au 8ème afin de prendre les autres à rebours. Un samedi matin, alors que j'abordais mon demi-tour, deux motards, sur des Trials ont surgi subitement et m'ont encerclé.

L'un deux, casqué de sombre, gueula mon nom et le reste :

« *Lebol, maintenant tu te fais oublier. Ne cherche plus à revenir et tu fermes ta gueule ! Ou on tue ta femme, ou tes gosses. Tu continues à nous emmerder et on va s'occuper de vous, on te crèvera. Dernier avertissement !* » Et les deux motards repartirent en trombe vers Tarente [*]. Impossible de les identifier, je ne vis aucune plaque de police et les deux mecs étaient habillés en sombre.

Juste un mauvais rêve. Je continuais ma course, comme un automate, mais réjoui intérieurement, car cette réaction était une faiblesse de l'ennemi. D'un autre côté, je portais une lourde responsabilité, comprenant que ces gens étaient capables d'aller jusqu'au bout de leurs menaces. Je m'imposais un mutisme total sur cette menace, histoire de ne pas aggraver les choses ni de mettre un climat nocif, funeste, malsain, dangereux au sein de ma famille. J'avais bien reconnu la signature ; ces loulous avaient surgi comme celui qui m'avait abordé en moto, lors du départ de mon rallye test en montagne de Centre d'Entraînement des Réserves Parachutistes. Des mots clairs, bien articulés, tranchants, secs, récités, déshumanisés, made in Tueurs de la République de la Défense Nationale.

Tout en courant, je sentais que mes jambes étaient tremblantes et que ma bouche était pâteuse. C'était un ultimatum à prendre au sérieux. Comme plus personne ne pouvait nous emmerder au niveau judiciaire, pour nous salir et déstabiliser, la méthode forte allait être employée, pire que mon fameux accident de voiture et les coups de carabine sur la voiture.

Non. Cela ne peut plus durer. Je devais, plus que ne jamais, réagir et arriver à voir ce putain de connard de Ministre de la Défense. Ne pas me contenter de lui serrer la main, comme celle froide et glissante de l'ancienne ministresse de la Défense que j'avais pu croiser lors de ma course de 220 kilomètres autour des bâtiments du MinDef, mais ma gueule dans ses yeux. Ce politicard suceur de Sarkozy n'est qu'un quidam, qui mange, boit, respire et chie comme les autres. Mais, lui, seul, avait ce pouvoir de décision sur cette situation extravagante que je vivais depuis des années.

Paris, Place Édouard Herriot. Un banc publique moins confortable que celui des Allées Proust. Obligé, vu l'étroitesse, de m'attacher, pour ne pas tomber au cours de mon sommeil. A part cela, même scénario. Se laver et raser chaque matin, à l'eau glacée, se cirer les rangers, qu'au moins un truc qui brille. La même bâche agricole pour me recouvrir la nuit pour parer à la pluie, ou la neige. Que du banal, la vie, quoi. Le sentiment de la faim, comme je l'ai déjà dit, disparaît au bout d'une huitaine. Dans ces conditions, ne pas manger, c'est mieux, car déféquer est une aventure. Il faut de l'argent pour pouvoir consommer un café dans la Brasserie Bourbon d'en face et se déshabiller de cette tenue combinaison noire version TAP Gendarmerie est pénible et logue, à cause des vêtements chauds annexes. D'autre part, sans manger, les entrailles travaillent quand même et c'est un supplice d'évacuer.

Le temps est long. Aussi, je pars me promener, laissant mon barda en place, drapeau tricolore flottant sur mes pancartes revendicatrices. Mais je suis invisible. Souvent passe devant moi la limousine du Ministre de la Défense caché derrière ses vitres teintées. Je sais quand il est en voiture car les motards banalisés, de protection, attendent devant la grille de sortie, un quart d'heure avant. IL SAIT que je sais qu'il sait. Il sait qui je suis, mais il s'en branle. Ils savent tous que je m'use et que j'abandonnerai, tôt ou tard. Je ne suis qu'un SDF de plus et pourtant ils savent que je suis devenu un SDF un soir de 31 décembre, viré comme un malpropre par un chef de corps incompétent, aux ordres.

Jamot Lapiècedufont [*] vint me voir sur la Place au bout de plusieurs jours, alors qu'il savait que j'étais là. Il passait non loin de mon banc enguirlandé, à pied, de son bureau de l'Assemblée, pour aller se restaurer à la Brasserie Bourbon. Il me tendit la main que je refusais. Il me feinta l'incompréhension. Ce qui permit quelques explications et mes reproches comme quoi, il se laissait abuser par son ancien copain, le MinDef et que de son côté, il ne passait pas le message comme il le devait, restant trop superficiel, alors que je lui avais donné tous les éléments prouvant que j'étais dans mon droit. Il se laissait berner par le politiquement correct, la *démocratie liquide*, ne voulant pas se mettre dans l'inconfortable.

Le Député-maire Jamot Lapiècedufont [*] aujourd'hui est candidat à la Présidence de la République ! Il croit que sous prétexte d'avoir fait le tour de France, à pied, en costume, cravate, et petite musette, il a conquit le pays. Nooon ! Il a juste fait la tournée des maires qui reçoivent un maire pour solliciter ses 500 signatures ! Avec une logistique d'Attaché Parlementaire au volant de la voiture en reconnaissance pour le gîte et le couvert. Moi, quand j'ai fait Derme-Paris à pied pour remettre un dossier à Jacques Chirac, je n'avais que mes rangers et mon sac à dos. Quand j'ai fait Derme-Toul *(plus de 1000 kilomètres)* pedibus jambus pour rencontrer le Général Marcel Bruno, je n'avais que sa photo où il dédicaçait : *"Un pas, encore un pas… aller au delà du possible, crever son plafond."*

Il n'y a RIEN à attendre de tous ces personnages politiques qui se voudraient « hommes d'État », en ignorant, du haut de leur suffisance, qu'ils n'ont que le charisme et la consistance d'un pudding anglais, écœurant de trop de sucre, sourires et poignées de main, convenus, bougeant un peu quand on les remue et reprenant bien vite leur place.

Finalement, ils représentent bien la France, celle des pseudo-nantis : nous avons les mêmes têtes de gondole chez les militaires, les avocats, les magistrats qui se préfigurent tous comme faisant partie d'un Star système, se prétendant utiles à la Nation, dotés de valeur divine, alors qu'ils ne sont que des vermifuges, au mieux, des vomitifs.

Et nous leur cavalons après, comme tous couraient après Jésus, comme des disciples, des apôtres, ou plutôt des moutons sans berger, courant de peur de perdre pied.

Moi, perso, j'ai freiné des 4 fers de mes rangers. Soldat, réputé respectueux, obéissant et muet, j'hurle au Commandement politico-militaire, militaro-politique, qu'il nous ment de façon irrespectueuse et impudique, par le mépris. Roi du poker menteur, prêt à détruire un de ses officiers, en se couvrant sous de faux prétextes ou bien en disant qu'il était forcé d'appliquer une *rationalisation technocratique* et une *financiarisation déshumanisée*, bref, un total déni.

Que ces hauts cerveaux musclés, d'hommes des tas se méfient des tas d'hommes qui vont un de ces jours, sortir des tranchées, pour exiger que l'on puisse enfin les défendre, tant pour leur condition, que leur solde, voire, leur retraite.

Les militaires sont habitués à l'ordre, jusqu'au pliage réglementaire de leur chemise, et ne supportent plus un État capharnaüm où règnent désordre et débauche, une pagaye totale camouflée sous les dorures de la République, avec des planqués remuant le vent comme les éoliennes toutes semblables, imperturbables, inhumaines.

Car l'État se moque bien du chaos, il regarde par la fenêtre et dit : *"Une révolte ?..."* Personne ne lui répond, car la République est muette et ne peut pas annoncer la révolution.

Sur la Place Édouard Herriot, j'avais toutes les semaines, la visite de centaines de manifestants, les mardis, mercredis, jeudis. Toujours les mêmes inspecteurs de la Police politique en train de prendre des photos des belligérants, derrière les fenêtres au premier étage des voisins complaisants. Toujours les mêmes gendarmes mobiles en haies dissuasives. Toujours le même porte-parole qui était reçu en Haut Lieu de négociation, puis, finalement, toujours les mêmes dispersions de cette foule en colère agitant leur banderoles… La routine de l'État : calmer le jeu.

Et tous croient que « ça va changer » avec des promesses qu'ils n'ont tenues par avance, dans ces jeux de dupes. Moi-même, j'avais cru au crossman Sarkozy. Quand il menait campagne, la première fois, j'avais même été séduit par une adhésion à son Parti, bénéficié d'une traversée des ¾ de la France en TGV à ses frais, avec d'autres illuminés, pour aller assister à une de ses grand messes de jurements comme quoi, avec moi, cela va aller mieux. J'ai même entendu au micro ma Ministre de la Défense, hurler comme une poissonnière des insanités sur le concurrent direct, à tel point que je suis parti boire un café, en face.

Cela ne m'a pas empêché de répondre à une annonce du journal comme quoi ce Parti cherchait un volontaire, doué en informatique, pour donner un coup de main pendant la campagne. Bingo ! J'y allais.

La porte d'entrée était protégée comme l'accès dans une banque des mieux protégées. Le grand noir qui m'accueilli n'était ni un expresso, ni sucré, et me dirigea vers des pinups à un accueil informatisé.

Quand j'ai donné mon identité et mes motivations, l'on m'a demandé d'attendre. Une demi-heure après, j'ai été pris en compte par un petit gros inconsistant, trop timide pour être honnête. Je voyais tout de suite qu'il ne savait pas comment faire pour me virer, sans me courroucer, c'est-à-dire, que je parte avec un mauvais sentiment sur ces gens, mais que j'ai conscience d'être une sous-merde incompétente. De force, je lui ai prouvé que je savais fabriquer un site Internet, le mettre en ligne et lui donner des exemples de mes créations. Il me bafouilla comme quoi je n'avais pas fait d'animation dynamique en informatique, du genre modérateur. Je lui rétorquais, qu'en peu de temps de dire 'ouf', je pouvais être opérationnel en ce sens. Il me parla de ce bureau installé dans la hâte qui était bloqué par un bout de cloison. Je lui promettais de revenir demain avec des outils et qu'on allait faire de la place !...

Rien n'y a fait. Je suis reparti sous les poignées de mains empressées de celui qui doit aller faire pipi d'urgence, avec des remerciements chaleureux indiquant que le message était passé et qu'il gardait mon numéro de téléphone précieusement, voire, qu'il ne manquerait pas de m'inviter au vin d'honneur du prochain mariage de sa belle-mère.

Ce n'est que plus tard, que j'ai compris, confirmé par des indiscrétions, qu'immédiatement j'avais été identifié par les pinups de l'accueil, comme fiché « S », voire « Q », vraisemblablement « OS » [Bien lire : os].

CE QUI VEUT DIRE qu'un *SIMPLE PARTI POLITIQUE*, sans véritable existence officielle Liberté-Égalité-Fraternité, a dans ses informations, le fichage des français indésirables !!!...

J'ai assisté, plus tard, à une réunion du Parti, où il y avait vote. Toutes les personnes qui m'ont adressé la parole étaient là, uniquement pour me faire parler, et se confirmer leur opinion que j'étais *non grata*. Mystérieusement, je n'ai plus jamais été ni convoqué, ni invité par ce Parti, malgré mon volontariat.

Alors, Mon Général, Monsieur Poutine, Monsieur Trump, Sa Sainteté, vous comprendrez qu'à la fin, il y en a marre d'être considéré comme un pestiféré, juste digne d'un avenir sanitaire et social, avant d'être enfermé dans une maison de fous comme celle que j'avais visitée à l'Hôpital des Armées Jean-Baptiste Lucien [*] où des fous prétendus m'avaient mis en garde quant à leur situation perdue, odieuse, ignoble, scandaleuse.

*

Sur le banc de cette Place Édouard Herriot, là où les français en colère viennent manifester leur mécontentement pour des injustices diverses, là, comme sur mon banc des Allées Proust, face à l'Élysée, ou sur cet autre, face à une caméra MinDef, sur la Place Jacques Bainville, j'ai voulu mettre en évidence que les dirigeants de l'Armée Française m'avaient mis à la rue, avec les mêmes ressources qu'un Sans Domicile Fixe, en jouant la carte du silence, en ce qui les ennuie et me réduire au silence, en ce qui me concerne, se souciant de mon avenir comme d'un Bérégovoy usagé : *"Toutes les explications du monde ne justifieront pas que l'on ait pu livrer aux chiens l'honneur d'un homme et finalement sa vie au prix d'un double manquement de ses accusateurs aux lois fondamentales de notre République, celles qui protègent la dignité et la liberté de chacun d'entre nous."*

Que faire quand il s'agit d'indignité nationale ?... Dans mes premiers courriers adressés au Ministre de la Défense, par voie hiérarchique, j'accusais de m'avoir mis au ban de la Société sans poursuite ni accusation d'aucune sorte. La voie autoritaire de commandement a remédié à ce problème en me créant des procès. Il suffisait de demander !

Certains feront semblant de s'offusquer quand je dénonce les méthodes Stasiques. Aujourd'hui, je souris gravement quand je vois un ancien premier ministre de pendant 5 ans, candidat aux présidentielles, se rappeler enfin qu'il était à la tête de ces machinations qui lui reviennent en pleine poire aujourd'hui, dénonçant des cabinets noirs qu'il a couverts à l'époque, qu'il ne peut pas prouver car c'est SECRET DÉFENSE et que cela ne peut exister officiellement. Ô tristesse et bassesse de l'être humain qui oublie que 40 ans avant ces faits de ma situation terrible, tant d'éléments de la Police Française, l'armée et la Gendarmerie Nationale étaient les meilleurs alliés du Reich ! Et que l'on ne me dise pas que cela a changé aujourd'hui. Avec ces mêmes qui vont à la messe en récitant des contritions d'actes *par pensée, par action, par omission.*

On rira de savoir que je ne peux toujours pas pénétrer dans la Brasserie Bourbon, car son patron m'a interdit d'y pénétrer comme si j'étais un chien ou un Juif. *On va en parler plus loin…*

*

Être au banc de la Société, est-ce vivre sur un banc ?...

Par forcément : cela permet de voir et d'observer les gens. Ceux qui sont décravatés à l'écran TV pour faire "branché" et contre-subversif, sur des costumes que t'auras jamais les moyens de te payer. Ma foi, il est bien vrai que je connais bien ce Paris du 8ème et 7ème où les *"prout-prout"* et les *"bobos"* sont la faune de ce parc zoologique. Moi, j'en suis le singe à qui l'on n'accorde pas un regard ; parfois les passants me jettent des cacahuètes en pièces jaunes, obole, qui à force de centimes d'€uros, me permettent de me réchauffer dans les bars d'en face, pour se réchauffer et y boire un café, allongé pour en avoir pour mon argent. L'un, fait du genre bistrot tenu par le sosie de Philippe Duquesne, avec le même intellect que dans les *Deschiens*, où les poivrots fument à travers la fenêtre ouverte… avec des piliers de bar qui sont toujours les mêmes, tous ayant des fonctions diverses à l'Assemblée Nationale. L'autre, c'est le *Lounge*, comme il faut dire maintenant, avec un côté Brasserie, façon restaurant, où je vois les assiettes à peine entamées, vidées dans la poubelle. Cela ne me donne pas faim, mais m'écœure. Je vois aussi comment cette mafia obscure de la restauration fonctionne, avec des magouilles de garçons de café, et des cuisiniers colorés travaillant de façon précaire que de mauvaises langues appellent *"au noir"*. Je n'invente pas : je le sais de leur bouche, car j'ai sympathisé avec certains. Je ne suis même plus choqué. Je pense simplement qu'employer ma vendeuse en fringues que j'avais payée comme vacataire, avec chèques de banque et bulletin de salaire, m'avait valu d'être condamné pour *"travail clandestin"*, et que ce gérant de brasserie, sous prétexte qu'il nourrissait à forte addition des élus de la République, était intouchable et protégé.

Quand j'étais sur mon banc, au froid et sous la pluie, j'étais libre.

Quand j'entrais dans ce « bounge » [*condensé entre bouge et lounge*], je sentais ce côté malsain et superficiel, de ce "tout Paris", où je vus Jacques Chirac titubant en famille, Berthe Bachelot riant aux éclats, déjà animatrice d'émission radio, oubliant qu'elle était ministre, Jean-Paul Belmondo, décontracté et tout sourire, alors que la veille, je l'avais vu, grisâtre, la tête sur le ventre, passager piloté par son chauffeur. Bref, quand je voyais tous ces "politiques", poissards à force d'être hautains, vulgaires à force de jouer leurs faux personnages, pendant que leur chauffeur attendait dehors, dans la voiture, je comprenais qu'il n'y avait rien à attendre de tous ces éphémères de la vie, qu'il ne me restait qu'à attendre, assis sur un autre banc, au bord de la rivière, la Seine, sans doute, pour voir passer leur cadavre. Triste revanche.

Au cours de mes parties de café noir, j'ai côtoyé diverses connaissances inutiles, plus nuisibles que positives. J'y ai déchiré les images de mes idoles, comme Luc Ferry, qui puait le mépris dédaigneux sous un air faussement affable : *"Ah, c'est sur ce banc que vous vivez, faut pas quitter votre poste !"* … dans le genre : *casse-toi, tu pues.*

Et puis, un autre jour funeste, je fis connaissance de l'ancien chauffeur d'un ex Président de la République. Il me rappela, trait pour trait ce sous-officier *alcolo*, gueulard, flambard, qu'a tout fait, tout vu, surtout capable de foutre une merde incommensurable comme celle qu'il m'avait mis lorsque je commandais cette section de 100 recrues ! Lui, pareil, doté des mêmes tares et en plus, pendant qu'il racontait tout en omettant le reste, je pensais à Bernadette, qui avait été pilotée par ce mec, et me demandais comment elle avait pu le supporter …

Mais chez ces hominiens du style Alexandre-Benoit Bérurier, il y a toujours un point commun : ils sont natures, sensibles, purs et vrais. Son copain de boisson me fut présenté comme super-adjoint du meilleur avocat parisien, ayant pignon sur l'Assemblée Nationale, rue de l'Université. Même si le super-adjoint n'était en fait qu'un valet de course, cette rencontre me permit de faire la connaissance de ce roi du barreau, attentif, promettant d'être vindicatif. Il m'accorda du temps. Il comprit même que Victoire avait perdu son Père et que son frère s'était gavé de tout l'héritage, et qu'il en voulait encore. Il accepta de travailler sur deux fronts : celui de ma situation et celle de mon Épouse, ce qui lui permettrait de financer son travail sur l'argent qui devait nous revenir de droit. Je lui promis de lui faire parvenir par mon ami voisin-maire et notaire tout le dossier de succession.

"Les promesses n'engagent que ceux qui y croient". Voilà une phrase qui a été mise dans la bouche de Charles Pasqua ou de Jacques Chirac. *"Demain on rase gratis"*.

Bah ! Y'en a bien qui croient en Dieu et y recommandent leur âme. Après bien des jours, je retournais le voir. Plusle même : lointain, indécis, gêné. Le lui demandais s'il avait bien reçu le dossier de succession. Alors, là, ce fut drôle. Oui, il l'avait reçu. Ben, alors, vous en pensez quoi ?... Ah, il faut que je le retrouve... Il se mit à le chercher, sur son bureau, sous son bureau, dans le vestiaire, dans le frigidaire, et ailleurs. Tournant en rond, finalement, il me laissa. J'eus le même sentiment que lorsque j'avais été reçu dans le PC Sarkosiste, avec le petit gros qui ne savait pas comment faire pour se débarrasser de moi…

Finalement, Maître Gustave Picpus [*], sans doute après avoir reçu ses consignes d'Adolphe Peseta [*] par téléphone, revint me voir, en me disant qu'il allait retrouver le dossier et qu'il me tiendrait au courant. "Et pour ma situation personnelle ?..." Il éluda en disant que le recours au Conseil d'État bloquait la situation, mais, pareil, il me tenait au courant.

Je profitais de cet encouragement pour aggraver mes crédulités candides en écrivant, en pli porté, à une certaine *Mame Ramatoulaye Yade*, dite Rama Yade, chargée des Droits de l'Homme. Une perte de temps parmi tant d'autres, qui m'obligea d'avoir à ramper pour aller jusqu'à son bureau pour remettre ma lettre, où j'ai été scanné, elle et moi, afin de parer à mon éventuel acte terroriste, mais il faut tant et tant de coups de marteau pour enfoncer un clou.

Elle, comme Simone Veil et bien d'autres, ont toujours reçu la même lettre de ce brave salopard d'Adolphe Peseta [*], les mettant en garde de cet ennemi public, indigne national, *taré* et juste bon pour le domaine sanitaire et social… Yade qui avait été conquise par Mandela, en avait un à sa porte, et elle n'a même pas su lui tendre la main…

Une nuit, j'ai eu une nouvelle fois à défendre le drapeau français qu'un jeune connard a tenté de me voler. Rattrapé au pas de course, j'ai pu récupérer le précieux tissu et faire serrer ces intrus pour un dépôt de plainte inutile et sans suite.

Au bout du 57ème jour de cette grève de la faim, je retournais voir Maître Gustave Picpus [*], comme j'ai fait le *chemin de croix du Christ* de Lourdes, tout à genoux, car, quand on croit, on est prêt à tout, même à prier.

J'ai actionné le code d'accès, j'ai *veni*, j'ai *vidi*, dans l'espoir de *vici*. Gustave Picpus [*] voulait me voir, donc, il avait du concret, forcément. Finalement, il justifia ma visite par du bla-bla comme quoi il avait récupéré le dossier de succession et qu'il allait bien attaquer mon beau-frère en justice, du fait qu'il nous fallait un avocat parisien, qu'il se paierait en temps utile, en fonction des résultats obtenus et que pour ma situation militaire, il avait tous les éléments et qu'il pouvait faire valoir qu'effectivement ma demande de démission était bien irrecevable !...

J'étais sur un nuage. Ainsi donc, sur cette terre, il restait encore une personne qui m'accorda sa confiance ?... je l'aurais embrassé, voire plus, selon affinités ! J'évitais de danser sur place la *troïka*, voire la *kalinka*, pour ne pas rayer son parquet.

Mais, et c'est là, qu'il fut très fort, il m'exigea un échange : *"Je m'occupe de vos affaires et me fais fort de les gagner, mais, promettez-moi, là, sur le champ, de rentrer chez vous, et d'arrêter cette grève de la faim. Cela vous dessert, vous déconsidère et ne peut que gêner mon action."*

Promis ?... Juré ?... Craché ?...

Haut les cœurs. Ainsi j'acceptais de lever le camp, mais, je voulais, auparavant, demander l'avis de Jamot Lapiècedufont [*], *député Maître-Chanteur* qui prétendait toujours s'occuper de moi, cherchant un compromis, une sortie honorable. Nous pûmes nous entretenir au moment où il se dirigeait vers la Brasserie Bourbon pour son repas du midi. Il était séduit par ce résultat et me promis d'entrer en contact avec cet avocat. Avec un temps de retard, je m'apercevais ne pas avoir donné la Carte de Visite avec les coordonnées de cet Avocat. Je rentrais donc dans la Brasserie pour aller remettre le précieux carton au Député. Et là, c'est le drame : le Patron de ces lieux d'aisance m'apostropha à haute voix et m'intima de sortir immédiatement, que je n'avais pas à aller importuner « *les politiques, et qu'il m'était interdit de remettre les pieds " ici " définitivement* » ! J'expliquais que j'avais juste un papier à remettre à Jamot Lapiècedufont [*], *député marcheur* et que je n'étais *ni un chien, ni un juif*, comme en 40, pour être interdit de séjour dans un établissement privé accessible au public. C'et de la pure discrimination. Il me répondit : « *je reçois qui je veux, et hier soir, vous êtes resté plus de deux heures devant un café !* ». Sauf, que ce n'était pas moi, mais Claude C. qui avait pris son moka, en attendant que je rentre de balade pour rejoindre mon banc. A ce sujet, je vous conseille la lecture du texte émouvant qu'il écrivit en m'attendant, en annexe 6 de ce Chef-d'œuvre. Le lendemain, je croisais l'ex-chauffeur présidentiel qui m'invita à prendre un verre à la Brasserie Bourbon. Je lui expliquais être interdit de séjour. « *Viens, je te dis, on va voir ça !* ». Bien sûr, il ne fut pas servi, car j'étais avec lui. Il fit un esclandre, du vrai Béru ! Bigre, je jouais prudence et monopolisais très vite mon banc, havre de paix. La Police arriva. Mon cicérone se fit sortir manu-militari. Je me promettais de déposer plainte contre ce Patron au comportement ségrégationniste où j'étais

coupable d'avoir adressé la parole à un Député de ma connaissance avec qui j'étais en affaires, alors que je suis un Client qui lui a rapporté 100 €uros de chiffres d'affaires au cours de mon séjour ! Mais ce sera peine perdue, ce petit tavernier, version moderne des séries de Zorro, employant des cuisiniers clandestins sans souci, était au dessus des lois, protégé, politiquement béni.

Un sale goût de mépris pour ces gens d'un autre monde, face à ce malaise créé par ce tavernier, somme toute, j'allais plier mon matériel de caravaning précaire, sous des promesses d'un avocat qui ne seraient pas trompeuses, si Dieu le veut.

Finalement, j'étais aussi stupide que ces délégués de manifestants réguliers de la Place Edouard Herriot, à qui l'on raconte des fadaises pour qu'ils puissent disloquer leurs manifestants à d'autres travaux.

Cela vous rappelle aussi, sûrement, qu'au bout de plusieurs mois, assis sur mon banc de la Place Jacques Bainville, c'est la Police qui a osé venir me demander de déposer une plainte contre le Ministre de la Défense !!! Plainte qu'elle savait inutile, mais suggérée par les *hautes instances*, car elle permettait, tout simplement, que fier comme d'Artagnan, je prenne mes cliques et mes claques et que je rentre sagement à la maison, où m'attendait Victoire, fidèle Épouse, attendant le retour du héros du Couloir du Temps !...

Ouaip ! Foutage de gueule pour naïfs. Presque attendrissant.

Je ne surprendrai pas mon lecteur, Mon Général, Monsieur Poutine, Monsieur Trump, Sa Sainteté et tous les autres, car, il va y en avoir d'autres, beaucoup d'autres. Je ne surprendrai pas, disais-je, que Maître Gustave Picpus [*] est devenu, dès lors, subitement injoignable, par lettre, courriel, téléphone, pli recommandé !...

Idem pour ce qui concerne Jamot Lapiècedufont [*] à qui j'avais été remettre la Carte de Visite de ce fameux avocat *aux ordres du Pouvoir*, ce qui avait déclenché le courroux criard du Boss du Bourbon. Je lui avais demandé d'intervenir auprès de ce tavernier suceur de politiques, pour confirmer nos relations spéciales et privées, que ce n'était pas moi qui avait fait le pilier de bar devant un moka pendant 2 heures, et qu'il n'y avait aucune raison de m'interdire l'accès dans ce lieu privé ouvert au public. Mais, basta, ce mec, qui sait jouer au Candidat à la présidence nationale, ne s'est surtout pas mouillé, car pas de *nouilles au nul*, comme tous ceux qui ne veulent pas de soucis.

Par ailleurs, il est pathétique et tragique de constater que toutes et tous les tenanciers des petites cabanes du bas des Champs Élysées, vendeurs de frites et de galettes, avec qui j'avais lié une réelle et franche sympathie, du jour au lendemain, ne m'adressaient plus la parole, feignant m'ignorer. Jusqu'où va l'intoxication pour démolir livrer, *mon honneur et la paix de ma famille en pâture, aux démolisseurs de réputation...* (A. Juppé)

Silence des tas, silence d'État ! Silence ! Ô Merta !

*

LE MENSONGE D'ÉTAT

Diffuser un document dans lequel un Officier de l'Armée a été interné en psychiatrie pendant 6 mois, d'un 01er octobre à un 31 mars de l'année suivante, alors qu'il peut prouver sans peine qu'il était ailleurs et continuait à servir, est un mensonge d'Etat, surtout lorsqu'il est à l'en tête du Ministre de la Défense Nationale et qu'il se retrouve sous toutes les photocopieuses de l'Assemblée Nationale.

Tout le monde savait cela, sauf l'intéressé. D'ailleurs, un cocu est toujours le dernier informé, c'est connu.

Certes, je me doutais d'une manigance dont, durant toutes ces années, je voulais avoir le cœur net.

C'est pour cela que j'ai fait quelques actions de force, à peine permises dans le cadre de la Grande Muette :

- 740 km de Derme [*] jusqu'au Palais de l'Elysée afin de remettre un dossier, hélas incomplet, du fait que j'ignorais tout de ma psychiatrie d'un semestre !... ;

- 220 km de course à pied en 24 heures autour du Ministère de la Défense ;

- 96 km de course à pied autour des abords lointains, donc permis, du Palais de l'Elysée ;

- 60 jours de grève de la faim devant le portail sud du Palais ;

- 4 mois sur un banc, jours et nuits, devant une caméra du Ministère de la Défense ;

- 57 jours de grève de la faim, Place Edouard Herriot, devant l'Assemblée Nationale ;

- Etc. sans parler de ma marche forcée *de plus de 1000 bornes* jusqu'à Toul, où résidait le Général Marcel BIGEARD, que je voulais rencontrer, afin qu'il puisse m'expliquer le pourquoi de ma situation qui empirait, suite « à un coup de piston » qu'il avait provoqué mais qui avait foiré, contre toute attente.

J'accuse donc l'institution militaire qui n'hésite pas à monter de telles pièces dans le simple but de mettre à l'écart des militaires trop dérangeants. Il s'agit, ni plus ni moins de « ***dénonciation calomnieuse*** » et de « ***faux en écriture*** » avec pour résultat de faire passer un officier pour « ***indigne*** ».

J'accuse des complicités dans le milieu militaire afin de créer ces manipulations, en se servant d'organismes comme la Direction de la Protection Sécurité Défense (D.P.S.D.), qui travaille étroitement avec la Gendarmerie Nationale, la D.C.R.I, et véritablement même des magistrats qui finalement sont avertis par des mises en garde contre telle personne. Cette Police des Polices de l'armée a gardé les mêmes prérogatives qu'à l'époque de l'ancienne Sécurité Militaire. Alors que ce service doit se limiter au contre-espionnage, le renseignement en général, le contre-terrorisme, la contre-subversion intéressant la Défense Nationale, ainsi que la sécurité des personnels, il continue à s'exercer dans un rôle de Renseignements Généraux avec des détournements inévitables de « ***chasse à l'homme*** ».

Personnellement, j'ai assisté à un coma éthylique d'un Adjudant-chef, qui avait été convié par des sous-officiers, dans mon Unité, afin qu'il fasse un rapport à mon encontre. Bien qu'ayant réussi à déjouer cette manigance, cela n'a pas empêché ce cadre de devenir, peu après, Lieutenant, et de continuer à achever un dossier à mon encontre, par copinage, sans souci de morale ni d'éthique.

Ce genre de coup monté est classique. Des intérêts personnels, souvent vengeurs, mènent des cadres ayant du pouvoir à utiliser l'intoxication avec une aptitude destructrice, irréversible, sous couvert de la République Française, de la Défense Nationale, sachant qu'il n'y aura jamais de comptes à rendre.

C'est pour cette raison que nulle suite n'a été donnée à mes différents dépôts de plainte, dont je donne la liste en annexe, en les confirmant encore aujourd'hui.

J'ai compris aussi, qu'en tant que fiché "S" ou assimilé, on n'est plus un citoyen et l'on perd tous ses droits, à part le droit de vote qui ne sert à rien au changement et le droit de s'occulter. Le "Droit de se taire" consiste à pouvoir déposer une plainte, ou faire un recours auprès de la Cour Européenne des Droits de l'Homme, et de ne jamais avoir de suite donnée, comme si ces demandes vous les aviez faites, écrites, puis déchirées puis déposées directement au fond de la cuvette des WC… simplement parce-que le papier est trop épais et dérangeant pour le parcourir d'un derrière distrait.

Par contre, vous avez tous les droits pour vous faire enquiquiner et traîner devant les tribunaux. J'ai le cas de ma fille, ayant eu un accident de voiture dont j'étais responsable (la voiture et la fille). Un an et demi après, un huissier de justice m'a remis un acte comme quoi je passais en procès pour pneus lisses sous huitaine ! Comme j'avais les photos de ces pneumatiques de cette épave, prouvant le contraire, j'ai fait appel. En pleine cour, le Juge s'est débarrassée de moi, en priorité, pour me signifier *qu'en vertu de l'alinéa 3 de la ligne 24, du Code de procédure, modifié Dalloz, revisité Super-Dalloz, vous avez omis de soumettre votre demande oralement par écrit au parquet de votre ville du département dont vous ne dépendez pas, et en conséquence, je ne peux pas prendre en compte votre demande d'Appel, pour une amende, qui d'ailleurs, vous a été infligée, mais sans débours exigé.*

Quand je lui ai demandé de répéter, car je n'avais rien compris, elle faillit se fâcher. Aussi, face à sa laideur *dame*, afin de ne pas l'aggraver, je suis parti, convaincu que la Justice ne m'aimait pas.

C'est un exemple parmi tant d'autres. J'ai eu à déposer des plaintes contre des petits escrocs. Quand c'était trop flagrant, il y a eu suites. Ces gens ont été punis et moi, jamais indemnisé. Un jour, même, il m'a fallu investir dans un timbre fiscal de 30 €uros pour avoir droit de faire suivre ma plainte où mon préjudice était de 30 €uros… Le coupable a été puni à hauteur de 150 €uros me revenant, pour payer mes frais de 180 €uros, ayant dû traverser la France pour assister au procès. Finalement, il me reste toujours 30 €uros à ma charge… et comme l'escroc refuse de me payer, malgré sa condamnation, j'en suis toujours de mes 180 €uros déboursés à jamais.

Idem, j'ai acheté une voiture d'occasion. J'ai constaté qu'elle n'était pas conforme, mais maquillée, avec un faux Contrôle Technique. J'ai fait poursuivre l'escroc et fait mettre à jour plusieurs autres victimes de cet énergumène polonais ainsi qu'un réseau de trafiquants et la complicité avec le Contrôleur Technique avec des preuves incontestables. Silence total. Je reste avec une voiture invendable, pleine de vices, impropre à la circulation, avec un compteur trafiqué. Mais je m'assois dessus et dedans. Comme disait l'un de mes anciens : *"il n'y a de la chance que pour la crapule."*

C'est l'État de Droit de se taire.

Ce qui a pour résultat de « pourrir la situation » et de déconsidérer le plaignant, encore un peu plus.

Il est indispensable que je précise qu'une simple allégation mensongère comme celle que je dénonce détruit tout sur son passage avec ses conséquences et ses dommages collatéraux.

- Ainsi, du jour au lendemain, alors que je suivais avec ponctualité et succès mes cours O.R.S.E.M. (Officiers de Réserve Spécialistes d'État-major), j'en ai été radié sans explication donnée ni orale ni écrite, bien qu'ayant une vie privée sans histoire et un casier judiciaire vierge ;

- Mes enfants ont subi des préjudices du fait qu'ils avaient un père qualifié « *indigne* » ; Ma fille se faisait traîner à terre, tirée par les cheveux, au Prytanée militaire, déclarée « *trisomique* », fille de *pute* et de père « *frapadingue* » ; Mon fils s'est vu refuser l'entrée dans l'armée de Terre *(alors que c'est là que l'on demande le moins de compétences pour un simple soldat)* car selon un Adjudant, il était le « *fils de son Père* »…

- Mes Beaux-parents ont coupé tous les ponts. Aujourd'hui mon Epouse ne peut que constater que ses frère et sœur ont hérité à sa place et qu'elle n'a pas les moyens financiers pour missionner un avocat pour faire constater que les derniers €uros restants d'un partage indélicat lui reviennent ;

- Mes Parents et ma famille proche nous ont écartés.

Quand j'ai enfin compris que mes demandes de réintégration étaient faites en pure perte, j'ai fait un recours au Tribunal Administratif.

Cela a demandé huit ans. Finalement pour constater que l'Avocat que j'avais eu au rabais, n'avait pas plaidé pour les bonnes controverses.

Le résultat est que si je n'ai pas été débouté, mon recours près le Conseil d'Etat ne pouvait que capoter du fait qu'il était fondé sur des bases erronées, incorrectes.

Aujourd'hui, après avoir été « ***euthanasié*** » suite à une démission sur laquelle j'étais revenu, je ne peux même pas me suicider. En effet, l'Autorité Militaire n'hésiterait pas alors à confirmer ses écrits, me qualifiant alors de « *fragile psychologique* », avec des « *antécédents psychiatriques* » afin de pouvoir se disculper.

Un assassin qui crie son innocence peut avoir des chances d'être entendu et rejugé.

Une personne avec une étiquette de « névrosé » ou qualifié de psychiquement malade, plus il crierait : « *je ne suis pas fou !…* », plus il persuaderait tout un chacun que c'est « *malheureusement, la triste vérité* », avec au coin de lèvre, un rictus de dégoût et de fatalité.

Je rappelle que je n'ai pas démissionné. A l'époque, j'avais, sous le coup de la colère, rédigé un tel document sur lequel j'étais revenu. Mais c'était uniquement pour créer un combat, une opposition, un ébranlement face à un harcèlement dont j'étais victime, ceci simplement parce-que le Général Marcel BIGEARD était intervenu afin que je retourne dans les Troupes de Marine, mon Arme d'origine, et que mon zèle intrépide fatiguait (*à la façon d'un Sarkosiste gesticulant*, trop présent partout, sur tous les fronts). J'écris cela à titre d'illustration afin que le lecteur comprenne mieux que je paraissais pour un « *emmerdeur - gêneur* » avec aussi, un complexe : celui de mon statut fragile qui m'incitait souvent à « en faire trop ». Je me suis expliqué de tout ceci dans mon Mémoire adressé au Conseil d'Etat, transmis par avocat, le 06 février 2010 sous le N° **020.710**/X:\F\Médocs\Paris\28_2010_Fév. (C'était en quelque sorte, mes *talonnettes*…)

Finalement, le Ministère de la Défense, au lieu de reconnaître son erreur, voire ses fautes, commises à mon encontre, durant toutes ces années, n'a cherché qu'à aggraver la situation en me démolissant, face aux recours amicaux de hauts gradés et autres personnalités qui acceptaient de m'apporter leur aide, afin de pouvoir être réintégré, et la faute de l'État réparée.

Cela a même été jusqu'à un Guet Apens dans le Cercle Mess de Garnison de Pau, en juin 1989, où j'ai été lynché, lapidé, à coups de pieds et coups de poings, alors que j'avais gardé les mains aux poches, par toute une bande d'énergumènes avinés, cadres de Réserve et leurs femmes, ceci devant mon Epouse et mes enfants éplorés, dans une inhumaine humiliation.

Cela, sans motif, hormis celui inavoué, de m'exclure des Cadres de Réserve.

J'ai déposé plainte à l'issue. (Dépôt circonstancié resté sans suite, malgré un constat de coups et blessures et ITT. C'est le Général Pierre Burkandwald [*], chef de la Délégation Militaire Départementale qui a réglé cette affaire à son niveau.) Les conséquences en ont été qu'une vengeance impitoyable s'est produite avec des fins judiciaires pour me desservir. (*Par exemple, 18 années de Liquidation Judiciaire pour simple manque d'actif, avec inscription dans mon dossier militaire*).

*
*   *

RÉHABILITATION

Je rappelle à nouveau, mon Flon Flon intérieur, style Aznavour, qui a accompagné mes jours et mes nuits sur ces bancs publics parisiens :

A dix huit ans, j'ai quitté ma province,
Bien décidé à empoigner la vie.
Le cœur léger et le bagage mince
J'étais certain de conquérir la Patrie;

Mes traits ont vieilli bien sûr,
Mon cœur s'est aigri un peu en prenant de l'âge,
mais j'ai des idées, je connais mon métier, j'y crois encore;

On ne m'a pas aidé, je n'ai pas eu de veine,
mais au fond de moi, je suis sûr au moins que j'ai du talent.

Si tout a raté pour moi, si je suis dans l'ombre,
Ce n'est pas ma faute, mais celle des Chefs qui n'ont rien compris;
On ne m'a jamais accordé ma chance,
D'autres ont réussi avec le jeu des rois et beaucoup de vent;
Moi j'étais trop pur, ou trop en avance,
Mais un jour viendra, je leur montrerai que j'ai du talent.

*
* *

LA POISSE – *Humour noir*

Je me trouvais dans le coma depuis un certain temps.

Marianne (*guerrière, émancipée au service de l'idéologie de la défense nationale*) était à mon chevet jour et nuit.

Un jour, je me réveillai et fis signe à Marianne de s'approcher, pour lui chuchoter :

« Durant tous les malheurs que j'ai subis, tu étais à mes côtés, n'est-ce pas ?...
- *Oui, mon soldat ;*

- Lorsque je t'ai connue, fréquentée assidûment, au lieu de bosser ma classe de Terminale, en trompant mes études pour aller sauter en parachute et me préparer à une vie avec toi, tu étais à mes côtés, n'est-ce pas ?...

- *Oui, mon soldat ;*

- A partir de ce moment, nous avons été heureux avec des hauts et des bas, car tu étais là, n'est-ce pas ?...
- *Oui, mon soldat ;*

- Quand un jour j'ai rencontré la femme qui allait devenir mon épouse, tu étais là, n'est-ce pas ?...
- *Oui, mon soldat ;*

- Depuis qu'elle est là, toi aussi, tu étais là, et tu étais jalouse, n'est-ce pas ?...
- *Oui, mon soldat ;*

- Quand je n'avais plus une minute à consacrer à ma vie de famille, c'est parce-que tu étais là, n'est-ce pas ?...

- *Oui, mon soldat ;*

- Quand j'étais fatigué, avec la solitude du Chef, en face du mauvais destin, tu étais près de moi, pour m'encourager, n'est-ce pas ?...

- *Oui, mon soldat ;*

- Quand j'ai eu à choisir entre une épouse, une maîtresse et ta fidélité à conserver, tu es restée avec moi, n'est-ce pas ?...
- *Oui, mon soldat ;*

- Quand j'ai laissé croire que je pouvais te quitter, tu es restée à mes côtés, n'est-ce pas ?...
- *Oui, mon soldat ;*

- Quand tout le monde a cru que notre amour était terminé, car certains le souhaitaient, tu étais encore là, n'est-ce pas ?...
- *Oui, mon soldat ;*

- Quand je me suis retrouvée à la rue, avec mon épouse et mes gosses, tu étais présente quand-même, n'est-ce pas ?...
- *Oui, mon soldat ;*

- Quand j'ai crié que je ne t'avais pas quittée, et que j'allais toujours à tes Rendez-vous, tu étais là pour moi, n'est-ce pas ?...
- *Oui, mon soldat ;*

- Quand j'ai créé mes boutiques dans le civil (pour de l'alimentaire que tu sais, dans l'attente de te ré-épouser), et que j'ai été conduit à la faillite, tu es restée près de moi, n'est-ce pas ?...
- *Oui, mon soldat ;*

- Lorsque nous avons tout perdu, dont notre maison, même pas achevée, tu étais toujours là, n'est-ce pas ?...
- *Oui, mon soldat ;*

- Quand j'ai été passé à tabac, lapidé, battu, humilié publiquement, devant mon épouse et mes enfants, dans un Cercle Mess de Garnison, tu étais bien sûr, présente, n'est-ce pas ?...
- *Oui, mon soldat ;*

- Quand il a été décidé de me détruire en me bricolant un casier judiciaire bien indécrottable, tu étais là pour moi, n'est-ce pas ?...
- *Oui, mon soldat ;*

- Et lorsque j'ai découvert que mon dossier militaire avait été bricolé pour me faire passer pour interné psychiatrique, donc un homme fragile psychologiquement, instable, caractériel, pervers, paranoïaque, mythomane, psychopathe, sociopathe, bref, un vrai *taré*, indigne d'être Officier, tu étais toujours et encore à mes côtés.
Alors, tu sais quoi ?...

Les yeux de Marianne s'emplirent de larmes d'émotion…

- *Quoi donc mon soldat ?...*, chuchota-t-elle.
- Je crois que tu me portes la poisse !... et pourtant je continue de t'aimer !» terminai-je.

*
* *

CONCLUSIONS

*

Je pense au petit Grégory, enfant mort noyé, qui ne savait pas nager !...

C'est lui, le vrai coupable !

Celui qui l'a tué restera inconnu, cela évitera de donner des preuves d'assassinat.

*

Dans ce Pays de France, il est sous-entendu en permanence que certains ont tous les droits et d'autres tous les devoirs.

*

Il n'y aura donc pas de rémission pour un ancien forçat, pas de grâce pour Jean Valjean. Il vola un pain. Je volai un saucisson à une triste époque où nous n'avions pas un sou pour nous nourrir. Voici les dernières paroles de l'impitoyable inspecteur Javert, ce policier qui incarne l'intransigeance de la société bourgeoise dans les Misérables. Ce personnage représente la police « aveugle » de l'époque :

« Avant de vous quitter, encore une question : Croyez-vous possible qu'un ancien bandit sur qui pèse les plus sévères condamnations puisse se redresser et qu'un policier qui a consacré toute sa vie à une justice qu'il pensait infaillible se voit un jour pris entre deux crimes : Le crime de laisser s'échapper un bandit et le crime de l'arrêter. Ce sera tout, messieurs, mais réfléchissez bien... »

OUI. Réfléchissez, ENFIN, ***Messieurs de la Défense Nationale***, que vous fabriquez des bandits pour le plaisir de les déconsidérer, en créant une violence comme un simple jeu entre enfants, par un harcèlement qui a lieu au sein d'un triangle : la victime, le harceleur et les spectateurs, Cadres, soldats, civils, qui de par leur indifférence, participent au harcèlement. Ces violences ont des conséquences graves, comme la perte de confiance en soi, le décrochage civique, la désocialisation, la dépression, pouvant aller jusqu'aux penchants suicidaires, avec, comme odieux prétexte, la déflation obligatoire des effectifs militaires...

"Tant qu'il existera, par le fait des lois et des mœurs, une damnation sociale créant artificiellement, en pleine civilisation, des enfers, et compliquant d'une fatalité humaine la destinée qui est divine ; tant que les trois problèmes du siècle, la dégradation de l'homme par le prolétariat, la déchéance de la femme par la faim, l'atrophie de l'enfant par la nuit, ne seront pas résolus ; tant que, dans de certaines régions, l'asphyxie sociale sera possible ; en d'autres termes, et à un point de vue plus étendu encore, tant qu'il y aura sur la terre ignorance et misère, des livres de la nature de celui-ci pourront ne pas être inutiles. » Victor Hugo, Hauteville-House, 1862.

Et comme disait Confucius : *" L'expérience est une lanterne que l'on porte sur le dos et qui n'éclaire jamais que le chemin parcouru."*

Alors, malgré tout, je suis prêt pour l'avenir car maintenant je sais que je peux reconnaître mon erreur quand je la recommence, et la déceler pour l'éviter !...

Je veux redonner un sens à ma vie depuis que j'ai compris et maîtrisé le jeu subtil de l'information qui se mêle à la désinformation.

En espérant simplement qu'il est faux de présumer que personne ne me croira en venant à révéler tout ce que j'ai écrit, car, si certains considèrent que c'est ordurier, hélas, c'est simplement la vie.

Et que l'on comprenne bien, comme l'a dit Jean Gabin, qu'à force de chercher le coupable, on le fabrique... Car, coupable ou pas, vous serez broyé par la Justice, et achevé par un traitement médiatique, ces fourches du Peuple, avide du sang des autres.

Je suis coupable d'être une victime.

Plus difficile est la victoire,
Plus grande est la joie de gagner
Surtout quand c'est
Le combat de sa vie.
Mais aucun de nous, en agissant seul, ne peut atteindre le succès.

J'aurais au moins appris une chose de la vie :

- que tout se sait ;
- que derrière soi, tout se dit ;
- que devant soi, tous se taisent.

- Mais aucun de nous, en agissant seul, ne peut atteindre le succès. J'ai besoin de vous !

J'ai besoin de vous, parce-que lorsqu'on rêve tout seul, ce n'est qu'un rêve, alors que lorsque l'on rêve à plusieurs, c'est déjà la réalité. L'utopie ensemble partagée, c'est le ressort de l'Histoire, avec un passé qui est la clef de l'avenir !

Finalement, si chacun pouvait s'occuper de son cul plutôt que de celui des autres, en fermant sa gueule, la vie serait parfaite et j'aurais été épargné !

Maintenant permettez-moi de conclure... Je partirai au moins avec l'estime de mes adversaires quand vous aurez compris que ces lignes sont mes tripes que j'étale au grand jour, c'est donc normal qu'on y trouve du sang et de la merde.

*

Parfois dans l'existence d'un être humain, il arrive des choses que tout le monde garde sous silence, supérieurs hiérarchiques comme subordonnés... et dont personne n'ose plus parler, par remords, repentance, regrets, à personne; même pas à soi-même, ni tout bas, ni tout haut : pas un mot, rien.

Parce que tout doit rester enfoui, caché bien profondément dans les savoirs et rester de jours en années, ignorance... et subitement, sans que l'on s'y prévoit, ni ne le souhaite, ça refait surface, comme ça, du jour au lendemain. Baaaah ! Même si ça date de très longtemps, ça ne change rien. Aujourd'hui je viens et remets tout cela sur le tapis, parce que quoi qu'on réalise ou quoi qu'on considère, une chose est sûre : on finit toujours par faire valoir ses bons droits. Aujourd'hui, demain, l'année prochaine, ou jusqu'à ma fin, on réussit ; alors, le plus tôt est le mieux, car j'ai assez subi, trop attendu, moi et les miens.

La diabolisation, arme majeure du terrorisme intellectuel des hommes d'influence du milieu militaire, pour masquer leurs arrière-pensées et leurs intérêts, est vaincue, car elle n'a fait que me faire passer, en définitive, pour un Saint, parce que je suis allé contre mon honneur et mes intérêts pour faire comprendre que je n'étais pas une menace pour mon Pays, mais un réel serviteur. Le milieu militaire a ce point commun avec la politique, c'est que les crocodiles s'y entre-dévorent plus férocement qu'ailleurs et certaines mises à mort peuvent atteindre la perfection. Sauf qu'un politique ne meurt jamais, alors qu'un soldat c'est fait pour mourir. Les voyous qui utilisent les coups bas et les crocs en jambe de destruction de vie, profiteront, hélas, toujours de leur position pour justifier leurs lois, restant méprisants et incrédules face à mes protestations. Ils sont conditionnés pour ; ils agissent aveuglément, leur sauvegarde étant essentielle, sans songer à leur couardise, ni se douter qu'ils pourraient un jour, être les victimes des mêmes disgrâces. Une guerre se termine toujours un jour, et les assassins d'hier sont poursuivis, à leur tour. Les tortionnaires du IIIème Reich ont fini pendus ; les coupeurs de tête de Daesch seront, à leur tour condamnés même s'ils ne le savent pas encore.

Hormis que, cette fois, mon combat personnel sera une victoire que l'on m'accordera, non pas par souci de justice, mais comme une simple obole.

Ceux à qui j'ai confié que si j'étais l'heureux gagnant du Loto d'un montant avoisinant le salaire annuel d'Hanouna, célèbre animateur pour intelligences décérébrées, ont tendance à douter, car, eux, à ma place, feraient un bras à Marianne, préférant se gaver.

Pas moi.

Et, je vais vous faire marrer : il suffirait, que toute honte bue, je fasse allégeance et servilité auprès de mes Parents, en crachant sur la République socialiste et l'Institution Militaire républicaine, en martelant : « *Tous des Cons !* », et demain, je roule en Mercedes luxe en devenant Imposé sur les Grandes Fortunes, en retapant paisiblement un Manoir Breton.

Pas possible. Car je ne peux pas perdre ; je gagnerai car j'ai appris.

Je voulais, toutes ces années, bénéficier de la grâce présidentielle ! Erreur. On ne peut bénéficier d'une telle grâce que si l'on est coupable ! Alors que je ne suis que victime.

Quoique je pensais que cette grâce présidentielle soulagerait plutôt l'administration militaire française, afin qu'elle ne perde plus son temps à vouloir ma destruction.

Pas tant que je n'aurai pas pu faire un Adieu aux Armes dans la dignité et réhabilitation, réparation du préjudice qui effacera le fait, qu'aujourd'hui encore, je reste encore plus méprisable que le Ministre Jérôme Cahuzac, juste en laissant faire croire que j'interprète Michel Boujenah, comme mythomane agent secret, dans la *Totale*, qui laisse un profond doute, en fin de film, où l'on ne sait plus, finalement, le plus sérieusement du monde, s'il est un baltringue, ou réellement un véritable agent secret, terroriste international... La réalité dépassant Sa fiction... et si tout ce qui est raconté ci-haut n'est que bobards.

En attendant, je pisse au lit, et j'en suis fier !

Car je n'ai pas besoin de thérapie. On dira que je peux continuer à me torturer si cela me fait plaisir ou alors arrêter d'y penser. Je refuse d'ouvrir mon esprit à l'éventualité d'avoir tort, et si je l'ouvre, personne ne me le rendra. Je n'ai pas besoin de cure de paroles où l'on s'immiscerait à vouloir me faire plonger dans ma conscience pour me faire découvrir que depuis le début j'ai tort. Un homme qui n'a rien à cacher n'a rien à se reprocher. Ce n'est pas le cas des politiques politiciennes qui s'emploient à détruire les indiscrets envahissants qui agacent.

*

Il n'y a pas meilleur menteur que celui qui se tait et tous les candidats à la Présidence de la République Française, devraient le savoir en l'appliquant !

Par contre, ce n'est pas parce-que j'ai des choses à dire que je dois fermer ma gueule !

Je lance un appel à toutes les françaises et les français qui veulent que ça change, car même, si je ne peux être candidat, faute de signatures et de finances, si le vote blanc n'est pas reconnu constitutionnellement, il donnera à réfléchir à TOUS les Citoyens et tous leurs dirigeants, afin de faire modifier les modes de scrutin :

VOTEZ NUMÉRO 6 !

Nous ne sommes plus des prisonniers !

VOTEZ BLANC ou NUL !

Majoritaire, ces élections seront décidément nulles.
Ainsi, nous pourrons repartir sur de bonnes bases saines, sans les guignols actuels.

Ceci est un ultime appel au Peuple français.

Nous sommes face à des putschistes secrets qui sont en passe de réussir leur ultime objectif en faisant perdre à la France son libre arbitre, en violant notre semblant de démocratie restante par la soumission du Peuple à un vote trompeur.

Mesdames, Messieurs, Citoyens, vous êtes intoxiqués par des Valéry Giscard d'Estaing, qui survit encore, par l'ancien 68tard Cohn Bendit, par François Hollande, par François Bayrou, par la Presse comme Libération, le Journal des Echos, par le Monde, par les chaînes TV comme TF1, par des financiers comme Messieurs Bolloré, Arnault, Pineau qui ne veulent qu'une seule chose, l'élection de Monsieur Emmanuel Macron. Cet homme n'est que le produit sous-marin nucléaire, introduit au cœur de l'appareil d'État par Fantômas représenté par les apparatchiks atlantistes et européistes.

C'est un simple Coup d'État pour que cet homme objet accède au Pouvoir.

Les organes centraux de l'Administration ne sont plus sous contrôle, les institutions de la République ne sont plus légitimes, les traîtres appartenant à nos structures étatiques.

Messieurs Jacques Attali, Michel Sapin, Jean-Pierre Jouyet, François Hollande sont impliqués dans ce projet et se servent des journalistes, de la Presse qu'ils manipulent, dans le but d'intégrer la France dans l'Europe et dans l'Économie mondiale, pour un gouvernement mondial de l'économie. Leur but est de faire d'un Emmanuel Macron le soldat de la politique européenne libéraliste et atlantiste, en anesthésiant les conservateurs, en neutralisant les "populistes" de gauche.

Le tout avec l'aide de hauts fonctionnaires, d'hommes d'affaire, voire d'intellectuels (*non, pas Cohn Bandit*), tenant des postes hauts placés, souvent dans des compagnies d'assurances, des fonds d'investissement, des banques. Cohn Bendit ayant droit d'antenne et diffusant quotidiennement des messages hypnotiques préparés… *"Tchaowtcho !"*…

Vous ne devez plus vous laisser abuser par ces néo-conservateurs mondialistes et obéir à Fantômas, le démolisseur des Nations indépendantes au profit de démocraties occidentales sous influence, valets du Seigneur et maître.

Votre nouveau Führer en devenir est d'une intelligence rare mais immature à souhait, c'est-à-dire qu'il est malléable par sa faible personnalité réelle, dispersée. C'est un Alien sous domination de ses propriétaires richissimes, les Pierre Bergé et autres déjà cités, remuant comme un pantin articulé par François Hollande, Jean-Pierre Jouyet, le milliardaire SOROS, d'ascendance ashkenaze et Fantômas-Rothschild, avec pour devise : "Européiste-Atlantiste".

Personne ne peut le contrer, car il n'y a personne ! Le Pen ?... Fillon ?... Mais lent Chon ?... Laissez-moi rire !!!...
Simplement parce-que les media sont contrôlés à 1000% par l'oligarchie. Les puissances financières sont aux commandes et contrôlent TOUT.

Citoyens, rangez vos Smartphones et redevenez HUMAINS avant de vous faire croquer pour disparaître, fondus dans une masse gluante !

VOTEZ NUMÉRO 6 !

VOTEZ BLANC ou NUL, mais invalidez en masse cette élection truquée !...

Surtout ne votez pas pour moi, pour ma personne, mon identité, car je serais vite "neutralisé", car dans cette face sombre du Pouvoir, il existe le "Permis de Tuer" pour les personnes jugées, sans procès, dangereuses pour la Sécurité Nationale, ou que l'on condamne, à souhait, pour des effets dont ce Pouvoir est la cause.

Le petit Grégory d'être mort noyé, n'avait pas à savoir nager, puisqu'il a été victime d'un meurtre !

*
* *

Je ne suis pas concerné et n'avais pas à l'être à l'époque de ma radiation, par l'article L.69 alinéa 1 du code du service national et du décret N° 76-886 du 16 septembre 1976 qui permet à l'autorité militaire de maintenir ou de radier des cadres ses réservistes, en fonction de ses besoins. Il est faux prétexte non recevable de se baser sur le contexte de la professionnalisation et de l'abondance des officiers de réserve, pour, « dans l'intérêt du service », de procéder à ma radiation. C'est simplement dû à un diktat, par convenance personnelle, du Ministre de la Défense, via son Chef de Cabinet civil, Adolphe Peseta [*].

Contrecoup d'une lettre de démission, non recevable, contestée, réfutée, démentie par mes soins et repoussée par un pli de rejet, par voie hiérarchique le 02 décembre, jour du 2S.

EN CONSEQUENCE, JE DEMANDE :

- Que la Justice prenne en compte et statue sur la genèse de cette situation, c'est-à-dire **tout ce qui s'est passé avant et pendant le 31 décembre 1985**, sans se laisser abuser ni détourner par les dommages collatéraux qui en ont résulté en m'impliquant dans des fautes contre la Loi, tout n'étant que la conséquence d'un différend qui m'opposa à ma hiérarchie militaire;

- **La reconnaissance par l'Institution militaire de la faute professionnelle à mon encontre en n'ayant pas respecté l'Article 7**, dernier alinéa - « Devoirs et responsabilités du Chef » (Chapitre II – DEVOIRS ET RESPONSABILITES DU MILITAIRE, Règlement de Discipline Générale dans les Armées) **sans se préoccuper des conséquences dramatiques que cet acte pouvait engendrer; Il y a *NON RESPECT DE LA SECURITE ENVERS UN SUBORDONNE*.**

- La reconnaissance du fait que je suis revenu par écrit et oralement sur cette demande de démission avant la date de prise d'effet et de ma signification ;

- La reconnaissance de ce que j'ai bien été victime d'un harcèlement moral et sexuel ;

- La reconnaissance que le non respect de la dignité humaine, en me mettant subitement à la rue, moi, et mon Épouse enceinte, ne pouvait que déboucher sur ma déchéance, l'atteinte à ma dignité, contraire au respect des valeurs républicaines.

- La reconnaissance par l'Autorité Militaire d'avoir inscrit dans mon dossier des informations infâmantes et fausses, ainsi que d'autres, prescrites, pour empêcher toute acceptation de demande de réintégration ;

- La punition des protagonistes de cette manipulation (D.P.M.A.T. Bureau matériel – D.P.S.D.) ;

- Ma réintégration dans le service actif (Au pire, l'intégration au titre d'Officier dans la Réserve Opérationnelle jusqu'à la limite d'âge de 57 ans, avec, en parallèle un emploi dans la fonction publique.), sinon l'accès comme réserviste citoyen, comme Jean-Vincent Placé, qui par magie, aucune formation, a été promu au grade de "Colonel de la Réserve Citoyenne", même si cela devait rester un titre honorifique.

    - D'ailleurs je suis resté accroché au tableau d'avancement au grade de Chef de Bataillon (gelé du fait de la manipulation de destruction ne prenant en compte AUCUN de mes états de service dans la Réserve à l'issue du temps d'Active).

    - D'autre part, je rappelle qu'au cours de mon cross long de 220 kilomètres en 24 heures autour des bâtiments du Ministère de la Défense, j'avais été reçu par le Colonel Michel Baudoin, à la Chancellerie du Cabinet du MinDef, qui m'avait garantit, en rappelant les observations et propos du Contrôleur général des Armées, le Général de C.A. Georges Baffeleuf [*] que ma damnation levée, il devrait être reconsidéré mon grade du fait qu'une carrière d'ORSA peut aller à 20 ans de services effectifs, et qu'il n'y avait aucune incompatibilité à ce que je poursuive mes études au Stage d'ORSEM. A l'époque, toujours dixit ce Colonel, je devais bénéficier de contrats me permettant de participer aux actions en République de Côte d'ivoire, pendant les évènements que l'on connaît ;

    - Au pire que l'on me permette d'être mis au service du Gouvernement de la République Centrafricaine afin d'aider à la restauration des forces armées de cette République. Je note que mon dernier séjour, en présence d'un fils d'un ancien Président de la République Française, et de l'ex agent de protection de François Bayrou, qui a été nommé Ministre de gouvernement, j'avais été promu Général à titre Étranger, auto proclamé… comme le président de l'époque !... (Voir ma lettre de motivation en annexe 7, pages 232-233)

- Les dommages et intérêts financiers pour le préjudice subi depuis le 01er janvier 1986, sur la base de réactualisation dans le grade sur la base d'une carrière normale de vingt années accordée aux ORSA.) ;

- Les Dédommagements de préjudice de carrière (Grades, Décorations, Soldes, Retraite) ;

- Que mes Enfants et mon Épouse soient rayés des fiches de surveillance et de mise en garde. Mon Épouse est exceptionnelle et même si on la confondait comme la "*Nounou d'Enfer*", quand on sait que François Hollande s'est fait un plaisir d'inviter *Miss Fran Drescher*, on doit enfin concevoir officiellement, que les jolies femmes séduisantes sont politiquement correctes, qu'avenantes veut dire charmantes et non pas aguicheuses.
  Il ne faut jamais oublier que Lili Marlène fut, lors de notre dernière vraie guerre, supérieure à l'idée de Patrie ; simplement la représentation de l'amour entre une femme et un homme, une féminine émancipée et libérante ;

- La création d'une Cellule Défense avec un **« médiateur militaire »** qui serait chargé de promouvoir les droits fondamentaux des membres des forces armées, de s'assurer de leur respect, de fournir une assistance juridique aux militaires, de recueillir les plaintes relatives à la violation de leurs droits.

<u>**CONSÉCUTIVEMENT, J' EXIGE :**</u>

- Que tous mes dépôts de Plainte soient déterrés et reconsidérés, étudiés, approfondis, pris en circonspection, ainsi que mon recours auprès de la Cour des Droits de l'homme :

- Plainte à l'encontre des journalistes de Canal Plus [Procureur République *Derme*]	19.08.2006	Affaire Capitaine Filembert Dieumerci [*] Pour leur action en République du Congo Kinshasa
- Plainte Contre Ministre de la Défense [Procureur République Paris]	15.05.2008	Remise en mains propres à Christian Marin Parquet T.G.I. Paris
- Plainte Contre Ministre de la Défense Chef du Cabinet Civil Alain Marc	18.07.2008	Procès Verbal Audition- Cne Jean-Luc Huchet – Sarij 08 - P.V. N° 2008/010135
- Plainte Contre Ministre de la Défense [Préfet *Zone Atlante* [*]]	02.12.2010	François-Xavier Ceccaldi
- Plainte contre Laurent Caldeyroux [Procureur TGI Paris]	20.12.2009	Affaire Brasserie Bourbon
- Plainte Contre Ministre de la Défense [Procureur République Paris]	02.12.2010	Jean-Claude MARIN – Parquet TGI Paris
- Plainte Contre Ministre de la Défense COUR EUROPÉENNE des DROITS de l'HOMME Conseil de l'Europe	23.01.2012 24.04.2012	- 1 exemplaire format libre - 1 exemplaire format formulaire spécial approuvé C.E.D.H. Requête N° 5330/11 *Lebol* Contre France
- Plainte Contre Chef des Armées Ministre de la Défense	24.01.2012 28.03.2012	Date du P ;V ; de Gendarmerie N° 14582/00928/2012
- Plainte pour escroquerie Faux Contrôle Technique - Contre Yves Ollin	23.12.2015	Procureur République Zone Atlante [*]

Liste non exhaustive

SOUS TOUTES RESERVES.
DONT ACTE
Pour valoir ce que de Droit.

Général Lebol Jean
Nom de plume

oooooooooooooooooooooooooooooo

ÉPILOGUE

*Un hommage appuyé à tous ces gens dont les noms suivent qui ont su garder un secret total sur cette affaire, en ne donnant jamais suite et en obéissant à la loi du secret, l'**omerta** :*

Madame Bérangère FERENC, Greffier Militaire - Cabinet du Doyen des Juges d'Instruction - Monsieur Laurent DELAHOUSSE - Madame Claire CHAZAL - Adjudant LATAPIE - Monsieur Alain JUPPE - Monsieur Pierre BESNARD Chef de Cabinet Palais de l'Elysée - Madame Sylvie H U B A C Directrice de Cabinet Palais de l'Elysée - Monsieur le Général de Brigade Emmanuel de RICHOUFFTZ Chargé de mission à la direction de l'emploi du groupe Suez - Monsieur Frédéric Mitterrand - Monsieur Jean LASSALLE – Général de Corps d'Armée Gérard DELBAUFFE Contrôleur Général des Armées Président de la Commission des recours des militaires - Monsieur Patrice BIANCONE Palais de l'Elysée - Monsieur Robert BADINTER Sénat - Monsieur Yves POZZO Di BORGO Sénateur – Général de Division Michel ZEISSER -- Madame Simone VEIL Académie Française - Maître Elisabeth BARADUC_BENABENT Avocat au Conseil d'Etat et à la Cour de Cassation - Madame Line RENAUD - Presse avec Diverses adresses – etc. Car il y en a bien d'autres, qui se cachent à peine tant leur médiocrité les masque.

A vaincre sans péril, on triomphe sans gloire

« J'ai fait le sacrifice de ma vie à la vérité, à la liberté, à la patrie (…) je recevrai presque comme un bienfait, une mort ». Ce monsieur s'appelait Robespierre.

Je suis un convaincu, mais j'aurai ma revanche

ANNEXES

ENTRETIEN PRÉALABLE À LICENCIEMENT
Ou DÉMISSION TRUQUÉE
-

Bien que l'on puisse juger que cette œuvre sous vos yeux confondus et déconcertés est de haute teneur, et qu'il ne faut pas trop s'appesantir dans trop de répétitions, il est quand même essentiel de faire paraître ci-dessous, le document que j'avais confié à un Avocat que le maire de mon village a payé pour que mon affaire soit déposée devant le Tribunal administratif :

Annexe à la lettre de mission, Cabinet Maître Francis Tacot-Carma [*], du 10 décembre 2006.

GENESE de 20 ans de GALERE

1 – ENTRETIEN avec le Colonel Merguez [*], Commandant le 91ème Régiment de Commandement et d'Appui [*]   , le 31 décembre 1985, 15 heures 15.

« J'ai voulu vous voir dans mon bureau avant que vous nous quittiez. Vous avez fini votre circuit de départ ?...
- Oui, Mon Colonel.
- Que comptez-vous faire maintenant ?
- Je reviens sur ma demande de démission. Je l'ai faite en début de mois, et vous avez dû la recevoir par voie hiérarchique.
- Ce n'est pas possible et vous le savez bien.
- En quel honneur ? Vous savez très bien que si j'ai demandé à partir, c'est parce-que les dés étaient pipés à l'avance. Cette affectation était bidonnée dès le départ. Je n'ai jamais demandé à venir dans cette Unité. Il m'avait été promis, au départ de l'E.C.E.M.A.T.E. à Castelrouquin [*], un rapprochement familial, et au lieu d'être affecté dans le sud-ouest où j'ai ma Femme et mon Fils, j'ai été muté ici, parce-que je suis breton, près de chez ma Grand-Mère. J'ai toujours pris cela pour une mauvaise farce. Depuis que je suis ici, j'ai un emploi de placard. Par cette demande de démission, j'ai voulu vous mettre face à vos responsabilités. Vous êtes le Père du Régiment ou pas ?... Il y a un article du Règlement de Discipline Générale qui prétend que vous devez vous occuper des préoccupations de vos subordonnés...
- Trois fois, je vous ai demandé ce que je devais faire de votre demande ; à la fin, je l'ai faite suivre...
- C'est normal. Vous saviez pourquoi j'avais réagi ainsi. J'attendais que vous réagissiez pour que ma mutation ait lieu comme c'était prévu. Cette demande, il fallait la déchirer.
- Je l'aurais fait, vous m'auriez engueulé !
- Mais non, Mon Colonel ! Je vous aurais embrassé, au contraire !
- Moi, personnellement, j'étais contre ce départ précipité. D'ailleurs je vais vous lire ce que j'ai écrit comme avis...
(N.D.R.. : ma mémoire ne peut être fidèle au point de retranscrire ce commentaire manuscrit, au mot près. Cependant, le sens général précisait que je n'étais pas prêt pour une vie civile.)
…Vous voyez que j'ai émis des réserves.
- Mais vous n'avez rien compris ! J'aime mon boulot plus que tout, l'Armée est ma seule raison de vivre ! C'est vous qui avec votre côté paternaliste m'avez forcé à agir ainsi. Je voulais que vous compreniez que ma situation était totalement inconfortable : j'ai été mis dans un placard dans un emploi fictif d'Officier Adjoint à un Commandant qui attend les jours couler paisiblement qui ne fait que superviser deux Capitaines qui font leur temps de Commandement. Mon seul rôle est de chercher à m'occuper, d'aider ce Commandant à faire ses mots croisés dans Uhel Brezhoneg [*] et de vous répondre au téléphone quand il est absent en invoquant sa présence au Commat de Saint-Michel, alors qu'il se balade entre Quinou [*] et Saint-Michel [*], en passant par chez lui ! Avec son prédécesseur, ce n'était pas mieux, mais il me rendait utile en faisant la déco de la salle d'Honneur et en confectionnant des petits cadres sous verre pour y mettre ses fanions !!!

- Ça, je n'en suis pas cause, c'est votre patron.

- Oh, je sais, et vous êtes aussi son premier noteur. Vous savez, j'ai eu affaire avec lui quand il était Lieutenant et que j'étais sous-bite. Je le connais bien. On n'était pas copains, déjà. Lui, c'était « l'ancien » et moi, le « jeune con ».C'est un planqué qui s'est fait pistonner pour être affecté ici, près de chez lui. J'avais la hantise de revenir, après mon stage d'Off. Méca. Je savais que ça allait se passer comme ça. Pourtant le Lieutenant-colonel Scriptexact [*], (N.D.R.. : COMMAT, Commandement du matériel de l'Armée de Terre), m'avait écrit que le Commandant Parenthèse [*] ne me chercherait pas d'ennuis et que j'aurai, enfin, de véritables fonctions. En fait, je suis revenu à la case départ. J'ai déjà eu la fonction d'Officier Adjoint à un Commandement de Groupement quand j'étais à Tarente [*]. Mais j'avais une délégation de pouvoirs au niveau commandement et je m'occupais de l'instruction militaire et T.A.P. Ici, rien. Il n'y a qu'attentisme et inertie où il n'y a juste qu'à veiller que les Soldats du Contingent n'aient pas à se plaindre de leur sort !!! Pas de vague pour une perme hebdomadaire.

Je ne veux plus travailler comme cela. Je suis un homme de terrain, pas un mec qui se balade avec un dossier sous le bras, dans les couloirs, avec l'air affairé. Vous m'avez envoyé en stage pour partir au Togo. Au bout d'un mois, j'ai été informé que la place était prise par quelqu'un d'autre. Mais ce stage faisait mutation. Cela fait quatre mois que je vous demande que cette mutation soit effective. C'est le règlement qui veut ça. Ce stage était fait pour cela. D'ailleurs, il y a un an, tout juste, j'ai déjà fait mon pot de départ de ce Régiment, car il était convenu par vous qu'à l'issue de cette formation j'étais muté au Togo.

Qu'est-ce que j'ai fait depuis mon retour ?... Juste m'occuper de la logistique de la Fête de la Saint-michel et du fameux bal où me suis fait draguer de façon éhontée par la fille du Commandant Michel Des Pafières [*]!!! Là, ça été le début de la fin...

- A ce sujet : que comptez-vous faire ?...

- Mais cette fille, je ne l'aime pas !!! Mais ça arrangeait tout le monde que je devienne son béguin ! Ça la calmait et ça m'occupait ! Et bien, je ne joue plus ! Je ne supporte plus ce harcèlement de sa part. Il était convenu que nous soyons amis, rien de plus. Rappelez-vous : j'ai craqué et vous avez eu ma demande de démission le lendemain du soir où elle s'est taillé les veines, chez moi, sous prétexte que je ne voulais pas d'elle. Quand je vous ai rendu compte que cette situation ne pouvait plus durer, vous m'avez répondu que le divorce n'était pas fait pour les chiens !!!... Pour cette soirée, vous pouvez demander à votre Fille, elle était présente ! Elle vous confirmera mes dires. J'aime mon Epouse, et tant pis, je rentre chez moi, à Tarente [*], quitte à devenir et péricliter chômeur.

- A ce propos, je ne permets pas à Madame Lebol [*] de m'insulter au téléphone.

- Excusez-là, mais il faut la comprendre. D'être informée que son mari se retrouve au chômage, et tout cela à cause de cette fille, ça l'a mis hors d'elle. Et comme elle sait que vous étiez complice de cette situation, elle s'est lâchée. De plus, elle vient de perdre son boulot de commercial en moratoire des Entreprises. Elle est sans emploi, elle aussi, et sans aucun droit à quoi que ce soit.

- Où est-elle ?...

- Là-haut. Elle m'attend dans mon bureau.

- C'est ce que vous faites de mieux : restez avec elle.

- Mais il n'a JAMAIS été question que je la quitte !!! Ce n'est pas parce-que j'étais « célibataire géographique » que nous ne nous entendions pas. Vous savez que mon Epouse a une santé fragile et qu'elle ne supporte pas ce climat breton. Et pour preuve que nous nous aimons, elle est enceinte depuis quelques jours.

- Ca, c'est votre vie privée et ne me regarde pas...

- Mais bien sûr que ce n'est pas votre problème ! C'est le notre. Que je fasse Tarente-Naoned par le train et Naoned-Quinou dans une voiture à 2000 balles pour venir au travail et la même chose en sens inverse, les Week-end, que j'ai un endettement d'un mois de solde de retard, que mon propriétaire, prenant sa retraite, nous met à la porte ces jours-ci, c'est notre problème ! Un Officier n'a pas le DROIT d'avoir de difficultés, il doit être imperméable à tout tracas autre que professionnel. La preuve : je ne peux même pas rencontrer l'Assistante Sociale. J'ai demandé à la voir : elle est absente. Normal, entre Noël et le Jour de l'An, tout le monde fait la fête...

- Je ne vois pas ce qu'elle pourrait faire pour vous...vous avez demandé à partir, vous partez...

- Mais, franchement, Mon Colonel, moi je voulais vous faire comprendre ma situation. C'est pour cela que j'ai joué cette carte de la demande de démission. D'accord, sous le coup de la colère, mais je me faisais des illusions en vous croyant proche de la situation de vos subordonnés. Si j'avais été un Appelé du Contingent ou un Caporal-chef de carrière, vous auriez agi autrement. La démagogie participative habituelle ne fonctionne pas pour les Officiers qui doivent s'assumer ou partir.

- Là, vous dépassez les bornes, je ne vous permets pas ces insinuations...

- Pourtant, je suis sûr que si j'étais Caporal-chef ou sergent, le Président des Sous-officiers et l'Assistante sociale seraient là et m'empêcheraient de partir. C'est le règlement. Il y a un minimum légal avant de mettre un militaire à la rue, ne serait-ce qu'un stage de reconversion. De plus, je pouvais prétendre à un Congé sans solde. Je vais me retrouver au chômage, ma femme aussi, sans logis bientôt, avec une construction sur le dos, sans allocations de chômage ou d'ASSEDIC, avec un gosse qui va naître dans quelques mois et qui sera sans-doute un enfant de chômeur peut-être de S.D.F.

- Ca, il fallait y penser avant...

- Mais bien sûr que j'ai pensé à tout ça. Et je pensais que VOUS aussi, vous y pensiez ! C'est votre boulot. Comprendre que j'étais dans la détresse. Je suis quand même un homme, pas un robot. En fait, vous m'avez utilisé, maintenant vous me jetez, alors que vous savez très bien que l'Armée est toute ma vie. En quittant brutalement de cette façon, vous savez bien que je n'arriverai jamais à revivre normalement.

- Je ne vous ai jamais ni demandé ni forcé à démissionner…

- Vous n'avez rien fait pour m'en empêcher. Me demander par trois fois, à une semaine d'intervalle ce que vous deviez faire de ma demande de démission, ce n'est pas l'entretien que vous m'accordez seulement aujourd'hui et que j'espérais depuis deux mois. C'est cet entretien que j'attendais afin de pouvoir m'expliquer, mettre les choses sur table, et bien sûr, revenir sur cette demande. En fait, comme on dit, la seule chose au triomphe du mal, c'est l'inaction des gens du bien. Je ne sais plus qui a dit ça, mais c'est bien vrai. Personne ne se mouille pour personne.

- Vous saviez bien que votre démission aurait été acceptée. On ne retient personne, surtout vu la politique de déflation des effectifs.

- Et bien non, justement. J'avais confiance en vous et me disais que ma demande avait été détruite ou mise en tiroir restant. Sinon, je ne serais pas parti en permission. J'aurais réglé ce problème auparavant. D'ailleurs, je dois être Capitaine de Semaine à partir du 3 janvier, et comme le Planning n'a pas été changé, je me suis dit que cette démission était bien lettre morte.
(N.D.R. : Le Colonel MERGUEZ constata ma fiche présente sur le tableau des Services à prendre. Il appela son Officier Adjoint afin de faire modifier le service; il fut désigné un autre Capitaine de semaine.)

- Cette omission est réparée. Avant de nous quitter, je veux que vous sachiez que votre mutation n'était pas possible. Je suis pourtant intervenu auprès de la D.P.M.A.T. plusieurs fois à votre sujet.

- Mais je vous répète que les dés sont pipés depuis des lustres. Je suis sûr d'avoir un dossier noir, ou d'être sur une liste noire, genre D.P.S.D. (N.D.R. : Sécurité Militaire). Pourtant j'ai tout fait comme vous m'avez dit : j'ai suivi ce stage d'Officier Mécanicien qui faisait mutation obligatoire. Je l'ai réussi. Vous m'avez fermement conseillé de reprendre mes études afin d'avoir le niveau requis pour pouvoir continuer dans l'activité jusqu'à quinze ans de service et au-delà. J'ai réussi cette qualification en Université de Lettres et Sciences Humaines ; En courant deux lièvres à la fois comme vous me l'écriviez en reproche, j'ai pourtant gagné sur les deux tableaux. Tout ça pour rien, que dalle. Je suis persuadé qu'en Haut Lieu, j'ai un « ami qui me veut du bien ». J'en ai eu encore la preuve quand j'étais à Bourgade [*], à, à l'E.S.M.C.L.É.P.L.A.T. [*], pendant le stage d'Off. Méca. L'Aumônier de la 1ère R.M. est intervenu en ma faveur à Cercottes pour que je puisse intégrer le 44. Je vous avais déjà dit que c'était ma préférence, le Corps de Troupe classique ne me plait pas trop. Et bien, cet aumônier m'a dit en rentrant de Cercottes qu'il avait été reçu à mon sujet et qu'on lui avait intimé de « ne plus jamais prononcer mon nom » !!! Et cela, je ne le supporte plus. Il y a quelqu'un qui a mis une grosse merde dans mon dossier, et cela, personne ne m'en parle jamais. Mais je suis sûr que je suis classé « sous surveillance », ou « douteux » ou je ne sais quoi encore. Alors que je n'ai jamais rien fait ni commis d'illégal, d'illicite ou contraire aux règlements militaires. Je suis sûr que je paye une simple vengeance. Ou tout simplement parce-que je n'aime pas les gens du Matériel. Je suis Colo. Et je garde l'esprit Colo. Le Matériel n'est pas mon Arme d'origine, mais je sais qu'on m'accuse de cracher dans la soupe. Chaque fois que je dois avoir une promotion ou une affectation valable, brutalement, il y a toujours un contre ordre, mais jamais d'explication. C'est de cela que je voulais vous parler quand je vous ai provoqué avec ma démission. Outre le fait que je ne supportais plus le harcèlement et les caprices de Mademoiselle Michel Des Pafières [*], par exemple en entrant dans mon bureau en mon absence pour déchirer mes photos de famille, ou en se cachant dans le coffre de ma voiture pour savoir où j'habite, ou en se faisant déposer chez moi, par la suite, en voiture, par sa Mère et toutes autres excentricités, je voulais m'entretenir avec vous au sujet de mon dossier qui cache quelque chose. Chose que j'ignore et qui est infondée. Cela me pourrit la vie. J'ai toujours l'impression que « tout le monde sait », sauf moi qui suis le principal intéressé. J'ai eu l'opportunité d'avoir la possibilité de faire dédicacer le portrait du Général Bigeard que j'avais fait de lui. Ce dernier est intervenu pour que je puisse retourner chez les Parachutistes et reprendre mon Arme d'origine (N.D.R. : Troupes de Marine).Tout était prévu ainsi, et puis, au dernier moment, avec un préavis de 72 heures, je me suis retrouvé affecté ici…

- Vous savez que les demandes d'intervention sont mal vues…

- Mais cela ne date pas de ce moment ; d'ailleurs, je n'avais rien demandé. C'est une proposition qui m'a été faite et que j'ai acceptée, bien entendu. Je suis soldat, pas militaire. Je n'ai jamais bénéficié de passe droit ou de piston, mais si je peux avoir l'occasion d'aller dans une vraie unité combattante, je saisis ma chance. Mais si par derrière, il y a quelqu'un qui pourrit mon dossier…

- Ne soyez pas paranoïaque, non plus ! A part les Etats-Unis et l'U.R.S.S., tout le monde sait votre situation, comme quoi vous vouliez partir…Le Général Tropoli (N.D.R. : Commandant de 19ème B.I.M. [*]) a même entendu parler de votre vœu de départ et m'a demandé des comptes !

- Partir de ce Régiment, oui, mais pas de l'Armée !... Ce qui a tout déclenché, c'est cette fille qui me fait la vie impossible. Il est évident que j'en avais informé mon Epouse. Hélas, celle-ci, croyant bien faire a parlé à un de ses Collègues de travail ce que je vivais actuellement. Résultat, ce mec s'est adressé à un de ses amis qui est au Gouvernement, et j'ai même reçu une lettre signée Pascal Kivala [*], comme quoi il voyait pour que je sois effectivement muté. Je croyais donc naïvement à cette intervention. Je ne me doutais pas qu'un dernier Colonel de fond de tiroir à la D.P.M.A.T. aurait signé comme quoi mon contrat était résilié sur ma demande alors qu'il y avait une intervention en cours. Je ne sais plus quoi faire ; je vais relancer cet intermédiaire pour affirmer comme quoi cette démission doit être considérée comme nulle et non a venue.

- Vous savez, la Droite revient au pouvoir en début d'année. Une intervention politique de gauche vous desservira, bien au contraire.

- Bah, même les Russes et les Américains savent que je suis de Droite et apolitique…

- Faire intervenir les politiques dans l'armée est très mal vu et cela n'arrangera pas vos affaires.

- Je n'en suis pas l'initiateur…

- Il faudra le prouver. Enfin, cela importe peu. Je ne veux pas gâcher vos illusions, mais vous ne serez pas rengagé.

- Je ne vois pas pourquoi. J'ai encore la lettre du le Lieutenant-colonel Scriptexact [*] qui dit que je suis dans les bonnes grâces de la D.P.M.A.T. Je ne vois pas pourquoi, il me mentirait. Rien ne peut m'empêcher de souscrire un nouveau contrat. Vous savez, un O.R.S.A. n'a pas véritablement de plan de carrière. Ce n'est pas pour rien qu'on nous traite de « travailleurs saisonniers »…

- Pas si vous avez démissionné.

- Si vous saviez cela, ça veut dire que vous m'avez laissé aller droit dans le mur, c'est de la non-assistance à personne qui s'est mise en danger. Heureusement que vous disiez que vous m'aimiez bien…

- Vous êtes grand. Je n'avais pas à vous tenir par la main.

- Et si je décide de refuser de partir ?... Je ne veux pas partir.

- Je serais obligé de vous faire quitter le Régiment par la force.

- Je peux demander une enquête sociale par l'Assistante Sociale qui pourra bloquer mon départ. Car il serait normal de s'assurer de mes possibilités de reconversion, de mes différents droits, ainsi que de mes réelles motivations de départ du Régiment, surtout avec un préavis de seulement 72 heures…
(N.D.R.. : Silence pesant de quelques minutes où les deux interlocuteurs se regardent dans les yeux, chacun soutenant le regard de l'autre.)

- Bon, vous n'avez plus rien à ajouter ?...

- Non, Mon Colonel. Ma vie est foutue. Je suis un automate dont on a coupé les ficelles. Je n'ai pas un sou. Je me retrouve à la rue. Mais je vous jure, comme je l'ai juré à mon Epouse, parole d'homme et d'Officier que je suis encore : je refuse de faire un métier civil, ça ne m'intéresse pas. Je suis breton et têtu. J'en ai gros sur la patate, j'irais à la guillotine que cela me ferait le même effet. La main devant, la main derrière. Ok, je suis mort, car je sais que je ne me sortirai jamais de cette situation, si par malheur je ne suis pas rengagé. Et on me cache quelque-chose, le gag, c'est que je ne saurai jamais quoi et surtout pourquoi. De toute façon, si je ne peux réussir dans l'Armée, je ne réussirai pas non plus dans le civil. C'est mon Père qui me l'a dit : l'Armée récupère ceux qui ne savent rien faire d'autre. Et je ne sais rien faire à part marcher au pas et faire marcher au pas.

- Profitez-en pour lui donner tort, il y a du travail dans le civil.

- Mon Père n'a jamais tort et je ne retournerai le voir que lorsque j'aurai un nouveau contrat. Je ne peux tourner la page alors qu'elle n'est pas écrite. J'espère simplement que personne n'essaiera de compromettre mon retour…

- Bon, c'est tout ?...

- Oui, c'est tout, Mon Colonel. Ce que vous faites n'est pas humain, mais je ne vais pas abuser plus de votre temps. Ne faudrait pas que cela vous gâche votre Réveillon.

N.D.R. : Le Colonel se leva, contourna son bureau et se dirigea vers son armoire forte. Je me suis levé aussi, l'entretien étant clos, et ne pus m'empêcher de demander :

- Qu'est-ce que vous faites, Mon Colonel ?...

- Et bien je vais vous remettre votre cadeau de départ...
J'ai recoiffé mon béret, me suis mis au garde-à-vous, ai salué ce drapeau en disant :

- Non, Mon Colonel, je ne voudrais pas, en plus, avoir à vous dire « Merci ».
(Après un demi-tour réglementaire, j'ai fait demi-tour pour quitter le bureau du Chef de Corps.)

oOo

2 – EXTRAIT de la lettre envoyée au Général de Corps d'Armée Gérald Lebeauf [*] Chargé du droit des personnes, MINISTERE DE LA DEFENSE, Contrôle Général des Armées, du 31.10.2001 :
(…)

Je reconnais avoir été piégé et victime, depuis lors, d'un règlement de comptes. J'ai relu le dossier que je vous avais envoyé. Je persiste et n'y change rien. J'ajouterai peut-être ce que le Médecin Lieutenant-colonel Lacrampette [*], Officier D.G.S.E., écrivait à mon sujet : « Je demande au Haut Commandement Militaire toute son indulgence et sa compréhension bien que son comportement ne soit pas exempt de reproches pour cet officier qui n'est ni plus ni moins paranoïaque que tous ceux que j'ai pu croiser au cours de ma carrière. Il est simplement un homme d'action qui a tendance à se sentir inutile dans des postes sédentaires et routiniers. Les qualités dont il fait preuve sont souvent beaucoup plus appréciées dans des périodes difficiles qu'en temps de Paix. »

Georges Clemenceau a écrit : «Méconnu dans mon foyer, trahi dans mes amitiés, lâché par mon Parti, (…) suspecté par mon pays, la Justice a fermé ses bureaux, ses créanciers assaillent ma porte. Je suis criblé de dettes et je n'ai plus rien, je n'ai plus rien, je suis un homme mort. »

C'est l'effet que j'ai ressenti peu après mon départ soudain, et après mes premiers échecs de demande de retour : L'armée m'avait abandonné, mes amis me trahissaient, et je n'avais plus rien. Je me suis retrouvé seul, abandonné, fragilisé et si j'avais été aidé, toutes ces dernières années se seraient passées autrement. Mais personne ne m'a tendu la main.

« Et toutes les explications du Monde ne justifieront jamais que l'on ait pu livrer aux chiens l'honneur d'un homme et finalement sa vie, au prix d'un double manquement de ses accusateurs aux lois de notre République, celles qui protègent la dignité et la liberté de chacun d'entre nous. » Ecrivait François Mitterrand pour justifier ses meurtres, par pensée, par parole, par action et par omission.
(…)

Certes, ce n'est pas une raison d'Etat, mais cela n'efface pas les menaces que j'ai subies ainsi que les sabotages concernant mes enfants, ma femme et notre honneur. Et tout ceci s'est arrêté aussi mystérieusement que c'est arrivé, quand on a décidé que j'étais devenu « hors d'état de nuire, » c'est-à-dire avec un retour dans l'armée compromis irrémédiablement.

Nous avons vécu des épreuves éprouvantes et souvent aussi insolites qu'inexplicables. Nous avons été montrés du doigt. Les enfants à l'école ont mené aux miens la vie dure.

Des méthodes inacceptables ont été employées pour nous discréditer mon Epouse et moi, cela pour me rendre responsable. En m'attaquant par des actes injustes et injustifiés, cela protégeait sans doute d'autres personnes. On n'a pas hésité à utiliser tous les moyens de manière indigne pour nous nuire définitivement.

Ainsi, de l'extérieur, j'apparaissais comme une "pourriture", mais vu de l'intérieur, heureusement, la vision est tout à fait fausse. Mais personne, à ce jour, ne s'est préoccupé de percer le système.

Moi-même, je n'ai pu le savoir qu'en interrogeant Monsieur Marcello Zombi Chianti [*], titulaire d'une carte d'adhérent de la Loge P2 Franc Maçonnique, de mes yeux vue, vivant dans le milieu niçois, qui m'a révélé, renseignements pris, « qu'un ami à moi, très haut placé à Paris, voulait ma peau, qu'il fallait me détruire, et que cela irait jusqu'à me mettre en prison si je persistais à vouloir revenir dans l'armée, qu'on me pourrirait la situation où que j'aille et qu'on ne me laisserait tranquille nulle part. »

J'avais contacté cette personne, du fait de mon expérience de commerçant. J'avais constaté, qu'importe avoir d'excellents produits, pour les vendre au mieux, il fallait une bonne zone de chalandise. Visionnaire, je voulais faire ce commerce en ligne, à cette époque de la fin du Minitel et des débuts de l'informatique très prometteurs. Au passage, il m'a volé mes 20.000 francs français qui me restaient, avec un de ses complices, il m'a enrôlé dans des 3615 où, mon Épouse et moi, passions des heures, jours et nuits, comme modérateurs, d'un site de rencontres, tout cela à nos frais et en nous payant, finalement, avec des traites bancaires qui n'ont jamais été honorées !... Les plaintes déposées à leur encontre, se sont perdues, évaporées.

Je répète : je ne suis pas paranoïaque, ni mythomane. J'ai les pieds sur terre, « droit dans les rangers. » Ce qu'il m'a prédit s'est révélé exact. Mes meilleurs amis, militaires, gendarmes, Président de Tribunal, voisins, etc. sont devenus mes ennemis, du jour au lendemain. Et celui qui a exploité mon Epouse, en lui promettant, en échange de ses gains de racheter notre maison aux Enchères, ne songe plus à la rendre; cette demeure, que j'ai quasiment construite de mes mains et que je ne peux concevoir de perdre.

Je reste lucide. J'ai conscience qu'il fallait nous faire passer pour ce que nous n'étions pas, par nécessité, vengeance, méchanceté et jalousie, sans doute aussi par bêtise, sachant qu'à force d'être traité comme de la « merde », on devient de la « merde »...

Les supérieurs décident de votre destin et s'ils décident que vous êtes coupable, vous devenez coupable. Sinon, ils feront de vous, de toute façon, un coupable.
(…)

Je reste modestement moi-même : Je ne veux pas régler de comptes avec personne. Je veux seulement SERVIR et oublier le reste.

Je terminerai sur les affirmations du Général MAC ARTHUR :

« La jeunesse est un état d'esprit. »

Et le fameux :

« Je reviendrai. »

Sans oublier la déclaration de Monseigneur LUSTIGER, en septembre dernier, adressée à Sa Sainteté JEAN-PAUL II :

« L'âge du Capitaine n'a pas d'importance, ce qui importe, c'est la vitesse du vent de l'esprit... »

Ne m'abandonnez pas, à votre tour, je vous en conjure.
(…)

oOo

3 – EXTRAIT de la conversation entretenue avec le Lieutenant-colonel Michel Bxxxxxx, Chef de Cabinet Militaire de Madame le Ministre de la Défense, dans son bureau, le 02 mai 2004, suite à ma course à pied de 220 kms autour des bâtiments du Ministère de la Défense
(Rapportée par lettre du 21 mai 2005 à Monsieur le Général Gérald Lebeauf [*]) :

(…)

Pour ce qui concerne ma « visite » au Ministère de la Défense, j'ai eu le privilège d'être reçu par le Lieutenant-colonel Michel Bxxxxxx, Cellule Interventions, Chancellerie. En comité d'accueil, il y avait aussi un Colonel de Gendarmerie et un Colonel Médecin de la Marine Nationale. Sans doute était-ce pour tester si j'étais vraiment « droit dans mes bottes » et en bonne santé physique et psychique…

Cependant, l'entretien avec le Lieutenant-colonel Michel Bxxxxxx a été fort agréable et réconfortant, surtout après une course de bientôt 220 km autour du Ministère de la Défense, que j'ai pourtant continuée, après cet entretien exceptionnel, pour terminer ce challenge que je m'étais fixé.

Il en ressort que :

•	Apparemment, ma situation militaire est liée à la Loi française qui ne peut être changée ou modifiée pour pouvoir traiter d'un cas unique ;
•	Cependant, la procédure entreprise auprès du Tribunal Administratif par voie d'Avocat est comprise et admise, sinon encouragée. Sur la base d'une carrière d'O.R.S.A. où je pouvais effectuer vingt années de service actif, je suis en droit d'espérer récupérer par voie de justice, sur la base d'au moins vingt années de solde, ce qui compenserait le manque à gagner de la retraite que je ne pourrai jamais espérer.
•	J'ai la possibilité de renoncer à un « honorariat », par conséquent, devenir Officier de Réserve et ainsi pouvoir continuer mes devoirs de soldat dans le cadre de la Réserve Opérationnelle.
•	Il m'a été demandé mes desiderata, et, en qualité d'officier parachutiste, de pouvoir être rattaché à un Régiment de la 11ème Brigade Parachutiste avec la possibilité d'effectuer des séjours de 4 à 6 mois à l'Etranger, par exemple la Côte d'Ivoire (sic), dans des postes d'Officier d'Active, avec la potentialité de continuer à progresser dans l'avancement jusqu'à la limite d'âge fixée à 57 ans. (Peut-être finirai-je « Capitaine-Major » ?...)

(…)

L'assurance m'a été donnée que « l'équipe actuelle » n'était pas responsable des erreurs passées et qu'elle ferait un maximum pour que je sois employé de la façon la plus active possible, tant pour la fonction que pour les durées annuelles. « Si le Ministre ne peut pas revenir en arrière et déroger à la Loi, il peut aider au maximum dans le cadre d'une réserve opérationnelle active ». (Sic)
Bien sûr, il a été question de ce qui pourrait être entrepris pour « meubler » le reste du temps où je ne pourrai pas être employé sous l'uniforme. Il a été question de l'AKOFRASSE [*] et des éventualités d'emploi dans un poste similaire.

-oOo-

AVERTISSEMENT :

Tout ce qui est retranscrit ci-dessus est réel et véritable.
Il ne s'agit que de la vérité, pour faire valoir ce que de droit.

Le dialogue entre le Colonel Philippe Merguez [*] et moi-même est le plus fidèle possible et n'est que la copie de ce que j'avais écrit quelques semaines après mon départ de l'armée active, afin que rien ne soit oublié ou omis.
Toutes les personnes citées ci-dessus, sous la foi du serment, ne pourront jamais nier ces textes.

AUJOURD'HUI :

Je suis toujours « au R.M.I. », à la charge de la Société, payé par les impôts du Contribuable ;

Mon Epouse a subi trois contrôles fiscaux où l'aberrance était le mot clef :

- En 1999, elle a été arrêtée par la Brigade Financière, emprisonnée, sous prétexte de détournement d'argent ; à l'issue, après une réclamation de 1.800.000, 00 Francs (180 briques ou 2.744.000,00 €uros), avec des pénalités de 80 % de retards de paiements, elle a demandé sa mise en liquidation Judiciaire. Finalement, elle a été condamnée à 10 ans d'interdiction d'exercer en nom propre. Elle s'est vue, contrainte, pour survivre, à délocaliser son entreprise à l'Étranger.

- En 2004, sur sa Société à l'Étranger, il lui a été réclamé 21.000,00 €uros (près de 140.000,00 Francs français ou 14 boules) de T.V.A. Ne pouvant régler cette somme faramineuse, l'affaire a été classée sans suite !...

- En 2007, redevenue en fiscalité française, mon Épouse a été accusée de travail clandestin. D'où garde-à-vue, Brigade Financière, etc, pour un jugement qui l'a condamnée à 6 mois de prison, sans redressement fiscal, avec juste une amende de 90 €uros qu'elle n'a jamais payée et qui ne lui a jamais été réclamée !...

Elle tient bon, rien n'a jamais pu lui être reproché sur des pseudos activités non avouables. Et à ce jour, elle travaille toujours dans le même local depuis 25 années, avec tant d'annuités de retraite perdues du fait de sa délocalisation pour cause de survie… jusqu'à de nouvelles aventures procédurières.

« Le petit Grégory est mort assassiné, et non noyé parce-qu'il ne savait pas nager. » …

ENTRETIEN PRÉALABLE À LICENCIEMENT
ou DÉMISSION TRUQUÉE
-

VERSION OMAR & FRED pour rire un peu.

La réalité dépasse la fiction !... même avec humour.

Je ne peux résister, afin de faire sourire mon lecteur, dans une pause publicitaire, de lui faire découvrir le Sketch d'Omar et Fred, revu et corrigé à mes fins, vous y verrez des points intéressants, se rapportant à ma situation, le jour du départ :

Le Renvoyé

– Entrez Capitaine ! Ne restez pas dans le noir, là…Asseyez-vous…
Comment ça va, Capitaine ?

– Ca va très bien, et vous-même, Mon Colonel?

– Bah tout va bien! Je vous remercie!

– Ah c'est bien, oui c'est bien ça, c'est bien…

– Alors écoutez Capitaine, si j'ai voulu vous voir aujourd'hui, c'est parce que ca fait maintenant XX ans que vous travaillez chez nous, dans l'armée…

– Oui XX ans oui ! XX ans oui ! Oui…XX ans oui oui !

– C'est un beau parcours hein?

– Oui oui, c'est vrai oui, ca fait plaisir oui, c'est vrai…

– Bah écoutez Capitaine, moi je suis là pour vous annoncer que pour vous "l'aventure" s'arrête là…Voilà, en quelques mots dire, on va se passer de vos services, vous comprenez ?

– …Ah oui d'accord ! Ha ha! Ah, d'accord oui!… Nan parce qu'en fait, moi je pensais que l'armée, elle avait fait beaucoup de victoires, c'est pour ca oui...

– Alors, écoutez Capitaine, chacun reste dans ses compétences, hein ? Vous c'est le ménage, moi c'est le commandement, d'accord ? Donc tout ca ne vous regarde plus, puisque vous n'êtes plus des nôtres, désormais.

– D'accord! … Et pour combien de temps en fait?

– Ah bah…c'est définitif, c'est valable à partir de maintenant jusqu'au décès, comme on dit hein? Ha ha !

– Ha ha ! Ah oui d'accord oui ! D'accord ! D'accord ! D'accord… d'accord…

Donc moi pour le moment, j'avais pas prévu de décéder tout de suite….Donc ca veut dire en fait, si j'ai bien compris, ca veut dire qu'il me reste 3 mois pour me retourner quoi ? J'ai mon préavis quoi ? C'est ça, d'accord, ok oui...

– Non…Vous ne voulez pas de préavis, vous, Capitaine, quand même?

– Bah! C'est mon droit quand même d'avoir des préavis, ça quand même, Mon Colonel ! C'est la loi ! Bah oui !

– Nan mais enfin, Capitaine, pour avoir des droits, il aurait fallu signer un contrat ! Ha ha ha !

– Ha ha ! Ah oui d'accord ! Oui ! C'est vrai, je n'ai pas de contrat ! D'accord oui !…d'accord…

Donc en fait, si j'ai bien compris, ca veut dire que je suis viré en fait, hein? Ca veut dire que je travaille plus dans la boîte dans laquelle je travaille depuis XX ans?

– Voilà.

– Donc, je fais mon pot de départ ce soir.

– Oui, c'est ca, vous avez bien compris…Par contre, pour le pot de départ, vous le faites chez vous, hein? Parce que nous on n'écoute pas, heu, Francky Vincent, tout ça, comme musique, hein ? Voilà. Et effectivement, vous ne revenez plus jamais.

– Plus jamais, plus jamais ?... Ou…une petite journée comme ca, en intérim, heu…pour dépanner, je ne sais pas ?... Nan parce que du coup, moi je serai disponible, hein...

– Nan mais…j'ai bien compris Capitaine, mais ce n'est pas grave, ça va vous laisser du temps pour vous occuper du bébé qui arrive par exemple !

– Ah oui, c'est vrai, le bébé oui, c'est vrai, oui.

– Après tout, votre femme, elle travaillera, et puis vous, vous serez à la maison avec le bébé, hein ?

– Oui, "vous, vous serez à la maison avec le bébé", oui

– Voyez, c'est un mal pour un bien, quoi !

– « C'est un mal pour un bien », quoi ;

– Voilà, bah j'ai été ravi de vous rencontrer pour la première fois ! Voilà je vous souhaite plein de bonnes choses pour l'avenir !

– Oui, « plein de bonnes choses pour l'avenir ! » Oui !

– Allez, au revoir Capitaine !

– Allez, « au revoir Capitaine » ! Oui !

Excusez-moi ? Nan parce qu'en fait, c'est pour les vêtements de fonction, le treillis…peut-être qu'il faut le restituer quand même, peut-être il faut le rendre ou quelque chose comme ça, ou…

– Oui, nan, mais ce n'est pas grave, heu, vous pouvez partir, je vous l'offre le treillis, hein? Vous avez qu'à dire que ce sera mon cadeau de naissance, ca lui fera des draps au petit qui arrive, hein? Voilà...

– Ah oui d'accord! D'accord...

– Alors comme je vous le disais auparavant, vous avez bien compris que vous ne faites plus partie de l'armée?

– « Vous ne faites plus partie de l'armée », oui

– Donc heu, vous pouvez y aller, vous pouvez partir, voilà.

– « Vous pouvez partir», oui ;

– Allez au revoir, Capitaine !

– « Allez au revoir Capitaine », oui ;

– Je vais vous montrer…

– « Je vais vous montrer », oui ;

– Donc heu, le chemin, c'est comme "à l'aller", mais au retour !

– D'accord !

Excusez-moi?…

– Oui?

– Nan, parce qu'en fait, si c'est valable pour les vêtements de fonction, donc en fait, mon appartement de fonction, ma voiture de fonction, mes stock-options, tout ca je peux le garder ?

– Hein?

– Parce que je n'en ai pas ! Ha ha ha!

Putain!!! Eh oui, Mon Colonel, c'est pas parce qu'on est viré, qu'il faut perdre son sens de l'humour quand même ! Ha ha ha ! Ce n'est pas la catastrophe! Ha ha!

Hé, voilà c'est ca ! Comment s'appelle, heu…les indemnités !

– Oui ?...

– Comment on fait pour les indemnités de départ ? Tout ça, là…

– Bah, écoutez Capitaine …c'est très simple, relisez-votre contrat !

– Ah oui d'accord ! Oui c'est vrai, je n'ai pas de contrat ! D'accord oui...oui ;

– Allez!

– « Allez », oui…

Excusez-moi?…Nan parce qu'en fait, moi je voulais dire une dernière chose…moi je voulais dire…vous…vous êtes vraiment très gentil!

– D'accord, très bien! Voilà. Allez, merci! Au revoir, Capitaine !

– Merci au revoir, oui ;

– Au revoir

– Voilà

Excusez-moi?…

– Oui, qu'est ce qu'il se passe encore ?...

– Nan parce qu'en fait, là je n'ai plus rien du tout là, donc en fait je voulais savoir si vous pouvez nous dépanner, ce n'est pas pour moi, c'est pour le gamin…

– Vous dépanner de…?

– Bah…si vous avez une bouteille de lait, ou des saucisses, quelque chose comme ca, pour qu'il, pour qu'il nous dépanne, on va manger quoi…

– Nan, mais je suis désolé Capitaine, je n'ai pas d'alimentation ici hein, je suis désolé...

– Même si t'en as des saucisses de cochon, ce n'est pas grave, tu donnes, ils vont manger du porc, ce n'est pas grave !

– Nan, mais je viens de vous dire que…

– Nan, mais ce n'est pas grave, on est dans la galère, on mange du porc, ce n'est pas grave ! Donne ! C'est la galère quoi !

– Je viens de vous dire, je n'ai pas d'alimentation, c'est un bureau, voilà !

– Ok bon bah, si t'en as des *Sausage Brand*, vas-y donne-moi des *Knacki Herta* !

Nan, je prends des *Knacki Herta* aussi, ce n'est pas grave, tu donnes des *Knacki Herta* et puis…et puis je pars avec mes *Knacki Herta*. C'est bon, tu me donnes des *Knacki Herta* !

– Mais je ne sais pas ce que c'est, pardonnez-moi !

– Ah non, Mon Colonel, Non! Tu connais le *Knacki Herta* ! Mais ! Tu connais le petit garçon avec le caillou là comme ca ! Quand il jette le caillou, ça fait…Le *Knacki Herta* ! Tu connais? Donne-moi ! Donne !

– Ecoutez, moi, Capitaine, tout ce que je peux faire, c'est vous offrir ceci. C'est une boîte de punaises, hein. Vous allez voir, vous faites un petit jeu, vous en jetez chez vous un petit peu partout, et vous dites à vos enfants de les ramasser. Ils vont courir comme des antilopes là-dedans hein! Voilà, allez, au revoir Capitaine !

– « Au revoir Capitaine », oui

Excusez-moi?…

– Qu'est ce qu'il se passe encore là?

– Nan parce qu'en fait, j'étais entrain de m'interroger là…

– Oui

– …et je me disais… peut-être je pourrais m'énerver quand même…

– De ?...

– …Peut-être, je peux dire: mais vous êtes un enculé en fait ! Nan, parce qu'à cause de vous, je n'ai plus de boulot, là ! Donc, je vais vous bousculer un petit peu, c'est normal ! Normal, on bouscule un peu, un petit peu !

– Hé Je fais du Yoga, hein !!! Attention, là, Capitaine ! Gardez votre sang froid, vous allez retrouver du travail très rapidement, croyez-moi là…il y a du boulot partout en France !

– Non non non Mon Colonel, ça c'est des balabala, ça c'est du baratin, ça ! Moi je n'écoute pas ça, hein ! Donc, je vais quand même vous croquer à la gorge, comme ca vous allez saigner, et puis vous allez vous vider comme un petit cochon de merde ! Voilà !

– Oooooh!! Oooooh!! Oooooh!! Moi aussi je peux crier hein ! Nan, mais qu'est ce que ca veut dire ?!! Basta, là ! Nan mais oh ! Je vous rappelle, Capitaine, que vous n'avez plus de papiers, hein ! J'ai qu'un coup de fil à passer, et c'est terminé ! Allez, hop ! Dans la calèche ! Retour à l'envoyeur !!!

– Oui mais vous ne faites pas ca, parce que vous, c'est vraiment très gentil !

– Voilà, très bien, allez !

Mais qu'est ce que c'est que ça ?!...

– Bande de « *colons* » !

*

A N N E X E 3

C O P I E

Xxxxxxxxx Xxxxxxx XXXXXXX

    Xxxxxxx Xxxxxxx
    Xxxxxxxx xx Xxxxxxxxx
    XXXXX – XXXXXXXX

    Tél. xx xx xx xx xx
    xxxxxxxxx@gmail.com

Xxxxxxxxx, le 04 novembre 2010.

N° **101.110**/X:\F\Medocs\Paris\PR

CONFIDENTIEL
Monsieur le Président de la République
Nicolas SARKOZY

55 Boulevard Saint-Honoré
75008 - PARIS

Objet : **OTAGES au Niger - AQMI**
       Libération de
       Madame Françoise Larribe

P.J. : -
       -

Monsieur le Président de la République,

J'ai l'honneur de vous soumettre mon volontariat dans cette délicate affaire des sept otages capturés par les islamistes d'Aqmi au Sahel.

Il est inadmissible et intolérable de laisser une femme, Madame **Françoise Larribe**, ainsi séquestrée. Elle doit être rapatriée d'urgence afin de pouvoir être soignée contre son terrible mal.

Aussi, je suis volontaire afin qu'il puisse être procédé à un échange de captifs. J'ai bien raisonné et médité avant de prendre cette décision et il n'y a rien d'irréfléchi et d'inconsidéré dans cet engagement.
Simplement, je réagis comme certains sénans, qui en juin 1940 ont rejoint l'Angleterre pour combattre l'ennemi envahisseur.

Enfin, comprendra-t-on enfin, que je n'ai pas démissionné de l'Armée Française, mais que j'ai été victime d'une sordide intrigue et cabale visant ma perte. Alors que je suis toujours resté loyal envers mon Pays, et je veux le prouver.

Mais là n'est pas la question. Je reste un soldat et personne ne m'enlèvera le droit de l'être et de le rester. C'est ce qui fait ma différence avec les militaires. Aujourd'hui, je sais que je peux remplacer cette femme. Je suis en pleine possession de mes moyens physiques et intellectuels. J'ai, durant ces nombreuses dernières années, traversé à 11 reprises le désert saharien, en passant par Reggane, jusqu'au Bénin, Nigéria et Pays voisins. Je sais ce que c'est que de passer la frontière Maroc-Algérie par les palabres et les petits cadeaux ; j'ai appris ce que c'est que de tomber en panne en plein désert, la nuit, avec aucune âme visible dans les phares, puis de me retrouver soudainement encerclé par des dizaines de nigériens de tous âges ; je connais ce qu'est de passer la nuit à la belle étoile en compagnie de touaregs en sirotant du thé brûlant. Bref, j'ai l'expérience de ces contrées et j'aime l'Afrique, même quand c'est sous les tôles surchauffées de *Bidon 5*.

Vous savez que je suis de forte constitution, tant morale que physique. Ainsi j'ai pu passer 60 jours et nuits, sur un banc, en plein hiver, par tous les temps, sans manger, au pied de l'Elysée, puis 4 mois sur un autre banc, devant le Ministère de la Défense, suivi d'une autre grève de la faim, Place du Président Edouard Herriot, de 57 jours. Inutile de rappeler ma course à pied de 220 kms en 24 heures, dont une passée au Cabinet Militaire, autour du Ministère de la Défense.

J'ai la foi et la détermination et resterai jeune tant que je serais révolté et indigné.
Pensez à cet homme de 57 ans qui vient de parcourir 27.000 km en un an. Les cinquantenaires d'aujourd'hui sont des athlètes de la vie. Perso, je ne fais que 200 à 250 km par mois, mon budget chaussures de sport étant limité !...

Vous êtes mon aîné de peu de jours, et savez donc que nous sommes d'une génération opiniâtre. Nous passons même pour des fous car nous sommes différents de tous les « béni-oui-oui » qui se concentrent sur leur nombril, adeptes de 30 années de démagogie écoulées et de trop de *politiquement correct*.

Aussi, je vous demande de bien vouloir confirmer ce que votre Chef d'État-major Particulier écrivait comme quoi « *personne ne mettait en doute* ma *parfaite honorabilité et que l'estime du Président de la république m'était acquise.* ».

Je peux vous être utile dans ce combat contre ces voyous islamistes. De formation d'Officier de Parachutistes, mon sac est prêt. Je suis apte à servir « en tous temps et tous lieux » selon la formule consacrée, et peux être largué sur zone sans aucun souci. Je suis entré dans les Armes pour éliminer les ennemis de la France, pas pour les parades militaires qui m'ont toujours ennuyé, par leurs autosatisfactions sur papier musique.

Je n'ai plus rien à perdre. Cependant, je tiens à la vie, surtout depuis que je ne crois plus en Dieu, mais je préfère mourir dans l'utilité des autres plutôt que de continuer ce naufrage de ma vie, où ma mort sociale est consommée depuis le jour où j'ai été démissionné contre mon gré, sous prétexte que je voulais déjouer des manipulateurs, quitte à me laisser accrocher de la quincaillerie, à perpétuité.

Faites-moi confiance dans cette mission. Récupérée saine et sauve, cette femme otage vous permettra de remonter dans les sondages d'opinion. De plus, modestement, je crois que je peux être échangé contre cette Dame ainsi que le Togolais et le Malgache. Ces hommes n'ont pas à subir cet enlèvement, du fait qu'ils ne soient pas français, donc à ne pas être victimes de la haine de notre ennemi.

Certes, si vous demandez à la multitude des « petits chefs » qui vous entourent, leur avis sur la question, *« on n'a pas le cul sorti des ronces »*. Vous êtes le Leader de l'Etat, homme de pouvoir absolu, seul décideur, et aussi, Chef des Armées. Alors faites-moi confiance. Quand j'étais en activité de service, j'ai permis à mes supérieurs de remporter des gloires dont le méritais les dividendes. Je suis comme la *margarine qui remplace le beurre* et mes Chefs étaient bien contents de me trouver dans toutes les situations à risques, celles dont personne ne voulait.

Je ne vous demande pas un centime. Comme l'Aspirant André Zirnheld, mort au Champ d'Honneur en 1942, je ne vous *demande pas la richesse, ni la tranquillité*. Je veux seulement *l'insécurité et la tourmente*. Il me reste toujours et *la force et la foi*, et il serait dommage que cela ne serve à rien.

En cas de pépin, je vous demande seulement de valider le concours d'entrée en Ecole de Gendarmerie de mon Fils, chômeur depuis son départ de la Royale, d'aider ma Fille à intégrer la Fonction Publique, quand elle aura terminé son Master 2, et de faire de sorte que ma fidèle Epouse, malgré tout ce qu'elle a pu endurer, et cela encore, puisse enfin percevoir le R.S.A. et la C.M.U. afin qu'elle puisse se soigner.

Quant à l'ennemi, il suffira simplement de leur dire la vérité, qu'il connaîtra bien vite : ma place vaut bien le rachat d'une, voire trois otages. De plus, je serai un **prisonnier** et non pas un **otage**. La différence est de taille et le peuple français ne pourra que vous en être reconnaissant.

Je vous en prie : donnez la chance à cette Femme de retrouver les siens et la possibilité de se soigner. Donnez-moi aussi cette fortune de vous prouver que je le vaux bien.

Surtout, au cas où vous ne donneriez pas suite à ce volontariat, ne le faites pas écrire par vos services : ma collection d'enveloppes du Palais de l'Elysée et de réponses convenues n'a pas besoin d'une nouvelle pièce.

Cependant, je continuerai mon combat personnel, sans doute sans lendemains qui chantent, afin de prouver qu'il y a bien eu volonté sordide de me nuire définitivement. C'est une lutte qui ne peut cesser. Je ne peux oublier l'**injustice**, ni la tolérer, ni me renier parce-que je dérangeais.

Certain que vous apporterez attention à ce volontariat, dans l'intérêt des valeurs de la France et du succès de ses bravoures,

Je vous prie de bien vouloir agréer, Monsieur le Président de la République, en l'expression de mon total dévouement et de ma très haute considération.

Xxxxxxxxxxx Xxxxxxxx Xxxxxxxxxxxx

La seule chose nécessaire au triomphe du mal, c'est l'inaction des gens de bien.

Il s'agit de l'interview, du genre bâtons rompus face à une bière, avec un sous-officier en retraite de la Direction de la Protection Sécurité de la Défense (DPSD) ou encore l'ex-Sécurité Militaire, que je rapporte ici avec les termes le plus proche possible du réel de cette date de l'époque où je menais mon enquête sur les causes de la disparition du Capitaine Filembert Dieumerci [*] , sans rien ajouter ou interpréter. (*Cet ancien cadre travaillait en Afrique dans un poste plus ou moins officiel, plus ou moins barbouzard, officiellement coopérant canadien en République de Côte d'Ivoire … maintenant il bosse pour une boîte belge de je ne sais quoi, avec voiture de fonction, en percevant le RSA en France !...*)

Cette interview est édifiante et m'a été rapportée par l'Adjudant-chef Jean-Pierre X, *alias* Mickael Danderssonn, matricule 7917030258, Rayé des contrôles le 31.03.2000, suite à une bavure en Opex Locale, d'après ses dires.

Cela a enfin éclairé les doutes que j'aurais pu avoir jusqu'alors :

« Ne cherchez pas plus loin la cause de vos problèmes. Vous êtes en disgrâce car il existe une «*"note d'information"* vous concernant, appelée *"fiche passager"*. Elle est classée *"Confidentiel Personnel Officiers"* et se répand comme un virus informatique. Cela va, notamment, chez le Préfet de votre département, en passant par la Gendarmerie Nationale.

Ainsi, partout où vous allez vous êtes catalogué et que ce soit dans le milieu militaire ou le milieu civil, à chaque fois que vous tentez de vous positionner positivement, insidieusement, vous êtes écarté. Cela explique certainement vos tracas, voire même que votre banquier vous ait coupé les vivres du jour au lendemain.

Nous sommes une sorte de Stasi, une Sécurité d'État pour le Silence d'État, et avons tout pouvoir de créer des cadavres que l'on met dans les placards et de fabriquer des costumes sur mesure. Il n'y a pas moyen de contrer sous peine de passer pour un paranoïaque. Ces fiches ne peuvent être détruites que sur un ordre de très haut, voire *"tout en haut"*.

Comment est-ce arrivé ?... Rien de plus simple. Déjà, même avant d'être militaire vous correspondiez avec Vladimir Volkoff qui a été un agent spécial, écarté lors des évènements d'Algérie, pour incompatibilité, politiquement incorrect. Les amis de mes ennemis sont mes ennemis. Donc, déjà un mauvais point. Quand vous étiez Aspirant officier, au lieu de vous occuper exclusivement de votre travail, vous avez cru bon vous attaquer aux Comités de Soldats, les cagoulards, sur ordre simplement oral, vous vous souvenez ? Vous vous êtes fait remarquer et même si la cause à défendre était bonne, vous avez fait des vagues. A partir de là, il y a eu une fiche de « *mise en garde* » vous concernant, et ensuite, ce n'est plus qu'un jeu d'enfant de rajouter une couche, puis une autre couche. Il suffit juste de déformer ou d'interpréter autrement des faits ou des propos. Par exemple, vous avez un mât des couleurs chez vous : c'est certainement parce que vous êtes républicain et patriote. A nous de considérer que vous faites flotter un drapeau tricolore parce que vous êtes extrémiste et sympathisant du Front National. C'est aussi simple.

L'Affaire Dreyfus n'a eu comme vraie consistance que le fait qu'il soit Juif. Vous, vous êtes un O.R.S.A. et vous n'avez jamais voulu rester à votre place d'ORSA en voulant faire de l'ombre à des collègues issus de Saint-Cyr. Vous n'étiez qu'un *"travailleur précaire, intermittent de la Défense Nationale"*, piégé dans un statut à la con que l'on vous a fait briller comme un miroir aux alouettes. Vous faisiez trop de zèle. Sans parler des subordonnés : Vous savez, il suffit qu'un Sous-officier vous ait dans le nez, qu'il souhaite se venger et qu'il ait un ami d'un ami, travaillant à la D.P.S.D. et votre fiche prend un peu plus de relief... Tout ceci élucide pourquoi toutes vos demandes d'intervention sombrent à chaque fois. Cela explique, par exemple, que même votre « ami » le Général de C.A. Georges Baffeleuf [*] ne donne plus signe de vie alors qu'il a aidé votre fille à intégrer le Prytanée Militaire. Quelqu'un lui aura fait remarquer que vous êtes « *persona non grata* » et qu'il faut vous oublier... Vous m'avez donné l'exemple de ce colonel qui vous donnait les cours ORSEM et qu'il allait savoir pourquoi vous avez été radié arbitrairement de ces cours. Vous avez été surpris d'entendre « *qu'on lui avait dit de s'occuper d'autre chose et de ne plus se préoccuper de vous* ». Ceci est valable pour TOUS ceux qui vous ont apporté leur confiance. Un jour, ON leur a dit de vous oublier, que vous n'en valiez pas la peine. C'est comme ça.

On élimine qui on veut, quand on veut. C'est purement arbitraire, mais cela permet de faire du ménage et d'éliminer les gêneurs. Il suffit de qualifier une personne de paranoïaque, de mythomane, de skyzophrène, de caractériel, quitte à nous faire aider d'un médecin militaire qui confirmera, et le tour est joué. Et je vous interdis de donner mon nom et de répéter ce que je vous dis. De toute façon, personne ne vous croira. Vous n'êtes pas au bout de vos peines.

Vous avez vu, même votre fils n'a pas réussi à entrer dans l'Armée de terre : c'est tout simplement à cause de vous. Ce n'est qu'en biaisant en rentrant dans l'armée par la voie de la Marine que vous avez marqué un point. Mais rappelez-vous que ce n'est pas un hasard si votre fils a eu de grosses difficultés à obtenir son Certificat Technique et que son commandant d'unité avec qui vous étiez dans les meilleurs termes possible est devenu subitement injoignable par vous… Et votre fille aura, elle aussi, de gros problèmes, également. Ce qu'elle vous a raconté, comme quoi vous êtes un ancien légionnaire viré de l'Armée ; cette rumeur, elle ne l'a pas inventée. Tout est lié. Et le maximum sera fait pour la déstabiliser et la dégoûter. Elle ne fait pas partie de la secte, de la caste ; c'est une pièce rapportée. Elle sera éliminée, qu'elle soit bonne ou mauvaise élève, ON ne veut pas d'elle.

Et personne ne vous aidera : ON vous oubliera, vos appuis deviendront injoignables et si par extraordinaire vous renouez le contact, ON vous dira froidement qu'ON ne peut rien faire pour vous… Tout le monde baissera les bras et il vous sera conseillé de vous faire oublier. Le but est de vous faire renoncer, idem pour vos proches. Rien n'arrêtera ce processus. Vous avez vu : dès que vous avez quitté l'active, votre belle-mère a insisté auprès de votre épouse pour qu'elle divorce. Elle connaît très bien le milieu : sa sœur était femme de sous-officier et elle gravite dans un milieu très fermé de vieux généraux en retraite, qui plus est du matoche, chez des planqués gras du bide, qui lui ont rapporté de très mauvais renseignements sur vous.

Le jour où votre femme a décidé de vous suivre, elle a été condamnée, elle aussi, à porter sa croix. Vous avez donc été rejetés totalement et même déshérités selon vos dires. Idem pour les lettres anonymes qu'ont reçues vos parents. Même eux qui n'ont que vous, ont douté de vous et avaient coupé les ponts. Fatalement, vous vous retrouvez dans un engrenage comme si une malédiction pesait sur vous.

En ce moment, vous êtes considéré comme éliminé, mais si vous tentez de refaire surface, vous aurez à nouveau de gros problèmes. Souvenez-vous de cela… C'est arbitraire mais c'est ainsi, et ce n'est pas demain la veille à ce qu'il y aura un syndicat dans l'armée, cela mettrait trop en évidence des cas comme le vôtre et cela créerait une implosion du système. La preuve : vous m'avez dit qu'un très haut personnage de l'Etat avait lu vos écrits ; il vous a qualifié de Don Quichotte, simplement parce que vous luttez contre de l'impalpable. Il a délégué un subordonné pour se donner bonne conscience auprès d'un de vos amis, qui ne doit plus l'être à présent, on parie ? … Mais il s'est bien gardé de laisser des écrits. Même lui, ne se mouillera pas. Comme celui qui vous avait mis en relation avec le Général de C.A. Georges Baffeleuf [*], ce Médiateur de la République : avez-vous quelque trace écrite de sa part ? Non bien sûr… Même si vous réussissez à porter votre affaire directement chez le Président de la République, il s'en lavera les mains. Quand vous aviez tenté une action auprès de son prédécesseur, cela vous a valu d'être un de plus dans la liste des écoutes téléphoniques de l'Elysée ! Idem pour le Ministre actuel de la Défense, elle n'en a rien à battre de votre problème : vous n'êtes qu'un pion qu'il suffit de mettre en touche.

Seul un Sarkösy, voire un Juppé, vous prêteraient une oreille, car eux, ont connu la disgrâce et la traversée du désert. Mais un homme au pouvoir oublie vite… Ce combat bien inutile vous use et vous vous auto-détruisez. Mais ne vous en prenez qu'après vous : vous avez certainement gêné des gens que vous avez mis en difficulté et le retour de bâton est imparable même s'il est injuste. Un jour, si vous persistez, vous n'en pourrez plus et vous ferez une connerie, genre forcené qui tire sur tout ce qui bouge, et là, ce sera la fin : on écrira dans les journaux qu'un ex-officier en disgrâce, *"ayant eu des problèmes psychiatriques"*, c'est imparable et terriblement efficace, était devenu un être irascible et qu'il ne supportait plus personne. C'est même l'Armée qui leur confiera un CV bidon mais circonstancié… ou bien, il vous arrivera un accident mortel, c'est le mieux qui puisse vous arriver, mieux que le mépris par le silence et votre désocialisation, car vous y avez laissé les plus belles années de votre vie. Avant 39 ans, tout est possible, car encore jeune, Après 45, vous êtes bon à jeter, vieux, dépassé, foutu. Il y a 14-18, là où l'on rêve, où l'on apprend et 39-45, là où l'on constate d'être, soit un loser, soit un winner. Pour toi, c'est fini.»

Note : *Ce texte, je l'ai fait lire à des dizaines de personnes plus ou moins influentes au niveau de l'État. Effectivement : ça marche !!! Je n'ai plus jamais eu de nouvelles d'eux. Même le Maire de mon village, destinataire, qui était mon ami, me serre poliment la main et évite tout dialogue en regardant ailleurs, là où on l'attend d'urgence…*

*

ANNEXE 5

<table>
<tr>
<td>

Xxxxxxxxx Xxxxxxx XXXXXXX
Banni de la République,
Général autoproclamé

Xxxxxxx Xxxxxxx
Xxxxxxxx xx Xxxxxxxxx
XXXXX – XXXXXXXX

Tél. xx xx xx xx xx
xxxxxxxxx@gmail.com

</td>
<td>

Xxxxxxxxxx, le 20 avril 2016.

N° **042.116** T:\ACTIONS_2016_\ Lapiècedufont

</td>
</tr>
</table>

Objet : **Présidentielles**

N/Réf. :   _

/Réf   -
Just. :   -

Monsieur Lapiècedufont
Député
Maire de Lxxxxxxxx lxxxxxxxxx

xxxx0 – Lxxxxxxxx lxxxxxxxx

Monsieur Le Député, *Cher Ami,*

Ainsi donc vous voilà candidat à l'élection de la Présidence de la République !

Vous m'avez donc devancé de quelques mois…

Car, en 2017, ce n'est pas un Candidat de Parti qui mènera la danse, mais un Citoyen dit classique.

Votre candidature titulaire n'a rien de farfelu, pas plus, ni moins que la mienne, ni « *stagiaire* ».

Comme je n'ai jamais pu avoir gain de Justice et que je ne peux pas me résigner à continuer vivre dans la salissure, je me vois donc obligé de raconter la vérité au Peuple Français et demander, en final, son arbitrage par la voie des urnes, quitte à être un Candidat COLUCHE.

Cela me permettra d'expliquer les méthodes stasiques de l'État français, où les rouages administratifs broient tout individu non-conforme au politiquement correct.

Mon devoir de réserve, je le mets dans ma poche et vais raconter comment nos dirigeants, civils et militaires éliminent « les trop patriotes », en utilisant la **peine de vie**, *la peine de mort physique étant passée de mode.*

Vous-même, si maintenant, vous avez pris un peu de recul sur les politiques, vous n'avez cru, à l'époque, que des écrits mensongers à mon propos, approuvés par un Ministre incompétent et impraticable, du moment qu'ils étaient à l'en-tête de la République Française. Vous restiez un grand naïf du fait d'une devise de *liberté*, d'*égalité* et de *fraternité*. Tout ce qu'il n'y a pas dans notre France, qui privilégie les interdits, la discrimination et la jalousie, jouxtant la bêtise, la méchanceté et le plaisir de détruire ceux qui font de l'ombre au diktat d'une démocratie qui n'existe pas et qui est, de fait, une ***souveraineté dirigiste*** sous un faux air débonnaire et laxiste.

Votre balade terrestre, en chemise blanche, cravate et bérêt basque, à travers les terroirs de France, avec le soutien logistique 'Romain Bernardon', pour organiser des discours au coin du feu, vous ont permis de découvrir la détresse du Peuple, des inégalités et de l'injustice.

243

Notre Pays est un triste bordel où les serfs restent éperdument sous la coupe des seigneurs où le Moyen Âge, de dîme, de gamelle et de révoltes est dans un flux lent et inéluctable depuis l'arrivée d'un certain Mitterrand, *pine hochet* socialiste. Le *roi fainéant* Chirac a sagement accéléré cette dérive, accentuée encore par un Sarkozy *maffieux*. Le *colifichet* Hollande n'a pas fait illusion, non plus, bien longtemps. TOUS, avec leur Cour du Roi, n'ont vécu que dans un but de garantir leur pouvoir et leurs intérêts, aidés par de serviles carriéristes dans des rôles de **police politique, de manipulateurs et de nettoyeurs**.

La France coule et s'enfonce lentement ; l'orchestre joue toujours pendant que l'équipage camoufle ses gilets de sauvetage sous chemises décravatées, en surveillant les canots de sauvetage afin qu'ils restent inaccessibles aux passagers, voyageurs perpétuels et précaires, qui doivent tous disparaître, les femmes et les enfants d'abord. Le tout sous une pollution camouflée de l'Internet et des Smartphones, nouvelles maladies endémiques. L'Arche de Hollande est un ramassis de tout venant qui vogue à sa perte dans un déclin confondant, pour disparaître bientôt comme un pet dans l'atmosphère.

Vous, Jean LASSALLE, que venez-vous faire dans cette galère en tant que Candidat à la succession de ces présidences indignes, délictueuses, punissables, méprisables ?...

Comme moi, vous n'avez rien à y faire, ni à y gagner, sauf la Foi à assumer.

Car vous êtes dur et pur, comme je suis pur et dur. Un têtu béarnais rivalisera toujours avec un breton. Vous pensez apporter la lumière de l'âme au citoyen afin qu'il retrouve la joie de retrouver son **travail**, sa **famille** et sa **patrie**. Serions-nous donc, tous deux, des Pétain qui s'ignorent, comprenant que la ***liberté***, l'***égalité*** et la ***fraternité*** ne peuvent avoir leur place en ce Pays, que si notre ancienne devise française était vraiment acquise ?...

Finalement, pour pouvoir écoper et retrouver une bonne ligne de flottaison, il faut reconnaître qu'il faut mettre entre parenthèses cette ***démocratie***, dont tous parlent sans en connaître le sens, et officialiser une autarcie dirigiste qui, si elle reste bienveillante, ne pourra jamais être une dictature.

Il faut redonner le courage aux Français et pour cela, il faut qu'ils arrêtent d'avoir la crainte.

Car nos politiques de ces 40 dernières années menant à la débâcle, pour dominer le Peuple, n'ont agi que sur ce phénomène : la **PEUR**.

- Peur de mourir ;
- Peur d'être malade ;
- Peur d'être volé ;
- Peur de dépenser ;
- Peur de polluer ;
- Peur de manger ;
- Peur de fumer ;
- Peur de boire ;
- Peur de baiser ;
- Peur de conduire ;
- Peur d'embaucher ;
- Peur d'être viré ;
- Peur d'être trahi ;
- Peur d'être couillonné ;
- Peur d'avoir peur ;
- Peur de vivre !

Avec tous les interdits associés qui nous sont assénés, jour, après jour, d'heure en heure, en matraquage cérébral, où il ne faut pas dépasser la dose prescrite et consommer avec modération.

Une simple bande de voyous assassins, finalement, met tout un « État d'alerte », pour quelques 150 morts, alors que le vrai fléau est tout autre : les suicides et les maladies mortelles. Ces fléaux sont bien plus mortifères que la conduite automobile et les quelques sacripants improvisés bandits. Mais nos dirigeants se font malin plaisir à accentuer ces peurs, en titillant les salafistes hors de nos frontières et en nous infligeant des bidasses et des flics en arme à tous coins de rue avec fouilles et farfouilles de contrôles. Faire régner l'atmosphère toxique et irrespirable, afin de nous paralyser un peu plus.

Que reste-t-il ?...

A part des R.T.T., des cadeaux gratuits, et des crédits à taux bas, finalement irremboursables à 21% usuraires des Cartes de Crédit, la publicité envahissante intrusive, sous un pseudo modernisme numérique aliénant et aggravant notre situation, le français est sans illusion, sans passion, sans enthousiasme.

Le secret est simple pour retrouver la réussite : la **CONFIANCE**. C'est le mot clef régénérateur.

Il suffit, tout carrément, de remettre en valeur les codes moraux de notre Société. Pour cela, le secret de la réussite est la suppression totale du mot *démagogie*, et de toutes ses formes.

Ensuite, il ne reste plus qu'à appliquer le programme pour lequel on a été élu.

Quel est votre projet, dessein et calendrier ?...

Pour ma part, le mien est fin prêt et bousculera toute cette dérive actuelle. J'y travaille, jour et nuit, en tant que spectateur attentif, avec le recul nécessaire, du fait de la paraplégie discriminatoire et ségrégationniste qui m'a été imposée par les tueurs, aux ordres, de ces gouvernements misérables.

C'est ma ceinture d'explosifs qui sera bien plus efficace que les pétards des petits voyous actuels qui nous paralysent. Il y en a le détonateur qui fera que la France redeviendra un Pays digne de confiance et d'intérêt, en bougeant les lignes d'un destin qui doit prendre une nouvelle direction, celle de l'essor.

Bon, ok, nous sommes tous les deux candidats titulaires.
Le premier élu attend l'autre, d'accord ?...

En souhaitant que ces lignes vous enchantent,

Je vous prie de croire, Monsieur Le Député, *Cher Ami,* en l'expression de ma très sincère haute considération.

Lebol

Banni de la République, c'est la déchéance de nationalité. Général [autoproclamé], c'est ainsi que j'ai été présenté, en 2014, à l'ancien Président de la république centrafricaine en présence de Jean-Christophe Mitterrand et de Lionel Saraga-Morais, ancien garde du corps de François Bayrou, nommé ministre centrafricain de façon éphémère.

A N N E X E 6

Brasserie Bourbon

Claude C.

Note manuscrite (*originale disponible sur demande*)

Mardi soir -

Vers 22 h -

Bonjour Jean,

Je m'installe au Bourbon, oui, comme il y a un an. Je me doute que ces nouveaux serveurs ne sont pas une compagnie aimable, d'ailleurs, je me souviens le symptôme ; Ils font bien du bruit avec les verres, ce truc inutile pour se rassurer sur leur existence, je suppose, réaffirmer la fonction, l'empressement, le manque de disponibilité… bref, l'hostilité.

Je cherche désespérément une tête connue, vue, il y a un an – rien.
D'ailleurs tu n'es plus là, à maintenir la gouaille militaire, celte, paloise, que sais-je, quelque-chose qui faisait Jean debout malgré le sort, le destin d'injustice, « la maudissure ». Sans doute marches-tu, épuisant ces forces toujours là pour que, tout à l'heure, le sommeil vienne, malgré le bois froid, dur, le silence trouble.

Tu t'épuises dans Paris, tu n'es pas un prisonnier, tu ne comptes plus les jours, ça fait tout simplement longtemps, bientôt deux mois, tu sais que demain sera identique, tu espères tout de même l'absence de pluie… mais tu tiens ; tu sais qu'un jour l'éclaircie viendra, tu ne renonces pas, ne t'abandonnes pas, on sait, on nomme cela al dignité. Même gisant sur le banc, ton esprit reste debout. Après tout, tu es vivant. Tous ceux qui passent, chaque jour, pressés, indifférents, lassés, obnubilés par des objectifs insignifiants, le sont-ils davantage ? Non, malgré les lendemains assurés, l'enthousiasme de l'action, les entreprises sérieuses, utiles, parfois tournées vers les autres, ils sont morts, sans soucis réels, la réalité s'est éloignée d'eux…

Peut-être es-tu sur les Champs, près du précédent campement, avec les serbes ; elles sont bien vivantes comme toutes les personnes ayant traversé des épreuves lourdes, la maudissure.

22h30

Il semble bien qu'il convient de quitter le comptoir, que ma présence dérange la hâte de ranger, un peu bousculer, faire du bruit, encore.
Peut-être reviens-tu, beaucoup plus tard, la vie secrète de Jean.
As-tu besoin de choses matérielles ? (les cigares le sont…)
Putain, l'endroit n'est pas du tout abrité, mais balayé par le vent, oui, c'est bien pour les couleurs…
Je viendrai avant mon départ pour l'Artois (jeudi).

Claude

A N N E X E 7

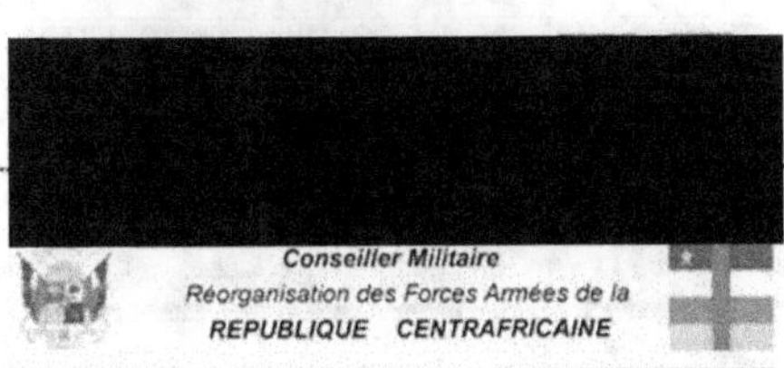

███████ le 29 juillet 2013.

N° **072.913** Z:\RCA\Volontariat

Adresse Postale :

Conseiller Militaire
Réorganisation des Forces Armées de la
REPUBLIQUE   CENTRAFRICAINE

☎ Bangui : (+236)
   France : (+33) 6 24 47 22 44   **Courriel :** ███████

Monsieur le Président de la République
Michel Djotodia

Présidence de la République
B.P. 13045
BANGUI – République Centrafricaine

Envoyée par Courriel :
███████

Objet :   **CORRESPONDANCE PRIVEE**

V/Réf   Arrivée N°
        Départ N°

Monsieur le Président de la République,

J'ai eu l'honneur de ███████ et de ███████, en compagnie de Monsieu███████, ce dernier 18 juillet.

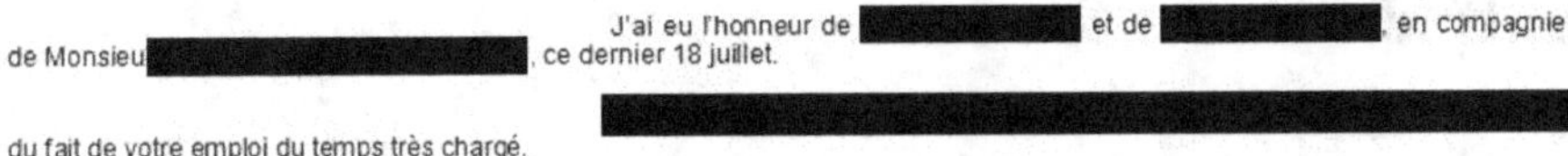

du fait de votre emploi du temps très chargé.

Cependant, je tenais à vous communiquer les propos suivants, qui me tiennent à cœur :

J'ai eu l'occasion, à deux reprises de séjourner en République Centrafricaine et ai fait partie des éléments français « Barracuda » et de l'opération « Phoenix ». Ce qui m'a permis de découvrir et d'aimer très sincèrement ce Pays où il y a tant de choses à faire.

Si ███████ a pu vous apporter des solutions pour un redressement économique, il reste une évidence :

La République Centrafricaine ne pourra se dégager de ses bouleversements que par la création d'une véritable armée républicaine. Ceci pour la bonne raison de stopper une situation sécuritaire déplorable. Cela dans un premier temps.

Dans une seconde période, tout aussi pressée, il faut à la République de Centre Afrique un Service National avec des Appelés du Contingent, période obligatoire d'une année, où, s'il doit y avoir une formation militaire, celle-ci devra être accompagnée d'une instruction civique, afin que je jeune Centrafricain se sente fier et patriote. A noter que ce passage sous les drapeaux du Service National, employant tous les corps de métier, devra avoir un objectif essentiel : les Droits de l'Homme et du Citoyen, avec une composition d'instruction militaire et professionnelle.

Il faut à la Centre Afrique de vrais soldats pour une cohésion réelle du Pays.

Pour se faire, il est d'évidence qu'il vous faut des Cadres compétents et aguerris avec de vraies notions militaires et une réelle formation de base, le tout sur un Règlement militaire structuré.

Si la République française s'est laissé dicter par son Peuple qu'il fallait arrêter la « France-AFRIQUE », il faut admettre cette idée au nom de l'évolution et du progrès.

Ainsi, par contre, aujourd'hui, il est tout à fait envisageable de mettre en place et faire adopter un « Développement de la Coopération des Etats Africains Francophones et de la République Française », dont la R.C.A. doit en être la vitrine et le précurseur.

De : "████████████████@████"
À : "████████████@████"
Envoyé : dimanche 28 mars 2010 17:22
Objet : RE: ████

Il s'agit d'un déni

Cher monsieur,

J'ai bien pris connaissance de votre message mais je dois vous avouer que je ne vois pas que la Cour de Strasbourg puisse être saisie d'autant qu'elle ne pourrait ordonner à l'Etat français de vous réintégrer dans l'armée active: ce n'est pas son rôle que de donner des injonctions dans une matière où les Etats jouissent d'une grande liberté pour prévoir les conditions exigées pour le recrutement dans l'armée française.or sur ce point le Conseil d'Etat a considéré que votre demande de réintégration devait s'analyser come une demande de recrutement et s'est fondé sur les condamnations pénales dont vous aviez fait l'objet et qui peuvent être prises en compte bien que la plupart se trouvent aujourd'hui effacées.

Je ne suis pas spécialiste de ces questions européennes et je vous invite donc à consulter éventuellement votre avocat de première instance.Je crois qu'il existe une aide juridictionnelle à la Cour européenne et vous suugère de consulter son règlement intérieur sur le site internet ou d'appeler le greffe pour information.Il est possible que l'aide ne soit accordée qu'après dépot de la requête dans les conditions prévues au règlement intérieur de la Cour.Celle-ci doit être saisie dans le délai de 6 mois à compter de la décision du Conseil d'Etat.
Je regrette vraiment de ne pouvoir vous aider davantage et vous souhaite bonne chance.
Elisabeth Baraduc

De : ████████[mailto:████████@████.fr]
Envoyé : samedi 27 mars 2010 17:16
À : ████████████████
Objet : ████
Importance : Haute

Mon Cher Maître,

Permettez-moi de vous rappeler mon courriel du lundi 22 mars 2010.

Dans l'espoir que vous y donniez suite, croyez, Mon Cher Maître, en l'assurance de mes sentiments et de mes hommages respectueux.

████████████████

Envoyé : lundi 22 mars 2010 00:25
À : E████████████nt
Objet : Fw: arrêt du Conseil d'Etat
Importance : Haute
Chère Maître,

J'ai bien pris connaissance de vos observations, ce dont je vous remercie.

Evidemment, je suis désespéré.

A la base, maître ████████, n'a rien compris à ma démarche initiale qui était de faire considérer ma demande de démission comme nulle et non avenue.
Il s'est ingénié à demander une demande de réintégration.

Donc, évidemment, tout est hors sujet et n'avait aucune chance de succès. C'est pour cela, la raison de mon "mémoire" afin de remettre l'ensemble sur les rails.

Aujourd'hui, je ne peux que vous demander - si vous l'acceptez - de me conseiller un Avocat qui pourra

29/03/2010